Fusionen und Kooperationen deutscher Börsen und ihrer Träger

Börsen- und kapitelmarktrechtliche Abhandlungen

Herausgegeben von Horst Hammen

Band 14

Zur Qualitätssicherung und Peer Review der vorliegenden Publikation

Die Qualität der in dieser Reihe erscheinenden Arbeiten wird vor der Publikation durch den Herausgeber der Reihe geprüft.

Notes on the quality assurance and peer review of this publication

Prior to publication, the quality of the work published in this series is reviewed by the editors of the series.

Matthias Bopp

Fusionen und Kooperationen deutscher Börsen und ihrer Träger

PI ACADEMIC RESEARCH

Bibliografische Information der Deutschen Nationalbibliothek
Die Deutsche Nationalbibliothek verzeichnet diese Publikation in der Deutschen Nationalbibliografie; detaillierte bibliografische Daten sind im Internet über http://dnb.d-nb.de abrufbar.

Zugl.: Gießen, Univ., Diss., 2013
Fachbereich Rechtswissenschaft

D 26
ISSN 1862-183X
ISBN 978-3-631-66155-0 (Print)
E-ISBN 978-3-653-05727-0 (E-Book)
DOI 10.3726/978-3-653-05727-0

PL Academic Research ist ein Imprint der Peter Lang GmbH.

Peter Lang – Frankfurt am Main · Bern · Bruxelles · New York · Oxford · Warszawa · Wien

Diese Publikation wurde begutachtet.

www.peterlang.com

Vorwort

Die vorliegende Arbeit wurde im Wesentlichen während meiner Tätigkeit als wissenschaftlicher Mitarbeiter am Lehrstuhl für Bürgerliches Recht, Handels- und Wirtschaftsrecht, Deutsches und Europäisches Bank- und Kapitalmarktrecht von Professor Dr. Horst Hammen an der Justus-Liebig-Universität in Gießen erstellt und im Sommersemester 2011 von der rechtswissenschaftlichen Fakultät als Inauguraldissertation angenommen. Das Manuskript wurde im Mai 2011 abgeschlossen und nachträgliche Änderungen rechtlicher und rechtstatsächlicher Art sind nur punktuell berücksichtigt worden.

Ganz herzlich bedanke ich mich bei meinem akademischen Lehrer Herrn Professor Dr. Horst Hammen für die wissenschaftliche Betreuung und Unterstützung sowie für die Aufnahme der Arbeit in diese Schriftenreihe. Herrn Professor Dr. Steffen Augsberg danke ich für die Erstellung des Zweitgutachtens. Auch danke ich meinen ehemaligen Kollegen Dr. Elisabeth Heuser, Dr. Alexander Hofmann, Dr. Karsten Fink und Dr. Claudio Müssig für viele anregende fachliche Diskussionen.

Ein ganz besonderer Dank gilt schließlich meinen Eltern Gertraud und Bodo Bopp sowie meiner Ehefrau Jessica für ihr Vertrauen und ihre liebevolle Unterstützung, die die vorliegende Arbeit erst ermöglicht haben.

Wölfersheim, 25.06.2015 Matthias Bopp

Inhaltsverzeichnis

Literaturverzeichnis

Alfes, André: Central Counterparty - Zentraler Kontrahent - Zentrale Gegenpartei, 2005 (zietiert: Alfes, Central Counterparty).

Anschütz, Gerhard: Staatsaufsicht und Börsenverwaltung, in: VerwArch 11 (1903), S. 519–552.

Bader, Johann; Ronellenfitsch, Michael (Hrsg.): Beck'scher Online-Kommentar VwVfG, Edition 9, Stand: 01.10.2010 (zitiert: BeckOK VwVfG, Bearbeiter).

Beck, Heiko: Börsen- und kapitalmarktrechtliche Aspekte der grenzüberschreitenden Tätigkeit und Zusammenarbeit von Börsen, in: Festschrift für Siegfried Kümpel zum 70. Geburtstag, 2003, S. 19–47 (zitiert: Beck FS Kümpel).

–: Das neue elektronische Handelssystem Xetra der Frankfurter Wertpapierbörse, in: WM 1998, S. 417–430.

–: Die Börsen im Lichte des deutschen und europäischen Kartellrechts, in: WM 2000, S. 597–610.

–: Die erwerbswirtschaftliche Betätigung Beliehener am Beispiel des Trägers einer Wertpapierbörse, in: WM 1996, S. 2313–2319.

–: Die Reform des Börsenrechts im Vierten Finanzmarktförderungsgesetz, in: BKR 2002, S. 662–668.

Becker, Ulrich: Von „Dassonville“ über „Cassis“ zu „Keck“ - Der Begriff der Maßnahme gleicher Wirkung in Art. 30 EGV, in: EuR 1994, S. 162–174.

Behrens, Peter: Anmerkung zu BayObLG, Beschl. v. 07.05.1992 - Z BR 14/92; in: EuZW 1992, S. 550–551.

Behrens, Peter: Die Umstrukturierung von Unternehmen durch Sitzverlegung oder Fusion über die Grenze im Lichte der Niederlassungsfreiheit im Europäischen Binnenmarkt (Art. 52 und 58 EWGV), in: ZGR 1994, S. 1–25.

Benda, Ernst; Maihofer, Werner; Vogel, Hans-Jochen (Herausgeber): Handbuch des Verfassungsrecht, 2. Auflage, 1994 (zitiert: Handbuch Verfassungsrecht-Bearbeiter).

Berg, Wilfried: Die öffentlichrechtliche Anstalt, in: NJW 1985, S. 2294–2301.

Beuthien, Volker; Helios, Marcus: Die Umwandlung als transaktionslose Rechtsträgertransformation - Zur Neuordnung des Umwandlungsrechts, in: NZG 2006, S. 369–374.

Binder, Reinhart: Rundfunk Berlin-Brandenburg: Senderfusion als Vorbild der Länderfusion?, in: LKV 2003, S. 355–361.

Breitkreuz, Tilman: Die Ordnung der Börse: Verwaltungsrechtliche Zentralfragen des Wertpapierbörsenwesens, 2000 (zietiert: Breitkreuz, Die Ordnung der Börse).

Bunte, Hermann-Josef (Hrsg.): Langen/Bunte, Kommentar zum deutschen und europäischen Kartellrecht, Band 1, Deutsches Kartellrecht, 10. Auflage, 2006 (zitiert: Lagen/Bunte-Bearbeiter Deutsches Kartellrecht).

–: Langen/Bunte, Kommentar zum deutschen und europäischen Kartellrecht, Band 2, Europäisches Kartellrecht, 10. Auflage, 2006 (zitiert: Lagen/Bunte-Bearbeiter Europäisches Kartellrecht).

Burgard, Ulrich: Die Börsenrechtliche Zulässigkeit des Zusammenschlusses der Deutschen Börse AG mit der NYSE Euronext im Blick auf die Frankfurter Wertpapierbörse, in: WM 2011, S. 1973–1982 und S. 2021–2034.

Burgi, Martin: Börse, Börsenträger und Börsenaufsicht im System des Wirtschaftsverwaltungsrechts, in: WM 2009, S. 2337–2343.

Cahn, Andreas: Grenzen des Markt- und Anlegerschutzes durch das WpHG, in: ZHR 162 (1998), S. 1–50.

Callies, Christian; Ruffert, Matthias (Hrsg.): EUV/EGV, 3. Auflage, 2007 (zitiert: Callies/Ruffert-Bearbeiter).

Christoph, Fabian L.: Börsenkooperationen und Börsenfusionen, 2007.

–: Die Anteilseignerkontrolle nach dem Börsengesetz, in: WM 2004, S. 1856–1866.

Dier, Christian; Fürhoff, Jens: Die geplante europäische Marktmißbrauchsrichtlinie, in: AG 2002, S. 604–610.

Dierdorf, Josef: Herrschaft und Abhängigkeit einer Aktiengesellschaft auf schuldvertraglicher und tatsächlicher Grundlage, 1978 (zitiert: Dierdorf, Herrschaft und Abhängigkeit).

Dietlein, Johannes: Nachfolge im Öffentlichen Recht, 1999.

Ebenroth, Carsten Thomas; Auer Thomas: Anmerkung zu BayObLG 3 Z BR 14/92, in: JZ 1993, S. 374–376.

Emmerich, Volker: Kartellrecht, 11. Auflage, 2008.

Emmerich, Volker; Habersack, Mathias: Aktien- und GmbH-Konzernrecht, 6. Auflage, 2010 (zitiert: Emmerich/Habersack-Bearbeiter).

Emmerich, Volker; Hoffmann, Jochen: Börsenrecht und Kartellrecht, in: Festschrift für Walter Schmitt Glaeser zum 70. Geburtstag, S. 527–535 (zitiert: Emmerich/Hoffmann, FS Schmitt Glaeser).

Epiney, Astrid: Umgekehrte Diskriminierungen, 1995.

Erichsen, Hans-Uwe; Ehlers, Dirk (Hrsg.): Allgemeines Verwaltungsrecht, 14. Auflage, 2010 (zitiert: Erichsen-Bearbeiter, Allg. VerwR., 14. A.).

–: Allgemeines Verwaltungsrecht, 12. Auflage, 2002 (zitiert: Erichsen-Bearbeiter, Allg. VerwR., 12. A.).

Fenchel, Udo: Das Vierte Finanzmarktförderungsgesetz – ein Überblick, in: DStR 2002, S. 1355–1362.

Freitag, Robert: Mitgliedstaatliche Beschränkungen des Kapitalverkehrs und Europäisches Gemeinschaftsrecht, in: EWS 1997, S. 186–195.

Gaiser, Anja Sofia: Die Umwandlung und ihre Auswirkung auf personenbezogene öffentlich-rechtliche Erlaubnisse – Ein unlösbarer Konflikt zwischen Umwandlungsrecht und Gewerberecht?, in: DB 2000, S. 361–364.

Gaß, Andreas: Die Umwandlung gemeindlicher Unternehmen, 2003.

Göppert, Heinrich: Das Recht der Börsen, 1932.

Götz, Jürgen: Der Entherrschungsvertrag im Aktienrecht, 1991.

Gottschalk, Ulrich: IBIS – Inter-Banken-Informations-System, in: ZBB 1991, S. 23–27.

Grabitz, Eberhard; Hilf, Meinhard (Hrsg.): Das Recht der europäischen Union, Stand: 40. Ergänzungslieferung, Oktober 2009 (zitiert: Grabitz/Hilf-Bearbeiter).

Groeben, Hans von der; Schwarze, Jürgen (Hrsg.): Kommentar zum Vertrag über die Europäische Union und zur Gründung der Europäischen Gemeinschaft, 6. Auflage, 2003 (zitiert: von der Groeben/Schwarze-Bearbeiter).

Groß, Wolfgang: Kapitalmarktrecht, 2. Auflage, 2002 (zitiert: Groß, Kapitalmarktrecht, 2.Auflage).

–: Kapitalmarktrecht, 4. Auflage, 2009 (zitiert: Groß, Kapitalmarktrecht).

Grüner, Michael: Anmerkung zu OLG Dresden, Urteil v. 27. 10. 1999–13 U 1257/99, in: NZG 2000, S. 601–603.

Gurlit, Elke; Mülbert, Peter: Der Börsenträger im Spannungsfeld von Gemeinwohlauftrag und Privatinteresse, 2012.

Hammen, Horst: Börsenerlaubnis, Anteilseignerkontrolle und Niederlassungsfreiheit bei der Fusion von Börsenorganisationen, 2013.

–: Börsenorganisationsrecht im Wandel, in: AG 2001, S. 549–567.

–: Börsenreform und Verfassungsrecht – Rechtsnatur der Börsenbedingungen und Zuständigkeit für die Einführung von Aktien zum Börsenhandel in den Teilbereichen –, in WM 2007, S. 1297–1305.

–: Börsen- und kreditwesengesetzliche Aufsicht über börsenähnliche Handelssysteme, Wertpapierbörsen und Börsenträger, in: WM 2001, S. 929–940.

–: Genussscheinfinanzierte Geschäfte mit Finanzinstrumenten und Finanzkommissionsgeschäft nach § 1 Abs. 1 KWG, in: WM 2005, S. 813–821.

–: Rechte der Emittenten bei der „Fusion“ von Wertpapierbörsen, ZBB 2001, S. 84–91.

–: Verschmelzung von Börsen?, in: Der Konzern 2008, S. 269–274.

Hammen, Horst; Kümpel, Siegfried: Zur Genehmigungsfähigkeit eines Verbundes der Frankfurter und Londoner Wertpapierbörse, in: WM 2000, Sonderbeilage Nr. 3 zu Heft 40/2000, S. 3–23.

Hansen, Herbert: NASDAQ Deutschland hat weiterhin Anspruch auf Handelssystem, in: AG Report 2003, R 356.

Hellwig, Hans-Jürgen: Möglichkeiten einer Börsenreform zur Stärkung des deutschen Kapitalmarktes, in: ZGR 1999, S. 781–819.

Hessisches Ministerium für Wirtschaft, Verkehr und Landesentwicklung: Stellungnahme der hessischen Börsenaufsichtsbehörde zu einigen ausgewählten Thesen des Gutachtens Hopt/Rudolph bezüglich einer Börsenreform in Deutschland, 1998 (zitiert: Hess. Börsenaufsichtsbehörde, Stellungnahme).

Hirschberger, Max: Organleihe, 1989.

Hirte, Heribert: Die „Große GmbH-Reform“ – Ein Überblick über das Gesetz zur Modernisierung des GmbH-Rechts und zur Bekämpfung von Missbräuchen (MoMiG), in: NZG 2008, S. 761–766.

Hoppmann, Carsten: Europarechtliche Entwicklungen im Börsenrecht, Arbeitspapiere des Instituts für Handels- und Wirtschaftsrecht der Universität Osnabrück, Nr. 60, URL:http://publikationen.ub.uni-frankfurt.de/volltexte/2005/797/pdf/paper60.pdf (Stand: Mai 2011) (zitiert: Entwicklungen im Börsenrecht).

Hopt, Klaus J.: Aktiengesetz Großkommentar, 3. Auflage, 1973 (zitiert: Großkommentar-Bearbeiter).

Hopt, Klaus; Baum, Harald: Börsenrechtsreform in Deutschland, in: Hopt, Klaus J.; Rudolph, Bernd; Baum, Harald: Börsenreform, 1997, S. 287–467 (zitiert: Hopt/Baum Börsenrechtsreform).

Hopt, Klaus J.; Merkt, Hanno: Handelsgesetzbuch, 34. Auflage, 2009 (zitiert: Baumbach/Hopt-Bearbeiter).

Horn, Thomas J.: Das organisationsrechtliche Mandat, in: NJW 1986, S. 808–812.

Hüffer, Uwe: Aktiengesetz, 7. Auflage, 2006 (zitiert: Hüffer, 7. A.).

–: Aktiengesetz, 9. Auflage, 2010.

Immenga, Ulrich; Mestmäcker, Ernst-Joachim: Wettbewerbsrecht, Band 1, Kommentar zum Europäischen Kartellrecht, 4. Auflage, 2007 (zitiert: Immenga/Mestmäcker-Bearbeiter Wettbewerbsrecht: EG).

–: Wettbewerbsrecht: GWB, 3. Auflage, 2001 (zitiert: Immenga/Mestmäcker-Bearbeiter GWB, 3. Auflage).

–: Wettbewerbsrecht: GWB, 4. Auflage, 2007 (zitiert: Immenga/Mestmäcker-Bearbeiter Wettbewerbsrecht: GWB).

Jarass, Hans P.: Elemente einer Dogmatik der Grundfreiheiten, in: EuR 1995, S. 202–226.

Kalbhenn, Christopher: Geld oder Brief: Deutsche Börse hat noch Potenzial, in: Börsenzeitung v. 02.10.2009, S. 17.

Kallmeyer, Harald: Umwandlungsgesetz, 3. Auflage, 2006 (zitiert: Kallmeyer-Bearbeiter).

Kemmler, Iris: Keine Anstalt ohne Anstaltslast, in: DVBl. 2003, S. 100–107.

Kleier, Ulrich: Freier Warenverkehr (Art. 30 EWG-Vertrag) und die Diskriminierung inländischer Erzeugnisse, in: RIW 1988, S. 623–632.

Kling, Michael; Thomas, Stefan: Kartellrecht, 2007.

Knobbe-Keuk, Brigitte: Niederlassungsfreiheit: Diskriminierungs- oder Beschränkungsverbot?, in: DB 1990, S. 2573–2587.

–: Umzug von Gesellschaften in Europa, in: ZHR 154 (1990), S. 325–356.

Köndgen, Johannes: Die Aufsichtsbehörde muß einen Entzug der Börsenzulassung prüfen, in: Frankfurter Allgemeine Zeitung v. 22.08.2000, S. 32.

–: Mutmaßungen über die Zukunft der europäischen Börsen; in: Festschrift für Marcus Lutter, S. 1401–1420.

König, David C.; Bormann, Jens: Die Reform des Rechts der Gesellschaften mit beschränkter Haftung, in: DNotZ 2008, S. 652–672.

König, Doris: Das Problem der Inländerdiskriminierung – Abschied von Reinheitsgebot, Nachtbackverbot und Meisterprüfung?, in: AöR 1993, S. 591–616.

Kost, Sebastian; Geerling, Tobias: Rechtliche Vorgaben für Restrukturierungen im Sparkassensektor, in: BKR 2003, S. 690–696.

Krebs, Walter: Die öffentlichrechtliche Anstalt, in: NVwZ 1985, S. 609–616.

Kronke, Herbert: Deutsches Gesellschaftsrecht und grenzüberschreitende Strukturänderungen, in: ZGR 1994, S. 26–46.

Kruse, Viola: Noch immer keine Niederlassungsfreiheit für Gesellschaften, in: EWS 1998, S. 444–446.

Kümpel, Siegfried; Wittig, Arne: Bank- und Kapitalmarktrecht, 4. Auflage, 2011 (zitiert: Kümpel/Wittig-Bearbeiter).

Kümpel, Siegfried: Bank- und Kapitalmarktrecht, 3. Auflage, 2004 (zitiert: Kümpel, Bank- und Kapitalmarktrecht, 3. A.).

–: Bank- und Kapitalmarktrecht, 2. Auflage, 2000 (zitiert: Kümpel, Bank- und Kapitalmarktrecht, 2. A.).

–: Börsengesetznovelle 1989, in: WM 1989, S. 1313–1321.

–: Börsenrecht, 1996 (zitiert: Kümpel, Börsenrecht, 1. Auflage).

–: Die IBIS-Integration in die Regionalbörsen aus börsenrechtlicher Sicht, in: WM 1992, S. 249–257.

–: Inter-Banken-Informations-System (IBIS), in: WM 1990, S. 45–49.

Kümpel, Siegfried, Hammen, Horst: Börsenrecht, 2. Auflage, 2003 (zitiert: Kümpel/Hammen Börsenrecht).

Kümpel, Siegfried; Hammen, Horst; Ekkenga, Jens: Kapitalmarktrecht, Stand: Januar 2011 (zitiert: Kümpel/Hammen/Ekkenga-Bearbeiter).

Kunz, Jens: Ausgewählte Rechtsprobleme des Zentralen Kontrahenten, 2009.

Kurth, Ekkehard: Börsenrechtliche Anforderungen und Problemstellungen im Rahmen von Börsenkooperationen, Vortrag im Rahmen des Zweiten Kapitalmarktrechtssymposium der Deutschen Börse AG am 09.06.1999 in Frankfurt am Main, URL: http://www.dr-e-kurth.de/artikel/boersenrechtliche-anforderungen-und-problemstellungen-im-rahmen-von-boersenkooperationen.pdf (Stand: Mai 2011) (zitiert: Kurth, Anforderungen).

Lackhoff, Klaus: Die Niederlassungsfreiheit des EGV – nur ein Gleichheits- oder auch ein Freiheitsrecht?, 2000.

Langen, Eugen: Kommentar zum Kartellrecht, 6. Auflage, 1982.

Laule, Gerhard: Die Umstrukturierung der Frankfurter Wertpapierbörse, in: Festschrift für Theodor Heinsius zum 65. Geburtstag, 1991.

Lauscher, Carl Wilhelm: Die Delegation von Hoheitsrechten durch Gemeinden auf Gemeinden und Gemeindeverbände, 1968 (zitiert: Lauscher, Delegation von Hoheitsrechten).

Lenenbach, Markus: Kapitalmarkt- und Börsenrecht, 2002.

Lepczyk, Dennis A.: Rechtliche Aspekte internationaler Börsenfusionen, 2008.

Leuering, Dieter: Neue Entwicklungen im internationalen Gesellschaftsrecht, in: NJW-Spezial 2008, S. 111–112.

Lodde, Paul: Rechtsfragen der Organleihe im Bund-Länder-Verhältnis unter besonderer Berücksichtigung der Bundesbauverwaltung, 1990 (zitiert: Lodde, Rechtsfragen der Organleihe).

Loewenheim, Ulrich; Meessen, Karl M.; Riesenkampff, Alexander: Kartellrecht, 2. Auflage, 2009 (zitiert: Löwenheim/Meessen/Riesenkampff-Bearbeiter).

Lutter, Marcus: Stand und Entwicklung des Konzernrechts in Europa, in: ZGR 1987, S. 324–369.

Lutter, Marcus (Hrsg.): Umwandlungsgesetz, 4. Auflage, 2009 (zitiert: Lutter-Bearbeiter).

Mai, Stefan: Börse für strukturierte Produkte heißt „Scoach", in: AG Report 2007, R 402.

Mangels, Gerd: Zur Übertragung von Hoheitsbefugnissen im Bereich der Verwaltungsbehörden, in: JZ 1957, S. 161–162.

Maunz, Theodor; Dürig, Günter: Kommentar zum Grundgesetz, herausgegeben von Herzog, Roman; Herdegen, Matthias; Klein, Hans H.; Scholz, Rupert, 53. Auflage, 2009 (zitiert: Maunz/Dürig-Bearbeiter).

Mayer, Otto: Deutsches Verwaltungsrecht II, 3. Auflage, 1924.

Merkt, Hanno: Empfiehlt es sich, im Interesse des Anlegerschutzes und zur Förderung des Finanzplatzes Deutschland das Kapitalmarkt- und Börsenrecht neu zu regeln?, in: Ständige Deputation des Deutschen Juristentages (Hrsg.); Verhandlungen des vierundsechzigsten Deutschen Juristentages, 2002 (zitiert: Merkt, Gutachten zum 64. Deutschen Juristentag).

–: Börsenfusion: Nach dem Spiel ist vor dem Spiel – Ausgewählte börsenrechtliche Fragen am Beispiel der gescheiterten Fusion der Deutsche Börse mit dem New York Stock Exchange, in: Festschrift für Michael Hoffmann-Becking, 2013, S. 793–820.

Mertens, Hans-Joachim: Verpflichtung der Volkswagen AG, einen Bericht gemäß § 312 AktG über ihre Beziehungen zum Land Niedersachsen zu erstatten?, in: AG 1996, S. 241–249.

Meyer, Oscar; Bremer, Heinz: Börsengesetz nebst Ausführungsbestimmungen, 4. Auflage, 1957 (zitiert: Meyer/Bremer).

Michalski, Lutz: Grundzüge des internationalen Gesellschaftsrechts, in: NZG 1998, S. 762–765.

Müller, Wolfgang: Zweifelsfragen zu § 96 Bundessozialhilfegesetz, in: DÖV 1964, S. 530–536.

Müller-Graf, Peter-Christian: Einflußregulierungen in Gesellschaften zwischen Binnenmarktrecht und Eigentumsordnung, in: Festschrift für Peter Ulmer, 2003, S. 929–954.

Münchener Kommentar zum Aktiengesetz – Kropff, Bruno (Hrsg.); Semler, Johannes (Hrsg.): Band 1, 2. Auflage, 2000 (zitiert: MüKo AktG-Bearbeiter).

Münchener Kommentar zum Aktiengesetz – Goette, Wulf (Hrsg.); Habersack, Mathias (Hrsg.): Band 2, 3. Auflage, 2008 (zitiert: MüKo AktG-Bearbeiter).

Münchener Kommentar zum Aktiengesetz – Kropff, Bruno (Hrsg.); Semler, Johannes (Hrsg.): Band 3, 2. Auflage, 2004 (zitiert: MüKo AktG-Bearbeiter).

Münchener Kommentar zum Aktiengesetz – Kropff, Bruno (Hrsg.); Semler, Johannes (Hrsg.): Band 7, 2. Auflage, 2001 (zitiert: MüKo AktG-Bearbeiter).

Münchener Kommentar zum Aktiengesetz – Kropff, Bruno (Hrsg.); Semler, Johannes (Hrsg.); Goette, Wulf (Hrsg.); Habersack, Mathias (Hrsg.): Band 9/2, 2. Auflage, 2006 (zitiert: MüKo AktG-Bearbeiter).

Münchener Kommentar zum Bürgerlichen Gesetzbuch – Rebmann, Kurt (Hrsg.); Säcker, Franz Jürgen (Hrsg.); Rixecker, Roland (Hrsg.): Band 11, 4. Auflage, 2006.

Mues, Jochen: Anmerkungen zum Börsengesetz nach dem Diskussionsentwurf für das Vierte Finanzmarktförderungsgesetz, in: ZBB 2001, S. 353–360.

Nobel, Peter: Börsenallianzen und -fusionen, in: Festschrift für Marcus Lutter zum 70. Geburtstag, S. 1485–1511.

Nolte, Martin; Niestedt, Marian: Grundfälle zur Rechtsnachfolge im Öffentlichen Recht, in: JuS 2000, S. 1071–1075.

Obermayer, Klaus: Die Übertragung von Hoheitsbefugnissen im Bereich der Verwaltungsbehörden, in JZ 1956, S. 625–630.

Ohler, Christoph: Die Kapitalverkehrsfreiheit und ihre Schranken, in: WM 1996, S. 1801–1808.

Otto, Klaus: Nachfolge in öffentlich-rechtliche Positionen des Bürgers, 1968.

Posegga, Volker: Gesellschafts- und aufsichtsrechtliche Aspekte des Zusammenschlusses von Börsen am Beispiel der Verschmelzung der Trägergesellschaften, in: WM 2002, S. 2402–2408.

Posser, Herbert; Wolff, Heinrich Amadeus (Hrsg.): Beck'scher Online-Kommentar VwGO, Edition 15, Stand: 01.10.2010 (zitiert: BeckOK VwGO, Bearbeiter).

Rasch, Ernst: Bemerkungen zur Rechtsnatur organisatorischer Maßnahmen, in: DVBl. 1983, S. 617–622.

Reckers, Hans: IX – Verlust für Frankfurt a. M. oder Gewinn für den Finanzplatz Europa?, in: WM 2000, S. 1631.

Renck, Ludwig: Leistungsverwaltung und Wettbewerbsrecht – BGHZ 67, 81 und BayKompKonflH, DÖV 1975, 394; in: JuS 1978, S. 459–462.

Riehmer, Klaus; Heuser, Friederike: Börsen und Internet, in: NZG 2001, S. 385–391.

Rittner, Fritz; Kulka, Michael: Wettbewerbs- und Kartellrecht, 7. Auflage, 2008.

Rudolph, Bernd: Viertes Finanzmarktförderungsgesetz – ist der Name Programm?, in: BB 2002, S. 1036–1041.

Rümker, Dietrich: Probleme der Vereinigung öffentlich-rechtlicher Kreditinstitute, in: Festschrift für Ernst Steindorff, S. 449–471.

Säcker, Franz Jürgen: Zur Problematik von Mehrfachfunktionen im Konzern, in: ZHR 151 (1987), S. 59–71.

Schäfer, Frank A.: Wertpapierhandelsgesetz, Börsengesetz mit Börsenzulassungsverordnung, Verkaufsprospektgesetz mit Verkaufsprospektverordnung, 1999 (zitiert: Schäfer-Bearbeiter).

Schäfer, Frank A.; Hamann, Uwe: Kapitalmarktgesetze, 2. Auflage, Stand: November 2009 (zitiert: Schäfer/Hamann-Bearbeiter).

Schenke, Wolf-Rüdiger: Anmerkung zu BDiszG, Beschl. V. 24.01.1985, IX BK 12/84, in: DÖV 1985, S. 452–454.

–: Delegation und Mandat im Öffentlichen Recht, in: VerwArch. Bd. 68 (1977), S. 118–168.

Schill, Stephan: Staatsangehörigkeitsvorbehalt für Notare und europäische Niederlassungsfreiheit – Der Anfang vom Ende eines Privilegs?, in: NJW 2007, S. 2014–2018.

Schink, Alexander: Rechtsnachfolge bei Zuständigkeitsveränderungen in der öffentlichen Verwaltung, 1984 (zitiert: Schink, Rechtsnachfolge).

Schmidt, Karsten; Lutter, Marcus: Aktiengesetz Kommentar, Band 1, 2. Auflage, 2010 (zitiert: Schmidt-Bearbeiter AktG).

Schmidt-Bleibtreu, Bruno; Klein, Franz: GG Kommentar zum Grundgesetz, 11. Auflage, 2008 (zitiert: Schmidt-Bleibtreu/Klein-Bearbeiter).

Schmitt, Joachim; Hörtnagl, Robert; Stratz, Rolf-Christian: Umwandlungsgesetz, 5. Auflage, 2009 (zitiert: Schmitt/Hörtnagel/Stratz-Bearbeiter).

Schneider, Uwe H.; Burgard, Ulrich: Börsenrechtliche Bewertung einer Einbeziehung der Trägergesellschaft der Frankfurter Wertpapierbörse in einen multinationalen Börsenkonzern und die Verlagerung des Handels in Standardwerten an eine andere Börse, in: WM 2000, Sonderbeilage Nr. 3 zu Heft 40/2000, S. 24–45.

Schoch, Friedrich; Schmidt-Aßmann, Eberhard; Pietzner, Rainer (Hrsg.): Verwaltungsgerichtsordnung Kommentar, Stand: Juli 2009 (zitiert: Schoch/Schmidt-Aßmann/Pietzner-Bearbeiter).

Schöne, Franz-Josef: Die „umgekehrte Diskriminierung" im EWG-Vertrag nach der Rechtsprechung des Europäischen Gerichtshofs, in: RIW 1989, S. 450–454.

Schwark, Eberhard: Börsengesetz Kommentar, 2. Auflage, 1994 (zitiert: Schwark, BörsG 2. A.).

–: Kapitalmarktrechts-Kommentar, 3. Auflage, 2004 (zitiert: Schwark-Bearbeiter, 3. A.).

Schwark, Eberhard; Zimmer, Daniel: Kapitalmarktrechts-Kommentar, 4. Auflage, 2010 (zitiert: Schwark-Bearbeiter).

Schwark, Eberhard: Zur rechtlichen Zulässigkeit der Konzerneingliederung des Trägers der Frankfurter Wertpapierbörse unter eine ausländische Holding und eines blue-chips-Handelssegments in alleiniger Zuständigkeit einer ausländischen Börsenholding, in: WM 2000, S. 2517–2532.

Schwarze, Jürgen (Hrsg.): EU-Kommentar, 2. Auflage, 2009 (zitiert: Schwarze-Bearbeiter).

Segna, Ulrich: Die Rechtsform deutscher Wertpapierbörsen, in: ZBB 1999, S. 144–152.

Semler, Johannes; Stengel, Arndt: Umwandlungsgesetz mit Spruchverfahrensgesetz, 2. Auflage, 2007 (zitiert: Semler/Stengel-Bearbeiter).

Spanner, Hans: Anmerkung zu BVerwG- Entscheidung vom 28.09.1961, Az. II C 168/60, in: DÖV 1962, S. 342–343.

Spindler, Gerald: Elektronische Finanzmärkte und Internet-Börsen – Teil 1: Grundlegende Risiken und Reform des nationalen Kapitalmarktrechts –; in: WM 2002, S. 1325–1342.

–: Internationale Kapitalmarktangebote und Dienstleistungen im Internet; in: WM 2001, S. 1689–1701.

Stadie, Holger: Rechtsnachfolge im Verwaltungsrecht, DVBl. 1990, S. 501–508.

Stelkens, Paul; Bonk, Heinz Joachim; Sachs, Michael: Verwaltungsverfahrensgesetz, 7. Auflage, 2008 (zitiert: Stelkens/Bonk/Sachs-Bearbeiter).

Stelkens, Ulrich: Organisationsgewalt und Organisationsfehler – Voraussetzungen der Errichtung von Behörden und juristischen Personen des öffentlichen Rechts und Rechtsfolgen ihrer Mißachtung, in: LKV 2003, S. 489–495.

Thieme, Juliane: Wertpapierdienstleistungen im Binnenmarkt, 2008.

Thomas, Stefan: Unternehmensverantwortlichkeit und -umstrukturierung nach EG-Kartellrecht, 2005.

Timm, Wolfram: Die Aktiengesellschaft als Konzernspitze, 1980.

Trautwein, Thomas: Die Kapitalverkehrsfreiheit gem. Art. 56 I EG, in: JA 2008, S. 281–286.

Triebel, Volker; von Hase, Karl: Wegzug und grenzüberschreitende Umwandlungen deutscher Gesellschaften nach „Überseering“ und „Inspire Art“, in BB 2003, S. 2409–2417.

Vaupel, Christoph F.: Genehmigungszuständigkeit für grenzüberschreitenden computergestützten Börsenhandel, in: RIW 1993, S. 733–737.

von Olenhusen, Peter Götz: Börsen und Kartellrecht, 1983.

Wackerbarth, Ulrich: Von golden shares und poison pills: Waffengleichheit bei internationalen Übernahmeangeboten, in: WM 2001, S. 1741–1753.

Waldhoff, Christian: Rechtsnachfolge im Verwaltungsrecht, in: JuS 2007, S. 274–275.

Weber, Stefan: Kapitalverkehr und Kapitalmärkte im Vertrag über die Europäische Union, in: EuZW 1992, S. 561–566.

Weis, Hubert: Inländerdiskriminierung zwischen Gemeinschaftsrecht und nationalem Verfassungsrecht, in: NJW 1983, S. 2721–2726.

Wiede, Peter: Die Börse als verwaltungsrechtliches Problem und Rechtsinstitut, 1965.

Wolff, Hans J.; Bachof, Otto; Stober, Rolf; Kluth, Winfried: Verwaltungsrecht I, 12. Auflage, 2007 (zitiert: Wolff/Bachof/Stober/Kluth Verwaltungsrecht I).

–: Verwaltungsrecht II, 7. Auflage, 2010 (zitiert: Wolff/Bachof/Stober/Kluth Verwaltungsrecht II).

Zacker, Christian; Wernicke, Stephan: Examinatorium Europarecht, 3. Auflage, 2004.

Zimmer, Daniel; Naendrup, Christoph: Das „Cartesio-Urteil" des EuGH: Rück- oder Fortschritt für das internationale Gesellschaftsrecht?, in: NJW 2009, S. 545–550.

Zöller, Richard: Zivilprozessordnung, 28. Auflage, 2010.

Zöllner, Wolfgang; Noack, Ulrich; (Hrsg.): Kölner Kommentar zum Aktiengesetz, Band 1, 3. Auflage, 2010 (zitiert: Kölner Kommentar-Bearbeiter).

A. Einleitung

Das Interesse der Rechtswissenschaft an den deutschen Börsen ist erst spät aus seinem Dornröschenschlaf erwacht. Jahrzehntelang verhinderte die Nähe zum Kapitalmarkt und zum Wirtschaftsrecht, daß Wissenschaftler aus dem öffentlich-rechtlichen Bereich der Institution Börse in ausreichender Zahl Aufmerksamkeit schenkten, während Wirtschaftsrechtler von der Konstruktion der Börse als öffentlich-rechtlicher Anstalt und dem hieraus folgenden großen Einfluß des öffentlichen Rechts auf Distanz gehalten wurden. Es wäre zu vermuten gewesen, daß die in den letzten Jahren auch im Bereich des Börsenwesens stetig zunehmende Bedeutung des Europarechts dazu führt, Börsen nun endgültig unattraktiv für die Wissenschaft zu machen, da selbst für ein grobes Verständnis die Kenntnis aller drei Rechtsbereiche unerläßlich ist. Daß es indes ganz im Gegenteil in den vergangenen Jahren zu einer verstärkten Beschäftigung der Wissenschaft mit Fragen des Börsenrechts gekommen ist, ist in erster Linie ein Verdienst der Rechtspraxis. Denn durch die vor allem mit der Globalisierung einhergehenden Veränderungen wurde eine lange Reihe von Fragestellungen aufgeworfen und hiermit auch das Bedürfnis, diese Fragen nicht nur in der Praxis, sondern auch in der Theorie umfassend zu klären. Als Initialzündung, die die Börsen ins Bewußtsein breiter Kreise der Rechtswissenschaft rückte, muß die geplante Fusion von Deutscher Börse AG und London Stock Exchange im Jahre 2000 gelten,[1] bei der schnell deutlich wurde, daß viele grundlegende Fragestellungen im Rahmen von Kooperationen von Börsen gänzlich ungeklärt waren, was schon an den sich anschließenden, mitunter sehr weit voneinander entfernt liegenden rechtlichen Bewertungen des Projektes sichtbar wurde.[2] Ein Jahrzehnt fruchtbarer wissenschaftlicher Diskussionen und zwei Monographien, die sich ausschließlich dem Thema der Börsenkooperationen und Börsenfusionen widmen,[3] später sind zwar viele Problemstellungen klarer herausgearbeitet und einige Fragen gelöst. Raum für eine weitere Beschäftigung mit dem Thema Börsenfusionen und Börsenkooperationen bietet sich jedoch weiterhin, wofür allein schon die Tatsache sorgt, daß sich das Börsenrecht mit einer Frequenz

---

1 S. u. B. II.

2 Vgl. Hammen/Kümpel WM 2000, Sonderbeilage 3, 3 – 23, und Schneider/Burgard WM 2000, Sonderbeilage 3, 24–45.

3 Christoph: „Börsenkooperationen und Börsenfusionen“ und Lepczyk: „Rechtliche Aspekte internationaler Börsenfusionen“.

ändert, die diejenige in den meisten anderen Rechtsgebieten um ein Vielfaches übertrifft. Dies ist aber auch notwendig, denn neben der stark zu verspürenden Tendenz einer Globalisierung von Unternehmenstätigkeit aller Art – und damit eben auch der der Börsenbetreiber – ist es im Bereich des Börsenhandels auch die enorme computertechnische Entwicklung insbesondere der letzten 15 Jahre, die regelmäßig dazu führt, daß der Gesetzgeber Änderungen der Lebenswirklichkeit nachvollziehen muß. Weiterhin sorgt auch die außergewöhnliche Konstruktion des Börsenwesens deutschen Rechts mit einem privatrechtlichen Börsenbetreiber und einer teilrechtsfähigen öffentlich-rechtlichen Anstalt Börse dafür, daß Lösungen aus anderen Rechtsbereichen für das Börsenrecht nicht schematisch übernommen werden können, sondern alternative Lösungswege ausgearbeitet werden müssen. Ein paar der für die Praxis bedeutendsten Probleme im Rahmen von Börsenkooperationen und Börsenfusionen zu lösen oder wenigsten hierzu beizutragen, soll das Ziel der vorliegenden Arbeit sein.

Nachdem im zweiten Kapitel kurz einige bedeutende Projekte aus der Rechtspraxis vorgestellt werden, ist es der Dualismus von Börse und Träger, der den Aufbau der rechtlichen Untersuchung im dritten Kapitel prägt. Denn da es hierdurch bei jedem Kooperationsprojekt mindestens vier Beteiligte gibt, sind verschiedene Stufen einer Zusammenarbeit denkbar. Als die – von dem Blickwinkel der Börsen aus gesehen – am wenigsten weitgehenden sollen zunächst Kooperationen untersucht werden, die sich lediglich auf der Ebene der Börsenbetreiber auswirken, die Ebene der Börsenanstalten aber unverändert lassen. Als nächstes widmet sich dieses Buch dann Kooperationsmodellen auf der Ebene der Börsen selbst, die dort zwar zu Änderungen führen, die Existenz der verschiedenen Börsen aber unangetastet lassen. Hierauf folgen Darlegungen zu der weitreichendsten Kooperationsmöglichkeit: eine Fusion beider Börsenanstalten zu einer gemeinsamen Börse. Nicht behandelt werden im dritten Kapitel die kartellrechtlichen Fragestellungen von Börsenkooperationen und Börsenfusionen, die in der Praxis oft die schwierigste Hürde darstellen. Wenngleich diese für manche Arten der Zusammenarbeit mehr als für andere gelten, ist es jedoch selten möglich, einzelne kartellrechtliche Fragen sauber einer bestimmten Art der Kooperation zuzuordnen, weshalb ihnen der Übersichtlichkeit halber ein separates Kapitel gewidmet werden soll.

B. Beispiele realisierter und nicht realisierter Kooperations- und Fusionsprojekte

I. Trägerschaft der BÖAG Börsen AG für die Börsen Hamburg und Hannover

Das deutschlandweit bedeutendste Beispiel für eine gelungene Kooperation auf Ebene der Börsenträger bei gleichzeitiger Trennung der Börsenanstalten ist die Entwicklung im Betrieb der Hanseatischen Wertpapierbörse Hamburg und der Niedersächsischen Börse zu Hannover. Träger der Hanseatischen Wertpapierbörse Hamburg war bis zum Jahre 1999 der Verein der Mitglieder der Hanseatischen Wertpapierbörse in Hamburg e.V. Träger der Niedersächsischen Börse zu Hannover war der eingetragene Verein Niedersächsische Börse zu Hannover. Um im Rahmen der sich abzeichnenden Börsenkonsolidierung an börsenpolitischem und finanziellem Gewicht zuzulegen[4], wurde am 01.01.1999 die BÖAG Börsen AG gegründet[5], die zum 30.12.1999 Trägerin der beiden Börsenanstalten in Hamburg und Hannover wurde.[6] Anteilseigner der BÖAG Börsen AG sind der Verein der Mitglieder der Hanseatischen Wertpapierbörse in Hamburg e.V. und die Niedersächsische Börse zu Hannover e.V. zu jeweils 50 %.[7] Im Jahre 2005 wurde die Bremer Wertpapierbörse AG, die nach dem Scheitern des Projektes NASDAQ Deutschland aus der Trägerschaft der Börse Berlin-Bremen ausgeschieden und daher ohne Handelssystem und operatives Geschäft war[8], vorübergehend Mitträger der Hamburger Börse.[9] Nachdem jedoch die Schweizer SWX Swiss Exchange AG das Börsengeschäft der Bremer Börse übernommen hatte,[10] verblieb die BÖAG Börsen AG als einzige Trägerin der Hanseatischen Wertpapierbörse Hamburg.

4 „HH + H = Börsen AG", BZ vom 02.03.2000, S. 3.
5 http://www.hamburger-boerse.de/HHBoerse_deutsch/wertpapierboerse/index.jsp.
6 „HH + H = Börsen AG", BZ vom 02.03.2000, S. 3.
7 http://www.fondsboerse.de/cgi-bin/ix.cgi?IXpg=bn6_impressum.
8 Vgl. B. VI.
9 „Börsenträger stehen kurz vor Kooperation", BZ vom 10.02.2005, S. 1.
10 „Börse Bremen wirft das Handtuch", BZ vom 08.06.2007, S. 4.

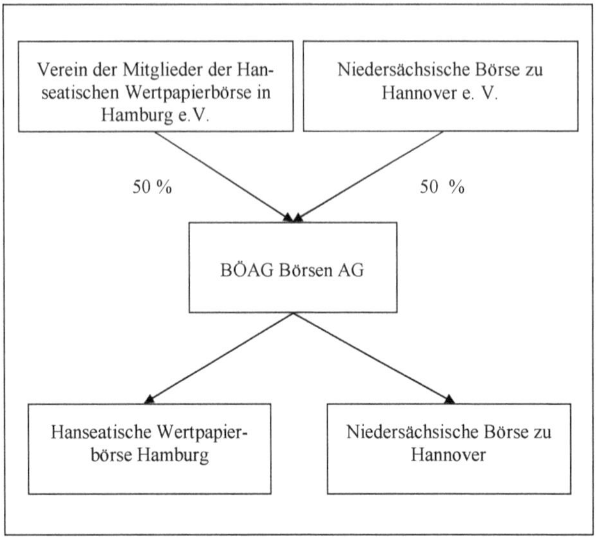

Die Börsenanstalten in Hamburg und Hannover sind weiterhin unabhängig voneinander, allein die Geschäftsführung ist in beiden Börsen personenidentisch besetzt.[11] Demgegenüber gibt es keine Personenidentitäten in der Besetzung des Börsenrates dieser Börsen,[12] und die Börsenaufsicht liegt, da beide Börsen in verschiedenen Bundesländern ihren Sitz haben, bei verschiedenen Börsenaufsichtsbehörden.[13]

II. Das Projekt iX

Erstmalig berichtete die Presse Anfang April 2000 über Verhandlungen zwischen der Deutschen Börse AG (DB AG) und der London Stock Exchange plc. (LSE), die eine Fusion beider Unternehmen und die Zusammenlegung der Handelsplätze in London und Frankfurt zum Ziel haben sollten.[14] Anfang Mai 2000 gaben

11 Geschäftsführer sind jeweils Dr. Thomas Ledermann und Dr. Sandra Lüth (Stand 14.12.2010).

12 Stand 14.12.2010.

13 Für die Hamburger Börse ist die Behörde für Wirtschaft und Arbeit als Börsenaufsichtsbehörde der Freien und Hansestadt Hamburg zuständig, für die Börse in Hannover das Niedersächsisches Ministerium für Wirtschaft, Arbeit und Verkehr als Börsenaufsichtsbehörde des Landes Niedersachsen.

14 „Frankfurt/London – ein ungemachtes Bett“, BZ vom 06.04.2000, S. 3.

dann die DB AG und die LSE die genauen Pläne einer Kooperation bekannt.[15] Hiernach sollte die DB AG abgesehen von ihrer 50 %-Beteiligung am Abwickler Clearstream International S.A. alle Aktiva und Passiva in die neu gegründete Deutsche Börse New Co AG (DB New AG)[16] einbringen, die zukünftig Trägerin der Frankfurter Wertpapierbörse (FWB) sein sollte. Daß die hälftige Beteiligung am Abwickler Clearstream International S.A.[17] nicht in die DB New AG eingebracht werden sollte, hatte seine Ursache nicht in erhofften wirtschaftlichen oder rechtlichen Vorteilen, sondern war begründet in dem Versuch, eine Zustimmung von Öffentlichkeit und Politik in London zu dieser Börsenfusion zu erreichen.[18] Da der Börsenwert der DB AG den der LSE deutlich überstieg, sollte der Wert der DB New Co AG gesenkt werden, um eine jeweils hälftige Beteiligung der ehemaligen DB- und LSE-Aktionäre an der neuen Gesellschaft möglich zu machen, um so den Eindruck einer Übernahme der LSE zu vermeiden und denjenigen eines „merger of equals" zu erwecken.[19] Die Aktien der DB New AG sollten im folgenden auf die iX International Exchange plc (iX) – eine neu zu gründende Holding mit Sitz in London – übertragen werden, an der die DB AG mit 50 % beteiligt sein sollte. Entsprechend sollten auch die Londoner LSE zu einer 100%igen Tochtergesellschaft der iX und die ehemaligen Aktionäre im Gegenzug ebenfalls mit 50 % an der iX beteiligt werden.[20] Demgegenüber sollten aber die beiden Börsen rechtlich selbständig bleiben, und der Börsenhandel sollte auf getrennten Handelsplattformen stattfinden, wobei allerdings beide Handelsplattformen das elektronische Handelssystem XETRA der Deutschen Börse Systems AG nutzen sollten. Diese Tochtergesellschaft der DB AG sollte – wie die anderen Beteiligungen mit Ausnahme von Clearstream International – ebenfalls in die DB New Co AG eingebracht werden.[21] Auch das Clearing der Börsen in Frankfurt und London sollte getrennt stattfinden, für die Geschäfte an der FWB

15 „Deutsche Börse greift IPO-Pläne wieder auf", BZ vom 21.11.2000, S. 1.

16 Im späteren Verlauf der Kooperationsverhandlungen wurde die neu zu gründende Gesellschaft als „iX-international exchanges Frankfurt" bezeichnet; siehe Schwark WM 2000, 2517, 2517.

17 Die andere Hälfte wurde damals von der luxemburgischen Abwicklungsgesellschaft Cedel International gehalten, bevor sie 2002 von der DB AG übernommen wurde.

18 „Das Ziel im Blick behalten", BZ vom 26.04.2000, S. 1.

19 „Details der Börsenfusion müssen auf den Tisch", BZ vom 18.05.2000, S. 3.

20 Zum Sachverhalt siehe Hammen/Kümpel WM 2000, Sonderbeilage Nr. 3, 4 f.; Schneider/Burgard WM 2000, Sonderbeilage Nr. 3, 24; Schwark WM 2000, 2517, 2517 f.; Christoph, Börsenkooperationen und Börsenfusionen, S. 50 f.

21 Hammen/Kümpel WM 2000, Sonderbeilage Nr. 3, 4.

durch die Clearstream International S.A., für die Geschäfte an der LSE durch das in London etablierte System Crest.[22] Jedoch war eine Kooperation zwischen den beiden Börsen insoweit vorgesehen, als der Aktienhandel zwischen ihnen aufgeteilt werden sollte. Hierzu sollte zum einen ein Segment für europäische Standardwerte geschaffen werden, das von der LSE getragen werden und der staatlichen Aufsicht durch die Financial Services Authority (FSA) unterstehen sollte,[23] wobei für die Zulassung von bisher nur an der FWB notierten Standardwerten keine Zulassung der englischen Börsenaufsicht erforderlich gewesen wäre.[24] Im Gegenzug sollte die FWB Betreiberin eines europaweiten Marktes für Wachstumswerte auf der Grundlage der Regularien des damaligen Neuen Marktes sein.[25] Es war jedoch nicht vorgesehen, den Emittenten die Notierung in einem bestimmten Marktsegment vorzuschreiben. Vielmehr sollte es etwa den Emittenten deutscher Blue-chip-Werte freistehen, sich weiterhin nur an der FWB notieren zu lassen.[26]

Nachdem die Pläne für die Börsenfusion anfänglich ein weitgehend positives Echo fanden und fest mit einem Gelingen gerechnet wurde,[27] wurde insbesondere nach Bekanntgabe der Details der geplanten Kooperation nach und nach immer mehr Kritik von Seiten der Anteilseigner,[28] Handelsteilnehmer[29] und auch der Börsenaufsicht[30] laut. Nachdem während der laufenden Verhandlungen auch noch der Betreiber der Stockholmer Börse, OM Gruppen, ein Übernahmeangebot für die LSE vorgelegt hatte[31], gab die LSE im September 2000 die Aufgabe der Kooperationspläne mit der DB AG und der FWB bekannt.[32]

---

22 Schwark WM 2000, 2517, 2517.

23 Hammen/Kümpel WM 2000, Sonderbeilage Nr. 3, 4.

24 Hammen/Kümpel WM 2000, Sonderbeilage Nr. 3, 5.

25 Schwark WM 2000, S. 2518.

26 Hammen/Kümpel WM 2000, Sonderbeilage Nr. 3, 5.

27 „Börsenfusion London/Frankfurt auf der Zielgeraden“, BZ vom 29.04.2000, S. 1; „Frankfurt und London bilden internationale Börse iX“, BZ vom 04.05.2000, S. 1.

28 „Börsen Frankfurt und London rechnen trotz Kritik mit Zustimmung für Fusion“, BZ vom 18.05.2000, S. 1.

29 „In Frankfurt formiert sich Widerstand gegen Börsenfusion“, BZ vom 17.05.2000, S. 1.

30 „Hessens Wirtschaftsminister droht, Börsenfusion Steine in den Weg zu legen“, BZ vom 19.05.2000, S. 1.

31 „OM legt Angebot für Londoner Börse vor“, BZ vom 30.08.2000, S. 1.

32 „Londoner Börse gibt iX einen Korb“, BZ vom 13.09.2000, S. 1.

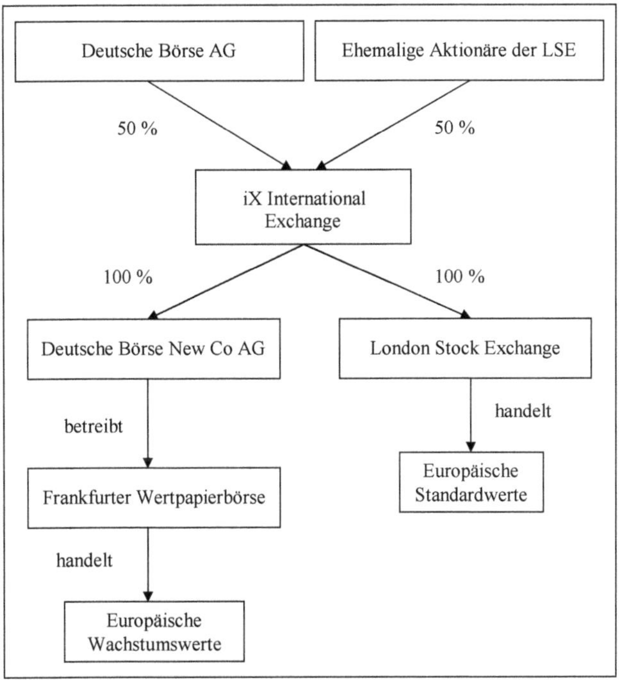

III. Fusion Deutsche Börse – Nyse Euronext[33]

Die Presse berichtete erstmals im Februar 2011 von Verhandlungen der Deutsche Börse AG und der Nyse Euronext über eine Fusion.[34] Geplant war die Gründung einer neuen Holdinggesellschaft in den Niederlanden, die mit der Nyse Euronext fusioniert werden und dann den Anteilseignern der Deutschen Börse ein Angebot unterbreiten sollte.[35] Im Ergebnis sollten die ehemaligen

33 Vgl. zum Sachverhalt und den rechtlichen Aspekten: Hammen, Börsenerlaubnis, Anteilseignerkontrolle und Niederlassungsfreiheit bei der Fusion von Börsenorganisationen; Gurlit/Mülbert, Der Börsenträger im Spannungsfeld von Gemeinwohlauftrag und Privatinteresse; Merkt, Börsenfusion: Nach dem Spiel ist vor dem Spiel – Ausgewählte börsenrechtliche Fragen am Beispiel der gescheiterten Fusion der Deutsche Börse mit dem New York Stock Exchange, in: FS Hoffmann-Becking 793 ff.; Burgard, WM 2011, 1973 ff.

34 „Deutsche Börse und Nyse Euronext verhandeln über Fusion", BZ vom 10.02.2011, S. 5.

35 „Vereinbarung kurz vor Abschluss", BZ vom 11.02.2011, S. 4.

Aktionäre der Deutschen Börse AG ca. 60 % der Anteile, die Aktionäre der Nyse Euronext 40 % der Anteile der neuen Holdinggesellschaft halten.[36] Die Börse sollte über zwei Firmenzentralen in Eschborn und New York verfügen und als Chief Executive war der CEO der Nyse Euronext, Duncan Niederauer vorgesehen.[37] Chairman sollte der Vorstandsvorsitzende der Deutschen Börse, Reto Francioni werden.[38] Ziel der geplanten Struktur war auch, sicherzustellen, daß ein Zugriff der SEC auf in Europa gelistete Unternehmen ausgeschlossen ist, was durch die Gründung einer mit unabhängigen Mitgliedern besetzten Stiftung in den Niederlanden erreicht werden sollte.[39]

Während die Pläne einer Fusion an der Börse zunächst sehr positiv aufgenommen wurden[40], gab es auf beiden Seiten des Atlantik auch postwendend kritische Reaktionen – Hintergrund war meist die Befürchtung, die „eigene" Börse werde bei dem Zusammenschluß übervorteilt und in die Bedeutungslosigkeit abgleiten.[41] Dennoch schien eine schnelle Verwirklichung der Fusionspläne Realität zu werden, nachdem sowohl der Aufsichtsrat der Deutschen Börse AG als das Board der Nyse Euronext der Transaktion zustimmten und die moderat zustimmenden Meinungen in der Öffentlichkeit die Oberhand gewannen.[42]

Diese Einschätzung änderte sich jedoch schlagartig, als Gerüchte über ein Gegenangebot der amerikanische Terminbörsenkonzern CME Group die Runde machten[43] und auch Vermutungen über etwaige regulatorische Hürden vernehmlich wurden.[44] Jedoch war es kurz darauf nicht die CME Group, sondern vielmehr eine Allianz aus der Technologiebörse Nasdaq OMX und der vorrangig im Futurehandel tätigen ICE, welche ein Gegenangebot für die Nyse Euronext

---

36 „Deutsche Börse und Nyse vor Fusion", BZ vom 10.02.2011, S. 1.

37 „Deutsche Börse und Nyse Euronext verhandeln über Fusion", BZ vom 10.02.2011, S. 5.

38 Ebd.

39 „Kein Zugriff der SEC durch Börsenfusion", BZ vom 02.03.2011.

40 Die Aktien der Nyse Euronext stiegen in einer ersten Reaktion um 18 %, die der Deutsche Börse AG um ca. 5 %. Vgl. „Deutsche Börse und Nyse Euronext verhandeln über Fusion", BZ vom 10.02.2011, S. 5.

41 Vgl. „Wall Street begegnet Avancen mit gemischten Gefühlen", BZ vom 11.02.2011; „Arbeitnehmervertreter beklagen Informationspolitik", BZ vom 11.02.2011; „Pariser Furcht vor Dominanz Frankfurts, BZ vom 11.02.2011; „Fragen an Francioni", BZ vom 12.02.2011, S. 1.

42 Vgl. „Positive US-Reaktionen auf Börsenpläne", BZ vom 15.02.2011; „Aufsichtsräte segnen Börsenfusion ab. Weitere Partner in Asien gesucht", BZ vom 16.02.2011; „Deutsche Börse und Nyse Euronext besiegeln den Zusammenschluß", BZ vom 16.02.2011.

43 „CME Group erwägt Gegenofferte", BZ vom 16.02.2011.

44 „Gegenwind für die Börsenfusion", BZ vom 17.02.2011.

ankündigte[45] und kurze Zeit später auch offiziell vorlegte.[46] Doch auch wenn dieses Gegenangebot 19 % höher war, als das Angebot der Deutschen Börse,[47] wurde es umgehend von der Nyse zurückgewiesen, die an dem ursprünglich geplanten transkontinentalen Zusammenschluß festhalten wollte.[48] Nachdem Nasdaq OMX und ICE kurz darauf ihr Angebot für die Nyse Euronext zurückzogen[49] und sowohl die Aktionäre der Nyse Euronext[50] als auch die Aktionäre der Deutsche Börse AG[51] der Fusion mit breiter Mehrheit zustimmten, hing eine Verwirklichung des Zusammenschlusses nur noch von der Zustimmung der jeweiligen Behörden ab.

Hierbei stellte sich die wettbewerbsrechtliche Fusionskontrolle durch die EU-Kommission schließlich als entscheidendes Hindernis für den geplanten Zusammenschluß heraus. Denn entgegen der Rechtsauffassung der beiden Börsen[52] beschränkte diese bei der Bewertung des Marktes für den Derivatehandel ihrer Betrachtung auf europäische Derivate die an der Börse gehandelt werden und stuften den außerbörslichen Derivatehandel als separaten Markt ein.[53] Unter dieser Prämisse hätte der Zusammenschluß von Nyse Euronext und Deutscher Börse auf diesem Gebiet zu einer monopolartigen Stellung geführt, weshalb die Fusion im Ergebnis untersagt wurde.[54]

Mit Urteil vom 09.03.2015 bestätigte der europäische Gerichtshof die Entscheidung der Europäischen Kommission und wies die Klage der Deutsche Börse AG auf Nichtigerklärung des Beschlusses in vollem Umfang zurück.[55]

---

45 „Nasdaq und ICE greifen nach der Nyse", BZ vom 16.03.2011.

46 „Nasdaq und ICE bringen ofizielles Gebot für Nyse", BZ vom 20.04.2011.

47 „Börsenfusion steht vor dem Aus. Nasdaq OMX und ICE legen Gegenangebot vor" und „Nasdaq und ICE überbieten Deutsche Börse", beide BZ vom 02.04.2011.

48 „Tauziehen um Nyse-Aktionäre" und „Runde 2 geht an Francioni", beide BZ vom 12.04.2011.

49 „Nasdaq und ICE werfen bei Nyse das Handtuch", BZ vom 17.05.2011.

50 96,09 % der Aktionäre der Nyse Euronext stimmten der Fusion zu; vgl. „Nyse-Aktionäre winken Fusion durch", BZ vom 08.07.2011.

51 Mit 82 % nahmen deutlich mehr als die erforderlichen 75 % der Aktionäre das Angebot zum Umtausch der Aktien in Anteilsscheine der niederländischen Holdinggesellschaft an; vgl. „Die Börsenfusion ist für die Aktionäre attraktiv, BZ vom 27.07.2011.

52 „Realitätsfremd verengte Marktvision", BZ vom 02.02.2012.

53 Pressemitteilung der Europäischen Kommission, abrufbar unter: http://europa.eu/rapid/press-release_IP-12-94_de.htm; vgl. auch „EU-Fusionsprüfung läßt OTC-Handek außen vor", BZ vom 14.10.2011.

54 Ebd; vgl. auch „Ausgeträumt", BZ vom 02.02.2012.

55 Pressemitteilung des Europäischen Gerichtshofs, abrufbar unter http://curia.europa.eu/jcms/upload/docs/application/pdf/2015-03/cp150032de.pdf.

IV. Eurex

Unter allen Börsenkooperationen und -fusionen ist die Entstehung und Entwicklung der Eurex eines der erfolgreichsten Beispiele. Hervorgegangen ist die Eurex aus der deutschen Terminbörse (DTB) und der Swiss Options and Financial Futures Exchange (SOFFEX). Am 4. September 1997 wurde von den Betreibern der beiden Terminbörsen, der Deutsche Börse AG und der Schweizer Börse SWX Swiss Exchange die bevorstehende Schaffung einer gemeinsamen Handelsplattform für derivate Produkte bekanntgegeben.[56] Das Projekt wurde dann im Laufe des Jahres 1998 verwirklicht und auf folgende Weise umgesetzt: Die Deutsche Börse AG und die SWX beteiligten sich zu jeweils 50 % an der nach Schweizer Recht errichteten Eurex Zürich AG, der Nachfolgerin der SOFFEX.[57] Da das Schweizer Recht keine Unterscheidung zwischen dem privatrechtlichen Börsenträger und der öffentlich-rechtlichen Börsenanstalt kennt, handelt es sich bei ihr um eine privatrechtliche Gesellschaft, die gleichzeitig eine Börse nach Schweizer Recht ist.[58] Die Eurex Zürich AG ist nun Alleineigentümerin der Eurex Frankfurt AG, einer Aktiengesellschaft nach deutschem Recht, die wiederum Trägerin der Eurex Deutschland ist, einer deutschen Börse. Die Eurex Frankfurt AG erfüllt ihre Betriebspflicht gegenüber der Eurex Deutschland über mit der Deutschen Börse AG abgeschlossene Betriebsführungs- und Geschäftsbesorgungsverträge; entsprechendes gilt auch im Verhältnis der Eurex Zürich AG und der SWX.[59] Rechtlich bestehen also weiterhin zwei separate Börsen. Jedoch läuft der Handel über eine einzige vollelektronische Handelsplattform, so daß für Außenstehende die Existenz zweier Börsen kaum mehr erkennbar ist.[60] Dies gilt um so mehr, als auch in zahlreichen anderen Bereichen ein Gleichlauf geschaffen worden ist. So wurden die Regelwerke beider Börsen weitgehend harmonisiert und, soweit dem keine gesetzlichen Regelungen in einzelnen Teilbereichen entgegenstanden, auch in einem einheitlichen Regelwerk zusammengefaßt.[61] Zudem übernahm die Eurex Clearing AG, eine Tochtergesellschaft der Eurex Frankfurt AG,[62] das Clearing für beide Börsen gemeinsam was für die Handelsteilnehmer den nicht

---

56 Siehe Pressemeldung unter http://www.eurexchange.com/about/press/press_37_de.html.

57 Kurth, Anforderungen, S. 2; Beck FS Kümpel, S. 37; Christoph, Börsenkooperationen und Börsenfusionen, S. 61.

58 Beck FS Kümpel, S. 38.

59 Beck FS Kümpel, S. 37.

60 Beck FS Kümpel, S. 38.

61 Beck FS Kümpel, S. 37.

62 Beck FS Kümpel, S. 37 f.

zu unterschätzenden Vorteil hatte, daß die nach deutschem und Schweizer Recht zu hinterlegenden Sicherheitsleistungen nur einmal zu erbringen waren.[63] Und auch auf der Ebene der gesellschafts- und börsenrechtlichen Organe wurde alles getan, um den beiden Börsen nach außen hin ein möglichst einheitliches Bild zu geben. So ist der Aufsichtsrat der Eurex Frankfurt AG mit dem Verwaltungsrat der Eurex Zürich AG ebenso personenidentisch wie der Vorstand der Eurex Frankfurt AG und die Geschäftsführung der Eurex Deutschland mit der Geschäftsleitung der Eurex Zürich AG.[64] Ferner wurde auch ein gemeinsames Schiedsgericht errichtet, welches über die Streitigkeiten aus Termingeschäften an beiden an der Eurex beteiligten Börsen entscheidet, wobei es im Einzelfall dann als Schiedsgericht der Eurex Deutschland bzw. Schiedsgericht der Eurex Zürich tätig wird.[65]

In wirtschaftlicher Hinsicht gab es eine Vereinbarung zwischen den beteiligten Kooperationspartnern, wonach die Gewinnverteilung der Eurex nach dem ursprünglichen Volumenschlüssel vorgenommen werden sollte.[66] Daher erfolgte zunächst eine Verteilung im Verhältnis 80:20 zugunsten der Deutsche Börse AG, die jedoch zum 01.01.2005 insoweit abgeändert wurde, daß seitdem der Deutsche Börse AG 85 % des Gewinnes zufließt.[67]

Einzig bezüglich der Zulassung von Produkten und Handelsteilnehmern wurde die Situation durch die Konstruktion der Eurex etwas verkompliziert. Denn weil es sich bei der Eurex um zwei rechtlich getrennte Börsen handelt, bedürfen grundsätzlich sowohl die Handelsteilnehmer als auch alle vormals an der SOFFEX und der DTB gehandelten – und natürlich auch alle später neu hinzukommenden – Produkte einer Zulassung an der Eurex Zürich und an der Eurex Deutschland.[68] Jedoch wurde versucht, das Zulassungsverfahren dadurch wieder weitgehend zu vereinfachen, daß die Handelsteilnehmer eine Zulassung an beiden Börsen mit einem einzigen Formular beantragen können.[69]

---

63 Hoppmann, Entwicklungen im Börsenrecht, S. 45.
64 Nobel FS Lutter, S. 1510.
65 Kurth, Anforderungen, S. 4; FS Kümpel, S. 39.
66 Nobel FS Lutter, S. 1509.
67 Geschäftsbericht der Deutschen Börse 2005, S. 19.
68 Kurth, Anforderungen, S. 3.
69 Kurth, Anforderungen, S. 4; Beck FS Kümpel, S. 39.

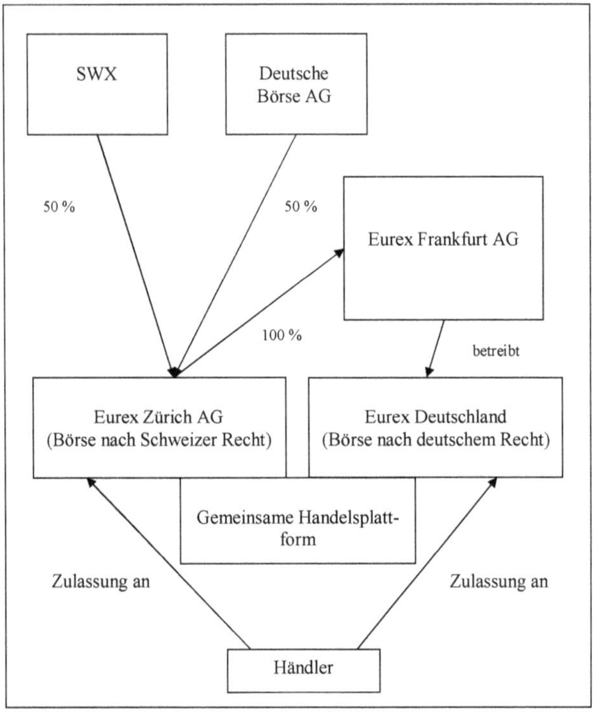

Zwar wurde die Konstruktion der Eurex teilweise kritisiert, und es wurde die Schaffung einer europäischen Handelsplattform mit nur einer Börse und einem Träger befürwortet,[70] jedoch wäre ein solches Vorgehen wohl nicht zu verwirklichen gewesen. Denn neben dem drohenden Imageverlust, den ein Verzicht auf eine inländische Börse für beide Seiten gehabt hätte, legten auch die deutschen Aufsichtsbehörden aus Gründen der Verwaltungsvollstreckung großen Wert auf die Existenz eines inländischen Börsenträgers und Clearinghauses.[71] Auch zeigt der große wirtschaftliche Erfolg, daß die recht komplizierte Konstruktion der Eurex anscheinend zu keinen spürbaren Nachteilen geführt hat.

Mitte des Jahres 2011 verkündete die Schweizer Börse, die seit Anfang 2009 unter dem Namen Six Swiss Exchange firmiert, dass die Anteile an der Eurex für 590 Mio. € an die Deutsche Börse AG abgegeben werden sollen. Seit dem 01.01.2012 ist

70 Hoppmann, Entwicklungen im Börsenrecht, S. 46, bezeichnet sie beispielsweise als „gekünstelt".

71 Beck FS Kümpel, S. 38, Fn. 90.

diese nun alleinige Betreiberin der Eurex und eines der längsten und erfolgreichsten Beispiele einer Börsenkooperation hat nach 15 Jahren ein Ende gefunden.

V. IBIS-Integration in die Regionalbörsen

Bei dem IBIS-System[72] handelte es sich ursprünglich um ein elektronisches Informationssystem, welches am 01.12.1989 seinen Betrieb aufnahm.[73] Es wurde von der Deutschen Wertpapier-Zentrale GmbH nach Vorgaben der deutschen Kreditwirtschaft entwickelt.[74] Hintergrund war der Versuch, im Bereich des außerbörslichen Handels für mehr Markttransparenz zu sorgen.[75] Dies war notwendig, weil zum einen zu jener Zeit ca. 50 % des Aktienhandels auf diesem Weg abgeschlossen wurden und zum anderen an den anderen großen europäischen Börsen ebenfalls elektronische Informations- oder sogar Handelssysteme eingeführt wurden.[76] Eine Anpassung war daher unausweichlich, um wettbewerbsfähig zu bleiben.[77] Um dieses Ziel der erhöhten Markttransparenz zu erreichen, stellte das IBIS-System eine Reihe von Funktionen zur Verfügung, insbesondere wurden alle 4 Sekunden Geld- und Briefkurse für zunächst 14, einige Monate später für alle Dax-30-Werte angegeben.[78] Der Abschluß von Wertpapiergeschäften fand zunächst aber weiterhin außerhalb des Systems im Telefonverkehr statt.[79] Dieses reine Informationssystem wurde – nachdem durch die Einfügung des damaligen § 7 Abs. 1 S. 2 BörsG die börsengesetzliche Grundlage[80] hierfür geschaffen worden war[81] – jedoch zu einem elektronischen Handelssystem

72 Inter-Banken-Informations-System.

73 Siehe hierzu sowie zur gesamten Funktionsweise des Systems: Gottschalk ZBB 1991, 23 ff.; Kümpel WM 1990, 45 ff.

74 Kümpel WM 1990, 45.

75 Gottschalk ZBB 1991, 23.

76 1987 wurde an der Börse Paris mit dem CAC-System ein elektronisches Handelssystem gestartet; an der Londoner Börse war seit 1986 ein elektronisches Informationssystem in Betrieb, das sog. SEAQ.

77 Kümpel WM 1990, 45.

78 Gottschalk ZBB 1991, 23, 24 f.

79 Kümpel WM 1990, 45, 47; ders. WM 1989, 1313, 1320.

80 Kümpel WM 1989, 1313, 1314 ist der Auffassung, es handele sich nicht um eine Modifizierung sondern lediglich um eine Klarstellung, da ein elektronischer Handel auch nach der alten gesetzlichen Regelung möglich gewesen sei.

81 Die Norm stellte klar, daß zum Börsenhandel auch Geschäfte gehören, die durch Übermittlung von Willenserklärungen durch elektronische Datenübertragung zustande kommen. Die Vorschrift wurde in § 16 Abs. 1 S. 2 BörsG a. F. übernommen, bei der Umsetzung der Finanzmarkt-Richtlinie wurde der entsprechende Satz aber gestrichen,

ausgebaut und von der Frankfurter Wertpapierbörse ab April 1991 zur Abwicklung des damals beginnenden elektronischen Wertpapierhandels verwendet.[82] Hierzu wurde das System insoweit abgeändert, als der Geschäftsabschluß nun direkt im IBIS-System[83] stattfand.[84] Das elektronische Handelssystem wurde als weiteres Marktsegment in die Frankfurter Wertpapierbörse integriert und die Börsenordnung sowie die Handelsbedingungen wurden dahingehend modifiziert, daß der Handel über IBIS nun auch als Börsenhandel anzusehen war.[85]

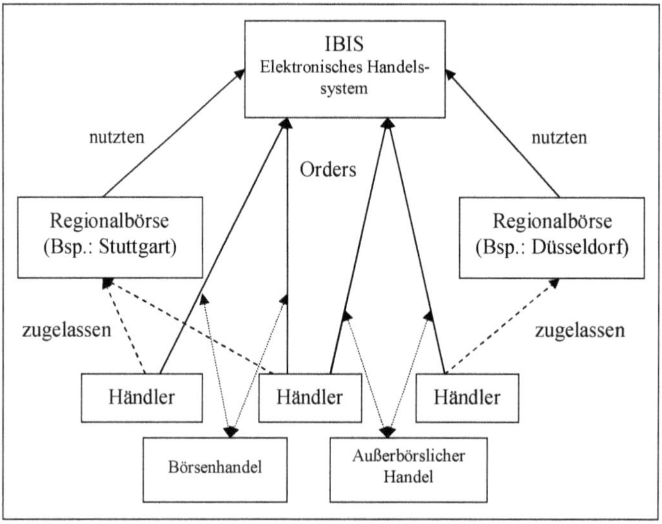

Diese Möglichkeit eines elektronischen Handels der wichtigsten Wertpapiere erweckte auch das Interesse der damals sieben[86] anderen in Deutschland ansässigen Regionalbörsen.[87] Da es für diese kleinen Börsen jedoch aus Kostengründen unmöglich und auch unrentabel gewesen wäre, ein eigenes elektronisches

weil wegen der Üblichkeit des elektronischen Handels in der Praxis eine gesonderte Erwähnung der elektronischen Auftragsübermittlung als nicht mehr notwendig erschien; siehe BT-Drucks. 16/4028 v. 12.01.2007, S. 84.

82 Kümpel WM 1992, 249.

83 Die Abkürzung stand nun für Integriertes Börsenhandels- und Informations-System.

84 Kümpel WM 1992, 249.

85 Gottschalk ZBB 1991, 23, 24.

86 Berlin, Bremen, Düsseldorf, Hamburg, Hannover, München, Stuttgart.

87 Kümpel WM 1992, 249.

System aufzubauen, wurden Gespräche aufgenommen, die eine Einbindung der Regionalbörsen in das IBIS-System der Frankfurter Wertpapierbörse ermöglichen sollten.[88] Das entscheidende Problem hierbei war jedoch, eine Möglichkeit zu schaffen, daß die Mitglieder der Regionalbörsen den Handel über das elektronische System als Leistungsangebot ihrer Heimatbörse in Anspruch nehmen konnten, weshalb eine Mitgliedschaft an der Frankfurter Wertpapierbörse entbehrlich bliebe, weil über letzteres kein Einvernehmen erzielt werden konnte.[89] Um dies zu verwirklichen, wurde folgende Konstruktion gewählt: Durch eine Änderung der Börsenordnungen der Regionalbörsen und durch vertragliche Vereinbarungen, die die Möglichkeit zur Nutzung des IBIS-Systems sicherstellten, wurde dieses System in die Regionalbörsen integriert.[90] Interessierte Mitglieder der Regionalbörsen schlossen sodann einen Anschlußvertrag mit der Frankfurter Wertpapierbörse und der Frankfurter Wertpapierbörse AG[91] als Inhaber des IBIS-Systems.[92] Die Zulassung erfolgte jedoch durch konkludente Genehmigung der jeweiligen Regionalbörse, so daß die betreffenden Teilnehmer weiterhin nur Mitglied an der Regionalbörse waren.[93] Kam nun auf dem elektronischen System ein Geschäft zwischen zwei Mitgliedern derselben Regionalbörse zustande, so handelte es sich hierbei um ein Börsengeschäft an dieser Regionalbörse.[94] Kam das Geschäft indes zwischen den Mitgliedern zweier verschiedener Börsen zustande, konnte es keiner bestimmten Börse zugeordnet werden. Daher handelte es sich dann nicht um ein Börsengeschäft, sondern um ein außerbörsliches Geschäft, vergleichbar mit einem Abschluß im Telefonverkehr.[95]

VI. Das Projekt „Deutsche Retailbörse"

Im November 2005 berichtete die deutsche Presse, zwischen der Deutschen Börse, der Börse Berlin-Bremen und der Stuttgarter Börse gäbe es Gespräche über eine Kooperation.[96] Zwar drangen nur wenige Informationen über die Details

88 Ebd.
89 Kümpel WM 1992, 249 f.
90 Ausführlich hierzu: Kümpel WM 1992, 249, 250 ff.
91 Die Frankfurter Wertpapierbörse AG ist die Vorgängergesellschaft der Deutsche Börse AG und damalige Trägerin der Frankfurter Wertpapierbörse.
92 Kümpel WM 1992, 249, 252 f.
93 Kümpel WM 1992, 249, 253.
94 Kümpel WM 1992, 249, 252 f.
95 Kümpel WM 1992, 249, 253, 256.
96 „Deutsche Börsen sprechen über Kooperation – Gemeinsame Retail-Plattform geplant", BZ vom 18.11.2005, S. 1.

der geplanten Zusammenarbeit nach außen. Jedoch schien klar zu sein, daß eine vollständige Fusion der öffentlich-rechtlichen Börsen nicht zur Diskussion stand, da die Erhaltung der einzelnen Börsen notwendig war, um die beiden kleineren Partner Berlin-Bremen und Stuttgart zu einer Teilnahme an dem Projekt zu bewegen. Denn – wie der Vorsitzende des Eigentümervereins der Börse Stuttgart AG Siegfried Jaschinski äußerte – war die Grundlage jeder Kooperation die Erhaltung der eigenen Identität.[97] Andererseits war zwischen den Beteiligten aber auch mehr geplant als eine nur auf die Trägergesellschaften begrenzte Zusammenarbeit, wie etwa eine Überkreuzbeteiligung. Vielmehr sollte der Skontroführerhandel der drei Börsen zusammengelegt und eine Skontroführer-Börse mit einer gemeinsamen Handelsplattform geschaffen werden, die auch eine einheitliche Abwicklungsinfrastruktur haben sollte.[98] Weiterhin war von den drei beteiligten Unternehmen geplant, bei der Vermarktung der Börse zusammenzuarbeiten.[99]

Jedoch ergaben sich neben den bei Börsenkooperationen schon traditionell aufzuführenden Bedenken auf Seiten von Landespolitikern, die ein Verschwinden „ihrer" Börse in die Bedeutungslosigkeit fürchten, eine Reihe weiterer erheblicher Probleme. Dies waren zum einen Bedenken kartellrechtlicher Natur, weil Frankfurt die mit Abstand größte Parkettbörse in Deutschland war und die Stuttgarter Börse über die Euwax[100] die Marktführerschaft am Derivatemarkt innehatte.[101] Weiterhin hätte eine Kooperation vor allem für die kleineren, als Skontroführer tätigen Handelshäuser zu einer gravierenden Verschärfung ihrer wirtschaftlichen Lage geführt.[102] All dies führte dazu, daß die Verhandlungen über eine gemeinsame Retail-Börse trotz eineinhalbjähriger Dauer[103] im Sande verliefen, wobei die Börse Stuttgart dies Mitte 2006 durch die Bekanntgabe

97 „Deutsche Börsen sprechen über Kooperation – Gemeinsame Retail-Plattform geplant", BZ vom 18.11.2005, S. 1; Christopher Kalbhenn: „Überfällige Konsolidierung", BZ vom 18.11.2005, S. 1.

98 „Deutsche Börsen sprechen über Kooperation – Gemeinsame Retail-Plattform geplant", BZ vom 18.11.2005, S. 1.

99 Ebd.

100 Euwax ist eine Plattform für verbriefte Derivate wie Optionsscheine, Hebel-Zertifikate, exotische Produkte, Anlagezertifikate und Aktienanleihen.

101 „Dicke Börsenbretter", BZ vom 16.12.2005, S. 8.

102 Christopher Kalbhenn: „Überfällige Konsolidierung", BZ vom 18.11.2005, S. 1.; „Dicke Börsenbretter", BZ vom 16.12.2005, S. 8.

103 „Dicke Börsenbretter", BZ vom 16.12.2005, S. 8.

eines neuen – auf den Wettbewerb mit der Frankfurter Börse ausgerichteten – Marktmodells auch nach außen hin deutlich machte.[104]

VII. Fusion der Berliner Wertpapierbörse und der Bremer Wertpapierbörse zur Wertpapierbörse Berlin-Bremen

Die deutschlandweit bisher umfassendste Zusammenarbeit zweier Börsen war der Zusammenschluß der Berliner Wertpapierbörse und der Bremer Wertpapierbörse zur Wertpapierbörse Berlin-Bremen, der Anfang 2003 erfolgte. Hintergrund war der Versuch der US-amerikanischen NASDAQ Inc., in Deutschland Fuß zu fassen. Hierzu übernahm die für die Expansion nach Europa zuständige NASDAQ Europe die Mehrheit am Träger der Bremer Wertpapierbörse, der Bremer Wertpapierbörse AG[105]. Weitere neue Anteilseigner wurden verschiedene Banken und die Berliner Börse AG, die Trägerin der Berliner Wertpapierbörse[106]. Gleichzeitig beteiligte sich die BWB Holding AG, die weiterhin einen 10 %-Anteil an ihrer ehemaligen Tochtergesellschaft Bremer Wertpapierbörse AG behielt, an der Berliner Börse AG mit einem Anteil von 25,1 %[107]. Dieser Beteiligungsverflechtung auf der Ebene der Börsenträger folgte auf der Ebene der Börsen der Zusammenschluß der Bremer Wertpapierbörse und der Berliner Wertpapierbörse zur Börse Berlin-Bremen durch Vertrag[108], Staatsvertrag[109] und Gesetz[110].

---

104 „Börse Stuttgart plant den nächsten Schwabenstreich", BZ vom 28.07.2006, S. 5.

105 Franke, Verändert die Nasdaq Deutschland die europäische Börsenlandschaft?, S. 23, http://www1.uni-hamburg.de/Kapitalmaerkte/download/CreditPointSoSe2003Vortrag_Franke.pdf.

106 Neben der Nasdaq Europe, die 50 % plus 1 Aktie hielt, waren neue Anteilseigner der Bremer Wertpapierbörse AG/Nasdaq Deutschland AG: Die Berliner Börse AG mit 10 %, die Dresdner Bank mit 15 %, die Commerzbank mit 7,5 % und die Comdirekt mit 7,5 %.

107 „Erste Orderflow-Verträge für Nasdaq Deutschland", BZ v. 15.03.2003, S. 3.

108 Vertrag über den Zusammenschluß der Wertpapierbörsen Berlin und Bremen zur Wertpapierbörse Berlin-Bremen, Amtsblatt der freien Hansestadt Bremen, 2002, S. 825.

109 Staatsvertrag über den Zusammenschluß der Berliner Wertpapierbörse und der Bremer Wertpapierbörse zu einer gemeinsamen Wertpapierbörse Berlin-Bremen und die Zusammenarbeit der Börsenaufsichtsbehörden des Landes Berlin und der Freien Hansestadt Bremen, GVBl. Berlin v. 18.03.2003, S. 126 und BremGBl. v. 04.03.2003, S. 45 f.

110 In Bremen: Gesetz zu dem Staatsvertrag über den Zusammenschluß der Berliner Wertpapierbörse und der Bremer Wertpapierbörse zu einer gemeinsamen Wertpapierbörse Berlin-Bremen und die Zusammenarbeit der Börsenaufsichtsbehörden des Landes Berlin und der Freien Hansestadt Bremen, 25.02.2003, BremGBl. v. 04.03.2003, S. 45;

Träger dieser Börse waren nun die Berliner Börse AG und die ehemalige Bremer Wertpapierbörse AG, die nun den Namen NASDAQ Deutschland AG trug[111]. Die beiden Träger sollten aber nicht zusammen für die fusionierte Börse verantwortlich sein, vielmehr sollte eine Trennung in einen Skontroführer-Handel auf Basis des Xontro-Systems und in einen elektronischen Handel auf Grundlage des SuperMontage-Systems der NASDAQ erfolgen. Träger des Skontroführer-Handels sollte die Berliner Börse AG sein, die NASDAQ Deutschland AG sollte Trägerin des elektronischen Handels sein. Der bisherige Skontroführer-Handel der Bremer Börse wurde aufgegeben und das Geschäft nach Berlin überführt.[112]

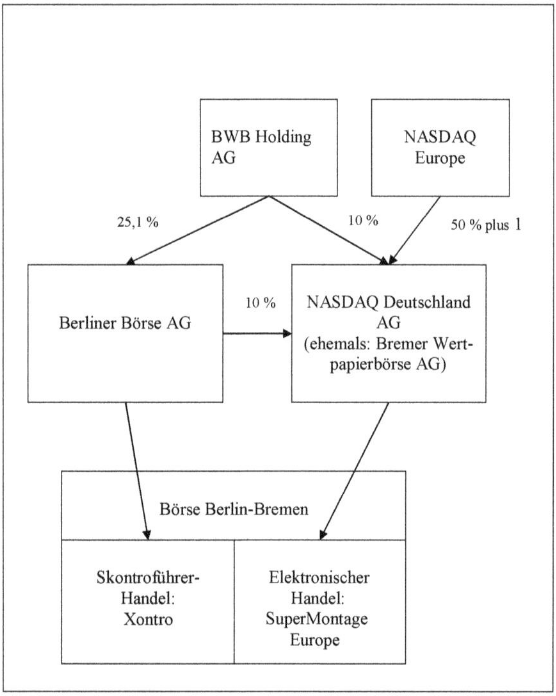

in Berlin: Gesetz zu dem Staatsvertrag über den Zusammenschluß der Berliner Wertpapierbörse und der Bremer Wertpapierbörse zu einer gemeinsamen Wertpapierbörse Berlin-Bremen und die Zusammenarbeit der Börsenaufsichtsbehörden des Landes Berlin und der Freien Hansestadt Bremen, 13.03.2003, GVBl. Berlin v. 18.03.2003, S. 126.

111 Franke, s. Fn. 1, S. 22.

112 Franke, s. Fn. 1, S. 21.

Nachdem am 21.03.2003 der Handel an der fusionierten Börse begonnen worden war, zeigte sich jedoch schnell, daß dem Projekt im Umfeld von Aktienbaisse[113] und Irak-Krieg kein Erfolg beschieden war. Zunächst waren schon die Orderzahlen hinter den Erwartungen zurückgeblieben,[114] dann führte vor allem ein Strategiewechsel der NASDAQ zum Scheitern des Projekts nur gut drei Monate nach seinem Start. Als der neue Chief Executive der NASDAQ Inc. Robert Greifeld den Plan bekanntgab, die Aktivitäten des Konzerns in Europa einzustellen und sich auf das amerikanische Kerngeschäft zu konzentrieren, war zunächst die Übernahme der Mehrheit an der NASDAQ Deutschland durch die Mehrländerbörse Euronext im Gespräch.[115] Nachdem sich diese Option zerschlagen hatte, übernahm die BWB Holding AG sämtliche Anteile der NASDAQ Europe und der beteiligten Banken an der NASDAQ Deutschland AG. Weitere 15 % der Anteile wurden von der BWB Holding AG auf die Berliner Börse AG übertragen und es verblieben als Anteilseigner erstere mit einem Anteil von 75 % sowie letztere mit einer Sperrminorität von 25 %[116]. Während die Berliner Börse AG im folgenden insbesondere als Träger des Fondshandels im Freiverkehr der Börse Berlin-Bremen eine Nische fand, die ihr wirtschaftliches Überleben sicherte,[117] verschlechterte sich die Situation für die Bremer Wertpapierbörse AG und die BWB Holding AG zusehends. Als der Handel auf der elektronischen Plattform SuperMontage Ende August 2003 ausgesetzt wurde[118] und der 25 %-Anteil an der Bremer Wertpapierbörse AG von der Berliner Börse AG an die BWB Holding AG abgegeben wurde[119], blieben die Bremer ohne operatives Geschäft und ohne Handelssystem – die Rechte am Handelssystem SuperMontage waren durch die Einstellung des Handels inzwischen an die NASDAQ Inc. zurückgefallen[120]- zurück. Nachdem die Bremer Wertpapierbörse AG Anfang 2005 als Mitträger bei der Hanseatischen Wertpapierbörse Hamburg untergekommen war[121], wurde sie

113 Am 12.03.2003 schloß der DAX beim Stand von knapp über 2.200 Punkten und hatte gegenüber seinem Höchststand vom März 2000 über 70 % verloren.

114 Hansen, AG Report 2003, R 356; „Bremen und Berlin müssen sich umorientieren“, BZ vom 13.08.2003, S. 3.

115 „Generalangriff auf die Deutsche Börse“, BZ vom 27.06.2003, S. 4.

116 „Bremen und Berlin müssen sich umorientieren“, BZ vom 13.08.2003, S. 3.

117 „XTF bekommt Konkurrenz“, BZ vom 09.09.2003, S. 3.

118 „NASDAQ Deutschland stellt Handel ein“, BZ vom 13.08.2003, S. 1.

119 „Berliner Börse will ihre Nischen mit neuen Aktivitäten verbreitern“, BZ vom 17.09.2004, S. 4.

120 „Bremen und Berlin müssen sich umorientieren“, BZ vom 13.08.2003, S. 3.

121 „Börsenträger stehen kurz vor Kooperation“, BZ vom 10.02.2005, S. 1.

kurze Zeit später schließlich vom schweizerischen Börsenbetreiber SWX übernommen[122]. Hintergrund hierfür war der Versuch, unter Nutzung der noch existierenden Bremer Börsengenehmigung und der bestehenden Strukturen in den deutschen Derivatemarkt einzusteigen[123] – ein Joint Venture mit der Deutschen Börse AG, das zunächst unter dem Namen „Alex" bekannt wurde und wegen fehlender Rechte an diesem Namen zwischenzeitlich unter den Namen „smart trading" bzw. „SWX Quotematch" betrieben wurde[124] und inzwischen „Scoach" heißt[125].

Dies bedeutete nach über 300 Jahren Börsentradition gleichzeitig den endgültigen Abschied von der Bremer Regionalbörse, deren Erinnerung nur noch durch eine Stiftung lebendig erhalten werden soll.[126] Da die BWB Holding AG als Muttergesellschaft der Bremer Wertpapierbörse AG nun ohne Betätigungsfeld im Börsensektor verblieb, soll sie durch Verschmelzung ebenfalls in die Stiftung eingebracht werden.[127] Schließlich wurden auch in Berlin die letzten sichtbaren Folgen des gescheiterten Projekts getilgt, indem nach der Auflösung des Staatsvertrags über die Börsenfusion der Name der Börse von Börse Berlin-Bremen in Börse Berlin abgeändert wurde.[128]

---

122 „Börse Schweiz will Stück vom deutschen Derivatekuchen", BZ vom 02.07.2005, S. 3.

123 „Kampf um Privatanleger verschärft sich – Schweizer Börse kauft Bremer Lizenz", BZ vom 02.07.2005, S. 1.

124 „Neuer Name für „Alex" gesucht", BZ vom 29.12.2006, S. 1.

125 „Nach dem Alex-Fehlstart kommt nun Scoach", BZ vom 15.08.2007, S. 19; Mai, AG Report 2007, R402.

126 „Börse Bremen wirft das Handtuch", BZ vom 08.06.2007, S. 4.

127 „Stiftung erinnert an Börse", Nordwest Zeitung online vom 07.06.2007, http://www.nwzonline.de/index_aktuelles_artikel.php?Ressort=&C=0&id=1340779.

128 „Börse Berlin wieder ohne Bremen", BZ vom 19.06.2007, S. 5.

C. Börsenrechtliche Bewertung wesentlicher Kooperations- und Fusionsmöglichkeiten

Nachdem nun einige Beispiele für Fusionen und Kooperationen aus der Praxis aufgezeigt worden sind, sollen im folgenden die rechtlichen Möglichkeiten und Grenzen für solche Projekte beleuchtet werden. Hierbei soll danach differenziert werden, ob eine Zusammenarbeit lediglich auf der Ebene der Börsenträger stattfindet (I.), ob es darüber hinaus auch zu einer Kooperation auf der Ebene der Börsen kommt (II.) oder ob gar eine vollständige Fusion der Börsenanstalten stattfinden soll (III.).

I. Rechtliche Probleme einer Kooperation auf Ebene der Börsenträger

1. Einleitung

Im folgenden Abschnitt soll eine Reihe der rechtlichen Probleme erläutert werden, die sich ergeben, wenn Kooperationen oder Fusionen auf der Ebene der Börsenträger stattfinden. Es geht dabei beispielsweise um Fälle, in denen ein Börsenträger in einen Konzern eingebunden wird, der unter Umständen Eigentümer verschiedener Börsenbetreiber ist. Ein Beispiel für ein solches Vorgehen ist das im Jahre 2000 geplante, jedoch gescheiterte iX-Projekt einer Kooperation zwischen der Deutsche Börse AG und der London Stock Exchange.[129] Ebenfalls soll auf Fälle wie die bei den Börsen in Hamburg und Hannover zu beobachtende Entwicklung eingegangen werden, daß zwei Börsenträger, die jeweils eine Börse betreiben, eine neue Gesellschaft gründen, an der beide beteiligt sind und die zukünftig als neuer Träger beide Börsen betreiben soll.[130] Ein solches Vorgehen bietet für die Börsenbetreiber eine ganze Reihe Vorteile und nur wenige Nachteile. Denn weil ein Träger zugleich für mehrere Börsen verantwortlich ist, ergibt sich gerade im Bereich der Entwicklung von Handelssystemen und Software allgemein die Möglichkeit, durch die mehrfache Verwendung erhebliche Synergieeffekte zu erzielen. Da es sich bei dem IT-Bereich inzwischen um einen erheblichen Kostenfaktor für Börsen handelt,[131] kann diese Möglichkeit der

129 Vgl. oben B. II.

130 Vgl. oben B. I.

131 So lagen alleine die Entwicklungskosten für Software bei der Gruppe Deutsche Börse im Jahr 2006 bei deutlich über 100 Millionen Euro; s. Geschäftsbericht Gruppe Deutsche Börse 2006, S. 146.

Kosteneinsparung kaum hoch genug eingeschätzt werden. Demgegenüber ist der Aufwand für einen Zusammenschluß auf der Ebene der Börsenträger wesentlich geringer als bei Veränderungen, die auch die Ebene der Börsenanstalten betreffen. Zudem sind solche Kooperationen politisch wesentlich leichter realisierbar, da sie nicht den Wegfall einer Börse – welche ja oft ein landespolitisches Prestigeobjekt darstellt – zur Folge haben. Jedoch darf nicht verkannt werden, in welchen Bereichen eine Zusammenarbeit, die nur auf der Ebene der Börsenträger stattfindet, ihre Grenzen hat. Denn weder kommt es hier zu einer Bündelung von Liquidität, was die Marktmacht einer Börse wesentlich erhöhen könnte, noch können auf der Ebene der Börsenanstalten dadurch Kosten eingespart werden, daß Börsenorgane oder Handelssysteme zusammengelegt werden.

Die entscheidenden rechtlichen Fragen im vorliegenden Bereich betreffen fast immer die Folgen einer Änderung auf der Ebene der Börsenträger für die von der Börsenaufsicht erteilte Börsengenehmigung. So wird zu prüfen sein, inwieweit die Börsenaufsicht die Möglichkeit hat, im Rahmen der Anteilseignerkontrolle nach § 6 BörsG bei der Beteiligung insbesondere von ausländischen Börsen am Börsenträger[132] oder bei dessen Konzernierung[133] einzugreifen, und ob der Sitz eines deutschen Börsenträgers ins Ausland verlegt werden kann.[134] Ferner soll geklärt werden, welche Folgen die Verschmelzung zweier Börsenträger für die Börsen hat.[135] Anschließend soll untersucht werden, inwiefern es möglich ist, eine erteilte Börsengenehmigung auf einen neuen Börsenträger überzuleiten,[136] und ob es in diesem Zusammenhang vorstellbar ist, daß eine Börse vorübergehend auch existieren kann, ohne daß ihr ein Träger zugeordnet ist.[137] Es wird schließlich zu behandeln sein, ob es zulässig ist, auf Ebene der Träger Absprachen bezüglich des Geschäftsbereiches der von ihnen getragenen Börsen zu treffen.[138] Nicht eingegangen wird zunächst auf die keineswegs zu vernachlässigenden kartellrechtlichen Fragen, die in der Praxis regelmäßig ein Kernproblem bei einer Zusammenarbeit auf Ebene der Börsenträger darstellen.[139] Auch soll die Frage, ob es zulässig ist, eine Börse nicht durch einen einzelnen, sondern durch mehrere Börsenträger betreiben zu lassen, und inwiefern hierbei die Betriebspflicht eines

---

132 S. u. C. I. 2.
133 S. u. C. I. 4.
134 S. u. C. I. 3.
135 S. u. C. I. 5.
136 S. u. C. I. 6. a).
137 S. u. C. I. 6. b).
138 S. u. C. I. 7.
139 Siehe hierzu aber unten D.

von mehreren Trägern begrenzt werden kann, nicht an dieser Stelle, sondern im Rahmen der Fusion von Börsenanstalten beleuchtet werden, in deren Rahmen sie regelmäßig auftaucht.[140]

2. Beteiligungen an Börsenträgern

Möchte ein deutscher Börsenträger oder – in den Staaten, in denen der Dualismus von Träger und Börse unbekannt ist – eine ausländische Börse ihren Einflußbereich erweitern, so ist die Beteiligung an einem anderen Börsenträger eine der unkompliziertesten und, jedenfalls sofern die Zielgesellschaft an der Börse notiert ist, am leichtesten zu verwirklichenden Möglichkeiten. Zwar schafft sie für sich genommen keinerlei Synergieeffekte, jedoch bindet sie zwei Börsen enger aneinander und eignet sich daher sowohl als erster Schritt zur Vorbereitung einer Zusammenarbeit als auch zur Vorbereitung einer kompletten Übernahme eines Börsenträgers. Fraglich ist nun, ob und gegebenenfalls welche rechtlichen Hürden es zu überwinden gibt, wenn ein Unternehmen, das eine Börse trägt oder betreibt, die Beteiligung an einem deutschen Börsenträger anstrebt. Ein Blick auf die gesetzlichen Regelungen zeigt hierbei, daß weder das Börsengesetz noch andere Regelungen Beschränkungen hinsichtlich des Betreibens mehrerer Börsen durch einen Träger enthalten. Da somit selbst eine Übernahme eines Börsenträgers durch einen anderen börsenrechtlich möglich ist, kann es erst recht keine rechtlichen Hindernisse geben, wenn ein Börsenträger sich am Träger einer anderen Börse lediglich beteiligen will.

a) Voraussetzungen einer Beteiligung an einem Börsenträger

Die einzige rechtliche Hürde sind daher die Anteilseignerkontrollen der §§ 6 BörsG und 2c KWG, die für alle Unternehmen oder auch einzelne Personen gleichermaßen gelten, die sich an einem Börsenträger beteiligen wollen. Da eine umfassende Darlegung zur Anteilseignerkontrolle den Rahmen der Arbeit sprengen würde, soll im folgenden nur kurz auf die Voraussetzungen für eine den Anforderungen des § 6 BörsG und § 2c KWG genügende Beteiligung an einem Börsenträger sowie auf die Besonderheiten eingegangen werden, die sich regelmäßig ergeben, wenn es sich um einen Anteilseigner handelt, der zum Zeitpunkt des beabsichtigten Beteiligungserwerbs bereits Träger oder (bei ausländischen Unternehmen) Betreiber einer Börse ist.

---

140 S. u. C. III. 3.

aa) Anteilseignerkontrolle nach § 6 BörsG

Die Anteilseignerkontrolle im Bereich der Börsen wurde durch das 4. Finanzmarktförderungsgesetz in Anlehnung an die schon länger geltenden Vorschriften des § 2c KWG und des § 104 VAG zur Anteilseignerkontrolle bei Kreditinstituten und Versicherungsunternehmen geschaffen. Zweck ist gemäß der amtlichen Gesetzesbegründung vor allem ein Entgegenwirken gegen die Übernahme bedeutender Beteiligungen durch Personen aus der organisierten Kriminalität und die Sicherung der Funktionsfähigkeit der Börse insbesondere im Hinblick auf die Durchführung und angemessene Fortentwicklung des Börsenbetriebs.[141] Während Stimmen in der Literatur sogar soweit gehen, die Berechtigung einer Anteilseignerkontrolle im Börsengesetz insgesamt in Frage zu stellen,[142] herrscht jedenfalls weitgehend Einigkeit, daß diese Kontrolle streng auf die Erwägungsgründe der Gesetzesbegründung beschränkt bleiben muß und keinesfalls dazu dienen darf, mißliebige Investoren aus industriepolitischen Gründen fernzuhalten.[143] Um klären zu können, inwieweit § 6 BörsG ein Hindernis für eine Beteiligung an einem Börsenträger darstellen kann, ist zunächst zu untersuchen, wie die Norm auszulegen ist, wobei hier zunächst auf die Möglichkeit einer Untersagung des Beteiligungserwerbs nach § 6 Abs. 2 BörsG und dann auf die Eingriffsbefugnisse nach § 6 Abs. 4 BörsG eingegangen werden soll.

aaa) Untersagung des Beteiligungserwerbs gem. § 6 Abs. 2 BörsG

Neben den Anzeigepflichten in § 6 Abs. 1, 5 und 6 BörsG, den Auskunfts- und Vorlageansprüchen der Börsenaufsichtsbehörde aus § 6 Abs. 3 BörsG und den Eingriffsmöglichkeiten der Börsenaufsicht bei nicht zulässigen Beteiligungen gem. § 6 Abs. 4 BörsG, regelt § 6 Abs. 2 BörsG die Voraussetzungen, unter denen eine bedeutende Beteiligung an einem Börsenträger von der Börsenaufsichtsbehörde untersagt werden kann, wobei gem. § 1 Abs. 9 KWG jedenfalls Beteiligungen von mindestens 10 % bedeutend sind. Als Vorraussetzung einer Untersagung nennt die Norm zwei alternative Tatbestände. Eine Untersagung ist zum einen möglich, wenn Tatsachen die Annahme rechtfertigen, daß der Erwerber den im Interesse einer soliden und umsichtigen Führung des Trägers der Börse zu stellenden Ansprüchen nicht genügt (§ 6 Abs. 2 Nr. 1 BörsG), oder zum anderen,

141 BT-Drucks. 14/8017 v. 18.1.2002, S. 72 f.

142 Beck BKR 2002, 662, 665; Schwark-Beck § 6 BörsG, Rn. 15 f.; Rudolph BB 2002, 1036, 1039; verteidigend jedoch: Hammen AG 2001, 549, 566 f.; Mues ZBB 2001, 353, 357.

143 Christoph, Börsenkooperationen und Börsenfusionen, S. 228 f., 344 ff.; Schwark-Beck § 6 BörsG, Rn. 17; a. A. Fenchel DStR 2002, 1355, 1356.

wenn die Durchführung und angemessene Fortentwicklung des Börsenbetriebs beeinträchtigt wird (§ 6 Abs. 2 Nr. 2 BörsG). Die erste Tatbestandsalternative wird im Gesetz durch zwei Beispiele erläutert. So soll es den im Interesse einer soliden und umsichtigen Führung des Trägers der Börse zu stellenden Ansprüchen nicht genügen, wenn der Erwerber unzuverlässig ist oder wenn Tatsachen die Annahme rechtfertigen, daß die aufgebrachten Mittel für den Erwerb der Beteiligung aus einer objektiv rechtswidrigen Tat herrühren.

Während es bezüglich der ersten Tatbestandsalternative wenig Unklarheiten gibt, weil der Wortlaut weitgehend mit § 2c KWG übereinstimmt und daher bezüglich der Auslegung ein jahrelanger Erfahrungsprozeß besteht, bereitet die zweite Tatbestandsalternative wesentlich größere Probleme. Denn die dort beschriebene Beeinträchtigung der Durchführung und angemessenen Fortentwicklung des Börsenbetriebs bezieht sich wörtlich auf die in § 5 BörsG festgeschriebene Betriebspflicht des Börsenträgers. Wie aber *Christoph* richtig dargelegt hat[144], ist ein Anteilsinhaber des Börsenträgers, der die Erfüllung der Betriebspflicht beeinträchtigt, schon als unzuverlässig im Sinne der ersten Alternative anzusehen. Einen eigenständigen Sinngehalt würde § 6 Abs. 2 2. Alt. BörsG daher nur dann haben, wenn er der Aufsichtsbehörde die Möglichkeit einräumt, andere Belange – etwa börsen- oder standortpolitischer Art – in die Entscheidung einfließen zu lassen. Zwar bietet die Entstehungsgeschichte der Norm Hinweise, daß genau dies vom Gesetzgeber beabsichtigt war,[145] jedoch ergeben sich gegen eine solche Auslegung gewichtige Bedenken. Abgesehen davon, daß eine solche Deutungsweise in der Gesetzesbegründung keinen Anhaltspunkt findet,[146] droht sie schon daran zu scheitern, daß regelmäßig ein Verstoß gegen europäisches Recht vorliegen würde. In Betracht kommt hierbei, sofern es sich bei dem potentiellen Erwerber um eine Person aus dem EU-Ausland handelt, ein Verstoß gegen die in Art. 49 AEUV garantierte Niederlassungsfreiheit sowie ein Verstoß gegen die Kapitalverkehrsfreiheit nach Art. 63 Abs. I AEUV, wobei die Kapitalverkehrsfreiheit ausdrücklich auch Personen aus Drittstaaten schützt. Wegen dieses Unterschiedes im geschützten Personenkreis ist es zunächst notwendig abzugrenzen, wann ein Beteiligungserwerb an einem Börsenträger in den Schutzbereich der Niederlassungsfreiheit und wann er in den Bereich der Kapitalverkehrsfreiheit fällt. Dies ist jedoch in Rechtsprechung und Literatur höchst umstritten und kann

---

144 Christoph WM 2004, 1857, 1858 f.

145 Christoph WM 2004, 1857, 1857.

146 In der BT-Drucks. 14/8017 v. 18.1.2002, S. 72 f., wird als Ziel neben der Verhinderung eines Beteiligungserwerbs von Personen aus der organisierten Kriminalität lediglich pauschal auf die Sicherung der Funktionsfähigkeit der Börse hingewiesen.

hier nur ansatzweise behandelt werden. Zum Verhältnis von Niederlassungsfreiheit und Kapitalverkehrsfreiheit werden alle denkbaren Konstellationen vertreten. Teilweise wird der Vorrang der Kapitalverkehrsfreiheit angenommen,[147] teils der Vorrang der Niederlassungsfreiheit[148]. Nach anderer Ansicht besteht ein Verhältnis alternativer Exklusivität;[149] eine vierte Auffassung plädiert für die parallele Anwendung beider Freiheiten.[150] Der letztgenannten Ansicht ist hier der Vorzug zu geben, weil sie den Wortlaut des AEU-Vertrages für sich ins Feld führen kann. Denn einerseits verweist Art. 49 S. 3 AEUV im Rahmen der Niederlassungsfreiheit auf die Kapitalverkehrsfreiheit, andererseits berührt die Kapitalverkehrsfreiheit nach Art. 65 Abs. 2 AEUV die Anwendbarkeit von Beschränkungen des Niederlassungsrechts nicht. Ein solcher Überkreuzverweis macht aber nur dann Sinn, wenn der Regelungsgeber grundsätzlich von einer parallelen Anwendbarkeit von Niederlassungsfreiheit und Kapitalverkehrsfreiheit ausgeht.[151] Auch der EuGH teilt diese Auffassung und hält Kapitalverkehrsfreiheit und Niederlassungsfreiheit grundsätzlich für nebeneinander anwendbar.[152] Jedoch soll erforderlich sein, daß beide Freiheiten auch unmittelbar betroffen sind und nicht bloß eine von ihnen mittelbar tangiert wird.[153] Demgegenüber ist in letzterem Fall allein ein Verstoß gegen die unmittelbar betroffene Grundfreiheit zu prüfen.[154] Bei einem Erwerb von Beteiligungen an einem Unternehmen hat sich im Ergebnis folgender Differenzierungsmaßstab herausgebildet: Erfolgt ein Beteiligungserwerb lediglich in einer Höhe, die dem Erwerbenden keinen relevanten Einfluß auf die Entscheidungen der Zielgesellschaft ermöglicht, und dient der Erwerb nur als Kapitalinvestition, so unterfällt dieses Verhalten ausschließlich der Kapitalverkehrsfreiheit gem. Art. 63 Abs. 1 AEUV.[155] Sichert sich der Erwerber hingegen eine Beteiligung von einem solchen Ausmaß, daß er hierdurch einen gewissen Einfluß auf die Entscheidungen der Gesellschaft erwirbt und deren Tätigkeiten bestimmen kann, so ist auch der Schutzbereich der

---

147 So jedenfalls im Ergebnis Weber EuZW 1992, 561, 564 f.

148 Freitag EWS 1997, 186, 189 ff.

149 Ohler WM 1996, 1801, 1804.

150 Grabitz/Hilf-Ress/Ukrow EGV Art. 56 Rn. 137 ff.; MüKo AktG-Altmeppen Band 9/2, B., 6.Kapitel, Rn. 19 ff.

151 MüKo AktG-Altmeppen Band 9/2, B., 6. Kapitel, Rn. 21f.

152 EuGH Slg. 1999 I, 3099.

153 MüKo AktG-Altmeppen Band 9/2, B., 6. Kapitel, Rn. 24.

154 MüKo AktG-Altmeppen Band 9/2, B., 6. Kapitel, Rn. 24; Ress/Ukrow in Grabitz/Hilf Art. 56 EGV Rn. 159 ff.; Müller-Graff, FS Ulmer, 2003, S. 929, 934.

155 MüKo AktG-Altmeppen Band 9/2, B., 6. Kapitel, Rn. 24.; Freitag EWS 1997, 186, 190.

Niederlassungsfreiheit gem. Art. 49 AEUV eröffnet.[156] Gleiches gilt, wenn er die Kontrolle über das Unternehmen jedenfalls anstrebt.[157]

Es zeigt sich also im Ergebnis, daß der Erwerb einer bedeutenden Beteiligung an einem Börsenträger im Sinne von § 6 BörsG immer der Kapitalverkehrsfreiheit des Art. 63 Abs. 1 AEUV unterfällt. Jedenfalls dann, wenn ein Erwerber aus dem Bereich der EU plant, eine Mehrheitsbeteiligung an dem Börsenträger zu erreichen, ist er auch durch die Niederlassungsfreiheit gem. Art. 49 AEUV geschützt.

Fraglich ist nun, ob dies dazu führt, daß eine Auslegung von § 6 Abs. 2 2. Alt BörsG, die auch standort- und börsenpolitische Aspekte bei einer etwaigen Untersagung eines Beteiligungserwerbs berücksichtigt, als europarechtlich unzulässig einzustufen ist. Nach dem Wortlaut des Art. 63 Abs. 1 AEUV sind – im Rahmen der Bestimmungen des Kapitel 4 – „alle" Beschränkungen des Kapitalverkehrs verboten. Angelehnt an die vom Europäischen Gerichtshof entwickelte „Dassonville-Formel"[158] für die Warenverkehrsfreiheit sollen somit alle unmittelbaren, mittelbaren, aktuellen oder potentiellen Behinderungen, Begrenzungen oder Untersagungen von Kapitalströmen verboten sein.[159] Da es sich daher bei der Untersagung eines Beteiligungserwerbs immer um eine Beschränkung handelt, ist eine Rechtfertigung der Berücksichtigung von standort- und börsenpolitischen Aspekten nur auf zwei Ebenen denkbar. Entweder muß sich aus den Art. 63 ff. AEUV eine primärrechtliche Einschränkung der dort geregelten Freiheit ergeben, weil die Kapitalverkehrsfreiheit ja nur innerhalb des Rahmens geschützt ist, den die Bestimmungen des Kapitels 4 schaffen, oder es unterfällt eine Beschränkung den vom EuGH anerkannten ungeschriebenen Rechtfertigungsgründen für eine Beschränkung der Kapitalverkehrsfreiheit.[160]

Aus dem Kreis der Einschränkungen, die in den Art. 63 ff. AEUV aufgeführt sind, kommt lediglich Art. 65 Abs. 1 b) AEUV in Betracht, wonach es den Mitgliedstaaten erlaubt ist, „die unerlässlichen Maßnahmen zu treffen, um Zuwiderhandlungen gegen innerstaatliche Rechts- und Verwaltungsvorschriften, insbesondere auf dem Gebiet des Steuerrechts und der Aufsicht über Finanzinstitute, zu verhindern *(…)* oder Maßnahmen zu ergreifen, die aus Gründen der öffentlichen Ordnung oder Sicherheit gerechtfertigt sind." Zwar ist unter den Begriff der öffentlichen Sicherheit auch der Erhalt des Einflusses auf ehemals

---

156 EuGH Slg. 2002, I-9919 Rn. 77.

157 Wackerbarth WM 2001, 1741, 1749.

158 EuGH Slg. 1974, 837.

159 MüKo AktG-Altmeppen Band 9/2, B., 6. Kapitel, Rn. 52, m. w. N.

160 EuGH NJW 2003, 2663, 2664 m. w. N.

öffentliche Unternehmen zu fassen, die Dienstleistungen von allgemeinem Interesse oder von strategischer Bedeutung erbringen.[161] Dabei muß aber berücksichtigt werden, daß Börsenträger gerade keine öffentlichen Unternehmen sind und waren, sondern der Einfluß der öffentlichen Hand auf die Börse selbstbeschränkt ist. Auch muß eine Regelung, die Art. 65 I b) Alt. 3 AEUV genügen soll, so klar gefaßt sein, daß der Bürger vorab in der Lage ist, zu erkennen, welche Kapitaltransaktionen ihr unterfallen,[162] was bei der weiten Fassung des § 6 Abs. 2 2. Alt BörsG nicht gegeben ist. Zudem wäre auch Art. 65 Abs. 3 AEUV zu beachten, wonach die Einschränkungen des Art. 65 Abs. 1 nicht Mittel zur willkürlichen Diskriminierung sein dürfen, wobei als Diskriminierung jede unterschiedliche Behandlung zweier Personen zum Nachteil des einen trotz Vorliegen eines vergleichbaren Sachverhaltes zu verstehen ist. Dabei kommt als Anknüpfungspunkt sowohl die Staatsangehörigkeit als auch der Wohn- bzw. Anlageort in Betracht.[163] Willkürlich ist eine solche Diskriminierung dann, wenn sie sich nicht auf anerkennenswerte sachliche Erfordernisse stützen kann und daher objektiv nicht gerechtfertigt ist.[164] Soll § 6 Abs. 2 2. Alt. BörsG aber dazu verwendet werden, Börsenpolitik zu betreiben und deutsche Börsenstandorte zu sichern, muß gerade das Herkunftsland des Erwerbers einer Beteiligung an einer Börse ausschlaggebendes Kriterium für die Untersagung des Beteiligungserwerbs sein. Allein der Schutz der Börsenstandorte in Deutschland kann aber kein anerkennenswertes sachliches Kriterium für eine solche Diskriminierung sein, da es ja jeder grenzüberschreitenden Kapitalverkehrsfreiheit immanent ist, daß inländische Unternehmen eben auch von ausländischen Unternehmen übernommen und beeinflußt werden können.

Aus dem gleichen Grund scheiden aber auch die vom EuGH anerkannten ungeschriebenen Rechtfertigungsgründe für die Beschränkung der Kapitalverkehrsfreiheit aus. Denn abgesehen davon, daß schon fraglich ist, ob die hierfür notwendigen zwingenden Gründe des Allgemeinwohls vorliegen, zu denen bloße wirtschaftliche oder finanzielle Interessen eines Mitgliedstaates nicht gehören sollen,[165] scheidet ein ungeschriebener Rechtfertigungsgrund schon deshalb aus, weil die hier zur Diskussion stehende Auslegung des Börsengesetzes als diskriminierende Anwendung der entsprechenden Regelung einzustufen wäre.

---

161 Trautwein JA 2008, 281, 285.

162 Trautwein JA 2008, 281, 285.

163 Grabitz/Hilf-Rees/Ukrow EGV Art. 58 Rn. 48.

164 Grabitz/Hilf-Rees/Ukrow EGV Art. 58 Rn. 48.

165 So für den Bereich der Dienstleistungsfreiheit: EuGH Slg. 1997 I, 3091 Rn. 23; EuGH Slg. 1961, 693, 720.

Das Einfließenlassen von börsenpolitischen Interessen in die Auslegung des Begriffs der „Beeinträchtigung der Durchführung und angemessenen Fortentwicklung des Börsenbetriebs“ in § 6 Abs. 2 2. Alt. BörsG stellt somit einen Verstoß gegen die Kapitalverkehrsfreiheit nach Art. 63 Abs. 1 AEUV dar. Auf eine genauere Untersuchung der Vereinbarkeit eines solchen Vorgehens mit der – nur im Falle von Mehrheitsbeteiligungen anwendbaren – Niederlassungsfreiheit kann daher verzichtet werden, wobei wegen der im wesentlichen übereinstimmenden Schranken auch insoweit ein Verstoß gegen europäisches Recht gegeben sein dürfte.

Im Ergebnis bleibt somit festzuhalten, daß jede Auslegung des § 6 Abs. 2 2. Alt. BörsG, die über eine Prüfung einer drohenden Nichterfüllung der Betriebspflicht hinausreicht, gegen europäisches Recht verstößt und daher unzulässig ist. Da aber im Falle einer drohenden Nichterfüllung der Betriebspflicht der Anteilserwerber bereits als nicht zuverlässig im Sinne von § 6 Abs. 2 1. Alt. BörsG einzustufen ist, bleibt § 6 Abs. 2 2. Alt. BörsG ohne praktischen Anwendungsbereich. Deshalb ist dem Gesetzgeber anzuraten, diese Norm insoweit aus Gründen der Klarheit und Übersichtlichkeit zu streichen.[166]

bbb) Eingriffsbefugnisse gem. § 6 Abs. 4 BörsG

Werden erst nach einem Anteilserwerb Tatsachen bekannt, die aufgrund von § 6 Abs. 2 BörsG einer Beteiligung an dem Börsenträger entgegenstehen würden, ist die Börsenaufsicht keinesfalls machtlos. § 6 Abs. 4 Nr. 1 BörsG regelt nämlich, daß die Aufsichtsbehörde in den Fällen, in denen die Voraussetzungen für eine Untersagungsverfügung gegeben sind, dem Inhaber einer bedeutenden Beteiligung die Ausübung seiner Stimmrechte untersagen kann. Nach allgemeiner Meinung bietet § 6 Abs. 4 S. 1 BörsG der Börsenaufsicht ebenfalls die Möglichkeit anzuordnen, daß über die bereits erworbenen Anteile nur mit ihrer Zustimmung verfügt werden darf.[167] Angesichts der Tatsache, daß der Erwerber einer Beteiligung andernfalls Anordnungen der Börsenaufsicht durch schnelle Weiterveräußerung der Anteile an andere (Konzern-)Unternehmen umgehen könnte, ist eine solche Regelung sinnvoll; fraglich ist jedoch, ob sie auch auf den Gesetzestext gestützt werden kann. Denn nach dem Wortlaut der Norm (kann) „die Börsenaufsichtsbehörde dem Inhaber einer bedeutenden Beteiligung *(...)* die Ausübung seiner Stimmrechte untersagen und anordnen, dass über die Anteile nur mit seiner Zustimmung verfügt werden darf.“ Auch wenn hier, wie eine

166 So auch bereits: Christoph, Börsenkooperationen und Börsenfusionen, S. 230.
167 Schwark-Beck § 6 BörsG, Rn. 19.

vergleichende Betrachtung von § 2c KWG zeigt, mit „seiner Zustimmung“ (statt „ihrer“) die Zustimmung der Börsenaufsichtsbehörde gemeint ist, kann es vom Wortlaut her keine Zweifel geben, daß es hier um die – freilich wegen seines Eigentums an den Anteilen selbstverständliche – Zustimmung des Beteiligungsinhabers selbst gehen soll. Da die Regelung des § 6 Abs. 4 S. 1 i. V. m. § 50 Abs. 2 Nr. 1 b) BörsG aber eine Bußgeldvorschrift darstellt, ist hier die Auslegungsgrenze des Art. 103 II GG zu berücksichtigen. Demnach markiert, da Art. 103 II GG Erkennbarkeit und Vorhersehbarkeit für den Normadressaten verlangt, der mögliche Wortsinn des Gesetzes die äußerste Grenze zulässiger Auslegung, wobei der Wortsinn aus Sicht des Bürgers zu bestimmen ist.[168] Führt erst eine über den erkennbaren Wortsinn hinausgehende Interpretation zu einer Strafbarkeit eines Verhaltens, darf dies nicht zu Lasten des Adressaten der Norm gehen.[169] Eine andere Bewertung soll allenfalls in Fällen in Betracht kommen, in denen ein außerhalb des Normtextes liegender Umstand es gestatten könnte, eine andere Auslegung der Vorschrift für den Adressaten als vorhersehbar zu erachten.[170] Ob dies hier der Fall ist, erscheint fraglich, zumal auch berücksichtigt werden muß, daß der Gesetzgeber trotz mehrerer erfolgter Änderungen des Börsengesetzes in den letzten Jahren keine Anpassung vorgenommen hat, wie es bei einem rein sprachlichen Fehler doch wohl zu erwarten gewesen wäre. Es mag dahinstehen, ob die Anordnung eines Zustimmungsvorbehaltes der Börsenaufsichtsbehörde nach § 6 Abs. 4 S. 1 BörsG deshalb verwaltungsrechtlich wirksam bleibt, weil Art. 103 II GG nur für Straf- und Bußgeldnormen, nicht aber für andere Gesetze gilt. Denn es wird teilweise vertreten, daß in solchen Fällen eine gespaltene Auslegung zu erfolgen hat,[171] die in verwaltungsrechtlicher Hinsicht zu einem anderen Ergebnis gelangen kann als in strafrechtlicher Hinsicht.[172] Sanktionen nach § 50 Abs. 2 Nr. 1 b) BörsG begegnen jedenfalls nicht unerheblichen verfassungsrechtlichen Bedenken, weshalb dem Gesetzgeber anzuraten ist, die Vorschrift in § 6 Abs. 4 S. 1 BörsG zu berichtigen.

---

168 BVerfG NVwZ 1990, 751, 751; BVerfG NJW 1986, 1671, 1672 m. w. N.

169 BVerfG NJW 1978, 933, 934.

170 BVerfG NVwZ 1990, 751, 751.

171 So mit ausführlicher Begründung Cahn ZHR 162 (1998), 1, 50, im Ergebnis wohl auch BVerfG, – 1 BvR 2780/04 -, Rn. 23.

172 Kritisch gegenüber einer gespaltenen Auslegung im Zusammenhang mit § 54 KWG: Hammen WM 2005, 813, 820.

bb) Anteilseignerkontrolle nach § 2c KWG

Nachdem nun wesentliche Probleme der Auslegung des § 6 BörsG geklärt sind, ist weiterhin zu untersuchen, ob zusätzlich zur Anteilseignerkontrolle nach dem Börsengesetz eine Anteilseignerkontrolle gem. § 2c KWG besteht. Dies ist dann gegeben, wenn der Börsenträger Finanzdienstleistungen gem. § 1 Abs. 1a KWG erbringt. Als Finanzdienstleistung kommt hierbei der Betrieb eines multilateralen Handelssystems nach § 1 Abs. 1a 1b. KWG in Betracht. Denn neben dem Segment des regulierten Marktes besteht an jeder deutschen Börse ein Freiverkehr gem. § 48 BörsG. Beim Freiverkehr handelt es sich jedoch nicht um ein Segment, das öffentlich-rechtlich geregelt ist und von der Börse eingerichtet wird. Vielmehr ist der Freiverkehr privatrechtlich geregelt und wird gem. § 48 Abs. 1 BörsG direkt vom Börsenträger ohne Zwischenschaltung der Börse betrieben. Die Aussagen in der Gesetzesbegründung zu § 31f WpHG sind jedoch eindeutig, wenn dort gesagt wird: „Der Freiverkehr gem. § 57 des Börsengesetzes (BörsG)[173] ist ebenfalls als ein multilaterales Handelssystem im Sinne der Finanzmarktrichtlinie zu qualifizieren".[174] Eine andere Einschätzung läßt sich auch nicht aus der Tatsache herleiten, daß entgegen dem ursprünglichen Entwurf des Finanzmarktrichtlinie-Umsetzungsgesetzes ein Verweis auf die §§ 31f ff. WpHG in § 48 BörsG gestrichen worden ist. Denn zum einen wird im Rahmen der Regelungen der MiFID bei Handelssystemen nur zwischen Börsen, multilateralen Handelssystemen (MTF) und Internalisierern unterschieden, wobei eine Einordnung des Freiverkehrs als Börse ebenso eindeutig ausscheidet wie eine Einordnung als Internalisierer. Zum anderen erfolgte die Streichung keineswegs, weil der Gesetzgeber den Freiverkehr nun nicht mehr als multilaterales Handelssystem ansah, sondern weil es sich – wie die Gesetzesverfasser meinten – beim Freiverkehr zwar um ein MTF handele, er sich aber aufgrund seiner Integration in die Börse grundlegend von anderen MTFs unterscheide und das Börsengesetz daher als lex specialis anzusehen sei.[175]

Doch auch wenn der Freiverkehr somit als multilaterales Handelssystem zu qualifizieren ist, führt dies allein noch nicht zur Anwendbarkeit des § 2c KWG. Denn für den Betreiber einer Börse greift die Ausnahme des § 2 Abs. 6 Nr. 16 KWG, wonach der Betreiber eines geregelten Marktes, der neben dem Betrieb eines multilateralen Handelssystemes keine anderen Finanzdienstleistungen erbringt, nicht als Finanzdienstleistungsinstitut gilt.

173 Gemeint ist die alte Fassung; jetzt § 48 BörsG.

174 BT-Drucks. 16/4028 v. 12.01.2007, S. 68.

175 BR-Drucks. 833/1/06, S. 24.

Daß eine Prüfung gemäß § 2c KWG dennoch durchzuführen ist, ergibt sich aus zwei Aspekten. Zum einen folgt dies aus der Rückausnahme des § 2 Abs. 12 KWG, wonach § 2c KWG dann Anwendung finden soll, wenn der Börsenträger seinen Sitz im Ausland hat oder wenn er außer dem Freiverkehr ein weiteres multilaterales Handelssystem trägt. Darüber hinaus spricht aber auch einiges dafür, daß § 2c KWG generell Anwendung finden muß, da andernfalls ein Verstoß gegen die europarechtliche Regelung der MiFID vorliegen würde. Denn die Regelung des Art. 5 Abs. 2 MiFID besagt, daß die Mitgliedstaaten „allen Marktbetreibern *(gestatten)*, ein MTF zu betreiben, sofern zuvor festgestellt wurde, dass sie den Bestimmungen dieses Kapitels -mit Ausnahme der Artikel 11 und 15 – nachkommen". Hieraus lassen sich nun zwei Folgerungen gewinnen. Zum einen ergibt sich aus dem Platz der Regelung unter Titel II „Zulassung von Wertpaierfirmen (...)" und der Formulierung als Ausnahme zu Art. 5 Abs. 1, daß es sich auch bei einem Marktbetreiber, der nicht der geregelte Markt selbst ist, um eine Wertpapierfirma im Sinne der MiFID handelt – für welche freilich eingeschränkte Anforderungen gelten. Zum anderen wird aus der Tatsache, daß ausdrücklich nur die Artikel 11 und 15 ausgenommen werden deutlich, daß Artikel 10, welcher den Beteiligungserwerb an Wertpapierfirmen regelt, gerade auch für Marktbetreiber gelten soll, die ein MTF betreiben.

Somit ergibt sich, daß in der Praxis beim Erwerb einer bedeutenden Beteiligung an einem deutschen Börsenträger zwei Anteilseignerkontrollen durchzuführen sind.[176] Die Anteilseignerkontrolle nach § 2c KWG wird durch die Anteilseignerkontrolle nach § 6 BörsG auch nicht überflüssig. Denn zum einen wird die Anteilseignerkontrolle nach dem Börsengesetz durch die zuständige Börsenaufsicht durchgeführt, die Anteilseignerkontrolle nach dem Kreditwesengesetz jedoch durch die Bafin, was angesichts des in den betreffenden Regelungen verankerten Ermessens durchaus zu unterschiedlichen Entscheidungen führen kann. Zum anderen ist zu berücksichtigen, daß sich die beiden Regelwerke teilweise deutlich unterscheiden, was gleichfalls zu verschiedenen Resultaten führen kann.

b) Beteiligungserwerb durch Börsenträger oder (ausländische) Börsen

Da einzelne Maßnahmen, die im Zusammenhang mit einer Beteiligung auftauchen können, wie etwa die Konzernierung des Börsenträgers, eine geplante

176 Für eine Anteilseignerkontrolle nach dem KWG bereits vor Einführung der Anteilseignerkontrolle im Börsengesetz: Hammen AG 2001, 929, 940; Hammen/Kümpel Börsenrecht, S. 119; zustimmend Christoph WM 2004, 1856, 1856.

Verlagerung des Sitzes ins Ausland oder Absprachen bezüglich einzelner Marktsegmente im folgenden noch gesondert untersucht werden sollen, ist zunächst nur zu prüfen, welche Rolle in der Person des Erwerbers liegende Merkmale im Bereich der Anteilseignerkontrolle spielen können. In Betracht kommen hierbei zwei Anknüpfungspunkte. Zum einen ist dies die Tatsache, daß der Erwerber bereits eine andere Börse trägt oder betreibt. Zum anderen ist zu prüfen, welchen Einfluß es hat, wenn er seinen Sitz im Ausland hat.

Zunächst könnte erwogen werden, einen Anteilserwerb durch ein Unternehmen, das bereits eine Börse trägt oder betreibt, deshalb zu untersagen, weil gem. § 6 Abs. 2 Nr. 2 BörsG die Durchführung und angemessene Fortentwicklung des Börsenbetriebs derjenigen Börse beeinträchtigt wird deren Anteile erworben werden sollen. Dies könnte deshalb der Fall sein, weil der Erwerber ja ein Konkurrenzunternehmen betreibt und damit gerechnet werden muß, daß der Erwerber seine Beteiligungen dazu nutzt, um einen Wettbewerb zwischen den Börsen weitgehend zu verhindern, was die Fortentwicklung einer der beiden Börsen im Vergleich zu einem Wettbewerb ohne Rücksichtnahme jedenfalls hemmen mag. Einer solchen Argumentation kann jedoch schon deshalb nicht gefolgt werden, weil alleine die Tatsache, daß ein Börsenträger mehrere Börsen trägt, nicht automatisch die Vermutung begründen kann, er werde versuchen, einen Wettbewerb unter den Börsen zu verhindern. Für eine solche Vermutung bedarf es vielmehr anderer Anhaltspunkte, die dann aber nicht allein in der Person des Erwerbers begründet liegen, sondern in konkreten Handlungen und daher nicht an dieser Stelle zu klären sind.[177]

Weiterhin ist fraglich, ob der Erwerb einer Beteiligung deshalb untersagt werden kann, weil der Erwerber seinen Sitz im Ausland hat. Liegt der Sitz innerhalb der EU, ist eine solche Argumentation schon deshalb zweifellos abzulehnen, weil hierdurch in eklatanter Weise gegen den Grundsatz der Niederlassungsfreiheit bzw. der Kapitalverkehrsfreiheit verstoßen würde.[178] Zu untersuchen bleibt jedoch, ob sich ein anderes Bild dann ergibt, wenn der Erwerber seinen Sitz in einem Drittstaat hat; insbesondere in den Fällen, in denen in diesem Staat keine wirksame Aufsicht über Börsen bzw. Börsenträger besteht. Dabei ist zunächst auf die Anteilseignerkontrolle nach dem Börsengesetz einzugehen. § 6 BörsG reguliert den Fall eines Sitzes des Erwerbers in einem Drittstaat mit besagter unzureichender Kontrolle – im Gegensatz zu § 2c Abs. 1a Nr. 3 KWG – nicht. Die Tatsache, daß sich die Gesetzesbegründung zu § 6 BörsG (bzw. § 3 BörsG a. F.)

177 Siehe aber unten C. I. 7.

178 S. o. I. 2. a) aa) aaa).

ausdrücklich auf die Regelung des KWG bezieht[179] und in einem Diskussionsentwurf der Sitz in einem Drittstaat mit unzureichender Kontrolle noch als Versagungsgrund aufgeführt war,[180] zeigt, daß die börsengesetzliche Regelung hier bewußt von der Regelung des Kreditwesengesetzes abweicht. Es spricht demnach alles dafür, daß der Gesetzgeber den Sitz eines Anteilserwerbers im nicht hinreichend kontrollierten Ausland nicht als Grund ansieht, einen Anteilserwerb zu unterbinden.

Ein anderes Bild ergibt sich jedoch im Rahmen der Anteilseignerkontrolle nach dem Kreditwesengesetz. Nach § 2c Abs. 1a Nr. 3 KWG ist der Sitz des Erwerbers im Drittstaat ohne wirksame Kontrolle über Börsen jedenfalls dann ein Untersagungsgrund für einen Beteiligungserwerb, wenn der Erwerb dazu führen würde, daß die Zielgesellschaft zu einem Tochterunternehmen des Erwerbers im Sinne des Kreditwesengesetzes würde. Neben einem Mutter-Tochterverhältnis i. S. v. § 290 HGB ist hierfür nach § 1 Abs. 7 KWG schon ausreichend, wenn auf die Zielgesellschaft ein beherrschender Einfluß ausgeübt werden kann. Auch wenn sich hieraus im Umkehrschluß ergibt, daß Beteiligungen, die diese Schwelle nicht überschreiten, nicht von der Bafin untersagt werden können, wird deutlich, daß die Anteilseignerkontrolle nach dem Kreditwesengesetz wesentlich weitreichendere Eingriffsmöglichkeiten gibt als die Anteilseignerkontrolle nach dem Börsengesetz. Dies könnte zu dem Schlu führen, die Norm des Kreditwesengesetzes müsse im vorliegenden Fall deshalb einschränkend ausgelegt werden, weil die Regelung des Börsengesetzes bei der Beteiligung an einem Börsenträger spezieller sei. Bei genauerem Hinsehen werden aber Gründe sichtbar, die den scheinbaren Widerspruch erklären. Denn die Anteilseignerkontrolle im Kreditwesengesetz dient vor allem dem Gläubigerschutz,[181] wobei in erster Linie der private Anleger geschützt werden soll[182]. Die Notwendigkeit für einen solchen Schutz resultiert vor allem aus der Tatsache, daß die Institute in der Reichweite des Kreditwesengesetzes regelmäßig Kundengelder verwalten. Hat ein Institut seinen Sitz aber in einem unzureichend kontrollierten Drittstaat, ist die Gefahr eines Forderungsausfalls schon allein aus Gründen der regelmäßig schwer möglichen Vollstreckung erhöht. Demgegenüber kommt ein Börsenträger nicht mit Kundengeldern in Kontakt, da nur die Börse am Börsenhandel beteiligt ist. Das Risiko einer Beteiligung unzuverlässiger Anteilseigner am

179 BT-Drucks. 14/8017 v. 18.1.2002, S. 73.

180 S. § 3 Abs. 2 Nr. 3 des Diskussionsentwurfes des Bundesfinanzministeriums für ein Viertes Finanzmarktförderungsgesetz, ZBB 2001, 398, 403.

181 Regierungsbegründung zur 4. KWG-Novelle, BT-Drucks. 12/3377 v. 08.10.1992, S. 27.

182 Schwark-Beck § 6 BörsG, Rn. 16.

Börsenträger liegt daher hauptsächlich darin, daß der Börsenträger seine Betriebspflicht nicht mehr erfüllt. Vor diesem Hintergrund scheint es gerechtfertigt, die Beteiligung an einem Börsenträger, die nach § 6 BörsG zulässig ist, nach § 2c KWG zu untersagen. Denn hierbei ist der entscheidende Gesichtspunkt nicht die Rolle des Unternehmens als Börsenträger, sondern als Veranstalter des Freiverkehrs. Da der Freiverkehr direkt vom Börsenträger veranstaltet wird, richten sich etwaige Ansprüche auch direkt gegen ihn. Hat der Börsenträger nun seinen Sitz in einem nicht hinreichend kontrollierten Drittstaat, erhöht sich das Risiko der Anspruchsdurchsetzung für etwaige Gläubiger nicht unerheblich. Es erscheint daher vertretbar, bei einem Beteiligungserwerb an einem Börsenträger, der gleichzeitig den Freiverkehr an einer Börse veranstaltet, geringere Anforderungen an Erwerbsuntersagungsgründe zu stellen als beim Erwerb von Anteilen an einem Unternehmen, das nur Börsenträger ist. Da aber in aller Regel deutsche Börsenträger gleichzeitig einen Freiverkehr veranstalten, bedeutet dies, daß die Möglichkeiten eines Beteiligungserwerbs durch einen Börsenträger oder eine Börse, deren Sitz in einem Drittstaat ohne wirksame Kapitalmarktaufsicht liegt, beträchtlich eingeschränkt ist. Denn ein solches Unternehmen dürfen gem. § 2c Abs. 1a Nr. 3 KWG nur insoweit Beteiligungen erwerben, als das deutsche Zielunternehmen hierdurch nicht zu seiner Tochtergesellschaft i. S. v. § 1 Abs. 7 KWG i. V. m. § 290 HGB wird. Nach der Rechtsprechung des EuGH verstößt eine solche Regelung auch nicht gegen die Kapitalverkehrsfreiheit nach Art. 63 Abs. 1 AEUV. Denn ungeachtet der Fragen, ob Rechtfertigungsgründe für einen derartigen Eingriff vorliegen und ob an die Rechtfertigung von Beschränkungen der Kapitalverkehrsfreiheit gegenüber Drittstaaten geringere Anforderungen zu stellen sind, soll die Kapitalverkehrsfreiheit dann zurücktreten, wenn eine nationale Regelung primär auf die Beschränkung einer anderen Grundfreiheit zielt. So soll etwa dann, wenn eine Regelung in erster Linie auf die Niederlassungsfreiheit zielt, einer Person aus einem Drittstaat die Berufung auf die Kapitalverkehrsfreiheit vollständig verwehrt sein.[183] Da sich die Vorschrift des § 2c Abs. 1a Nr. 3 KWG nur auf Sachverhalte bezieht, bei denen die Beteiligung auf einen beherrschenden Einfluß abzielt, mithin also in den Bereich der Niederlassungsfreiheit fällt, könnte sich nach Auffassung des EuGH eine Person aus einem Drittland nicht darauf berufen, die Norm beschränke ungerechtfertigterweise die Kapitalverkehrsfreiheit.

Fraglich ist, ob es für Unternehmen aus Drittstaaten gleichwohl Möglichkeiten gibt, auch eine Mehrheitsbeteiligung an einem deutschen Börsenträger

183 EuGH IStR 2007, 439.

zu erlangen, ohne daß dieses Vorhaben an aufsichtsrechtlichen Hindernissen scheitert. Dies wäre dann der Fall, wenn es gelingt, vor Übernahme einer Mehrheitsbeteiligung Verhältnisse zu schaffen, die lediglich eine Genehmigung des Anteilserwerbs nach börsengesetzlichen, nicht aber nach kreditwesengesetzlichen Regelungen erfordern. In concreto müßte also dafür gesorgt werden, daß der Börsenträger keinen Freiverkehr mehr veranstaltet und keinen anderen Geschäften nachgeht, die nach dem Kreditwesengesetz erlaubnispflichtig sind. Gerade im Bereich des Freiverkehrs führt dies indes zu einem anderen Problem. Denn man könnte zwar in Erwägung ziehen, den Freiverkehr statt vom Börsenträger einfach ebenso wie den geregelten Markt von der Börse veranstalten zu lassen. Jedoch ergibt sich aus dem insoweit eindeutigen Wortlaut des § 48 Abs. 1 BörsG, daß der Betrieb eines Freiverkehrs nur durch einen Börsenträger möglich ist, so daß es zunächst keinen Weg gibt, den Börsenträger aus dem Wirkungsbereich des KWG herauszuhalten. Die einzige Möglichkeit für einen Börsenträger, der einem Unternehmen aus einem Drittstaat im Falle einer freundlichen Übernahme den Weg an den Schranken der Anteilseignerkontrolle des KWG vorbei bereiten will, wäre folgendes Vorgehen: Auch wenn eine Börse keinen Freiverkehr i. S. v. § 48 BörsG veranstalten darf, so bleibt es ihr dennoch unbenommen, ein anderes multilaterales Handelssystem zu betreiben. Denn gemäß der Gesetzesbegründung zu § 31f WpHG können sowohl Betreiber eines geregelten Marktes als auch Wertpapierdienstleistungsunternehmen ein multilaterales Handelssystem betreiben.[184] Auch wenn wegen Art. 36 Abs. 1 der Richtlinie 2004/39/EG (MiFID) davon auszugehen ist, daß als Betreiber eines geregelten Marktes entgegen dem Wortlaut nicht die Börse, sondern ihr Träger gemeint ist, so ist erstere Wertpapierdienstleistungsunternehmen gem. § 2 Abs. 4 WpHG. Daher wäre es nun möglich, die Börse ein multilaterales Handelssystem betreiben zu lassen, welches an Stelle des Freiverkehrs die dort getätigten Geschäftsbereiche übernimmt, und den Freiverkehr durch den Börsenträger zu schließen. Aber selbst wenn die Nutzer des Freiverkehrs bereit wären, diesen Schritt mitzutragen und ihre Geschäfte künftig über das von der Börse betriebene multilaterale Handelssystem auszuführen, könnte dieses den Wegfall des Freiverkehrs nicht vollständig kompensieren. Denn beim Freiverkehr handelt es sich nach dem Willen des Gesetzgebers[185] um ein privilegiertes multilaterales Handelssystem, das gegenüber anderen multilateralen Handelssystemen einige Vorzüge aufweist,

184 BT-Drucks. 16/4028 v. 12.01.2007, S. 68.

185 Vgl. die später im Gesetz umgesetzten Anmerkungen des Finanzausschusses in: BR-Drucks. 833/1/06, S. 24.

so insbesondere die Tatsache, daß im Freiverkehr zustande gekommene Preise Börsenpreise im Sinne des Börsengesetzes sind, was aus § 48 III i. V. m. § 24 BörsG deutlich wird.

Im Ergebnis bleibt also festzuhalten, daß ein Anteilserwerb an einem Börsenträger durch ein Unternehmen mit Sitz in einem nicht hinreichend kontrollierten Drittstaat i. S. v. § 2c Abs. 1a Nr. 3 KWG nur dann problemlos möglich ist, wenn die Schwelle, die das Zielunternehmen zu einem Tochterunternehmen machen würde oder einen herrschenden Einfluß auf es sichern würde, nicht erreicht wird. Ein Anteilserwerb, der diese Schwelle überschreitet, ist nur mit Einschränkungen und mit Hilfe von Umstrukturierungen des Handels an der Börse möglich.

3. Verlagerung des Sitzes des Börsenträgers ins Ausland

Nachdem geklärt worden ist, daß die Herkunft eines Anteilserwerbers aus einem anderen EU-Staat und mit den vorstehend genannten Einschränkungen auch die Herkunft aus einem Drittstaat kein Grund sind, um einen Beteiligungserwerb an einem Börsenbetreiber zu untersagen, ist zu untersuchen, ob etwas anderes dann gilt, wenn der Erwerber deutlich macht, daß er plant, den Verwaltungssitz und/ oder den Satzungssitz des Börsenträgers ins Ausland zu verlegen. Hierbei soll wiederum unterschieden werden zwischen einer Sitzverlegung in einen anderen Mitgliedstaat der EU und einer Sitzverlegung in einen Drittstaat.

a) Verlagerung des Sitzes in einen anderen EU-Mitgliedstaat

Als größtes Problem einer Verlagerung des Sitzes in einen anderen EU-Staat erweist sich dabei keineswegs der Umstand, daß der Börsenträger dann einen Sitz im Ausland hätte, sondern die Folgen des Umzugs an sich. Hierbei ist strikt zwischen der Verlagerung des Verwaltungssitzes und der Verlagerung des Satzungssitzes zu trennen.

aa) Verlagerung allein des Verwaltungssitzes

Bis zum Inkrafttreten des Gesetzes zur Modernisierung des GmbH-Rechts und zur Bekämpfung von Mißbräuchen (MoMiG) 2008 konnte eine deutsche Kapitalgesellschaft nach herrschender Meinung ihren Verwaltungssitz nicht unter Bewahrung des deutschen Gesellschaftsstatuts in ein anderes Land verlagern. Vielmehr bilde – so wurde damals gesagt – ein solcher Wegzug einen zwingenden Grund für eine Auflösung und Abwicklung der Gesellschaft jedenfalls dann, wenn der Staat, in den der Verwaltungssitz verlegt werde, ebenfalls der Sitztheorie folge.[186] Durch das MoMiG änderte sich diese Rechtslage, weil das Erfordernis der Übereinstimmung von Satzungs- und Verwaltungssitz bei GmbH und AG durch Streichung von § 4a Abs. 2 GmbHG bzw. § 5 Satz 2 AktG aufgegeben wurde und diese Gesellschaften nunmehr einen vom inländischen Satzungssitz abweichenden Verwaltungssitz wählen dürfen. Während die Gesetzesänderung auch weiterhin keine identitätswahrende Verlegung des Satzungssitzes ermöglicht,[187] ist es seitdem jedoch zumindest grundsätzlich möglich,[188] den Verwaltungssitz einer Gesellschaft ins Ausland zu verlegen.

An der rechtlichen Situation für deutsche Börsenträger hat sich indes hierdurch nichts verändert. Entscheidend ist insoweit nämlich der Gesichtspunkt, daß bezüglich der Wertpapierfirmen eine Sonderregelung in Art. 5 Abs. 4 der Richtlinie 2004/39/EG (MiFID) besteht. Hiernach muß jede Wertpapierfirma, die eine juristische Person ist, ihre Hauptverwaltung im selben Mitgliedstaat haben wie ihren Sitz. Da aber momentan alle Börsenträger zugleich einen Freiverkehr betreiben (und dies nach der neuen Regelung des § 48 Abs. 1 BörsG auch nicht auf ein anderes Unternehmen oder die Börse übertragen können), sind sie nach Art. 4 Abs. 1 Nr. 1, Nr. 2, Anhang I Abschnitt A Nr. 8 MiFID auch Wertpapierfirmen i. S. d. Richtlinie.[189] Auch wenn es zur Regelung des Art. 5 Abs. 4 MiFID keine entsprechende Regelung in den deutschen Gesetzen gibt, müßte angesichts der Richtlinie bei der Bewertung einer Verlagerung des Verwaltungssitzes von Deutschland in einen anderen Staat der EU zumindest in diesem Fall wohl der früher herrschenden Auffassung in der Literatur zugestimmt werden, die den Wegzug als Grund zur Auflösung und Abwicklung behandeln will. Somit ist im Ergebnis festzuhalten, daß die Verlagerung allein des Verwaltungssitzes eines Börsenträgers in einen anderen EU-Staat praktisch kaum durchführbar ist. Denn sie würde zunächst die Aufgabe des veranstalteten Freiverkehrs voraussetzen und wäre daher wirtschaftlich kaum sinnvoll.

bb) Verlagerung allein des Satzungssitzes

Auch der Verlagerung nur des Satzungssitzes ins Ausland steht Art. 5 Abs. 4 der Richtlinie 2004/39/EG entgegen, so daß auch hier der Wegzug allenfalls unter

---

186 MüKo AktG-Altmeppen Band 9/2, B., 2. Kapitel, Rn. 139 ff. m. w. N.

187 König/Bormann DnotZ 2008, 652, 658.

188 Bezüglich der Einschränkung bei einer Verlegung des Verwaltungssitzes in einen Staat, der seinerseits der Sitztheorie folgt, siehe Hirte NZG 2008, 761, 766.

189 Siehe auch oben C. I. 2. a) bb).

der Aufgabe des Freiverkehrs erfolgen könnte und schon alleine deshalb praktisch nicht sinnvoll sein dürfte.

cc) Verlagerung von Verwaltungs- und Satzungssitz

Ein Verlagerung des Verwaltungs- und des Satzungssitzes unter Beibehaltung des Gesellschaftsstatuts scheitert daran, daß nach allgemeiner Meinung das deutsche Sachrecht einen Satzungssitz im Inland erfordert.[190]

Der einzige in Betracht kommende Weg wäre daher, Verwaltungs- und Satzungssitz zusammen in einen anderen Mitgliedstaat der EU zu verlegen mit dem Ziel eines Statutenwechsels und der Unterstellung der Börsenträgergesellschaft unter ein anderes Recht. Sinnvoll kann eine solches Vorgehen aber nur sein, wenn hierbei die Rechtsidentität der Gesellschaft gewahrt bleiben kann, denn andernfalls kommt es zu so nachteiligen Folgen – Erlöschen der Erlaubnis zum Börsenbetrieb, gegebenenfalls steuerrechtliche Nachteile durch Auflösung der stillen Reserven –, daß ein Umzug ins Ausland regelmäßig unterbleiben dürfte. Damit die Rechtsidentität trotz eines Statutenwechsels gewahrt bleibt, bedarf es zweier Voraussetzungen: Zum einen darf der Gründungsstaat als Folge der Verlagerung keine Auflösung und Abwicklung anordnen, zum anderen darf das Recht des Zuzugsstaates keine Neugründung verlangen.[191] Da in der vorliegenden Arbeit ausschließlich auf Kooperationen eingegangen werden soll, die ihren Ausgangspunkt in Deutschland haben, bedeutet dies konkret, daß eine Bewahrung der Rechtsidentität nur in Betracht kommt, falls der Wegzug aus Deutschland nicht zu einer Auflösung des Börsenträgers führt. Nachdem eine Problemlösung durch Normsetzung auf europäischer Ebene nach der Einstellung der Bemühungen um die geplante Sitzverlegungsrichtlinie zumindest in naher Zukunft unwahrscheinlich scheint,[192] blieb es lange bei einer ungeklärten und umstrittenen Lage in Literatur und Rechtsprechung, wobei die überwiegende Auffassung in der Literatur die Möglichkeit eines grenzüberschreitenden Formwechsels für deutsche Kapitalgesellschaften ablehnte und den Beschluß der Sitzverlegung entweder als Auflösungsbeschluß[193] oder als nichtig[194] betrachtete. Auch die Rechtsprechung lehnte die Möglichkeit einer identitätsbewahrenden

190 MüKo AktG-Altmeppen Band 9/2, B., 2. Kapitel, Rn. 175 m. w. N.

191 MüKo AktG-Altmeppen Band 9/2, B., 2. Kapitel, Rn. 205.

192 Leuering NJW-Spezial 2008, 111, 112; „Sitzverlegung in der EU weiter schwierig", BZ vom 29.06.2007, S. 7; „EuGH-Anwalt für Firmen-Mobilität", BZ vom 23.05.2008, S. 6.

193 Michalski NZG 1998, 762, 764; Ebenroth/Auer JZ 1993, 374, 375.

194 MüKo AktG-Hüffer § 262, Rn. 36; Hüffer, 7. A., AktG § 5, Rn. 12; MüKo BGB-Kindler IntGesR Rn. 510; Triebel/v. Hase BB 2003, 2409, 2415.

Verlegung von Satzungs- und Verwaltungssitz lange ab, wobei teilweise auf die Verlegung des Verwaltungssitzes abgestellt wurde, die zu einem Statutenwechsel führe und daher zwingend die Auflösung zur Folge habe.[195] Teilweise wurde jedoch auch auf die Verlegung des Satzungssitzes abgestellt, welche nicht möglich sei, wobei die Frage der Bewertung als Auflösungsbeschluß oder der Nichtigkeit der Sitzverlegung offengelassen wurde.[196]

Demgegenüber hält eine Gegenauffassung in der Literatur eine grenzüberschreitende Verlegung des Satzungssitzes und einen identitätswahrenden Formwechsel in eine ausländische Gesellschaftsform für – jedenfalls grundsätzlich – zulässig,[197] wobei es dabei verschiedene Auffassungen über die genauen Voraussetzungen und Folgen eines solchen Formwechsels gibt.[198]

Im Ergebnis war es der EuGH mit seinem „Cartesio-Urteil",[199] der im Rahmen eines obiter dictum klare Regeln für den formwechselnden Wegzug einer Gesellschaft formulierte und den lange hierüber währenden Streit – jedenfalls für die Praxis – entschied. Demnach ist es grundsätzlich nicht zulässig, „daß der Gründungsmitgliedstaat die Gesellschaft dadurch, daß er ihre Auflösung und Liquidation verlangt, daran hindert, sich in eine Gesellschaft nach dem nationalen Recht dieses anderen Mitgliedstaats umzuwandeln, soweit dies nach diesem Recht möglich ist."[200] Die Verhinderung eines solchen identitätswahrenden „Hinaus-Formwechsels" stelle vielmehr eine Beschränkung der Niederlassungsfreiheit dar, welche nur beim Vorliegen zwingender Gründe des Allgemeininteresses zulässig sein soll.[201]

Auf die Situation von deutschen Börsenträgern angewendet bedeutet dies nun Folgendes: Würde man die neue Fassung von § 5 AktG so verstehen, daß die Gesellschaft ihren Satzungssitz selbst bei einem Formwechsel nicht ins Ausland verlegen kann, ohne als aufgelöst zu gelten, wäre hierin ein Verstoß gegen die Vorgaben des EuGH zu sehen.[202] Denn es ergeben sich keine zwingende Gründe des Allgemeinwohls, die eine Erschwerung eines solchen identitätswahrenden

---

195 OLG Hamm NZG 2001, 562; BayObLG NJW-RR 1993, 43.

196 BayObLG BB 2004, 570, 571; OLG Brandenburg BB 2005, 849, 850.

197 MüKo AktG-Altmeppen Band 9/2, B., 2. Kapitel, Rn. 237; Behrens EuZW 1992, 550; ders. ZGR 1994, 1, 11 f.; Knobbe-Keuk ZHR 154 (1990), 325, 351 ff.; dies. DB 1990, 2573, 2581; Kronke ZGR 1994, 26, 28 ff., 31; Kruse EWS 1998, 444, 445 f.

198 Siehe hierzu: MüKo AktG-Altmeppen Band 9/2, B., 2. Kapitel, Rn. 228.

199 NZG 2009, 61 ff.

200 NZG 2009, 61, 67.

201 Ebd.

202 Zimmer/Naendrup NJW 2009, 545, 549.

Formwechsels rechtfertigen können. Insbesondere reicht etwa ein drohender Steuerausfall nicht aus, um beim Wegzug aus Deutschland eine Auflösung der Gesellschaft und eine damit einhergehende Besteuerung der stillen Reserven vorzusehen.[203]

Da sich nun aber aus dem Urteil des EuGH in der Rechtssache SEVIC[204] ergibt, daß die Beschränkung der Herein-Verschmelzung unzulässig ist, muß wohl hieraus auch gefolgert werden, daß gleiches für den Herein-Formwechsel in einen anderen Mitgliedstaat gilt. Mithin scheinen der identitätswahrenden Verlegung des Verwaltungs- und Satzungssitzes eines Börsenträgers in einen anderen Mitgliedstaat keine gesellschaftsrechtlichen Hindernisse mehr entgegenzustehen.

Es stellt sich aber dann die Frage, ob dem identitätswahrenden formwechselnden Wegzug ins EU-Ausland börsenrechtliche Hindernisse entgegenstehen und ob einem Anteilserwerber am Börsenträger, der von Anfang an klarmacht, daß er die Verlagerung des Börsenträgers ins Ausland plant, im Wege der Anteilseignerkontrolle ein Beteiligungserwerb untersagt werden kann. Ein solches Verbot wäre aber nur zulässig, wenn durch die Maßnahme eine „Beeinträchtigung der Durchführung und angemessenen Fortentwicklung des Börsenbetriebs" zu befürchten wäre. Da, wie vorstehend festgestellt,[205] diese Wendung jedoch so auszulegen ist, daß von ihr nur drohende Verstöße gegen die Betriebspflicht des Börsenträgers nach § 5 Abs. 1 BörsG umfaßt sind, käme ein Erwerbsverbot allenfalls dann in Betracht, wenn eine Verlagerung des Sitzes des Börsenträgers ins EU-Ausland mit der Betriebspflicht unvereinbar wäre, woraus dann auf eine Unzuverlässigkeit des Anteilserwerbers i. S. v. § 6 Abs. 2 Nr. 1 BörsG geschlossen werden könnte. Jedoch sind keine Gründe erkennbar, wieso die Erfüllung der Betriebspflicht an einer deutschen Börse einen Sitz in Deutschland erfordern soll. Eine Ausstattung mit den erforderlichen finanziellen, personellen und sächlichen Mitteln kann problemlos von einem anderen EU-Staat aus erfolgen, und eine Beschränkung der Erlaubnis des Betriebs einer deutschen Börse auf deutsche Unternehmen wäre zudem mit europäischem Recht unvereinbar.[206] Da wie festgestellt gegen den Wegzug ins Ausland auch keine gesellschaftsrechtlichen Bedenken bestehen, kann einem Anteilserwerber, der lediglich börsenrechtlich zulässige Maßnahmen plant, nicht der Vorwurf der Unzuverlässigkeit gemacht werden, und eine Untersagung des Beteiligungserwerbs durch ihn wäre nicht begründet. Im Ergebnis gibt es also gegen die identitätswahrende formwechselnde

---

203 Ebd.

204 EuGH, Rs. C-411/03, Slg. 2005, I-10805.

205 S. o. C. I 2. a) aa) aaa).

206 S. o. C. I. 2. a) aa) aaa). und I. 2. b).

Verlagerung des Verwaltungs- und Satzungssitzes ins EU-Ausland keine rechtlichen Bedenken.

b) Verlagerung des Sitzes in einen Drittstaat

Anders zu bewerten ist der Sachverhalt jedoch bei einer geplanten Verlagerung des Verwaltungs- und Satzungssitzes in einen Nicht-EU-Staat. Denn da sich ein Börsenträger insoweit nicht auf die Niederlassungsfreiheit berufen kann, bestehen gegen die bisher herrschende Ansicht in Literatur und Rechtssprechung, die einen Sitzverlegungsbeschluß entweder als Auflösungsbeschluß oder als nichtig betrachten, keine Bedenken. Insofern wäre der Plan eines Anteilseigners, den Sitz des Börsenträgers in einen Drittstaat zu verlegen, ein Verstoß gegen die Betriebspflicht, und ein solcher Plan könnte Anlaß geben, die Zuverlässigkeit des Anteilserwerbers i. S. v. § 6 Abs. 2 Nr. 1 BörsG anzuzweifeln.

4. Konzernierung des Börsenträgers

Fraglich ist weiterhin die Zulässigkeit einer Eingliederung eines Börsenträgers in einen Konzern. Hierbei ist als Konzern jede Zusammenfassung mehrerer rechtlich selbständiger Unternehmen unter einheitlicher Leitung zu verstehen.[207] In Betracht kommt eine ganze Reihe von Möglichkeiten, wie ein Börsenträger in einen Konzern eingebunden werden kann. So ist sowohl denkbar, daß ein Börsenträger als abhängiges Unternehmen einem anderen Börsenträger als herrschendem Unternehmen gem. § 18 Abs. 1 AktG angegliedert wird (Unterordnungskonzern). In Betracht kommt aber auch eine Gestaltung als Gleichordnungskonzern gem. § 18 Abs. 2 AktG, wobei mehrere Börsenträger unter einheitlicher Leitung zusammengefaßt werden, ohne daß die beteiligten Unternehmen voneinander abhängig sind. Weiterhin ist zu unterscheiden, wie die Unternehmen unter einheitlicher Leitung zusammengefaßt wurden. So erfolgt der Zusammenschluß beim Vertragskonzern aufgrund eines Beherrschungsvertrags (Unterordnungskonzern) bzw. Gleichordnungsvertrags (Gleichordnungskonzern).[208] Beim faktischen Konzern hingegen besteht keine rechtlich anerkannte Konzernleitungsmacht. Vielmehr ist es beim praktisch wichtigeren Fall des faktischen Unterordnungskonzerns regelmäßig so, daß das herrschende Unternehmen schon alleine durch eine Mehrheitsbeteiligung an der Untergesellschaft in der Lage ist, einen beherrschenden Einfluß auszuüben

207 MüKo AktG-Bayer § 18, Rn. 1 m. w. N.
208 MüKo AktG-Bayer § 18, Rn. 6.

und hiervon in der Praxis auch Gebrauch macht.[209] Schließlich besteht beim Unterordnungskonzern als dritte Alternative noch die Möglichkeit einer Gestaltung als Eingliederungskonzern. Hierbei kann die Obergesellschaft, falls sie mindestens 95 % der Aktien der Untergesellschaft besitzt (§ 320 Abs. 1 AktG), deren Eingliederung beschließen, wobei nach § 323 Abs. 1 i. V. m. § 308 AktG eine Konzernleitungsmacht in Form eines Weisungsrechts begründet wird.[210]

Die Einbindung eines Börsenträgers in einen Konzern ist ein Ereignis, das eine erhebliche praktische Bedeutung hat. So sah auch die geplante Fusion zwischen der Deutsche Börse AG und der London Stock Exchange plc. vor, daß der zukünftige Träger der Frankfurter Wertpapierbörse Tochterunternehmen einer in London beheimateten Holdinggesellschaft sein sollte.[211] Auch für zukünftige Kooperationsvorhaben scheint eine Eingliederung eines Börsenträgers in einen Konzern, der mehrere Börsen betreibt, wegen der vergleichsweise geringen Komplexität der Transaktion und wegen der Tatsache, daß Börsenträger und Börse – jedenfalls nach außen hin – unangetastet bleiben, ein Szenario, welches im Rahmen einer Konsolidierung der Börsenlandschaft mit hoher Wahrscheinlichkeit nochmals auftreten könnte.

a) Die Konzernierung als Hindernis der Börsengenehmigung – Streitstand

Das Problem bei allen Arten einer Konzernierung des Börsenträgers ist die Besorgnis, durch die Verlagerung von Entscheidungsbefugnissen weg vom Börsenträger hin zu einem anderen Unternehmen werde eine wirksame Aufsicht erschwert. Dies gilt natürlich um so mehr, falls der Mutterkonzern seinen Sitz nicht in Deutschland, sondern im EU-Ausland oder gar in einem Drittstaat hat. Inwieweit eine Konzernierung eines Börsenträgers rechtlich zulässig ist, wurde insbesondere im Rahmen der geplanten Fusion zwischen der Deutsche Börse AG und der London Stock Exchange plc. ausführlich und kontrovers diskutiert.[212]

Schneider vertrat hierbei die Auffassung, daß bereits eine faktische Konzernierung zwar der Übernahme der Trägerschaft einer Börse nicht zwingend entgegenstehe, wegen des hierdurch entstehenden Fremdeinflusses jedoch ein Ermessensspielraum der Börsenaufsicht bestehe, ob die Erfüllung der dem

209 MüKo AktG-Bayer § 18, Rn. 9.

210 MüKo AktG-Bayer § 18, Rn. 7.

211 S. o. B. II.

212 Siehe vor allem die Gutachten Hammen/Kümpel WM 2000, Sonderbeilage Nr. 3, 3 ff.; Schneider/Burgard WM 2000, Sonderbeilage Nr. 3, 26 37; Schwark WM 2000, 2517 ff.

Börsenträger obliegenden Pflichten dauerhaft gewährleistet erscheine.[213] Zwingend ausgeschlossen sei eine Konzernierung des Börsenträgers aber jedenfalls dann, wenn die Abhängigkeit nicht nur den Börsenträger umfasse, sondern sich zugleich auf die Börse selbst erstrecke, was bei einer weitgehenden Organidentität zwischen Börsenträger und Börse der Fall sei.[214] Weiterhin sei der Abschluß eines Beherrschungs- und Gewinnabführungsvertrages zwischen dem Börsenträger und einer Muttergesellschaft nicht vereinbar mit der Stellung des Börsenträgers als Träger öffentlicher Verwaltung.[215] *Merkt* hält die Einbindung einer Börse in einen Vertragskonzern wegen der Leitungsbefugnis und finanziellen Dominanz des Mutterkonzerns für nicht zulässig, da sie die börsengesetzliche Betriebspflicht gefährde.[216]

Demgegenüber ist *Schwark* der Meinung, eine faktische Konzernierung sei deshalb zulässig, weil sich aus § 311 AktG weitgehende Schranken für den Einfluß des herrschenden auf das abhängige Unternehmen ergäben.[217] Zwar sei es in der Praxis oft so, daß der Vorstand eines abhängigen Tochterunternehmens Einflußnahmen durch den Mutterkonzern nachkomme, jedoch müsse man grundsätzlich von einem rechtmäßigen Verhalten des Trägers ausgehen und dürfe nicht vergessen, daß andernfalls auch Schadensersatzpflichten entstehen könnten.[218] Auch der Abschluß eines Beherrschungs- und Gewinnabführungsvertrages zwischen dem Börsenträger und einer Muttergesellschaft wird von *Schwark* als wesentlich weniger problematisch eingeschätzt. Es treffe zwar zu, daß die Betriebspflicht des Börsenträgers dann bei einer rein gesellschaftlichen Betrachtungsweise in höchstem Maß gefährdet sei.[219] Da jedoch die Betriebspflicht sich unmittelbar auf den konzernrechtlichen Pflichtenrahmen auswirke und die Weisungsbefugnis der Muttergesellschaft einschränke, stünde auch der Abschluß eines Beherrschungs- und Gewinnabführungsvertrages einer Beleihung der Tochtergesellschaft mit der Börsenträgerschaft nicht entgegen.[220] Des weiteren sei auch eine Organidentität zwischen Börsenträger und Börse allenfalls

---

213 Schneider/Burgard WM 2000, Sonderbeilage Nr. 3, 32.
214 Schneider/Burgard WM 2000, Sonderbeilage Nr. 3, 32.
215 Schneider/Burgard WM 2000, Sonderbeilage Nr. 3, 31.
216 Merkt, Gutachten zum 64. Deutschen Juristentag, G 120.
217 Schwark WM 2000, 2524.
218 Schwark ebd.
219 Schwark WM 2000, 2525.
220 Schwark WM 2000, 2527.

wegen einer latenten Interessenkollision unzulässig, nicht aber aus konzernrechtlichen Gesichtspunkten.[221]

Ebenso sehen *Hammen und Kümpel* die Einbindung eines Unternehmens in einen Konzern nicht als Hinderungsgrund für eine Börsenträgerschaft.[222] Der Gefahr einer Austrocknung des Börsenträgers wegen eines mit der Muttergesellschaft abgeschlossenen Gewinnabführungsvertrages könne mit einer harten Patronatserklärung der Muttergesellschaft begegnet werden, welche die sich aus der Betriebspflicht ergebende Verpflichtung zur angemessenen Ausstattung der Börse sichern könne.[223] Jedoch werden gegen eine Personenidentität von Börsengeschäftsführung und Vorstand der Trägergesellschaft Einwände erhoben, wobei diese aber – wie in der Stellungnahme von *Schwark* – mit einer Interessenkollision und einer möglichen Überberücksichtigung der Interessen des Börsenträgers bei der Leitung der Börse begründet werden und nicht auf den Fall einer Konzernierung des Börsenträgers begrenzt sind.

b) Die Konzernierung als Hindernis der Börsengenehmigung – Stellungnahme

Im Ergebnis scheint es richtig zu sein, nach der konkreten Art der Konzernierung zu differenzieren. Denn die rechtlichen Unterschiede zwischen der Situation im faktischen Konzern, im Vertragskonzern und im Eingliederungskonzern sind zu groß, als daß ein einheitliches Ergebnis gefunden werden könnte.

aa) Der faktische Konzern

Im faktischen Konzern gibt es keine Konzernleitungsmacht und der Vorstand der Gesellschaft ist gem. § 76 AktG verpflichtet, diese eigenverantwortlich zu leiten.[224] Kommt der Vorstand dieser Pflicht nicht nach, trifft er vielmehr mit Rücksicht auf die Muttergesellschaft Entscheidungen, die für die Gesellschaft nachteilig sind, handelt er rechtswidrig und macht sich gegenüber der Gesellschaft gegebenenfalls nach § 93 Abs. 2 AktG schadensersatzpflichtig.[225] Die Muttergesellschaft darf ihren Einfluß gem. § 311 AktG nur dann ausnutzen, um die Tochtergesellschaft zu einem für diese nachteiligen Geschäft zu bewegen, wenn der Nachteil ausgeglichen wird. Wenn nun *Schneider* darauf hinweist, daß es im

221 Schwark WM 2000, 2526.
222 Hammen/Kümpel WM 2000, Sonderbeilage Nr. 3, 11ff.
223 Hammen/Kümpel WM 2000, Sonderbeilage Nr. 3, 12.
224 Schwark WM 2000, 2522; MüKo AktG-Spindler § 76, Rn. 47.
225 MüKo AktG-Spindler § 76, Rn. 47.

faktischen Konzern üblich sei, Gewinne durch Konzernumlagen, Lizenzgebühren u.ä. unangemessen zu verlagern,[226] weshalb die Gefahr einer finanziellen Austrocknung bestehe, so muß dem entgegengehalten werden, daß ein häufig anzutreffender Mißbrauch einer Gestaltungsmöglichkeit nicht dazu führen kann, schon bei der Wahl einer zulässigen Gestaltungsmöglichkeit die Unredlichkeit des Handelnden zu unterstellen. Vielmehr ist grundsätzlich davon auszugehen, daß sich der Normadressat pflichtgemäß verhalten wird. Erst wenn es deutliche Anzeichen gibt, daß er dies nicht tun wird, können hieraus Konsequenzen gezogen werden. Für die faktische Konzernierung eines Börsenträgers bedeutet dies, daß eine solche nie geeignet ist, die Zuverlässigkeit eines Börsenträgers von vorneherein in Frage zu stellen.[227] Allenfalls wenn Indizien vorliegen, die eine finanzielle Austrocknung des Börsenträgers befürchten lassen, hat die Börsenaufsicht die Möglichkeit einzuschreiten. Dann sind die Anknüpfungspunkte für Zweifel an der Eignung zur Trägerschaft aber diese Indizien, nicht indes die faktische Konzernierung des Unternehmens. Einzige Schranke für die faktische Konzernierung bleibt § 2c Abs. 1a Nr. 3 KWG. Denn da die faktische Konzernierung in aller Regel durch die Mehrheitsbeteiligung der Muttergesellschaft an der Tochtergesellschaft – hier also dem Börsenträger – begründet ist, scheiden als Muttergesellschaften regelmäßig Unternehmen aus, die ihren Sitz in einem nicht hinreichend kontrollierten Drittstaat haben, weil ihrer Mehrheitsbeteiligung die Anteilseignerkontrolle des KWG entgegensteht.[228]

bb) Der Vertragskonzern

Anders gelagert ist der Fall beim Vertragskonzern. Denn hier besitzt das herrschende Unternehmen aufgrund des Beherrschungsvertrages nach § 308 Abs. 1 S. 1, Abs. 2 S. 1 AktG ein Weisungsrecht, dem sich der Vorstand des beherrschten Unternehmens zu unterwerfen hat. So wird die Leitungskompetenz nicht nur faktisch, sondern auch rechtlich auf eine höhere Konzernebene verlagert. Fraglich ist nun, ob hierdurch auch Konsequenzen für die Börsengenehmigung der Tochtergesellschaft entstehen. Hierfür spricht eine vergleichende Betrachtung mit der zuvor behandelten faktischen Konzernierung. Denn dort gelangt die Muttergesellschaft insbesondere wegen der Regelung des § 76 AktG nicht über die Rolle eines – wenngleich sehr einflußreichen – Anteilseigners hinaus.

---

226 Schneider/Burgard WM 2000, Sonderbeilage Nr. 3, 35.

227 So im Ergebnis auch Schwark WM 2000, 2524; Christoph, Börsenkooperationen und Börsenfusionen, S. 218 f.

228 S. o. C. 2. b).

Bei einem Beherrschungsvertrag ist es demgegenüber der Muttergesellschaft möglich, der Tochtergesellschaft grundsätzliche Entscheidungen aufzuzwingen. Daher erscheint in diesem Fall die Muttergesellschaft als der eigentliche Börsenträger. Da die Tochtergesellschaft jedoch weiterbesteht, bleibt natürlich auch die ursprüngliche Börsengenehmigung zunächst erhalten. Auch erscheint es nicht begründbar, alleine die Tatsache, daß der Börsenträger zukünftig ein abhängiges Unternehmen ist, pauschal als Grund für den Entzug einer Börsengenehmigung zu behandeln.[229] Denn die Voraussetzungen für die Aufhebung der Börsengenehmigung richten sich nach § 4 Abs. 5 BörsG. Hiernach kommt ein Entzug aber nur in Betracht, wenn sich durch die Konzernierung Tatsachen ergeben, die eine Versagung der Börsengenehmigung rechtfertigen würden, wenn also der Börsenträger die Anforderungen, die § 4 Abs. 2 i. V. m. Abs. 4 BörsG aufstellt, nun nicht mehr erfüllt. Zu überlegen ist weiterhin, ob die Börsenaufsicht über die Anteilseignerkontrolle hinaus die Möglichkeit hat, auch bei der Konzernmutter zu prüfen, ob diese die Anforderungen an einen Börsenträger erfüllt. Denn im Unterordnungskonzern ist es im Endeffekt die Mutter- und nicht die Tochtergesellschaft, die die wegweisenden Entscheidungen trifft. Ob die Muttergesellschaft wegen ihrer Einflußmöglichkeiten durch den Beherrschungsvertrag wie ein Börsenträger zu behandeln ist, kann jedoch nicht pauschal festgestellt werden, sondern es ist bei den jeweiligen Anforderungen, die § 4 BörsG an die Erteilung der Börsengenehmigung stellt, zu untersuchen, ob es bei einem Vertragskonzern die Mutter- oder die Tochtergesellschaft ist, in deren Verantwortungsbereich die Erfüllung der einzelnen gesetzlichen Voraussetzungen fällt.

Klar ist zunächst nur, daß die Anforderungen des § 4 Abs. 2 S. 2 Nr. 3 BörsG weiterhin von der Tochtergesellschaft erfüllt werden müssen, weil für den organisatorischen Aufbau, den Geschäftsplan und die internen Kontrollverfahren stets diese Gesellschaft als Börsenträger verantwortlich ist.

Fraglich ist jedoch, ob der Anwendungsbereich von § 4 Abs. 2 S. 2 Nr. 1 (Nachweis der erforderlichen finanziellen Mittel) und Nr. 2 (Zuverlässigkeit und fachliche Eignung der Geschäftsleiter) i. V. m. Abs. 3 Nr. 1 und 2 BörsG bei einer Konzernierung des Börsenträgers ausgeweitet werden muß. § 4 Abs. 2 S. 2 Nr. 1 BörsG soll gem. Artikel 39 f) der Richtlinie 2004/39/EG, auf dessen Vorgaben diese Norm beruht, das ordnungsgemäße Funktionieren der Börse erleichtern. Daß die finanzielle Situation der Konzernmutter und der Inhalt des Gewinnabführungsvertrages für die finanzielle Leistungsfähigkeit des Börsenträgers eine entscheidende Rolle spielen, ist offensichtlich. Um dies im Rahmen eines

229 Anders wohl Schneider/Burgard WM 2000, Sonderbeilage Nr. 3, 29ff.

Genehmigungsverfahrens zu berücksichtigen, bietet jedoch bereits der Wortlaut des von § 4 Abs. 2 S. 2 Nr. 1 BörsG ausreichend Möglichkeiten. Denn da in dieser Bestimmung nur von dem „Nachweis der (...) erforderlichen Mittel" die Rede ist, ist die Börsenaufsicht nicht gehindert, die Gesamtumstände der finanziellen Situation des Börsenträgers zu berücksichtigen, und hierzu gehören eben auch etwaige Gewinnabführungsverträge. Erfolgt eine Konzernierung des Börsenträgers nach Erteilung der Genehmigung, ist es der Börsenaufsichtsbehörde möglich, im Rahmen von § 4 Abs. 5 Nr. 2 i. V. m. Abs. 3 Nr. 3 BörsG, die Börsengenehmigung aufzuheben, falls sich Bedenken an der finanziellen Leistungsfähigkeit des Börsenträgers ergeben. Entgegen kritischen Stimmen in der Literatur[230] ist jedoch der Abschluß eines Gewinnabführungsvertrages nach § 291 Abs. 1 S. 1 2. Alt. AktG, der den Börsenträger zur Abführung des ganzen Gewinns verpflichtet, für sich genommen keineswegs grundsätzlich unzulässig. Zwar ist es richtig, daß so die Bildung von Rücklagen beim Börsenträger verhindert wird. Jedoch ist seine finanzielle Austrocknung deshalb nicht zwangsläufig zu befürchten. Denn nach § 302 Abs. 1 AktG ist die Muttergesellschaft verpflichtet, Verluste der Tochtergesellschaft auszugleichen. Benötigt eine Börse nun finanzielle Mittel von seiten ihres Trägers – etwa weil ein neues Handelssystem eingeführt werden soll -, so besteht im Rahmen einer angemessenen Fortentwicklung des Börsenbetriebs ein Anspruch gegen den Börsenträger aus § 5 Abs. 1 BörsG. Kann der Börsenträger diese Mittel nicht aus seinen Rücklagen bedienen, so hat er einen Ausgleichsanspruch gegen die Konzernmutter aus § 302 Abs. 1 AktG. Daher gibt es berechtigte Bedenken gegen einen Vertrag, der den Börsenträger zur Abführung seines ganzen Gewinns verpflichtet, lediglich dann, wenn die Konzernmutter keine ausreichenden finanziellen Mittel in dem nach § 5 Abs. 5 BörsG geforderten Umfang besitzt oder aus anderen Gründen zu befürchten ist, daß ein etwaiger Anspruch des Börsenträgers aus § 302 Abs. 1 AktG ins Leere laufen würde.

Fraglich ist ferner, ob der Anwendungsbereich von § 4 Abs. 2 S. 2 Nr. 2 i. V. m. Abs. 3 Nr. 2 BörsG bei einer Konzernierung des Börsenträgers ausgeweitet werden muß und die in der Norm genannten Merkmale der Zuverlässigkeit und der fachlichen Eignung auch beim Geschäftsleiter der Konzernmutter vorliegen müssen. Praktische Bedeutung hat hierbei nur das Merkmal der fachlichen Eignung, weil Zuverlässigkeit ohnehin nicht nur gem. § 4 Abs. 3 Nr. 2 BörsG beim Geschäftsleiter des Börsenträgers, sondern nach § 6 Abs. 2 Nr. 1 BörsG auch bei Inhabern bedeutender Beteiligungen erforderlich ist. Das Hauptargument, das

---

230 Schwark WM 2000, 2526; Schneider/Burgard WM 2000, Sonderbeilage Nr. 3, 35 f.

für eine analoge Anwendung des § 4 Abs. 3 Nr. 2 BörsG auf den Geschäftsleiter der Konzernmutter spricht, ist die Tatsache, daß bei einem Beherrschungsvertrag dieser und nicht der Geschäftsleiter des Börsenträgers die wesentlichen strategischen Entscheidungen bezüglich des Börsenbetriebs trifft. Jedoch bestehen gegen eine solche Ausweitung auch Bedenken. Insbesondere ist hierbei relevant, daß die deutsche Umsetzung der Finanzmarktrichtlinie im Börsengesetz schon über das notwendige Maß hinausgeht. Denn Art. 37 Abs. 1 der Richtlinie[231] verlangt eine fachliche Eignung nur bei „Personen, die die Geschäfte und den Betrieb des geregelten Marktes tatsächlich leiten". Dies ist aber nach § 15 Abs. 1 BörsG nicht die Leitung des Börsenträgers, sondern der Geschäftsführer der Börse. Das ist sinnvoll, denn entscheidend ist die fachliche Eignung bei den Personen, die mit dem Tagesgeschäft an der Börse betraut sind, nicht aber bei Personen, die ob ihrer Stellung – sei es als Vorstand, sei es als bedeutender Anteilseigner des Börsenträgers – tatsächlichen Einfluß ausüben können.

Betrachtet man dies und bedenkt zusätzlich, daß eine Konzernierung des Börsenträgers bereits vor Schaffung der neuen Gesetzeslage anläßlich des Projektes iX[232] kontrovers diskutiert worden ist, erscheint es nur schwer möglich, die für eine Analogie notwendige planwidrige Regelungslücke zu erblicken.

Die übrigen Voraussetzungen von § 4 Abs. 2 S. 2 Nr. 4 und Nr. 5 BörsG betreffen nur die Eigentümerstruktur des Börsenträgers, woraus sich keine zusätzlichen Anforderungen ergeben können, da der Mutterkonzern natürlich im Falle einer Konzernierung ebenso die Anforderungen an einen Inhaber einer bedeutenden Beteiligung erfüllen muß wie bei einem schlichten Anteilserwerb.

Während also die einzige inhaltliche Hürde für die Integrierung eines Börsenträgers als beherrschtes Tochterunternehmen in einen Konzern die Prüfung des Vorhandenseins ausreichender finanzieller Mittel auch bei der Konzernmutter ist, ergeben sich wegen § 2c Abs. 1a Nr. 3 KWG wiederum räumliche Einschränkungen. Denn da der Abschluß eines Beherrschungs- und Gewinnabführungsvertrages in der Praxis wohl nahezu ausnahmslos mit einer Mehrheitsbeteiligung der Muttergesellschaft an der Tochtergesellschaft – dem Börsenträger – begründet ist, scheiden als Muttergesellschaften Unternehmen aus, die ihren Sitz in einem nicht hinreichend kontrollierten Drittstaat haben, weil ihrer Mehrheitsbeteiligung die Anteilseignerkontrolle des KWG entgegensteht.

231 RL 2004/39/EG über Märkte für Finanzinstrumente.
232 S. o. B. II.

cc) Der Eingliederungskonzern

Noch schwächer als im Vertragskonzern ist die Situation der beherrschten Gesellschaft im Eingliederungskonzern. Hier ergibt sich das Weisungsrecht der Hauptgesellschaft gegenüber einer eingegliederten Gesellschaft aus §§ 323 Abs. 1 S. 1, 308 Abs. 2 S. 1 AktG. Es geht in seinem Umfang jedoch deutlich über das Weisungsrecht aufgrund eines Beherrschungsvertrages hinaus und reicht soweit, daß die eingegliederte Gesellschaft mitunter als „rechtlich verselbständigte Betriebsabteilung" bezeichnet worden ist.[233] Insbesondere sind gegenüber der eingegliederten Gesellschaft nachteilige Weisungen auch dann möglich, wenn sie nicht dem Konzerninteresse dienen[234] sowie in den Fällen, in denen sie die Existenz der eingegliederten Gesellschaft gefährden[235]. Weiterhin ist auch die Abführung des Gewinnes im Eingliederungskonzern gegenüber der Situation im Vertragskonzern erleichtert. So ist es zusätzlich möglich, Gewinnvorträge oder freie Rücklagen aus der Zeit vor der Eingliederung an die Hauptgesellschaft abzuführen,[236] wobei nicht einmal der Abschluß eines Gewinnabführungsvertrages notwendig ist, sondern das Erteilen einer Weisung ausreicht[237].

Es fragt sich nun, welche Folgen diese weitreichenden Eingriffsbefugnisse von seiten der Hauptgesellschaft auf die Eignung der beherrschten Gesellschaft als Börsenträger haben. Wiederum muß festgestellt werden, daß die Eignung zum Betrieb einer Börse an den Merkmalen des § 4 BörsG zu prüfen ist und daß die Abhängigkeit eines Unternehmens alleine kein Grund ist, eine Börsenträgerschaft zu untersagen. Betrachtet man die Voraussetzungen, die § 4 BörsG für eine Börsengenehmigung aufstellt, zeigt sich, daß bezüglich der Voraussetzungen von Abs. 2 S. 2 Nr. 3, Nr. 4 und Nr. 5 BörsG die Situation beim Eingliederungskonzern vergleichbar mit der Situation beim Vertragskonzern[238] ist und sich keine Besonderheiten gegenüber einem nicht konzernierten Börsenträger ergeben. Anders ist dies bei dem Antragserfordernis des Nachweises der zum Börsenbetrieb erforderlichen Mittel nach § 4 Abs. 2 S. 2 Nr. 1 BörsG. Hier muß berücksichtigt werden, daß die eingegliederte Gesellschaft finanziell noch stärker als beim Vertragskonzern an die Konzernmutter gebunden ist. Durch die Möglichkeit der Hauptgesellschaft, sich finanzielle Reserven der beherrschten

---

233 Timm, Die Aktiengesellschaft als Konzernspitze, S. 48.

234 Hüffer § 323, Rn. 3; MüKo AktG-Grunewald § 323, Rn. 2.

235 So die h. M. MüKo AktG-Grunewald § 323, Rn. 3; zweifelnd Hüffer § 323 Rn. 3.

236 MüKo AktG-Grunewald § 324, Rn. 7.

237 MüKo AktG-Grunewald § 323, Rn. 4; § 324, Rn. 4.

238 Siehe hierzu oben bbb).

Gesellschaft jederzeit übertragen zu lassen, kann die finanzielle Situation der beherrschten Gesellschaft keinerlei Anhaltspunkt dafür bieten, ob sie die zum Börsenbetrieb erforderlichen Mittel aufbringen kann. Vielmehr wäre dies nur dann der Fall, wenn zum einen die finanzielle Situation der Hauptgesellschaft das Vorhandensein der notwendigen Mittel vermuten läßt und zum anderen die beherrschte Gesellschaft die Möglichkeit hat, einen Anspruch der Börse aus § 5 Abs. 1 S. 2 BörsG auf die Hauptgesellschaft „abzuwälzen". Letztere ergibt sich aus § 324 Abs. 3 AktG, der die Hauptgesellschaft verpflichtet, einen sonst entstehenden Bilanzverlust bei der eingegliederten Gesellschaft auszugleichen. Im Eingliederungskonzern reicht die Haftung der Hauptgesellschaft – als Ausgleich für die weiterreichenden Eingriffsmöglichkeiten – jedoch noch wesentlich weiter als im Vertragskonzern, und so gibt § 322 Abs. 1 AktG den Gläubigern einen Anspruch direkt gegen die Hauptgesellschaft, welche zusammen mit der beherrschten Gesellschaft als Gesamtschuldner haftet. Somit besteht für die Börse die Möglichkeit, sich mit einem Anspruch auf finanzielle Ausstattung im Rahmen der Durchführung und angemessenen Fortentwicklung des Börsenbetriebs direkt an die Hauptgesellschaft zu wenden. In dieser Hinsicht ergeben sich daher – die finanzielle Leistungsfähigkeit der Hauptgesellschaft vorausgesetzt – gegen eine eingegliederte Gesellschaft als Börsenträger keine Bedenken.

Als letzte Voraussetzung für die Erteilung einer Börsengenehmigung bleibt somit noch § 4 Abs. 2 S. 2 Nr. 2 BörsG. Da es auch im Eingliederungskonzern der Geschäftsleiter der eingegliederten Gesellschaft ist, der regelmäßig für das Tagesgeschäft im Rahmen der Börsenträgerschaft zuständig ist, bleibt es aus den gleichen Gründen wie im Falle des Vertragskonzernes[239] dabei, daß alleine dessen fachliche Eignung für die Entscheidung über die Börsengenehmigung relevant ist.

Sachlich stehen der Einbindung eines Börsenträgers in einen Eingliederungskonzern also keine wesentlichen Hindernisse im Weg. Jedoch sind die räumlichen Hürden höher als beim Vertragskonzern. Denn gem. § 319 Abs. 1 S. 1 AktG kommt als Hauptgesellschaft eines Eingliederungskonzerns nur eine Aktiengesellschaft mit Sitz im Inland in Betracht, so daß eine Eingliederung in einen ausländischen Börsenbetreiber von vornherein nicht in Frage kommt.

dd) Ergebnis

Im Ergebnis zeigt sich somit, daß weder der Eingliederung des Börsenträgers als Tochterunternehmen in einen faktischen Konzern, noch der Integration in einen

239 Siehe hierzu oben bbb).

Vertrags- oder Eingliederungskonzern wesentliche sachliche Bedenken entgegenstehen. Eine Einschränkung ergibt sich in der Praxis lediglich daraus, daß für eine Konzernierung regelmäßig der Erwerb einer bedeutenden Beteiligung i. S. v. § 2c KWG erforderlich ist, was Gesellschaften die ihren Sitz in einem nicht hinreichend kontrollierten Drittstaat haben, von der BaFin gem. § 2c Abs. 1a Nr. 3 KWG untersagt werden kann. Beim Eingliederungskonzern ist die räumliche Grenze noch enger, da hierfür die Hauptgesellschaft gem. § 319 Abs. 1 S. 1 AktG ihren Sitz im Inland haben muß.

Fraglich ist weiterhin, ob es notwendig ist, dem Börsenrat vor der Einbindung in einen Konzern die Gelegenheit zur Stellungnahme gem. § 12 Abs. 2 S. 4 BörsG zu geben. Diese wäre der Fall, wenn beispielsweise ein Beherrschungs- und Gewinnabführungsvertrag als Kooperations- und Fusionsabkommen, das den Börsenbetrieb betrifft, zu verstehen ist. Hierunter sollen alle Vereinbarungen und Verträge fallen, die einen erheblichen Einfluß auf die Marktsegmente der Börse, die Handelssysteme oder die Möglichkeit der Beaufsichtigung des Börsenbetriebs besitzen.[240] Da die Einbindung des Börsenträgers in einen Konzern in der Praxis immer eine für das Unternehmen bedeutende Zäsur darstellen dürfte, – wie auch die regelmäßig umfangreichen Möglichkeiten zur Einflußnahme durch die neue Konzernmutter – scheint es angebracht, die Notwendigkeit einer Gelegenheit zur Stellungnahme durch den Börsenrat zu bejahen, falls die Konzerneinbindung auf einer Vereinbarung beruht, an der der Börsenträger beteiligt ist.[241]

5. Verschmelzung von Börsenträgern

Neben der Eingliederung verschiedener Börsenträger in einen Konzern besteht als noch weitergehendere Form der Zusammenarbeit die Möglichkeit der Verschmelzung mehrerer Börsenträger. Eine solche Vorgehensweise betrifft ebenso wie die Einbindung in einen Konzern zunächst nur die Trägergesellschaft, weshalb sie in deren alleinige Entscheidungskompetenz fällt. Hierbei unterliegt sie auch keinerlei nennenswerten Einschränkungen durch die Börsenaufsicht oder durch börsenrechtlich reglementierende Bestimmungen,[242] jedoch ist dem Börsenrat der betriebenen Börse vorher gem. § 12 Abs. 2 S. 4 BörsG Gelegenheit zur Stellungnahme zu geben.

240 Schwark-Schwark § 12 BörsG, Rn. 18.

241 Einschränkend jedoch Beck BKR 2002, 662, 668, der ein solches Erfordernis nur dann als gegeben ansieht, wenn ein konkreter Bezug zur Betriebspflicht vorliegt.

242 Posegga WM 2002, 2402, 2404; Meyer/Bremer § 1 BörsG, Rn. 4.

Der Trägergesellschaft stehen beide in § 2 UmwG vorgesehenen Arten der Verschmelzung zur Verfügung; nämlich die Verschmelzung durch Aufnahme gem. § 2 Nr. 1 UmwG und die Verschmelzung durch Neugründung gem. § 2 Nr. 2 UmwG. Jedoch zeigt sich trotz der grundsätzlichen Möglichkeit der Verschmelzung schnell das entscheidende Problem, das ein solches Vorgehen mit sich bringt. Denn bei der Verschmelzung durch Neugründung erlöschen nach §§ 36 Abs. 1, 20 Abs. 1 Nr. 2 UmwG alle ursprünglich vorhandenen Rechtsträger. Ebenso erlischt bei der Verschmelzung durch Aufnahme der übertragende Rechtsträger gem. § 20 Abs. 1 Nr. 1 UmwG mit der Eintragung der Verschmelzung ins Register.[243] Allein der aufnehmende Rechtsträger bewahrt seine Rechtsidentität und besteht weiterhin fort.[244] Die Übertragung des Vermögens auf den aufnehmenden Rechtsträger – bzw. auf den neu gegründeten Rechtsträger im Falle des § 2 Nr. 2 UmwG – erfolgt im Wege der Gesamtrechtsnachfolge.[245]

Fraglich ist nun, welche Folgen sich hieraus für die Börsengenehmigung ergeben.

a) Folgen der Verschmelzung

Durch die Erteilung der Börsengenehmigung wird der Börsenträger zum Beliehenen und es entsteht ein öffentlich-rechtliches Auftragsverhältnis zum Sitzland der Börse.[246] Grundsätzlich können nun auf dem Weg der Gesamtrechtsnachfolge auch öffentlich-rechtliche Rechtsverhältnisse auf den Nachfolger übergehen.[247] Fraglich sind jedoch die Voraussetzungen für einen solchen Übergang. Hierbei besteht Einigkeit, daß der Übergang eines öffentlich-rechtlichen Rechtsverhältnisses neben dem Vorliegen eines Nachfolgetatbestandes die Übergangsfähigkeit des betroffenen Rechtsverhältnisses voraussetzt.[248] Weitgehender Konsens herrscht auch insoweit, als ein Übergang eines öffentlich-rechtlichen Rechtsverhältnisses dann ausgeschlossen sein soll, wenn die öffentlich-rechtlichen Rechtsverhältnisse an das Vorhandensein höchstpersönlicher Voraussetzungen

---

243 Ganz h. M. Lutter-Grunewald § 20 Rn. 56; Semler/Stengel-Stengel § 2, Rn. 37, jeweils m. w. N.; a. A. jedoch Beuthien/Helios NZG 2006, 369, 372 f.

244 Semler/Stengel-Stengel § 2, Rn. 24; Kallmeyer-Marsch-Barner § 2, Rn. 5.

245 Schmitt/Hörtnagel/Stratz-Hörtnagel § 1, Rn. 22; Semler/Stengel-Kübler § 20, Rn. 8.

246 Schwark-Beck § 4 BörsG, Rn. 7.

247 Lutter-Grunewald § 20, Rn. 13; Semler/Stengel-Stengel § 20 Rn. 67; Kallmeyer-Marsch-Barner § 20 Rn. 26; Posegga WM 2002, 2402, 2405.

248 Nolte/Niestedt JuS 2000, 1071, 1072; Schink, Rechtsnachfolge, S. 26, Stadie DVBl. 1990, 501, 501.

gebunden sind,[249] weil sich die Rechtsbeziehung dann nicht von der Person des Inhabers ablösen läßt, sondern sich gerade in diesem personalen Bezug erschöpft.[250] Aber schon die Frage, was genau die Höchstpersönlichkeit eines Rechtsverhältnisses ausmacht, ist nicht unumstritten. Überwiegend wird angenommen, dies sei dann der Fall, wenn das Vorliegen oder Nichtvorliegen bestimmter Eigenschaften oder Fähigkeiten Voraussetzung für die Erteilung einer bestimmten Genehmigung ist.[251] Gelegentlich wird jedoch auch vorgebracht, die Verknüpfung mit persönlichen Voraussetzungen decke sich nicht immer mit dem Begriff der Höchstpersönlichkeit eines Rechtsverhältnisses.[252] Vielmehr sei auch dann, wenn das Gesetz für die Entstehung eines Rechts subjektive Merkmale fordere, eine Übertragung nicht zwangsläufig ausgeschlossen.[253]

b) *Nachfolgefähigkeit der Börsengenehmigung*

Problematisch ist nun, im Falle der Börsengenehmigung ob ein höchstpersönliches Rechtsverhältnis vorliegt. Dies könnte eventuell schon deshalb zu verneinen sein, weil aus § 4 Abs. 2 BörsG deutlich wird, daß die Börsengenehmigung nur an juristische Personen erteilt werden kann. Denn teilweise wird die Auffassung vertreten, daß eine Höchstpersönlichkeit des Rechtsverhältnisses nur bei natürlichen Personen in Betracht komme.[254] Juristische Personen hingegen hätten keine persönlichen Verhältnisse, daher könnten Berechtigungen und Verpflichtungen auch nicht an die Individualität des Trägers gebunden sein.[255] Dementgegen wird überwiegend die Meinung vertreten, auch juristische Personen könnten höchstpersönliche Rechtsverhältnisse eingehen, deren Übergang beim Untergang der juristischen Person ausgeschlossen sei.[256] Manche schlagen auch vor, nach der Art der gesetzlichen Voraussetzungen zu unterscheiden. So gebe es einerseits Anforderungen, die von der juristischen Person selbst erfüllt werden müßten, andererseits gäbe es persönliche Voraussetzungen, die bei juristischen Personen

---

249 Lutter-Grunewald § 20, Rn. 13; Posegga WM 2002, 2402, 2405; Gaiser DB 2000, 361, 363; Otto, Nachfolge in öffentlich-rechtliche Positionen des Bürgers, S. 76; Erichsen, 14. A., S. 609, Fn. 97.

250 BVerwGE 64, 105, 110; Gaiser DB 2000, 361, 363; Stadie DVBl. 1990, 501, 504.

251 Schwark-Beck § 4 BörsG, Rn. 32; Posegga WM 2002, 2402, 2405.

252 Otto, Nachfolge in öffentlich-rechtliche Positionen des Bürgers, S. 77.

253 Otto, Nachfolge in öffentlich-rechtliche Positionen des Bürgers, S. 77.

254 Stadie DVBl. 1990, 501, 504.

255 Stadie DVBl. 1990, 501, 504.

256 Gaiser DB 2000, 361, 364, grundsätzlich auch Semler/Stengel-Stengel § 20 Rn. 71, Kallmeyer-Marsch-Barner § 20 Rn. 26.

meist von dem Vertretungsorgan zu erfüllen seien.[257] Bei letzteren sei es aber angebracht, die Rechtsposition übergehen zu lassen, falls die Person, auf deren Voraussetzung die Rechtsposition beruhe, in dem übernehmenden Rechtsträger eine entsprechende Funktion übernehme.[258]

Im Ergebnis ist eine differenzierte Betrachtungsweise angebracht. Enthält das Gesetz keine ausdrückliche Regelung, muß zunächst untersucht werden, woran die Anforderungen an die juristische Person genau anknüpfen. Hierbei kommen sowohl Anforderungen in Betracht, die von der juristischen Person selbst erfüllt werden müssen, als auch Anforderungen, die von einem Vertretungsorgan erfüllt werden müssen. Es wird sich zeigen, daß bei Anforderungen, die von der juristischen Person selbst erfüllt werden müssen, grundsätzlich viel für die Annahme eines höchstpersönlichen Rechtsverhältnisses spricht, bei Anforderungen, die von einem Vertretungsorgan erfüllt werden müssen, jedoch eine andere Bewertung angebracht ist.[259] Eine Höchstpersönlichkeit des Rechtsverhältnisses könnte sich weiterhin daraus ergeben, daß die Börsenaufsichtsbehörde nach verbreiteter Meinung[260] bei der Erteilung der Börsengenehmigung einen Ermessensspielraum hat, wodurch die Börsengenehmigung durch die Ausübung dieses Ermessens an den ursprünglichen Genehmigungsinhaber gebunden wird. Daher wird im weiteren Verlauf der Ausführungen zu untersuchen sein, ob ein solches Ermessen der Börsenaufsichtsbehörde bei der Erteilung der Genehmigung zum Betrieb einer Börse gegeben ist,[261] wobei vor allem die europarechtliche Beurteilung ins Blickfeld rücken wird.

aa) Ausschluß der Nachfolgefähigkeit der Börsengenehmigung aufgrund der Regelungen des Börsengesetzes

Zunächst ist festzustellen, daß das Börsengesetz anders als § 34 Abs. 2 KWG für den Bereich der Kreditinstitute keine ausdrückliche Regelung über die Nachfolgefähigkeit der Börsengenehmigung enthält. Daher sind die Voraussetzungen der Erteilung einer Börsengenehmigung einzeln daraufhin zu untersuchen, ob sie so ausgestaltet sind, daß eine Nachfolgefähigkeit der Genehmigung in Betracht kommt. Hierbei spielt eine entscheidende Rolle, ob die jeweilige

---

257 Posegga WM 2002, 2402, 2405.

258 Lutter-Grunewald § 20, Rn. 13.

259 Hierzu im folgenden unter aa).

260 Schwark-Beck, 3. A., § 1 Rn. 13; Segna ZBB 1999, 144, 146f; Breitkreuz, Die Ordnung der Börse, S. 183; Schäfer-Peterhoff § 1, Rn. 1; Lenenbach, Kapitalmarkt- und Börsenrecht, S. 102, Groß, Kapitalmarktrecht, 2. Auflage, §§ 1 2c BörsG; Rn. 1b.

261 Siehe hierzu unten bb).

Genehmigungsvoraussetzung an den ursprünglichen Börsenträger gebunden ist oder ob sie im Falle der Verschmelzung auch bei der neu gegründeten oder aufnehmenden juristischen Person typischerweise weiterhin vorhanden ist. Denn wenn eine Eigenschaft typischerweise auch auf den Rechtsnachfolger übergeht, erscheint es nicht angebracht, sie in dem Sinne als höchstpersönlich zu qualifizieren, daß ein Rechtsverhältnis bei einer Rechtsnachfolge automatisch erlischt. Dies ist nur dann angebracht, wenn durch die Rechtsnachfolge eine völlig neue Bewertung durch die Verwaltungsbehörde notwendig wird, d.h. wenn das Vorliegen der Genehmigungsvoraussetzungen durch die Rechtsnachfolge an sich nicht indiziert wird.

Die Erteilung der Börsengenehmigung nach § 4 Abs. 2 S. 2 BörsG ist an das Vorliegen mehrerer Eigenschaften und Fähigkeiten sowohl beim Börsenträger als auch bei dessen Geschäftsleitern gebunden. So muß etwa der Börsenträger gem. § 4 Abs. 2 S. 2 Nr. 1 BörsG nachweisen, daß er über die zum Börsenbetrieb erforderlichen Mittel verfügt. Auch muß nach § 4 Abs. 2 S. 2 Nr. 2 BörsG sowohl die Zuverlässigkeit als auch die fachliche Eignung der Geschäftsleiter des Börsenträgers nachgewiesen werden. Während die Nr. 3 der Vorschrift das Einreichen von Geschäftsplänen und Regelwerken der Börse als weitere Voraussetzung für die Erteilung der Börsengenehmigung aufführt, widmen sich Nr. 4 und 5 der Zuverlässigkeit der Anteilseigner des Börsenträgers als eine Anforderung hierfür.

Zu bemerken ist zunächst, daß jedenfalls die Regelung über die Zuverlässigkeit der Anteilseigner einer Nachfolgefähigkeit der Börsengenehmigung im Falle der Verschmelzung der Trägergesellschaft nicht entgegensteht. Denn es ändert sich hierdurch zwar der Kreis der Anteilseigner. Dies ist aber ein Vorgang, der – jedenfalls bei börsennotierten Trägergesellschaften – alltäglich ist. Der Börsenaufsichtsbehörde bleibt hierbei natürlich weiterhin das Mittel der Anteilseignerkontrolle gemäß § 6 BörsG; warum aber ein – wenngleich weitgehender – Anteilseignerwechsel bei einer Verschmelzung die Börsengenehmigung entfallen lassen soll, ist nicht zu begründen. Ebenso rechtfertigt die Vorschrift des § 4 Abs. 2 S. 2 Nr. 3 BörsG nicht, die Nachfolgefähigkeit der Börsengenehmigung anzuzweifeln. Denn hierbei handelt es sich um eine Voraussetzung, die der Börsenträger zum Zeitpunkt des Antrags auf Erteilung einer Börsengenehmigung erfüllen muß. Wird die Börse dann aber betrieben, hat die Trägergesellschaft keinen Einfluß mehr auf Regelwerk und Geschäftsplan der Börse, sondern dies unterfällt der Zuständigkeit der Börsengeschäftsführung und gegebenenfalls des Börsenrats. Ein etwaiger Übergang der Börsenträgerschaft kann also insoweit zu keinen Veränderungen führen.

Fraglich ist, ob das Erfordernis der Zuverlässigkeit und fachlichen Eignung des Geschäftsleiters des Börsenträgers nach § 4 Abs. 2 S. 2 Nr. 2 BörsG es notwendig macht, die Börsengenehmigung als höchstpersönliche Berechtigung zu betrachten, die bei der Verschmelzung nicht übergehen kann. Teilweise wird gerade auf diese Voraussetzung zur Erteilung der Erlaubnis zurückgegriffen, wenn begründet werden soll, daß sich aus dem personalen Bezug der Eigenschaften Zuverlässigkeit und Eignung eine Höchstpersönlichkeit der Genehmigung ergebe.[262] Diese Folgerung greift jedoch zu kurz. Zwar ist sie richtig in Fällen, in denen eine behördliche Genehmigung an eine natürliche Person, etwa einen Wirt gem. § 2 Abs. 1 GastG erteilt werden soll, wo die Zuverlässigkeit i. S. d. § 4 Abs. 1 Nr. 1 GastG mit der Person des Wirtes untrennbar verknüpft ist. Jedoch liegt die Sache im Falle einer Börsengenehmigung anders. Denn hier wird die Genehmigung einer juristischen Person erteilt. Eine solche Person kann aber keine persönlichen Eigenschaften wie etwa Zuverlässigkeit oder eine irgendwie geartete fachliche Eignung aufweisen. Vielmehr können solche Eigenschaften nur bei natürlichen Personen vorliegen, die für den Börsenträger arbeiten; folglich stellt § 4 Abs. 2 S. 2 Nr. 2 BörsG konsequenterweise auch darauf ab, daß diese Eigenschaften von der Person des Geschäftsleiters des Börsenträgers erfüllt werden müssen. Nun bedeutet dies aber nicht, daß die Börsengenehmigung damit untrennbar mit der Person des Geschäftsleiters verknüpft ist. Denn in einem Wirtschaftsunternehmen, wie dies die großen Börsenträger sind, ist die Person des Geschäftsleiters nicht ein für allemal festgelegt, sondern unterliegt einem regelmäßigen Wechsel. Daß das Börsengesetz dem nicht entgegensteht, wird deutlich aus § 4 Abs. 7 S. 1 BörsG, der dem Börsenträger die Pflicht überträgt, einen Wechsel bei den Personen der Geschäftsleitung der Börsenaufsichtsbehörde anzuzeigen, ansonsten aber keinerlei Einschränkungen vornimmt. Kann der Börsenträger aber ohnehin Änderungen bei den Personen der Geschäftsleitung vornehmen, ohne daß dies Einfluß auf die Börsengenehmigung hat, ist nicht begründbar, worin sich insoweit ein personaler Bezug der Börsengenehmigung ergeben könnte, der ihrer Nachfolgefähigkeit entgegensteht. Es ergibt sich vielmehr in allen Fällen eines Wechsels in der Geschäftsleitung des Börsenträgers lediglich dann gem. § 4 Abs. 5 Nr. 3, Abs. 3 Nr. 2, Abs. 2 S. 2 Nr. 2 BörsG ein Grund zur Aufhebung der Börsengenehmigung, wenn der neue Geschäftsleiter des Börsenträgers nicht zuverlässig oder fachlich nicht geeignet ist.

Es bleibt somit als letzte Regelung, die der Börsengenehmigung einen höchstpersönlichen Charakter verleihen und ihre Nachfolgefähigkeit ausschließen

262 Christoph, Börsenkooperationen und Börsenfusionen, S. 197.

könnte, die Voraussetzung des § 4 Abs. 2 S. 2 Nr. 1 i. V. m. § 5 Abs. 5 BörsG, wonach der Börsenträger über ausreichende finanzielle Mittel für eine ordnungsgemäße Durchführung des Börsenbetriebs verfügen muß. Da diese Voraussetzung direkt an die Verhältnisse des Börsenträgers anknüpft, wird hiermit die Ansicht begründet, daß die Börsengenehmigung eine personenbezogene Berechtigung sei, die nicht nachfolgefähig sei.[263] Jedoch ergeben sich auch gegen diese Ableitung nicht unerhebliche Bedenken. Denn es weist zwar die Eigenschaft der finanziellen Potenz grundsätzlich zweifelsohne einen personalen Bezug zum Börsenträger auf; gleichwohl ist zu beachten, daß sich an dieser Eigenschaft durch eine Verschmelzung keinerlei relevante Änderung ergeben kann. Denn zunächst ist zu berücksichtigen, daß es sich bei den für den Börsenbetrieb erforderlichen Mitteln um eine Größe handelt, die nicht abhängig ist von den weiteren Geschäften des Börsenträgers. Dies ergibt sich aus § 5 Abs. 5 BörsG. Denn in der Vorschrift heißt es, daß für die Frage der ausreichenden finanziellen Mittel „Art, Umfang und Risikostruktur der an der Börse getätigten Geschäfte zu berücksichtigen sind". Dies bedeutet aber eben auch, daß alle Umstände, die außerhalb der Börse liegen, wie etwa Größe und Umsatz des Börsenträgers sowie weitere Risiken, die dieser durch andere wirtschaftliche Tätigkeiten eingegangen ist, unberücksichtigt bleiben müssen. Demnach kann sich durch eine Verschmelzung des Börsenträgers, ebenso wie bei allen anderen Maßnahmen, die nur die Börsenträgerebene betreffen, die Höhe der Mittel, die als „ausreichend" i. S. d. Börsengesetzes anzusehen ist, nicht verändern. Da aber nun weiterhin durch die Verschmelzung gem. § 20 Abs. 1 Nr. 1 UmwG das Vermögen des übertragenden Rechtsträgers auf den aufnehmenden Rechtsträger im Wege der Gesamtrechtsnachfolge übergeht, kann hierdurch das Vermögen des übertragenden Rechtsträgers nicht geschmälert werden. Weil aber auch andererseits das Vermögen des aufnehmenden Rechtsträgers nicht negativ sein kann, da ansonsten gem. § 19 Abs. 1 InsO i. V. m. § 92 Abs. 2 AktG Insolvenzantrag zu stellen wäre, ergibt sich, daß das Vermögen der durch die Verschmelzung entstehenden juristischen Person nicht kleiner sein wird als das Vermögen des übertragenden Rechtsträgers. Nun mag hiergegen eingewandt werden, es sei durchaus realistisch, daß das vorhandene Vermögen in der neuen Gesellschaft gefährdeter ist und ein künftiger Verlust droht. Jedoch ergibt sich hieraus kein Unterschied zur ursprünglichen Situation, denn auch vor einer Verschmelzung kann sich die Situation einer Trägergesellschaft jederzeit drastisch verschlechtern. Dies läßt jedoch keinesfalls automatisch die Börsengenehmigung entfallen, sondern löst lediglich eine Anzeigepflicht nach § 4 Abs. 7

263 Schwark-Beck § 4 BörsG, Rn. 32; Posegga NJW 2002, 2402, 2405.

S. 1 BörsG und eventuell die Möglichkeit der Aufhebung der Erlaubnis nach § 4 Abs. 5 Nr. 2 i. V. m. Abs. 2 S. 2 Nr. 1 BörsG aus. Aus alldem ergibt sich nun also, daß auch die Voraussetzung der finanziellen Leistungsfähigkeit der Trägergesellschaft einer Übertragung der Börsengenehmigung nicht entgegensteht. Denn wenn eine Verschmelzung per se nicht zum Wegfall einer Eigenschaft führen kann, sondern sichergestellt ist, daß diese Eigenschaft in jedem Fall auf den Rechtsnachfolger übergeht, besteht kein Grund, wieso eine Nachfolgefähigkeit einer Genehmigung entfallen soll. Genau betrachtet liegt nämlich auch hier keine höchstpersönliche Voraussetzung vor. Denn da die Höhe der Mittel, welche für die Sicherstellung einer ordnungsgemäßen Durchführung des Börsenbetriebs erforderlich ist, nicht von der Person des Börsenträgers abhängt, ist hier gerade nicht eine Beurteilung der generellen wirtschaftlichen Leistungsfähigkeit des Börsenträgers notwendig, sondern lediglich der „Nachweis (…) der erforderlichen Mittel“, wie es in der Norm wörtlich heißt. Während die wirtschaftliche Leistungsfähigkeit aber eine Eigenschaft ist, die mit der Person verknüpft ist und auch eine Wertung über diese Person enthält, ist der Nachweis der erforderlichen Mittel eine Größe, die nur von Faktoren, die außerhalb der Person liegen, beeinflußt wird und somit auch nicht mit dieser verknüpft ist.

Bei den vom Börsengesetz geforderten Voraussetzungen für die Erteilung einer Börsengenehmigung handelt es sich somit in allen Fällen um Voraussetzungen die nicht höchstpersönlicher Natur sind.

Somit spricht alles dafür, daß die Regelungen des Börsengesetzes einer Übertragung der Börsengenehmigung grundsätzlich nicht entgegenstehen.

bb) Ausschluß der Nachfolgefähigkeit aufgrund einer Ermessensausübung bei Erteilung der Börsengenehmigung

Daß es sich bei der Börsengenehmigung gleichwohl um eine personenbezogene Berechtigung handeln könnte, die nicht im Wege der Gesamtrechtsnachfolge übergehen kann, könnte sich jedoch weiterhin aus der Ausgestaltung der Börse als Anstalt des öffentlichen Rechts und einem hierin begründeten Ermessen der Börsenaufsichtsbehörde bei Erteilung der Börsengenehmigung ergeben. Hierzu soll zunächst untersucht werden, ob nach nationalem Recht die Börsenaufsichtsbehörden über die Erteilung einer Börsengenehmigung nach eigenem Ermessen entscheiden können oder ob es bei Erfüllung der oben genannten Voraussetzungen des Börsengesetzes einen Anspruch auf Erteilung einer Börsengenehmigung gibt. Anschließend soll untersucht werden, ob europarechtliche Regelungen dem gefundenen Ergebnis entgegenstehen.

aaa) Anspruch auf Erteilung einer Börsengenehmigung nach deutschem Recht

Grundsätzlich bestehen nach allgemeinen verfassungsrechtlichen Regelungen keine Rechtsansprüche Privater auf die Errichtung öffentlicher Einrichtungen und die Übertragung hoheitlicher Aufgaben.[264] Die Errichtung einer öffentlichen Anstalt liegt vielmehr in der Organisationsgewalt und somit auch im Organisationsermessen der jeweiligen Genehmigungsbehörde.[265] Daher vertrat auch die vorherrschende Ansicht zu § 1 Abs. 1 S. 1 BörsG a. F. die Auffassung, ein Antragsteller habe auch unter Berücksichtigung von Art. 12 GG keinen Anspruch auf die Erteilung der Genehmigung.[266] Vielmehr bestehe nur ein Anspruch auf ermessensfehlerfreie Entscheidung gem. § 114 VwGO.[267] Hierbei könne die Börsenaufsichtsbehörde im Rahmen einer Bedürfnisprüfung darüber befinden, ob die Errichtung einer weiteren Börse überhaupt sinnvoll sei oder ob dies nur zu einer Zersplitterung der Liquidität und damit zu Nachteilen für Anleger und Emittenten führe.[268]

Hiergegen wurde schon im Rahmen der alten Rechtslage die Auffassung vertreten, der Antragsteller habe bei Erfüllung aller Genehmigungsvoraussetzungen einen indirekten Anspruch auf Errichtung einer öffentlich-rechtlichen Anstalt.[269] Denn dadurch, daß sich der Gesetzgeber entschieden habe, im Börsengesetz keine Bedürfnisprüfung zu verankern, bestehe in diesem Fall eine „Ermessensreduktion auf Null", so daß ein Anspruch auf Erteilung der Genehmigung bestehe.[270]

---

264 Schwark-Beck § 4 Rn. 4; Segna ZBB 1999, 144, 146; Christoph, Börsenkooperationen und Börsenfusionen, S. 408.

265 Wolf/Bachof/Stober/Kluth Verwaltungsrecht II, S. 487; Schwark-Beck § 4 Rn. 4; Hopt/Baum Börsenrechtsreform, S. 405; Schäfer-Peterhoff § 1, Rn. 1; Segna ZBB 1999, 144, 146; Christoph, Börsenkooperationen und Börsenfusionen, S. 408; Groß, Kapitalmarktrecht, 2. Auflage, §§ 1 – 2c BörsG; Rn. 1b.

266 Hopt/Baum Börsenrechtsreform, S. 405; Schwark-Beck, 3. A. § 1 Rn. 13; Segna ZBB 1999, 144, 146f.; Groß, Kapitalmarktrecht, 2. Auflage, §§ 1 – 2c BörsG; Rn. 1b; Kümpel/Hammen WM 2000, Sonderbeilage Nr. 3, 3, 10.

267 Schwark-Beck, 3. A., § 1 Rn. 13; Segna ZBB 1999, 144, 146f; Breitkreuz, Die Ordnung der Börse, S. 183; Schäfer-Peterhoff § 1, Rn. 1; Lenenbach, Kapitalmarkt- und Börsenrecht, S. 102; Groß, Kapitalmarktrecht, 2. Auflage, §§ 1 – 2c BörsG; Rn. 1b.

268 Schäfer-Peterhoff § 1, Rn. 1; ähnlich auch Lenenbach, Kapitalmarkt- und Börsenrecht, S. 102; a. A. Groß, Kapitalmarktrecht, 2. Auflage, §§ 1 – 2c BörsG; Rn. 1a; siehe hierzu ausführlich unten I. 5. b) bb) bbb) (5).

269 Christoph, Börsenkooperationen und Börsenfusionen, S. 411.

270 Ebd.

Mit der Neufassung des § 4 Abs. 2 BörsG ergibt sich ein etwas verändertes Bild. Denn die Tatsache, daß nun Voraussetzungen für die Erteilung einer Börsengenehmigung im Gesetz einzeln aufgeführt sind, führt zur Frage, ob nach diesem neuen Recht angenommen werden kann, derjenige, der die im Börsengesetz festgelegten Voraussetzungen für die Erteilung einer Börsengenehmigung erfülle, habe auch einen Anspruch auf Genehmigungserteilung.[271]

Hiergegen spricht nicht schon, daß es sich beim Börsengesetz um ein Bundesgesetz handelt, während die Börsen als öffentlich-rechtliche Anstalten der Länder errichtet werden. Denn es ist zwar grundsätzlich so, daß die Errichtung von Länderanstalten der Organisationsgewalt der einzelnen Bundesländer unterfällt und nicht durch den Bund festgelegt werden kann. Jedoch ist insoweit die Ausnahme des Art. 85 Abs. 1 GG zu beachten, wonach die Einrichtung von Behörden Angelegenheit der Bundesländer ist, „soweit nicht Bundesgesetze mit Zustimmung des Bundesrates etwas anderes bestimmen". Da es sich beim Börsengesetz um ein Gesetz handelt, das der Zustimmung des Bundesrates bedurfte, wäre es also insoweit zulässig, hierin einen Anspruch auf Genehmigung einer Börse zu verankern.[272]

Bei genauerer Betrachtung ergeben sich indes aus der Neufassung des Börsengesetzes klare Indizien, daß der Gesetzgeber weiterhin von einer Ermessensentscheidung der Börsenaufsichtsbehörde ausgeht. So heißt es in § 4 Abs. 3 Nr. 4 BörsG: „Die Erlaubnis ist insbesondere zu versagen, wenn (...) sich aus den vom Antragsteller vorgelegten Unterlagen ernstliche Zweifel an seinen Fähigkeiten ergeben, die sich aus diesem Gesetz ergebenden Anforderungen an den Betrieb der Börse zu erfüllen". Durch diese Regelung im Zusammenwirken mit § 4 Abs. 3 Nr. 1–3 BörsG wird die Versagung der Erlaubnis für alle Fälle einer Nichterfüllung einer der in § 4 Abs. 2 BörsG genannten Anforderungen angeordnet. Sollte eine Versagung aus anderen als diesen Gründen aber nicht möglich sein, wäre das Wort „insbesondere" überflüssig und sogar falsch. Vielmehr wird durch diese Formulierung zum Ausdruck gebracht, daß es sich bei § 4 Abs. 3 BörsG entgegen mancher Stimmen in der Literatur[273] gerade nicht um eine abschließende Aufzählung von Versagensgründen handelt. Vielmehr gibt es auch dann, wenn

---

271 Dies bejahen Lepczyk, Rechtliche Aspekte internationaler Börsenfusionen, S. 66 und – allerdings auf Grundlage des anderslautenden ursprünglichen Gesetzentwurfes – Christoph, Börsenkooperationen und Börsenfusionen, S. 412; a. A. jedoch Schwark-Beck § 4 BörsG, Rn. 4.

272 So im Ergebnis auch Segna ZBB 1999, 144, 147.

273 Lepczyk, Rechtliche Aspekte internationaler Börsenfusionen, S. 66 und Christoph, Börsenkooperationen und Börsenfusionen, S. 412, wobei sich letzterer jedoch auf den ursprünglichen Gesetzesentwurf bezieht, in dem das Wort „insbesondere" noch fehlt.

die in § 4 Abs. 2 BörsG genannten Voraussetzungen erfüllt sind, noch weitere Gründe, weshalb eine Erlaubnis zum Betrieb einer Börse versagt werden kann. Diese Auffassung wird auch deutlich durch eine Äußerung in einem Bericht des Finanzausschusses im Rahmen des Finanzmarkt-Richtlinie-Umsetzungsgesetzes gestützt, worin es heißt, die Einfügung des Wortes „insbesondere" verschaffe der Börsenaufsichtsbehörde „die Möglichkeit, auch bei dem Vorliegen anderer, gleichermaßen gewichtiger, Gründe die Erlaubnis zum Betrieb einer Börse zu versagen."[274] Jedoch wird an gleicher Stelle auch klargestellt, daß entgegen der früher herrschenden Auffassung eine „den Wettbewerb einschränkende sog. Bedürfnisprüfung" nicht zulässig sein soll.[275] Zwar enthält die entsprechende Stelle der Gesetzesbegründung keine eindeutige Aussage, ob die Folge der Regelung die Einräumung eines Ermessensspielraums für die Aufsichtsbehörde ist. Hierfür sprechen könnte aber die Formulierung, man wolle der Behörde eine „größere Flexibilität bei der Prüfung von Erlaubnisanträgen einräumen".[276] Denn mehr Flexibilität kann die Börsenaufsicht nur dann haben, wenn das Ergebnis einer Entscheidung über einen Genehmigungsantrag nicht zwingend vorgegeben ist, sie vielmehr einen Spielraum hat, um zu entscheiden, ob vorliegende gewichtige Gründe die Versagung der Börsengenehmigung rechtfertigen können.

Daher spricht im Ergebnis alles dafür, daß es im Rahmen der Erteilung einer Börsengenehmigung bei einer Ermessensentscheidung durch die Börsenaufsichtsbehörde bleibt und ein Anspruch auf eine Erteilung somit auch nicht aus dem neu formulierten § 4 BörsG hergeleitet werden kann.[277]

bbb) Anspruch auf Erteilung einer Börsengenehmigung durch europarechtliche Vorgaben

Fraglich ist jedoch, ob dieses Ergebnis mit den europarechtlichen Bestimmungen zu den Grundfreiheiten des AEUV vereinbar ist oder ob diese Vorschriften einen Anspruch auf Erteilung einer Börsengenehmigung erfordern. Dies wäre dann der Fall, wenn es sich bei der Erteilung der Börsengenehmigung um einen Vorgang handeln würde, der dem Bereich einer Grundfreiheit des AEUV unterfällt[278], die Regelung über die Erteilung einer Genehmigung nach dem Börsengesetz eine Einschränkung dieser Grundfreiheit darstellt[279] und diese

274 BT-Drs 16/4899, S. 13.
275 Ebd.
276 Ebd.
277 Ebenso Schwark-Beck § 4 BörsG, Rn. 4; Groß Kapitalmarktrecht, § 4 BörsG, Rn. 7.
278 S. u. (1) und (2).
279 S. u. (3) und (4).

Einschränkung nicht zu rechtfertigen ist[280]. Da dies jedoch zunächst nur für einen EU-Ausländer, der die Voraussetzungen des § 4 Abs. 2 S. 2 BörsG erfüllt, zu einem Anspruch auf Erteilung einer Börsengenehmigung führen würde, wäre weiterhin erforderlich, daß ein solcher Anspruch für EU-Ausländer auch zu einem Anspruch für Inländer führen müßte, weil anderenfalls eine Diskriminierung des Inländers vorliegen würde.[281]

(1) Anwendbarkeit einer Grundfreiheit

Eine Gesellschaft aus dem EU-Ausland, die in Deutschland eine Börsengenehmigung erhalten will, benötigt auch dann zwingend die Erlaubnis der hiesigen Börsenaufsichtsbehörde, wenn sie bereits im EU-Ausland eine Börse betreibt. Denn einen europäischen Paß gibt es insoweit nicht. Eine Regelung die der des Art. 6 Abs. 3 MiFID für Wertpapierfirmen entspricht, ist für geregelte Märkte, zu denen auch die Börsen deutschen Rechts zählen, nicht vorhanden.[282]

Will nun eine Gesellschaft aus einem anderen EU-Staat auch in Deutschland eine Börse tragen, ist zunächst schon problematisch zu bestimmen, welcher Grundfreiheit die Erteilung einer Börsengenehmigung unterfällt. In Betracht kommen hierbei sowohl die Niederlassungsfreiheit als auch die Dienstleistungsfreiheit. Hierbei könnte auf den ersten Blick an die Errichtung der Börse als Vorgang gedacht werden, der der Niederlassungsfreiheit unterfällt. Da die Börsenanstalt jedoch vom jeweiligen Bundesland errichtet und vom Börsenträger nur eingerichtet wird, scheidet die Errichtung der Anstalt als relevanter Anknüpfungspunkt aus. Vielmehr ist entscheidend, welche Handlungen vom Börsenträger für die Einrichtung der Börse vorgenommen werden müssen und ob diese eher als grenzüberschreitende Dienstleistungen oder als Niederlassungsvorgang zu bewerten sind. Abzustellen ist damit auf die in § 5 Abs. 1 S. 2 BörsG angesprochene Ausstattung der Börse mit finanziellen, personellen und sachlichen Mitteln. Fraglich ist, ob hierin eine Niederlassung i. S. v. Art. 49 AEUV gesehen werden kann, welche definiert wird als „tatsächliche Ausübung einer wirtschaftlichen Tätigkeit mittels einer festen Einrichtung in einem anderen Mitgliedstaat auf unbestimmte Zeit".[283] Hierbei bestehen sowohl am Merkmal der „wirtschaftlichen Tätigkeit" als auch am Element der Dauerhaftigkeit keine Zweifel;

280 S. u. (5).
281 S. u. (6).
282 Thieme, Wertpapierdienstleistungen im Binnenmarkt, S. 512.
283 EuGH Rs. C 221/89, Slg. 1991, I 3905, Rn. 20 (Factortame), Calliess/Ruffert Bröhmer, Art. 43, Rn. 12.

letzteres liegt schon allein deshalb vor, weil nach herrschender Meinung[284] ein Verzicht auf eine Börsengenehmigung nicht zulässig ist und der Börsenträger sich daher nur schwer von seiner einmal eingegangenen Verpflichtung lösen kann. Entscheidend ist jedoch, ob auch eine „feste Einrichtung in einem anderen Mitgliedstaat" regelmäßig vorliegt. Dabei spricht gegen eine Einordnung unter die Niederlassungsfreiheit, daß die Ausstattung auch vom Ausland aus vorgenommen werden kann, ohne eine dauerhafte Anwesenheit im Land der Börse notwendig werden zu lassen. Bei einer genaueren Betrachtung finden sich freilich einige Anhaltspunkte, die es dessenungeachtet nahelegen, die Einrichtung einer Börse als Niederlassungsvorgang zu bewerten. Zum einen ist zu bedenken, daß die Abgrenzung zwischen dem Anwendungsbereich der Niederlassungsfreiheit und der Dienstleistungsfreiheit regelmäßig nicht am Merkmal der „festen Einrichtung", sondern am Merkmal der „Dauerhaftigkeit" vorgenommen wird.[285] Da eine Börsenträgerschaft aber nie nur „vorübergehend" i. S. d. Art. 57 S. 3 AEUV ist, könnte schon erwogen werden, das Vorliegen einer „festen Einrichtung" als nicht obligatorisch anzusehen. Doch auch wenn man dem nicht folgt, bleibt zu beachten, daß es sich bei der Börsenanstalt nach jedenfalls bislang herrschender Meinung um eine Anstalt des öffentlichen Rechts handelt, die nicht privatrechtsfähig ist.[286] Daher sind die auf sie bezogenen privatrechtlichen Rechtspositionen, wie etwa Sacheinrichtungen oder die Anstellungsverträge mit ihren Mitarbeitern dem Börsenträger zuzuordnen.[287] Gleiches muß auch für den Erwerb oder die Anmietung von Geschäftsräumlichkeiten gelten, weshalb im Zuge der Ausstattung einer Börse der Börsenträger auch regelmäßig eine „feste Einrichtung in einem anderen Mitgliedstaat" schafft, die jedenfalls privatrechtlich ihm zuzurechnen ist.[288] Neben dieser formalen Betrachtungsweise, die eher dazu geeignet ist aufzuzeigen, wie schwierig es oft ist, börsenrechtliche Sachverhalte unter Rechtsnormen außerhalb des Börsenrechts zu subsumieren, weil die duale Struktur von Börsenträger und Börsenanstalt sich oft einer eindeutigen Zuordnung entzieht, erscheint es aber auch durchaus angebracht, die Börsenanstalt – auch wenn sie juristisch selbständig ist – dem Börsenträger als Einrichtung zuzurechnen. Daß eine solche Zurechnung generell möglich ist, zeigt

284 Schwark-Beck § 4 BörsG, Rn. 31; Kümpel/Hammen, WM 2000, Sonderbeilage Nr. 3, 3, 10; Posegga NJW 2002, 2402, 2404.

285 Schwarze-Schlag Art. 43, Rn. 16; Callies/Ruffert-Kluth Art. 49/50, Rn. 13.

286 Schwark-Beck § 2 BörsG, Rn. 38; Kümpel/Hammen Börsenrecht S. 123; Kümpel/Wittig-Seiffert, S. 348.

287 Ebd.

288 So auch Lepczyk, Rechtliche Aspekte internationaler Börsenfusionen, S. 163.

sich an der Rechtsprechung des EuGH, wonach eine Niederlassung nicht immer in Form einer Zweigniederlassung oder Agentur erfolgen muß, sondern es mitunter auch ausreichend ist, daß ein Büro von einer Person geführt wird, die zwar unabhängig, aber auf Dauer beauftragt ist, für ein Unternehmen wie eine Agentur zu handeln.[289] Berücksichtigt man dies, erscheint eine Zurechnung der Einrichtungen der Börse zum Börsenträger angesichts der engen tatsächlichen Verknüpfung zwischen beiden durchaus denkbar. Dies gilt um so mehr, wenn man bedenkt, daß in anderen europäischen Staaten eine Trennung zwischen Börsenträger und Börse nicht erfolgt. Wollte nun also eine Gesellschaft eine Börse in einem anderen europäischen Land als Deutschland errichten, würde sie diese Börse als Tochtergesellschaft gründen, was fraglos einen Niederlassungsvorgang darstellen würde. Es erscheint aber kaum verständlich, wieso die Errichtung von Börsen je nach Land unter verschiedene Grundfreiheiten subsumiert werden soll, obwohl die Finanzmarktrichtlinie doch gerade eine weitgehende Harmonisierung in vielen Bereichen anstrebt.

Daher spricht im Ergebnis mehr dafür, die Einrichtung einer deutschen Börse durch einen EU-Ausländer unter den Anwendungsbereich der Niederlassungsfreiheit zu subsumieren.[290] Will man dies ablehnen, fällt ein solcher Vorgang aber jedenfalls unter die Dienstleistungsfreiheit, weshalb es wegen der weitgehend gleichen rechtlichen Folgen im Ergebnis zu keinem Unterschied zu den im folgenden dargelegten Ausführungen kommen sollte.

(2) Nichtanwendbarkeit des Niederlassungsrechts wegen Art. 51 AEUV

Jedoch wäre die Niederlassungsfreiheit gem. Art. 51 S. 1 AEUV nicht anwendbar, wenn es sich bei der Einrichtung und Trägerschaft einer Börse um Tätigkeiten handelte, die mit der Ausübung öffentlicher Gewalt verbunden sind.[291] Gleiches würde gelten, wenn man die Einrichtung einer Börse als unter die Dienstleistungsfreiheit fallende Tätigkeit ansieht, da Art. 62 AEUV hierfür auf Art. 51 AEUV verweist.

---

289 EuGH Rs. 205/84, Slg. 1986, 3755, Rn. 21 (Kommission/Bundesrepublik Deutschland).

290 So auch Lepczyk, Rechtliche Aspekte internationaler Börsenfusionen, S. 163.

291 Wegen der hierfür sprechenden Formulierung „findet (...) keine Anwendung" wird Art. 51 AEUV in der vorliegenden Untersuchung als Bereichsausnahme behandelt, vgl. Callies/Ruffert-Bröhmer Art. 45, Rn. 1; Grabitz/Hilf-Randelzhofer/Forsthoff Art. 45, Rn. 3; ebenso wohl auch von der Groeben/Schwarze-Tiedje/Troberg Art. 45, Rn. 1. Nach a. A. handelt es sich um einen Rechtfertigungsgrund, siehe Jarass EuR 1995, 202, 221 ff., was aber letztlich zu keinen anderen Ergebnissen führt.

Unter diese Einschränkung der Grundfreiheiten sollen Tätigkeiten fallen, die „eine unmittelbare oder mittelbare Teilnahme an der Ausübung hoheitlicher Befugnisse und an der Wahrnehmung von Aufgaben mit sich bringen".[292] Dies gilt vor allem dann, wenn die Beschäftigung eine „besondere Verbundenheit" zum Staat ausdrückt.[293] Bei der Regelung handelt es sich um eine Ausnahmevorschrift, die eng auszulegen ist.[294]

Es mag durchaus richtig erscheinen, die eine oder andere an einer Wertpapierbörse ausgeübte Tätigkeit dem Anwendungsbereich des Art. 51 AEUV zu unterstellen. Daß sich hieraus indes keine Einschränkung für die Anwendung europarechtlicher Vorgaben auf die Erteilung einer Börsengenehmigung ergeben kann, wird aber wiederum deutlich, wenn man auf die konkreten Aufgaben des Börsenträgers abstellt. Denn dieser hat mit den Geschäften an der Börse direkt nichts zu tun, sondern kümmert sich nur um die finanzielle, personelle und sachliche Ausstattung der Börsenanstalt. Als Anknüpfungspunkt für ein Eingreifen von Art. 51 AEUV kommt daher alleine die Tatsache in Betracht, daß der Börsenträger durch die Erteilung der Börsengenehmigung zum Beliehenen wird und damit verwaltungsrechtlich als Behörde zu qualifizieren ist.[295] Jedoch darf nicht übersehen werden, daß der Börsenträger tatsächlich in erster Linie das finanzielle Risiko übernimmt; es handelt sich mithin um einen dem Privatrecht zuzuordnenden Bereich, der nicht alleine schon deshalb eine besondere Verbundenheit zum jeweiligen Bundesland schaffen kann, weil dieses als Errichtungskörperschaft der öffentlich-rechtlichen Börsenanstalt andernfalls das finanzielle Risiko selbst zu tragen hätte. Dem Börsenträger erwachsen aus seiner Stellung freilich, abgesehen von der Erlaubnis eine Börse zu betreiben, keine weiteren öffentlich-rechtlichen Befugnisse.[296] Art. 51 AEUV soll aber nur dann eingreifen, wenn einem Hoheitsträger einseitige Regelungsbefugnisse[297] bzw. Sonderrechte, Hoheitsprivilegien und Zwangsbefugnisse[298] zustehen.

Art. 49 AEUV bzw. Art. 56 AEUV, wenn man von einer Dienstleistung ausgeht, sind mithin auf einen Antrag auf Erteilung einer Börsengenehmigung anzuwenden.

---

292 Callies/Ruffert-Bröhmer Art. 45, Rn. 1, m. w. N.
293 Ebd.
294 Schwarze-Schlag Art. 45, Rn. 3.
295 Lepczyk, Rechtliche Aspekte internationaler Börsenfusionen, S. 160.
296 Ebd.
297 Lepczyk, Rechtliche Aspekte internationaler Börsenfusionen, S. 159.
298 Callies/Ruffert-Bröhmer Art. 45, Rn. 6; Schill NJW 2007, 2014, 2018.

(3) Einschränkung der Niederlassungsfreiheit durch Genehmigungsbedürftigkeit

Somit ist zu untersuchen, ob in der rechtlichen Regelung der Erteilung einer Börsengenehmigung nach dem Börsengesetz eine Einschränkung der Niederlassungsfreiheit liegt. Hierbei könnte zunächst auf die im Gesetz ausdrücklich festgelegten Umstände abgestellt werden, d. h. auf die Tatsache, daß das Betreiben einer Börse überhaupt eine Genehmigung erfordert sowie auf die in § 4 Abs. 2 S. 2 BörsG festgelegten Voraussetzungen zur Erteilung derselben.

Während die Niederlassungsfreiheit bis etwa Mitte der achtziger Jahre vom EuGH gemäß dem Wortlaut der Vorläuferbestimmungen von Art. 49 Abs. 2 a. E. AEUV als bloßes Gebot der Inländergleichbehandlung verstanden wurde,[299] hat sich das Verständnis inzwischen gewandelt. Nun wird die Niederlassungsfreiheit von der ganz überwiegenden Auffassung weit, nämlich im Sinne eines Beschränkungsverbotes verstanden.[300] Dies entspricht auch der Neuformulierung des Art. 49 AEUV, welcher nun auch eindeutig auf Beschränkungen abzielt.[301] Demnach ist nun die ursprünglich für die Warenverkehrsfreiheit entwickelte Dassonville-Formel[302] auch auf die Niederlassungsfreiheit entsprechend anzuwenden. Mithin sind alle Maßnahmen als Beeinträchtigung der Niederlassungsfreiheit anzusehen, „die die Ausübung dieser Freiheit unterbinden, behindern oder weniger attraktiv machen".[303] Dabei betont der EuGH ausdrücklich, daß auch „geringfügige oder unbedeutende" Beschränkungen der Niederlassungsfreiheit entgegenstehen.[304]

Nun ist es daher so, daß eine Regelung, die die Niederlassung in einem anderen Mitgliedstaat von der Erteilung einer Genehmigung abhängig macht, eine Beschränkung i. S. v. Art. 49 AEUV darstellt.[305] Jedoch beruhen die Voraussetzungen, die das Börsengesetz für die Erteilung der Börsengenehmigung stellt, auf der Umsetzung der Art. 36 ff. der europäischen Richtlinie über Märkte für Finanzinstrumente.[306] Es liegt mithin insoweit eine vorrangige Harmonisierung auf europäischer Ebene vor, was nach Ansicht mancher den sachlichen Anwendungsbereich der Grundfreiheiten einschränkt und insoweit sperrt, als der entsprechende

299 Callies/Ruffert-Bröhmer Art. 43, Rn. 22 f., m. w. N.
300 M. w. N. Callies/Ruffert-Bröhmer Art. 43, Rn. 30.
301 Callies/Ruffert-Bröhmer Art. 43, Rn. 30.
302 Vgl. EuGH Rs. 8/74, Slg. 1974, 837 (Dassonville).
303 EuGH Rs. C-439/99, Slg. 2002, I-305, 364, Rn. 22 (Kommission/Italien).
304 EuGH Rs. C-9/02, Slg. 2004, I-2409, 2452, Rn. 43 (Lasteyrie du Saillant).
305 EuGH EuZW 2009, 298, 300, Rn. 34 (Hartlauer/Wiener Landesregierung)
306 Richtlinie 2004/39/EG.

Bereich abschließend geregelt wird.[307] Da die im Börsengesetz aufgeführten Voraussetzungen denen in der MiFID vollständig entsprechen und nicht hierüber hinausgehen, kann hierin also keine Einschränkung der Niederlassungsfreiheit gesehen werden.[308] Nach anderer Auffassung liegt zwar eine Einschränkung der Niederlassungsfreiheit vor, jedoch sind die Mitgliedstaaten insoweit gerechtfertigt, als eine Maßnahme durch das Sekundärrecht verpflichtend vorgeschrieben ist.[309] Nach dieser Auffassung läge in der Genehmigungsbedürftigkeit und den Vorgaben von § 4 Abs. 2 S. 2 BörsG also eine gerechtfertigte Einschränkung des Art. 49 AEUV. Da beide Ansichten im Ergebnis zu keiner relevanten unterschiedlichen Bewertung führen, wird vorliegend auf eine dogmatische Einordnung verzichtet, und es ist lediglich festzustellen, daß ein Verstoß gegen die Regelungen zur Niederlassungsfreiheit im Ausgangspunkt nicht vorliegt.

(4) Einschränkung der Niederlassungsfreiheit durch Ermessensentscheidung der Börsenaufsichtsbehörde

Jedoch hat auch der Antragsteller, der die Anforderungen des Börsengesetzes erfüllt – wie oben dargelegt – keinen Anspruch auf Erteilung einer Börsengenehmigung, sondern es folgt eine Ermessensentscheidung der Börsenaufsichtsbehörde darüber, ob eine Börsengenehmigung erteilt wird. Diese Einschränkung auf eine Ermessensentscheidung hat keine Grundlage in der Finanzmarktrichtlinie, und daher fragt sich, ob nicht hierin eine Einschränkung der Niederlassungsfreiheit erblickt werden kann.

Denn selbst wenn man berücksichtigt, daß bisher kein Fall bekannt geworden ist, daß einem Börsenträger die Genehmigung einer Börse trotz der Erfüllung der börsengesetzlichen Voraussetzungen versagt worden wäre, kann kein Zweifel bestehen, daß die Verkürzung eines unbedingten Anspruchs auf eine ermessensfehlerfreie Entscheidung auch bei großzügiger Handhabung durch die Aufsichtsbehörden eine mindestens geringfügige Beeinträchtigung des potentiellen Börsenträgers darstellt.

Berücksichtigt man dies, steht außer Frage, daß die Einräumung eines Ermessensspielraums für die Börsenaufsichtsbehörden bei Erteilung von Börsengenehmigungen eine Einschränkung der Niederlassungsfreiheit eines solchen Börsenträgers darstellt.

307 Callies/Ruffert-Kingreen Art. 28, Rn. 18 Zacker/Wernicke, Examinatorium Europarecht, S. 234, 236.

308 I. E. ebenso mit abweichender Begründung: Lepczyk, Rechtliche Aspekte internationaler Börsenfusionen, S. 168 f.

309 Grabitz/Hilf-Randelzhofer/Forsthoff vor Art. 39 – 55, Rn. 148.

(5) Rechtfertigung der Einschränkung der Niederlassungsfreiheit

Fraglich ist nun, ob diese Einschränkung der Niederlassungsfreiheit gerechtfertigt werden kann. Eine Rechtfertigung der Einschränkung einer Grundfreiheit ist nach der Rechtsprechung des EuGH durch drei Typen von Schrankenbestimmungen möglich.[310] In Betracht kommen zunächst Vorbehalte, die bereits in den Tatbeständen der Grundfreiheiten enthalten sind, weiterhin mit den Grundfreiheiten kollidierendes sonstiges Primärrecht und schließlich ungeschriebene Rechtfertigungsgründe.

(a) Grundfreiheitliche Vorbehalte

Möglich wäre somit zunächst eine Einschränkung durch die im Abschnitt des Niederlassungsrechts ausdrücklich enthaltenen Schrankenbestimmungen. Insbesondere kommt hierbei die Regelung des Art. 52 Abs. 1 AEUV in Betracht, wonach Rechts- und Verwaltungsvorschriften auch dann zulässig sind, wenn hierdurch EU-Ausländer diskriminiert werden, sofern Gründe der öffentlichen Ordnung, Sicherheit oder Gesundheit dies erfordern.[311] Hierbei ist jedoch zu berücksichtigen, daß diese Schrankenbestimmung ebenso wie die Schrankenbestimmungen der Grundfreiheiten generell[312] wegen ihres Ausnahmecharakters nach ständiger Rechtsprechung des EuGH eng auszulegen ist.[313] Die Anwendbarkeit der Ausnahmevorschrift sei daher beschränkt auf das Vorliegen einer „tatsächlichen und hinreichend schweren Gefährdung, die ein Grundinteresse der Gesellschaft berührt".[314] Somit sind insbesondere die Tatbestände der öffentlichen Sicherheit und Ordnung wesentlich enger zu fassen, als dies im deutschen Polizeirecht der Fall ist.[315]

Hauptargument für einen Ermessensspielraum bei Erteilung einer Börsengenehmigung ist regelmäßig, es solle das Entstehen von geschäftsschwachen „Kümmerbörsen" verhindert werden.[316] Auf den ersten Blick ist hierbei nicht leicht

---

310 Vgl. Callies/Ruffert-Kingreen Art. 28, Rn. 75 ff.

311 Vgl. Callies/Ruffert-Bröhmer Art. 46, Rn. 1.

312 EuGH Rs. 46/76, Slg. 1977, 5, 15, Rn. 12/15 (Bauhuis/Niederlande); Rs. C-205/89, Slg. 1991, I-1361, 1377, Rn. 9 (Kommission/Griechenland); Rs. C-348/96, Slg. 1999, I-11, 30, Rn. 23 (Calfa).

313 EuGH Rs. C-348/96, Slg. 1999, I-11, 30, Rn. 23 (Calfa); so schon EuGH Rs. 67/74, Slg. 1975, 297, 307, Rn. 6 (Bonsignore); von der Groeben/Schwarze-Tiedje/Troberg Art. 46, Rn. 14.

314 EuGH Rs. 30/77, Slg. 1977, 1999, Rn. 35 (Bouchereau); GA Tizzano, Schlußantr. zu EuGH Rs. C-411/03, Slg. 2005, I-10805, Rn. 57 (Sevic Systems).

315 Callies/Ruffert-Kingreen Art. 28–30, Rn. 76.

316 Schwark-Beck, 3. A., § 1 BörsG, Rn. 13; Breitkreuz, Die Ordnung der Börse, S. 183.

ersichtlich, wieso es Aufgabe der Börsenaufsicht sein soll, die Marktteilnahme von geschäftsschwachen Börsen zu verhindern, da die Folgen eines wirtschaftlichen Mißerfolges direkt nur den Börsenträger als dessen unternehmerisches Risiko treffen.[317] Verständlich ist dieser Gesichtspunkt erst, wenn man unter Berücksichtigung des Zustandekommens eines Börsenpreises auf die Folgen für die Anleger am Kapitalmarkt abstellt. Denn je höher die Liquidität in einem Wertpapier an einer Börse ist, desto mehr entspricht der Börsenpreis auch der tatsächlichen Marktlage.[318] Sinkt die Liquidität, führt dies regelmäßig dazu, daß die Spanne zwischen Geld- und Briefkurs, der sog. Spread, ansteigt und die Käufer regelmäßig höhere Kaufpreise zahlen müssen bzw. die Verkäufer niedrigere Verkaufspreise erzielen.[319] Eine starke Liquiditätszersplitterung könnte daher zu erheblichen Nachteilen für Anleger und Emittenten führen.[320] Deshalb sei es – so wird gesagt – auch Aufgabe der Börsenaufsicht sicherzustellen, daß die am Markt agierenden Börsen über ausreichend Liquidität verfügten.[321] Auch sichere nur eine Begrenzung der Anzahl der Börsen die Aufrechterhaltung der nationalen und internationalen Wettbewerbsfähigkeit der deutschen Börsen.[322]

Unabhängig von der Frage, ob wegen des inzwischen in der Gesetzesbegründung angeführten Verbotes einer Bedürfnisprüfung[323] diese Gründe überhaupt noch tragfähig sind, würden sie jedoch auch nicht den Anforderungen des Art. 52 Abs. 1 AEUV standhalten. Denn zwar spricht alles dafür, daß es sich bei der Erhaltung eines funktionsfähigen Kapitalmarktes um einen Bereich handelt, bei dem das Grundinteresse der Gesellschaft berührt wird. Jedoch ist auch schon ohne nähere Untersuchung der einzelnen Argumente ersichtlich, daß die zu befürchtenden Folgen nicht eine solche Intensität erreichen, daß die Hürde des Art. 52 Abs. 1 AEUV überwunden wird. Denn auch wenn man die Richtigkeit der oben aufgeführten Bedenken unterstellt, mag dies dazu führen, daß einzelne Anleger vergleichsweise geringe finanzielle Nachteile haben, die zwar in ihrer Summe zu einem erheblichen volkswirtschaftlichen Schaden führen mögen. Eine echte Gefährdung eines funktionierenden Kapitalmarktes können sie jedoch nicht verursachen.

---

317 Daher auch ablehnend: Hellwig ZGR 1999, 781, 795 f.

318 Kümpel/Hammen, S. 47; Spindler WM 2002, S. 1325, 1328.

319 Ebd.

320 So auch Hess. Börsenaufsichtsbehörde, Stellungnahme, A. V. 2 g).

321 Hess. Börsenaufsichtsbehörde, Stellungnahme, A. II 2.

322 Lenenbach, Kapitalmarkt- und Börsenrecht, S. 102.

323 BT-Drs 16/4899, S. 13.

(b) Sonstiges kollidierendes Primärrecht

Abgesehen von den im Bereich der einzelnen Grundfreiheiten normierten Rechtfertigungsgründen kann sich eine Rechtfertigung für die Einschränkung einer Grundfreiheit auch aus weiteren im AEU-Vertrag festgeschriebenen Gründen ergeben. In Betracht kommen hierbei Normen, die nach dem Verständnis der europäischen Rechtsprechung mit den Grundfreiheiten kollidierende Allgemein- und Individualinteressen schützen.[324] Dies sollen die Normen sein, die aufgrund ihrer dogmatischen Struktur als Befugnisnormen für Eingriffe tauglich sind.[325] Neben Regelungen wie etwa Art. 106 Abs. 2 S. 2 AEUV, der einen kartellrechtlichen Rechtfertigungsgrund enthält, sollen hierbei als sonstiges kollidierendes Verfassungsrecht ferner die Unionsgrundrechte in Betracht kommen.[326] So soll beispielsweise als eigenständiger Rechtfertigungsgrund in den Blick zu nehmen sein, wenn ein Mitgliedstaat aus Rücksichtnahme auf die Grundrechte einen Schutz der Grundfreiheiten unterläßt.[327]

Nach anderer Auffassung soll hingegen keine unmittelbare Überprüfung mitgliedstaatlicher Regelungen am Maßstab der Gemeinschaftsgrundrechte stattfinden, sondern es müsse nur sichergestellt sein, daß die Grundfreiheiten nicht so weit ausgelegt werden, daß sie die Verfolgung von grundrechtlichen Schutzpflichten unmöglich machen.[328] Eine Einbeziehung der Wertungen der Grundrechte erfolge aber innerhalb der Prüfung, ob ein Anliegen, das ein Mitgliedstaat durch eine Regelung zur Einschränkung von Grundfreiheiten verfolgt, ein „zwingendes Erfordernis" im Rahmen der ungeschriebenen Rechtfertigungsgründe darstellt.[329]

Demgegenüber bietet sich eine eigenständige Prüfung eines Grundrechtes als Rechtfertigungsgrund nur in Fällen einer evidenten Grundrechtsverletzung oder in Drittwirkungskonstellationen an,[330] wenn eine Privatperson eine von ihr ausgehende Beeinträchtigung der Grundfreiheiten durch ein Grundrecht legitimieren will. In Sachverhalten wie dem vorliegenden, wo es um die Einschränkung der Grundfreiheiten durch einen Mitgliedstaat geht, erscheint es sinnvoller, entsprechend der früheren Rechtsprechung des EuGH,[331] die Wertungen der

324 Callies/Ruffert-Kingreen Art. 28–30, Rn. 77.
325 Ebd.
326 Callies/Ruffert-Kingreen Art. 28–30, Rn. 79.
327 Ebd.
328 Grabitz/Hilf-Randelzhofer/Forsthoff vor Art. 39 – 55, Rn. 142.
329 Grabitz/Hilf-Randelzhofer/Forsthoff vor Art. 39 – 55, Rn. 143.
330 Siehe hierzu Callies/Ruffert-Kingreen Art. 28–30, Rn. 79.
331 EuGH Rs. C-288/89, Slg. 1991, I-4007, Rn. 23 (Collectieve Antennevoorziening Gouda).

Grundrechte in die Untersuchung einzubeziehen, ob im Rahmen der ungeschriebenen Schranken „zwingende Gründe des Allgemeininteresses“ eine Einschränkung einer Grundfreiheit rechtfertigen können. Denn dies erspart eine doppelte Prüfung der Grundrechte als Rechtfertigung, da sie auf jeden Fall in die Abwägung, ob ungeschriebene Rechtfertigungsgründe vorliegen, einbezogen werden müssen.

Da andere Normen außerhalb des Niederlassungsrechts, die eine Einschränkung der Niederlassungsfreiheit rechtfertigen könnten, nicht ersichtlich sind, scheidet eine Rechtfertigung durch kollidierendes Primärrecht somit aus.

(c) Ungeschriebene Rechtfertigungsgründe

Somit bleibt als letzte Möglichkeit, die Einschränkung der Niederlassungsfreiheit durch die Ausgestaltung der Entscheidung über die Erteilung einer Börsengenehmigung als Ermessensentscheidung zu rechtfertigen, das Vorliegen eines ungeschriebenen Rechtfertigungsgrundes. Das Bestehen von ungeschriebenen Gründen, die die Einschränkung von Grundfreiheiten rechtfertigen können, wurde zunächst vom EuGH für die Warenverkehrsfreiheit hergeleitet[332] und ist inzwischen auch in der Literatur weitgehend anerkannt.[333] Seine Rechtsprechung hat der EuGH inzwischen auf die anderen Grundfreiheiten übertragen, wobei eine Übertragung auf den Bereich der Niederlassungsfreiheit erst relativ spät erfolgte.[334] Eine Einschränkung der Grundfreiheiten soll nach der Rechtsprechung des EuGH und der vorherrschenden Auffassung in der Literatur demnach gerechtfertigt sein, wenn die beschränkenden Maßnahmen in nicht diskriminierender Weise angewendet werden, sie zwingenden Gründen des Allgemeininteresses entsprechen, sie zur Erreichung dieses Zieles auch geeignet sind und wenn sie schließlich nicht über das hinausgehen, was zur Erreichung des Zieles erforderlich ist.[335]

---

332 EuGH Rs. 120/78, Slg. 1979, 649 (Cassis de Dijon).

333 Grabitz/Hilf-Randelzhofer/Forsthoff vor Art. 39 – 55, Rn. 154 ff.; von der Groeben/Schwarze-Wölker/Grill Art. 39, Rn. 148; kritischer hingegen: Callies/Ruffert-Kingreen Art. 28–30, Rn. 79.

334 EuGH Rs. 96/85, Slg. 1986, 1475, Rz. 11 (Kommission/Frankreich); siehe auch Grabitz/Hilf-Randelzhofer/Forsthoff vor Art. 39 – 55, Rn. 155.

335 EuGH EuZW 2009, 298, 300, Rn. 44 (Hartlauer/Wiener Landesregierung); EuGH Rs. C-424/97, Slg. 2000, I-5123, Rn. 57 (Haim); von der Groeben/Schwarze-Wölker/Grill Art. 39, Rn. 149; Grabitz/Hilf-Randelzhofer/Forsthoff vor Art. 39–55, Rn. 157 ff.

(aa) Keine Diskriminierung

Als erste Voraussetzung ist demnach nach nicht unumstrittener, aber herrschender Auffassung notwendig, daß es sich bei der zu rechtfertigenden Maßnahme um keine direkte Diskriminierung handelt, d.h. um keine Maßnahme, die ausdrücklich an die Staatsangehörigkeit anknüpft.[336] Die Möglichkeit einer Rechtfertigung soll sich demnach sowohl für indirekte Diskriminierungen[337] als auch für nichtdiskriminierende Beschränkungen[338] ergeben.

Bei einer Regelung, die die Erteilung einer Börsengenehmigung ins Ermessen der Börsenaufsichtsbehörde stellt, handelt es sich weder um eine direkte noch um eine indirekte Diskriminierung von EU-Ausländern. Vielmehr betrifft die Maßnahme Inländer und Ausländer auch tatsächlich in gleichem Umfang, so daß es sich um eine nichtdiskriminierende Beschränkung der Niederlassungsfreiheit handelt.

(bb) Zwingende Gründe des Allgemeininteresses

Weitere Voraussetzung für eine Rechtfertigung ist das Vorliegen von hinreichenden Gründen für eine Einschränkung der Grundfreiheiten. Hierbei ist die Terminologie der europäischen Rechtsprechung nicht einheitlich; je nach betroffener Grundfreiheit und Entscheidung des EuGH ist etwa von „zwingenden Gründen des Gemeinwohls",[339] von „zwingenden Erfordernissen"[340] des Allgemeininteresses oder von „zwingenden Gründen des Allgemeininteresses"[341] die Rede, ohne daß die einzelnen Termini sachlich zu differenzieren wären.[342]

Es ist nun also zu untersuchen, welche schützenswerten Belange eines Mitgliedstaates als zwingende Gründe des Allgemeininteresses[343] anzuerkennen sind und ob solche Belange im vorliegenden Fall gegeben sind. Als Hauptargument für die Einräumung eines Ermessensspielraums bei Erteilung der

336 EuGH Rs. C-237/94, Slg. 1996, I-2617, Rn. 19 (O'Flynn); Grabitz/Hilf-Randelzhofer/Forsthoff vor Art. 39–55, Rn. 156; von der Groeben/Schwarze-Wölker/Grill Art. 39, Rn. 149; kritisch jedoch Callies/Ruffert-Kingreen Art. 28–30, Rn. 84.

337 Vgl. EuGH Rs. 261/81, Slg. 1982, 3961, Rn. 12 (Rau/de Smedt).

338 Vgl. EuGH Rs. C-415/93, Slg. 1995, I-4921, Rn. 106 ff. (Bosman).

339 EuGH Rs. C-67/98, Slg. 1999, I-7289, 7314 f., Rn. 31 (Zenatti).

340 EuGH Rs. 120/78, Slg. 1979, 649, 662, Rn. 8 (Cassis de Dijon).

341 EuGH Rs. C-55/94, Slg. 1995, I-4165, 4197, Rn. 37 (Gebhard); Rs. 272/94, Slg. 1996, I-1905, 1920, Rn. 11 (Guiot).

342 Grabitz/Hilf-Randelzhofer/Forsthoff vor Art. 39–55, Rn. 154.

343 Wenn im Folgenden ausschließlich dieser Terminus verwendet wird, so geschieht dies alleine aus Gründen der Klarheit.

Börsengenehmigung wird regelmäßig auf den Schutz der Anleger abgestellt. Denn ungeachtet der Frage, ob man dies noch mit dem geltenden nationalen Recht für vereinbar hält, wird durch eine Begrenzung der Anzahl der Börsen und der damit einhergehenden höheren Liquidität an den vorhandenen Börsen erreicht, daß diese durchschnittlich spürbar bessere Preise bei Wertpapierkäufen und -verkäufen erzielen. Da eine höhere Liquidität auch dazu führt, daß der ermittelte Preis die tatsächliche Marktlage besser abbildet,[344] resultiert hieraus auch ein erhöhtes Vertrauen der Anleger der Institution Börse gegenüber. Dieser Schutz des Vertrauens der Kapitalanleger in die Finanzmärkte ist nun ein Belang, der von der Rechtsprechung des EuGH als zwingender Grund des Allgemeininteresses anerkannt ist.[345]

Weiterhin ist zu berücksichtigen, daß die Bejahung eines Anspruches auf Erteilung einer Börsengenehmigung zur Folge hätte, daß ein Privater einen Anspruch auf Errichtung einer öffentlichen Anstalt und Beleihung hätte. Auch wenn insoweit noch keine Entscheidung durch die europäische Rechtsprechung ersichtlich ist, erscheint es sachgerecht, einen Schutz der staatlichen Organisationsgewalt als zwingenden Grund des Allgemeininteresses anzuerkennen. Denn gerade wenn man im Vergleich andere vom EuGH anerkannte Schutzanliegen wie beispielsweise die „Verbreitung von Kenntnissen über das künstlerische und kulturelle Erbe eines Landes“[346] oder die „Erhaltung des sportlichen und finanziellen Gleichgewichts zwischen den Vereinen“[347] betrachtet, erscheint das Anliegen, die Organisationsgewalt der Bundesländer zu schützen, als mindestens ebenso gewichtig, zumal es immerhin in Art. 84 I und 85 I GG garantiert ist.

Die für eine Rechtfertigung der Einschränkung der Niederlassungsfreiheit in Betracht kommenden zwingenden Gründe des Allgemeininteresses sind somit zum einen der Schutz der Anleger bzw. des Kapitalmarktes sowie zum anderen der Schutz der Organisationsgewalt der Länder.

(cc) Geeignetheit

Fraglich ist nun, ob eine Ermessensentscheidung der Aufsichtsbehörde bei Erteilung der Börsengenehmigung auch geeignet ist, diese Ziele zu erreichen, also ob sie ein brauchbares Mittel ist, um den Schutz des Kapitalmarktes und die Organisationsgewalt der Länder zu schützen. Hierbei ist den Mitgliedstaaten bei

344 Kümpel/Hammen, S. 47.
345 EuGH Rs. C-384/93; Slg. 1995, I-1141 (Alpine Investments).
346 EuGH Rs. C-154/89, Slg. 1991, I-659, 687, Rz. 17 (Kommission/Frankreich).
347 EuGH Rs. C-415/93, Slg. 1995, I-4921, Rn. 106 (Bosman).

der Schaffung von Regelungen zwar ein gewisser Gestaltungsspielraum zuzusprechen, jedoch hat eine eingehende und nachvollziehende Risikoprüfung zu erfolgen, die nicht nur auf hypothetischen Erwägungen beruhen darf.[348]

Unter Berücksichtigung dessen könnte man insofern Einwände gegen die Einräumung eines Ermessensspielraums bei der Erteilung einer Börsengenehmigung geltend machen, als fraglich ist, ob das Ziel des Schutzes der Anleger am Kapitalmarkt auf diese Weise erreicht werden kann. Denn zwar dürfte die Tatsache, daß es dann gegebenenfalls weniger Börsen gibt, wegen der höheren Liquidität an den einzelnen Börsen zu besseren Börsenpreisen führen. Andererseits ist aber zu berücksichtigen, daß die Wahrscheinlichkeit hoch ist, daß eine Zunahme der Anzahl der Börsen wegen des größeren Wettbewerbs zum Sinken der Gebühren und Entgelte an den Börsen führen würde. Somit ist nicht unwahrscheinlich, daß ein erheblicher Teil der finanziellen Vorteile für die Anleger wieder durch entgegenstehende Nachteile aufgewogen werden würde. Allerdings ist zu berücksichtigen, daß Maßnahmen nicht schon dann als ungeeignet angesehen werden sollen, wenn das von ihnen angestrebte Ziel nicht vollständig erreicht wird,[349] sondern es ist ausreichend, daß es grundsätzlich gefördert wird.[350] Jedoch ergibt sich auch unter Berücksichtigung dieser Maßgabe für den Bereich der Börsen eine weitere Besonderheit, die die Geeignetheit des Einräumens eines Ermessens bei Genehmigungserteilung zum Schutz der Anleger in Frage stellt. Denn Wertpapiere werden nicht nur an Börsen gehandelt. Vielmehr bestehen neben den Wertpapierbörsen noch eine Reihe von multilateralen Handelssystemen (MTF). Diese außerbörslichen Handelssysteme stehen in direkter Konkurrenz zu den Börsen, wie sich aus der Regelung des § 33a Abs. 5 S. 2 WpHG ergibt, wo sie gleichberechtigt als Ausführungsplätze für den Wertpapierhandel genannt sind. Auch in der Praxis haben die MTF einen erheblichen Aufschwung erfahren und stellen ernsthafte Konkurrenten für die Wertpapierbörsen dar, denen sie beträchtliche Marktanteile abnehmen konnten.[351] Nun ist aber in Art. 5 Abs. 2 Finanzmarktrichtlinie[352] geregelt, daß die Mitgliedstaaten „gestatten (...) ein MTF zu betreiben“, sofern die Marktbetreiber die Zulassungsvoraussetzungen für den Betrieb erfüllen. Insoweit ist also klar geregelt, daß bei Erfüllung der Voraussetzungen für die Zulassung ein Anspruch auf die Gestattung des Betriebes eines

348 EuGH Rs. C-293/93, Slg. 1994, I-4249, Rn. 22 (Houtwipper); Rs. C-41/02, Slg. 2004, I-11375, Rn. 49 ff. (Kommission/Niederlande).

349 EuGH Rs. 52/79, Slg. 1980, 833, 858, Rz. 19 (Debauve).

350 EuGH Rs. 152/78, Slg. 1980, 2299, Rn. 15 ff. (Kommission/Frankreich).

351 „Börse nimmt den Kampf mit den MTF auf“, BZ vom 13.06.2009, S. 17.

352 Richtlinie 2004/30/EG über Märkte für Finanzinstrumente.

MTF bestehen soll. Demnach wäre es also einem Unternehmen, dessen Antrag auf Genehmigung einer Börse trotz Erfüllung aller gesetzlicher Voraussetzungen nur aufgrund einer Ermessensentscheidung der Genehmigungsbehörde abgelehnt wird, problemlos möglich, ein MTF zu betreiben. Dies führt dann aber regelmäßig zu den gleichen Folgen einer Zersplitterung der Liquidität, weil dieses MTF regelmäßig geeignet sein wird, den bestehenden Börsen einen ähnlich großen Marktanteil streitig zu machen wie eine stattdessen genehmigte Börse. Betrachtet man beide Aspekte zusammen, kann die Eröffnung eines Ermessensspielraums bei Erteilung einer Börsengenehmigung nicht mit dem Schutz der Anleger gerechtfertigt werden, weil sie nicht geeignet ist, dieses Ziel zu erreichen.

Anders zu beurteilen ist hingegen die Situation beim Schutzgut der Organisationsgewalt der Länder. Durch eine Regelung, die die Erteilung einer Börsengenehmigung ins Ermessen der Börsenaufsichtsbehörde stellt, bleibt dem Bundesland die Entscheidungsgewalt darüber erhalten, ob durch die Errichtung einer neuen Börse eine weitere Länderanstalt geschaffen wird.

Im Ergebnis ist eine Bedarfsprüfung somit geeignet, das Ziel des Schutzes der Organisationsgewalt der Länder zu erreichen.

(dd) Erforderlichkeit

Als letzter Aspekt ist somit zu untersuchen, ob die Einführung eines Ermessensspielraums bei der Erteilung der Börsengenehmigung auch erforderlich ist, um das Ziel des Schutzes der Organisationsgewalt der Länder zu erreichen, wobei in der Rechtsprechung des EuGH die Prüfung der Erforderlichkeit die Prüfung der Angemessenheit einer Maßnahme mit einschließt[353]. Eine Erforderlichkeit einer Maßnahme ist hiernach dann gegeben, wenn die Maßnahme nicht über das hinausgeht, was zur Erreichung ihrer Ziele erforderlich ist und das gleiche Ergebnis nicht durch weniger einschneidende Regelungen erreicht werden kann.[354] Hierbei soll die Erforderlichkeit selbst dann entfallen, wenn diese weniger einschneidende Regelung das Ziel nicht gleichermaßen vollständig und effektiv verwirklichen kann.[355]

Hierzu ist zunächst einleitend zu bemerken, daß eine Einschränkung des Zugangs von der europäischen Rechtsprechung nicht generell abgelehnt wird.

---

353 Grabitz/Hilf-Randelzhofer/Forsthoff vor Art. 39–55, Rn. 158.

354 EuGH Rs. 205/84, Slg. 1986, 3755, 3802 f., Rz. 27 (Kommission/Deutschland); Rs. 279/80, Slg. 1981, 3305, 3325 f., Rz. 17 und 20 (Webb); Rs. 96/85, Slg. 1986, 1475, 1486, Rz. 14, (Kommission/Frankreich); Rs. C-340/89, Slg. 1991, I-2357, 2383 f., Rz. 15–22 (Vlassopoulou).

355 EuGH Rs. 205/84, Slg. 1986, 3755, 3807 ff., Rz. 27 (Kommission/Deutschland).

So wird etwa zumindest im Gesundheitswesen sogar das weitergehende Mittel einer Bedarfsprüfung als grundsätzlich geeignet angesehen, den Belangen der Mitgliedstaaten zur Durchsetzung zu verhelfen.[356] Jedoch darf nicht übersehen werden, daß gerade im Bereich der Börsen ein Alternative naheliegt, die das Problem eines Eingriffes in die Organisationsgewalt der Länder auf einen Schlag beseitigt: Die privatrechtliche Organisation der Börsen. Wären Börsen wie in den übrigen europäischen Ländern als privatrechtliche Rechtssubjekte ausgestaltet, würde sich auch bei einem Anspruch auf Zulassung der Börse für das Land keinerlei Verpflichtung zur Errichtung einer Anstalt ergeben; seine Organisationsgewalt wäre nicht mehr im geringsten beeinträchtigt. Nun mag man hiergegen zu Recht einwenden, es könne keine Pflicht zur Einführung einer privatrechtlichen Ausgestaltung der Börsen geben, zumal Art. 36 Abs. 1 S. 3 der Finanzmarktrichtlinie[357] deutlich werden läßt, daß die deutsche Ausgestaltung der Börsen europarechtlich nicht zu beanstanden ist und ausdrücklich gebilligt wird. Jedoch geht es im vorliegenden Fall ja auch nicht um einen Zwang zur Änderung der momentan gegebenen börsenrechtlichen Ausgestaltung, sondern lediglich um die Frage, ob einem anderenfalls vorliegenden Anspruch auf Zulassung einer Börse entgegengehalten werden kann, diesem Anspruch stehe die öffentlich-rechtliche Ausgestaltung der Börsen entgegen. Wäre es aber möglich, eine Einschränkung der Grundfreiheiten deshalb zu rechtfertigen, weil man von zwei möglichen Ausgestaltungen die öffentlich-rechtliche wählt, müßte dies als Aufforderung an die Mitgliedstaaten wirken, sich auf diesem Umweg die Möglichkeit zu erhalten, unliebsame Ausprägungen der Grundfreiheiten einzuschränken. Hierbei ist vor allem zu berücksichtigen, daß eine Bejahung eines Anspruchs auf Zulassung einer Börse die öffentlich-rechtliche Ausgestaltung nicht unmöglich macht. Denn zwar hat für gewöhnlich die Organisationsgewalt der jeweiligen Genehmigungsbehörde zur Folge, daß die Errichtung einer öffentlichen Anstalt in ihrem Ermessen liegt.[358] Jedoch wäre es durchaus zulässig, einen Rechtsanspruch auf Erteilung der Genehmigung im Börsengesetz zu verankern. Denn es gibt keinen Grund, warum es dem nur an die Verfassung gebundenen Gesetzgeber nicht möglich sein soll, sich durch eine gesetzliche Anordnung insoweit selbst zu beschränken.[359] Wird dies vom Gesetzgeber nicht gewollt, kann das Börsenwesen

356 EuGH EuZW 2009, 298, 300, Rn. 64 ff. (Hartlauer/Wiener Landesregierung).

357 RL 2004/39/EG über Märkte für Finanzinstrumente.

358 Schwark-Beck § 4 BörsG, Rn. 4; Hopt/Baum Börsenrechtsreform, S. 405; Schäfer-Peterhoff § 1, Rn. 1; Segna ZBB 1999, 144, 146.

359 Segna ZBB 1999, 144, 147.

privatrechtlich ausgestaltet werden, und die Länder müssen keine Beschneidung ihrer Organisationsgewalt hinnehmen.

Daher ist im Ergebnis die Eröffnung eines Ermessensspielraums für die Börsenaufsichtsbehörde bei der Erteilung der Börsengenehmigung nicht erforderlich, um das Ziel des Schutzes der Organisationsgewalt der Länder zu erreichen. Rechtfertigungsgründe für die mit der Einräumung eines Ermessensspielraums einhergehende Einschränkung der Niederlassungsfreiheit liegen nicht vor. Vielmehr folgt aus den europarechtlichen Regelungen ein Anspruch auf Erteilung einer Börsengenehmigung für den Fall, daß die in § 4 Abs. 2 S. 2 BörsG aufgelisteten Voraussetzungen erfüllt sind.

(6) Anspruch auch für Inländer

Jedoch ist zu berücksichtigen, daß dies zunächst nur dann gilt, wenn der Steller des Antrags auf Erteilung einer Börsengenehmigung ein EU-Ausländer ist. Die zu untersuchende Frage ist aber vorliegend, ob die Regelung, wonach die Erteilung der Genehmigung auf einer Ermessensentscheidung der Börsenaufsichtsbehörde beruht, dafür sorgt, daß die Nachfolgefähigkeit der Börsengenehmigung ausgeschlossen ist. Dies wäre aber nur dann nicht der Fall, wenn ein Anspruch auf Erteilung der Genehmigung auch für inländische Antragsteller gegeben wäre, welche die gesetzlichen Voraussetzungen zum Betrieb einer Börse erfüllen. Entscheidend ist also, ob sich der Anspruch auf eine Börsengenehmigung, der sich aus den vorstehend dargelegten europarechtlichen Erwägungen für EU-Ausländer ergibt, auch auf Inländer übertragen läßt.

Mithin ist zu untersuchen, wie weit der Anwendungsbereich der europäischen Grundfreiheiten reicht. Dabei kommt die Einbeziehung eines inländischen Antragstellers in den Schutzbereich der Grundfreiheiten unter zwei Aspekten in Betracht. Zum einen könnte eine Anwendung der Grundfreiheiten generell auch auf rein innerstaatliche Sachverhalte geboten sein, um eine Diskriminierung der Inländer gegenüber Antragstellern aus anderen EU-Staaten zu verhindern. Sollte eine solche Ausweitung des sachlichen Anwendungsbereiches nicht möglich sein, könnte zum anderen die Antragstellung eines Inländers gleichwohl deshalb dem europäischen Recht unterfallen, weil sie bei einer Börsengenehmigung einen grenzüberschreitenden Bezug aufweist.

(a) Einbeziehung von rein innerstaatlichen Sachverhalten in den sachlichen Anwendungsbereich

Nach ständiger Rechtsprechung des EuGH sollen die Grundfreiheiten dann keine Anwendung finden, wenn es sich um einen innerstaatlichen Sachverhalt handelt, wenn also kein beachtlicher grenzüberschreitender Aspekt besteht.[360] Diese Auffassung wird von der überwiegenden Meinung in der Literatur geteilt,[361] weil sich die in den Verträgen garantierten Freiheiten nur auf Sachverhalte bezögen, bei denen Kapital, Waren oder Personen zwischen den Mitgliedstaaten ausgetauscht würden.[362] Die Regelung rein interner Sachverhalte falle dagegen in den ausschließlichen Zuständigkeitsbereich der einzelnen Mitgliedstaaten.[363]

Demgegenüber wird die Auffassung vertreten, aus der Formulierung des Art. 26 Abs. 2 AEUV, wonach der Binnenmarkt einen „Raum ohne Binnengrenzen“ umfasse, lasse sich ein gegenteiliges Ergebnis ableiten. Denn da dieses im Jahre 1987 eingeführte Binnenmarktkonzept das Ziel eines grenzenlosen Marktes beinhalte, dürfte eine Grenzüberschreitung für die Anwendbarkeit der gemeinschaftsrechtlichen Bestimmungen keine Rolle mehr spielen.[364]

Eine solche Konsequenz jedoch alleine aus der Formulierung des Art. 26 Abs. 2 AEUV herzuleiten, ist nicht zwingend.[365] Dies gilt um so mehr, als die Formulierung des Art. 49 Abs. 1 S. 1 AEUV, der von der „Niederlassung von Staatsangehörigen eines Mitgliedstaats im Hoheitsgebiet eines anderen Mitgliedstaats“ spricht, insoweit eindeutig ist.[366] Doch auch wenn es keine europarechtliche Regelung gibt, die eine Ausdehnung der Grundfreiheiten auf Inländer gebietet, spricht einiges dafür, daß eine solche Ausdehnung geboten ist, weil eine Inländerdiskriminierung verfassungsrechtlich unzulässig ist, indem insoweit ein Verstoß gegen Art. 3 Abs. 1 GG vorliegt.[367]

---

360 EuGH Rs. 355/85, Slg. 1986, 3231, Rn. 10 (Cognet); Rs. 168/86, Slg. 1987, 995, Rn. 7 (Rousseau); Rs. 20/87, Slg. 1987, 4879 (Gauchard); Rs. 204/87; Slg. 1988, 2029 (Bekaert).

361 Callies/Ruffert-Bröhmer Art. 43, Rn. 6; Grabitz/Hilf-Randelzhofer/Forsthoff vor Art. 39–55, Rn. 44 f. und Art. 43 Rn. 65; von der Groeben/Schwarze-Wölker/Grill Art. 39, Rn. 11; von der Groeben/Schwarze-Zuleeg Art. 12, Rn. 14; Knobbe-Keuk DB 1990, 2573, 2577; Becker EuR 1994, 162, 170 f.; Kleier RIW 1988, 623, 627f.; König AöR 1993, 591, 594 ff.; Schöne RIW 1989, 450, 451 f.; Weis NJW 1983, 2721, 2723.

362 König AöR 1993, 591, 597.

363 Callies/Ruffert-Bröhmer, Art. 43, Rn. 6; König AöR 1993, 591, 598; ähnlich: von der Groeben/Schwarze-Wölker/Grill Art. 39, Rn. 11.

364 Callies/Ruffert-Epiney Art. 12, Rn. 34; Epiney, Umgekehrte Diskriminierungen, S. 215 ff.

365 Dagegen auch ausdrücklich: Grabitz/Hilf-Randelzhofer/Forsthoff vor Art. 39–55, Rn. 45.

366 Lackhoff, S. 73 ff.

367 Callies/Ruffert-Bröhmer Art. 43, Rn. 10; von der Groeben/Schwarze-Wölker/Grill Art. 39, Rn. 11; Kleier RIW 1988, 623, 628 ff.

Eine Auseinandersetzung mit dieser sehr umstrittenen Frage ist indes dann entbehrlich, wenn auch in den Fällen, in denen ein Inländer einen Antrag auf Erteilung einer Börsengenehmigung stellt, nach Maßgabe der Rechtsprechung des EuGH ein Sachverhalt vorliegt, der einen beachtlichen grenzüberschreitenden Aspekt enthält.

(b) Einbeziehung von Inländern wegen grenzüberschreitender Aspekte des Antrags auf Erteilung einer Börsengenehmigung

Ein solcher grenzüberschreitender Aspekt kommt deshalb in Betracht, weil dies nicht nur dann gegeben sein kann, wenn der von der Einschränkung der Grundfreiheiten Betroffene ein EU-Ausländer ist. Vielmehr wird dieses Kriterium von der europäischen Rechtsprechung inzwischen sehr großzügig gehandhabt,[368] so daß auch ein indirekter Anknüpfungspunkt oft als ausreichend betrachtet wird. So wurde beispielsweise sowohl das regelmäßige geschäftliche Reisen in andere Mitgliedstaaten[369] als auch die Frage der Abzugsfähigkeit von Unterhaltsleistungen an eine im EU-Ausland wohnende Ex-Ehefrau im Rahmen der Steuererklärung[370] als ausreichender grenzüberschreitender Aspekt angesehen.

Im Falle des Antrags auf Erteilung einer Börsengenehmigung muß man zwar zunächst von einem reinen innerstaatlichen Sachverhalt ausgehen, wenn man alleine auf die Genehmigungserteilung durch die örtliche Börsenaufsichtsbehörde abstellt. Jedoch ist eine der Folgen der Genehmigung die Erlaubnis zum Betreiben einer Börse,[371] also die Ermöglichung der Erbringung von Börsendienstleistungen. In diesem Zusammenhang kommt nun aus zwei Gründen die generelle Annahme eines grenzüberschreitenden Sachverhaltes in Betracht. Zum einen ist zu bedenken, daß sich eine Börse mit ihrem Angebot von Dienstleistungen nicht nur an inländische Börsenhändler und Emittenten richtet. Vielmehr kommt regelmäßig ein erheblicher Anteil der Handelsteilnehmer und Emittenten aus dem Ausland, der größte Teil hiervon aus EU-Staaten.[372] Dabei erfolgt seit der Einführung des

368 Callies/Ruffert-Epiney Art. 12, Rn. 31; von der Groeben/Schwarze-Wölker/Grill Art. 39, Rn. 12.

369 EuGH, Rs. C-60/00, Slg. 2002, I-6279, Rn. 31 ff. (Carpenter).

370 EuGH, Rs. C-403/03, Slg. 2005, I-6421 (Schempp).

371 Baumbach/Hopt-Hopt § 4 BörsG, Rn. 1.

372 So kamen im August 2009 von den 248 Handelsteilnehmern der Frankfurter Wertpapierbörse 131 aus dem Ausland, davon 116 aus EU-Staaten. Von 10.144 an der FWB notierten Aktiengesellschaften kamen 9.113 aus dem Ausland, Quellen: http://deutsche-boerse.com/dbag/dispatch/de/xetraCountries/gdb_navigation/about_us/20_FWB_Frankfurt_Stock_Exchange/50_Market_Participants/40_Xet

vollelektronischen Handels eine Teilnahme oft im Wege einer „remote Membership“, d. h. die Handelsteilnehmer nehmen direkt von ihrem Heimatland aus ohne eine physische Präsenz in Deutschland am Börsenhandel teil.[373] Die Nichterteilung der Börsengenehmigung hindert den potentiellen Börsenbetreiber somit an der Erbringung von grenzüberschreitenden Börsendienstleistungen.

Ebenso ist eine Beschränkung der Dienstleistungsfreiheit der ausländischen Handelsteilnehmer gegeben. Denn gem. § 19 Abs. 4 S. 1 BörsG ist eine Zulassung zum Handel an der Börse zu erteilen, sofern der Handelsteilnehmer die im Börsengesetz aufgezählten sowie die eventuell zusätzlich in der Börsenordnung geregelten Voraussetzungen erfüllt. Insofern steht es also nicht im Belieben einer Börse, ob sie einen Handelsteilnehmer zuläßt, vielmehr besteht ein gesetzlicher Anspruch auf Zulassung. Verweigert die Börsenaufsichtsbehörde nun im Rahmen einer Ermessensentscheidung einem potentiellen Börsenbetreiber die Genehmigung, wird hierdurch die Zahl der Wertpapierbörsen eingeschränkt. Damit beschränkt sie auch die Möglichkeiten der ausländischen Handelsteilnehmer, Dienstleistungen innerhalb des deutschen Marktes anzubieten. Dann stellt aber nicht nur die Nichterteilung einer Börsengenehmigung einen Eingriff in die Dienstleistungsfreiheit gem. Art. 56 Abs. 1 AEUV dar, vielmehr liegt schon in der Verkürzung eines Anspruchs auf Erteilung der Börsengenehmigung in einen Anspruch auf ermessensfehlerfreie Entscheidung ein Verstoß. Es spricht einiges dafür, daß dieser Verstoß gegen die Dienstleistungsfreiheit auch von einem potentiellen Börsenträger geltend gemacht werden kann. Denn nach der Rechtsprechung des EuGH können sich in manchen Fällen die durch die Freiheit verliehenen Rechte auf weitere Personen erstrecken, für die der personelle Anwendungsbereich insoweit sonst nicht eröffnet wäre.[374] So wurde es beispielsweise im Rahmen solcher sog. Korrelarrechte einem Gastwirt gestattet, sich auf die Freizügigkeit seines Gastes zu berufen,[375] bzw. einem Arbeitgeber, die Arbeitnehmerfreizügigkeit geltend zu machen[376].

Da sich bezüglich einer möglichen Rechtfertigung keine anderen Aspekte als bei ausländischen Börsenträgern ergeben, bleibt im Ergebnis somit festzustellen, daß das Festhalten an einem Ermessensspielraum der Börsenaufsichtsbehörde bei Erteilung einer Börsengenehmigung auch gegenüber einem potentiellen

---

ra_Countries?list=countries und Cash Market: Monthly Statistics – August 2009, S. 40.

373 Schwark-Beck § 3 BörsG, Rn. 76.

374 Grabitz/Hilf-Randelzhofer/Forsthoff vor Art. 39 – 55, Rn. 39 ff.

375 EuGH, Rs. 118/75, Slg. 1976, 1185, 1199 (Watson).

376 EuGH, Rs. C-350/96, Slg. 1998, I-2521 (Clean Car).

inländischen Börsenbetreiber durch Verkürzung eines Anspruchs auf Genehmigung zu einem Anspruch auf ermessensfehlerfreie Entscheidung einen nicht zu rechtfertigenden Verstoß gegen die Dienstleistungsfreiheit sowohl des potentiellen Börsenträgers als auch möglicher Handelsteilnehmer an der Börse darstellt. Im Lichte der europarechtlichen Regelungen ist § 4 Abs. 2 S. 2 BörsG daher so auszulegen, daß einem Antragsteller die Erlaubnis zum Betrieb einer Börse zu gewähren ist, falls er die im Gesetz aufgelisteten Anforderungen erfüllt.

Hieraus ergibt sich schließlich aber auch, daß die Börsenaufsichtsbehörde bei der Erteilung einer Börsengenehmigung kein Ermessen hat, welches die Börsengenehmigung zu einer personenbezogenen Berechtigung machen könnte. Weiterhin wurde bereits festgestellt,[377] daß von den Anforderungen, die das Börsengesetz an den Inhaber einer Börsengenehmigung stellt, keine geeignet ist, die Börsengenehmigung zu einer personenbezogenen Berechtigung zu machen. Daher steht dem Übergang einer Genehmigung zum Betreiben einer Börse im Wege der Gesamtrechtsnachfolge nichts entgegen.[378] Vielmehr geht die Börsengenehmigung bei einer Verschmelzung zweier Börsenträger auf den aufnehmenden bzw. neu gegründeten Rechtsträger über. Diese Tatsache kann die Verschmelzung von Trägergesellschaften zukünftig zu einem optimalen Weg machen, um Kooperationen auf Ebene der Börsenträger zu verwirklichen und gleichzeitig den Bestand der Börse nicht zu gefährden.

Sollten sich im Rahmen der Verschmelzung die tatsächlichen Umstände insoweit ändern, daß die Voraussetzungen für eine Genehmigungserteilung nicht mehr vorliegen, bleibt es der Börsenaufsichtsbehörde natürlich unbenommen, im Rahmen des § 4 Abs. 5 S. 1 BörsG die Börsengenehmigung nachträglich aufzuheben.

6. Auswirkungen des Wegfalls der Börsengenehmigung

Freilich ist es nicht von vorneherein in allen Fällen möglich, die Börsengenehmigung im Wege der Verschmelzung auf einen neuen Träger zu übertragen. Vielmehr wird es regelmäßig auch zu gesellschaftlichen Umstrukturierungen kommen, die zu einem Wegfall der Börsengenehmigung führen mögen. Es fragt sich mithin, welche Auswirkungen dies hat. Insbesondere ist hierbei zu untersuchen, inwieweit die Börsenaufsichtsbehörde der oft ungewollten Folge des

377 C. I. 5. b) aa).

378 A. A. jedoch die bisher einhellige Auffassung in der Literatur: Posegga NJW 2002, 2402, 2405 f.; Schwark-Beck § 4 Rn. 32; Christoph, Börsenkooperationen und Börsenfusionen, 196 ff.

Wegfalls der Genehmigung entgegenwirken kann, insbesondere, ob eine Börsengenehmigung auf einen anderen Börsenträger übergeleitet werden kann. Ferner ist zu prüfen, was geschieht, wenn ein Börsenträger wegfällt und so die Situation entsteht, daß eine Börse ohne Träger zurückbleibt.

a) Überleitung der Genehmigung

Im Rahmen von Kooperationen auf Ebene der Börsenträger kommt es regelmäßig zu gesellschaftlichen Umstrukturierungen. Oft führt dies dazu, daß für eine Börse nicht mehr der ursprüngliche Träger verantwortlich sein soll, sondern eine neu geschaffene Gesellschaft. Dies führt direkt zur Frage, ob die Börsengenehmigung auf die neue Gesellschaft übertragen werden kann oder ob für die neue Gesellschaft eine Neugenehmigung notwendig ist. Denn im Unterschied zum vorstehend angesprochenen Fall einer Verschmelzung gibt es mitunter Situationen, in denen es an der Möglichkeit einer Übertragung der Börsengenehmigung im Wege der Gesamtrechtsfolge fehlt. Ob auch in solchen Fällen Möglichkeiten bereitstehen, den Wegfall der ursprünglichen Genehmigung zu verhindern, soll im folgenden untersucht werden.

Die praktische Relevanz dieser Frage ist groß. Denn zum einen ist ein neues Genehmigungsverfahren aufwendig; zum anderen ist nicht unwahrscheinlich, daß gerade die Börsenaufsichtsbehörden, die einen Bedeutungsverlust des regionalen Finanzplatzes fürchten, einem Kooperationsvorhaben skeptisch gegenüberstehen.

Ob es rechtlich zulässig ist, die Börsengenehmigung auf eine neue, mit der ursprünglichen Gesellschaft nicht rechtsidentische Gesellschaft „überzuleiten“, ohne daß eine Neugenehmigung notwendig ist, ist umstritten und wird in der Literatur häufig angezweifelt.[379] Als Hauptargument wird hierbei vor allem ausgeführt, die Möglichkeit der konstitutiven Überleitungsverfügung einer höchstpersönlichen Genehmigung ohne ausdrückliche Bestimmung sei dem allgemeinen Verwaltungsrecht unbekannt.[380]

In der Praxis bestehen gegen ein solches Vorgehen weit weniger Bedenken. Beispielsweise wurde so verfahren, als die Industrie- und Handelskammer Frankfurt im Jahre 1991 als Trägerin der Frankfurter Wertpapierbörse durch

379 Schwark-Beck § 4 BörsG Rn. 35; Christoph, Börsenkooperationen und Börsenfusionen, S. 199; Posegga NJW 2002, 2402, 2406.

380 Christoph, Börsenkooperationen und Börsenfusionen, S. 199.

die Deutsche Börse AG ersetzt wurde.[381] Teilweise wird diese Vorgehensweise auch in der Literatur als zulässig erachtet,[382] wobei § 1 Abs. 1 S. 1 BörsG a. F. als entsprechend anwendbare Ermächtigungsgrundlage angesehen wird, um dem bisherigen Börsenträger die Trägerschaft zu entziehen und gleichzeitig einer anderen Person aufzutragen, die Börse in Zukunft zu unterhalten.[383]

Unstreitig ist jedenfalls, daß eine Überleitung zwingend die Mitwirkung der Börsenaufsichtsbehörde erfordert.[384] Denn zwar ist, wie bereits[385] dargelegt wurde, im Rahmen einer Verschmelzung ein Übergang der Genehmigung auch ohne Zustimmung der Börsenaufsichtsbehörde möglich. Dies liegt jedoch daran, daß bei der Verschmelzung ein Nachfolgetatbestand durch die Gesamtrechtsnachfolge der aufnehmenden oder neu gegründeten Gesellschaft vorliegt. Sofern keine solche Gesamtrechtsnachfolge vorliegt, besteht auch die Möglichkeit des Übergangs einer Genehmigung im Wege der Einzelrechtsnachfolge, sofern das Gesetz dies vorsieht.[386] Bei der Börsengenehmigung kommen als Grundlage für eine solche Rechtsnachfolge aber nur die Regelungen der Erteilung der Genehmigung vor, die jedoch immer die Mitwirkung der Börsenaufsichtsbehörde erfordern. Liegt von deren Seite eine „Überleitungsverfügung" vor, muß eine Übertragung der Börsenträgerschaft auf einen neuen Börsenträger entgegen der in der Literatur geäußerten Kritik möglich sein.[387] Denn wenn die für die Erteilung zuständige Behörde deutlich macht, daß der Eintritt eines neuen Börsenträgers im Wege der Gesamtrechtsnachfolge befürwortet wird, ist nicht ersichtlich, welche Norm es erfordern könnte, daß statt einer Überleitung der Genehmigung die Börsenaufsichtsbehörde eine neue Genehmigung erteilen müßte. Vor allem muß berücksichtigt werden, daß eine Überleitung nichts anderes darstellt als einen Wegfall der Genehmigung des alten Börsenträgers verbunden mit der Erteilung der Genehmigung an den neuen Börsenträger. Sowohl für den Wegfall der Genehmigung als auch für die Erteilung der neuen Genehmigung ist aber die

---

381 Kümpel, Bank- und Kapitalmarktrecht, 3. A., S. 1994; Schneider/Burgard WM 2000, Sonderbeilage Nr. 3, 24, 27.

382 Breitkreuz, Die Ordnung der Börse, S. 184; Kümpel, Bank- und Kapitalmarktrecht, 2. A., 1994; Laule FS Heinsius, 437, 455.

383 Breitkreuz, Die Ordnung der Börse, S. 184.

384 Breitkreuz, Die Ordnung der Börse, S. 184; Kümpel, Bank- und Kapitalmarktrecht, 2. A., 1994.

385 Siehe oben 5.

386 Waldhoff JuS 2007, 274.

387 Im Ergebnis ebenso Breitkreuz, Die Ordnung der Börse, S. 184; Kümpel, Bank- und Kapitalmarktrecht, 2. A., 1994.

Börsenaufsichtsbehörde zuständig. Wieso eine solche Entscheidung dann aber nicht auch in einem einzigen Verwaltungsakt ergehen darf, dessen Adressaten dann der alte und der neue Börsenträger sind, ist nicht zu begründen. Auch muß berücksichtigt werden, daß die Überleitung einer Trägerschaft eine Vorgehensweise ist, die im Verwaltungsrecht durchaus bekannt ist. So regelt beispielsweise § 80 Abs. 1 SchulG die Übertragung der Schulträgerschaft für eine bestehende Schule auf einen anderen Schulträger durch die Schulbehörde.

Gegen all dies kann auch nicht das Argument durchschlagen, eine Überleitung der Börsengenehmigung sei im Börsengesetz weder erwähnt, geschweige denn geregelt. Auch wenn im Börsengesetz eine Überleitung der Trägerschaft nicht ausdrücklich vorgesehen ist, ergibt sich doch eine solche Möglichkeit aus dem Gesamtzusammenhang des Börsengesetzes. Denn zunächst wird die Börse als Anstalt des öffentlichen Rechts von dem jeweiligen Bundesland errichtet. Zwar ist nach dem Wortlaut von § 5 Abs. 1 S. 1 BörsG mit Erteilung der Börsengenehmigung der Träger der Börse „zu deren Errichtung (…) berechtigt und verpflichtet". Hierbei handelt es sich jedoch um eine ungenaue Formulierung des Gesetzgebers, der in dieser Regelung nicht sauber zwischen Errichtung und Einrichtung der Anstalt unterscheidet. Natürlich ist der Börsenträger verpflichtet, die Börse durch das Zurverfügungstellen der erforderlichen finanziellen, personellen und sachlichen Mittel einzurichten und somit für ihre tatsächliche Handlungsfähigkeit zu sorgen. Hiervon ist jedoch die Errichtung der Börse als Anstalt des öffentlichen Rechts zu trennen. Eine solche Errichtung kann nicht von einer privatrechtlichen Kapitalgesellschaft vorgenommen werden. Vielmehr folgt nicht nur aus dem Wesen der Börse als Anstalt des öffentlichen Rechts sondern auch aus der Gesetzesbegründung[388], daß die Börse aufgrund einer nach § 4 BörsG erteilten Erlaubnis durch einen Akt der zuständigen (Landes)Börsenaufsichtsbehörde errichtet wird,[389] die Genehmigung also insoweit der konstitutive Rechtsakt für die Entstehung einer Börse ist.[390] Hierfür spricht zudem, daß die Börsenaufsichtsbehörde gem. § 12 Abs. 5 BörsG mit der Genehmigung einer neuen Börse einen vorläufigen Börsenrat bestellt, weil nur schwer nachzuvollziehen ist, wieso eine solche Aufgabe der Börsenaufsichtsbehörde zufallen sollte, wenn das Land überhaupt nicht die Errichtung der Anstalt übernimmt. Ist nun aber geklärt, daß es das jeweilige Bundesland ist, das die Börse als Anstalt errichtet, zeigt sich, daß es auch eine Möglichkeit geben muß, wie die Trägerschaft der

388 BT-Drs. 14/8017 S. 72.

389 Hammen WM 2007, 1297, 1301, Christoph, Börsenkooperationen und Börsenfusionen, S. 171.

390 Schwark-Beck § 4 BörsG Rn. 5.

Börse vom errichtenden Land auf den Börsenträger übertragen werden kann. Wenn eine solche Übertragung der Börsenträgerschaft im Rahmen der Errichtung einer Börse möglich ist, so ist kein Grund ersichtlich, wieso diese Möglichkeit zu einem späteren Zeitpunkt wieder verlorengehen soll.

Aus alldem ergibt sich deshalb, daß es gegen die Möglichkeit einer Überleitung einer Börsengenehmigung für den Fall, daß hierüber zwischen altem und neuem Börsenträger sowie der Börsenaufsichtsbehörde Einvernehmen besteht, keine durchgreifende Bedenken gibt. Da eine Überleitung der Genehmigung durch die Börsenaufsichtsbehörde die Erteilung der Genehmigung an den neuen Börsenträger mitumfaßt, ist es der Börsenaufsichtsbehörde, entgegen kritischen Stimmen hiergegen,[391] auch möglich, im Rahmen der Überleitung zu prüfen, ob der neue Börsenträger den Anforderungen des § 4 Abs. 2 BörsG gerecht wird.[392]

b) Existenz der Börse ohne Träger

Fraglich ist weiterhin, was geschieht, wenn es nicht zu einer Überleitung der Genehmigung kommt und der ursprüngliche Träger der Börsengenehmigung wegfällt. Als ein Beispiel mag hier die Auflösung einer Börsenträgergesellschaft dienen. Eindeutig sind in diesem Fall die Folgen der Auflösung für die Börsengenehmigung: Da kein Nachfolgetatbestand gegeben ist, geht sie mit dem Wegfall der berechtigten Person unter, ohne daß es eines weiteren Handelns der Behörde bedürfte.[393] Hierdurch ist aber noch nicht entschieden, welche Auswirkungen dieser Wegfall der Genehmigung auf den Bestand der Börse hat. Hierzu wird mehrheitlich die Auffassung vertreten, die Börse sei unabdingbar vom Bestand der Trägergesellschaft abhängig, verliere durch deren Auflösung ihre Existenz und gehe samt aller ihrer Organe und Rechtsbeziehungen unter.[394] Dies wird von manchen mit dem Argument begründet, die Börse sei wegen mangelnder Vollrechtsfähigkeit auf ihren Träger zwingend angewiesen und könne daher ohne ihn nicht existieren.[395] Zwar ist dieser Auffassung zuzugestehen, daß eine Börse jedenfalls auf Dauer faktisch nicht ohne einen Börsenträger existieren kann.

---

391 Schwark-Beck § 4 BörsG Rn. 35.

392 Ebenso: Breitkreuz, Die Ordnung der Börse, S. 184; Christoph, Börsenkooperationen und Börsenfusionen, S. 199.

393 Schwark-Beck § 4 BörsG Rn. 32; Christoph, Börsenkooperationen und Börsenfusionen, S. 199; Posegga NJW 2002, 2402, 2406.

394 Schwark-Beck § 4 BörsG Rn. 36; Christoph, Börsenkooperationen und Börsenfusionen, S. 196; Posegga NJW 2002, 2402, 2406; Schneider/Burgard WM 2000, Sonderbeilage Nr. 3, 24, 27 f.; a. A. Laule FS Heinsius, S. 437, 445.

395 Christoph, Börsenkooperationen und Börsenfusionen, S. 196.

Hieraus folgt freilich keineswegs automatisch die Auflösung der Börse durch den Wegfall der Trägergesellschaft. Denn es darf nicht vergessen werden, daß es sich bei der Börse um eine Anstalt des öffentlichen Rechts handelt. Und wie bereits dargestellt wurde, ergibt sich hieraus auch, daß es das Land und nicht der Börsenträger ist, der die öffentlich-rechtliche Anstalt Börse errichtet. Ist die öffentlich-rechtliche Anstalt Börse nun errichtet worden, kann es einem Börsenträger aber ebensowenig möglich sein, diese von sich aus wieder aufzuheben, weil ihre Existenz seinem Zugriff eben entzogen ist.[396] Dann bedeutet dies in letzter Konsequenz aber auch, daß ihm nicht möglich sein kann, durch die eigene Auflösung die Auflösung der öffentlich-rechtlichen Anstalt herbeizuführen. Denn dem Börsenträger fehlt die Befugnis zur Auflösung einer Anstalt des jeweiligen Bundeslandes. Für die Auflösung als actus contrarius der Errichtung der Börse ist vielmehr mangels einer anderen ausdrücklichen Regelung das Land zuständig.[397] Dies folgt auch daraus, daß eine juristische Person des öffentlichen Rechts – also auch eine Börsenanstalt – nur durch Gesetz oder aufgrund eines Gesetzes errichtet werden kann, was dann ebenso für den entgegengesetzten Akt der Auflösung notwendig ist.[398] Für rechtsfähige Anstalten findet sich hierfür sogar eine Ausdrückliche Regelung in § 43 Abs. 1 des allgemeinen Verwaltungsgesetzes für das Land Schleswig-Holstein.

Dies ist auch die einzige Lösung, die mit dem dualen System der Börsen vereinbar erscheint. Denn da die Börse öffentlich-rechtlich ausgestaltet ist, bedarf es zwingend einer öffentlich-rechtlichen Handlungsform, um in ihren Bestand einzugreifen. Ein rein privatrechtlicher Akt des Börsenträgers kann sich auf dieser Ebene nicht auswirken. Aus alledem ist also zu folgern, daß der Wegfall des Börsenträgers auf den Bestand der Börse keine Auswirkungen hat.[399]

Nun ist jedoch zu bedenken, daß es sich bei einer öffentlich-rechtlichen Anstalt nach der inzwischen wohl unstreitigen klassischen Definition von Otto Mayer um „einen Bestand von sächlichen und persönlichen Mitteln (*handelt*), welcher in der Hand eines Trägers öffentlicher Verwaltung einem besonderen öffentlichen Zweck dauernd zu dienen bestimmt ist“[400]. Hiernach erfordert also eine Anstalt des öffentlichen Rechts zwingend einen Träger. Autark existieren kann sie nicht. Berücksichtigt man demnach, daß die Börse einerseits weiterexistiert und sie andererseits stets eines Trägers bedarf, ergibt sich somit, daß bei

396 Christoph, Börsenkooperationen und Börsenfusionen, S. 271.
397 So ausdrücklich für eine mögliche Verschmelzung Hammen Konzern 2008, 269, 271.
398 Rümker FS Steindorff, S. 449, 456.
399 Ähnlich auch Laule FS Heinsius, S. 437, 445.
400 Mayer, Deutsches Verwaltungsrecht II, S. 268.

Wegfall des ursprünglichen Börsenträgers die Trägerschaft automatisch an das jeweilige Bundesland als Errichtungskörperschaft fällt.

Da es freilich nicht dem Interesse des Landes entspricht, selbst die Börse zu betreiben, bleiben ihm in der Praxis nur zwei Alternativen. Zum einen kann es die Börsengenehmigung auf eine privatrechtliche juristische Person übertragen, die bereit ist, die existierende Börse weiterzuführen. Daß einer solchen Überleitung der Genehmigung keine Bedenken entgegenstehen, wurde bereits dargelegt.[401] Alternativ bleibt dem Land natürlich die Möglichkeit, die öffentlich-rechtliche Anstalt Börse aufzulösen. Insoweit bedarf es aber – wie eben erwähnt – ebenso wie für die Errichtung einer gesetzlichen Grundlage.[402]

In der alten Fassung des Börsengesetzes gab es für die Aufhebung einer bestehenden Börse eine klare Regelung in § 1 Abs. 1 S. 2. Demnach war die Börsenaufsichtsbehörde „befugt, die Aufhebung bestehender Börsen anzuordnen". Fraglich ist, ob auch das geltende Börsengesetz eine hinreichende gesetzliche Grundlage zur Aufhebung der Börsenanstalten bietet. Zwar ist in § 4 Abs. 5 BörsG geregelt, unter welchen Umständen eine Börsengenehmigung aufgehoben werden kann. Da aber – wie gezeigt – selbst die Auflösung des Börsenträgers nicht automatisch zur Auflösung der Börse führt, kann auch der Wegfall der Genehmigung am Bestand der öffentlich-rechtlichen Anstalt Börse nichts ändern. Eine dem § 1 Abs. 1 S. 2 BörsG a. F. entsprechende Regelung sucht man im geltenden Börsengesetz vergeblich. Allerdings findet sich weder im neuen Gesetz noch in der Gesetzesbegründung ein Hinweis darauf, daß der Gesetzgeber durch den Wegfall der alten Norm eine Änderung der Rechtslage beabsichtigt hat. Vielmehr scheint es so zu sein, daß in der neuen Fassung der Fokus auf das wegen der Beeinträchtigung der Interessen des Börsenträgers viel konfliktträchtigere Problem der Aufhebung der Börsenerlaubnis gerichtet worden ist, welches nach dem früher geltendem Recht nicht ausdrücklich geregelt war, vielmehr über die Regelung des § 1 Abs. 1 S. 2 BörsG a. F. gelöst wurde. Daß durch die Regelung über die Aufhebung der Börsenerlaubnis noch nichts über die Aufhebung der Börse gesagt ist, scheint – vielleicht auch wegen des Umstands, daß in der Literatur häufig ein automatisches Erlöschen der Börse ohne Träger angenommen wird – also einer Ungenauigkeit des Gesetzgebers geschuldet, nicht jedoch dem Willen zur Streichung einer Rechtsgrundlage. Daß es trotz fehlender ausdrücklicher Gesetzesregelung auch keine verfassungsrechtlichen Bedenken gegen die Befugnis des Landes zur Auflösung einer Börse gibt, folgt aus der Natur der Auflösung als actus contrarius zur Errichtung der

401 Oben unter 6. a).

402 Rümker FS Steindorff, S. 449, 456.

Börse. Denn für letzteres bietet das Börsengesetz in § 5 Abs. 1 S. 1 BörsG eine gesetzliche Grundlage, so daß das Land auch zur Aufhebung der Börse befugt sein muß. Mithin bleibt es dem Land überlassen, ob es die Trägerschaft an einer Börse, deren ursprünglicher Träger weggefallen ist, auf einen neuen Träger überleitet oder ob es diese Börse auflöst.

7. Absprachen auf Trägerebene bezüglich der Spezialisierung einzelner Börsenanstalten

In der Praxis taucht in engem Zusammenhang mit der Konzernierung des Börsenträgers oft ein weiteres Problem auf. In vielen Fällen soll nicht nur ein einzelner Börsenträger in einen Konzern integriert werden, sondern die Obergesellschaft will gerade dadurch Synergieeffekte erzielen und ihre Effektivität verbessern, daß sie mehrere Börsenträger bzw. ausländische Börsen in den Konzern eingliedert. Handelt nun aber jede dieser Börsen mit denselben Wertpapieren, ist das für den Konzern unwirtschaftlich, weil sich die Börsen Konkurrenz machen und gegenseitig Liquidität abziehen. Vielmehr wäre es für das Konzerninteresse am sinnvollsten, wenn sich jede der dem Konzern angeschlossenen Börsen auf einen bestimmten Geschäftsbereich beschränken würde und die Liquidität in diesen Wertpapieren jeweils an einer der Börsen konzentriert wird. Diese Überlegungen spielten auch bei der geplanten Kooperation der Frankfurter Wertpapierbörse und der London Stock Exchange beim Projekt iX eine erhebliche Rolle.[403] Hier war beabsichtigt, nach der Einbindung der beiden Börsen in den neu entstehenden Konzern den Handel in europäischen Standardwerten an die London Stock Exchange (LSE) zu überführen und im Gegenzug an der Frankfurter Wertpapierbörse (FWB) einen europaweiten Markt für Wachstumswerte zu schaffen. So bestechend ein solcher Plan in wirtschaftlicher Hinsicht anmutet, so fraglich ist doch, ob ein solches Vorgehen zulässig ist oder ob sich hier rechtliche Barrieren auftun. Denn auch wenn eine solche Aufteilung von Geschäftsfeldern börsenübergreifend betrachtet positive Folgen hat, so erfordert sie zunächst, daß jede Börse einen nicht unerheblichen Teil ihres Geschäftsbereiches aufgibt. Zwar erhält sie hierfür im Gegenzug ein erhöhtes Geschäftsaufkommen in dem ihr verbleibenden Kernbereich. Allerdings wird zum fraglichen Zeitpunkt oft kaum absehbar sein, ob sich Nachteile und Vorteile wenigstens die Waage halten. Als Beispiel sei wiederum das Projekt iX aufgeführt: Es mag dahinstehen, ob aus der Sicht zum Zeitpunkt der Verhandlungen über eine Zusammenarbeit der FWB und der LSE ein Verzicht auf den Handel in den europäischen Standardwerten

403 Siehe oben B. 2.

zugunsten eines europaweiten Marktes für Wachstumswerte für die FWB wirtschaftlich sinnvoll war. Jedenfalls aus der heutigen Sicht nach dem Zusammenbruch des neuen Marktes und dem Platzen der sogenannten Dotcom-Blase kann kaum ernsthaft bestritten werden, daß aus einer solchen Aufteilung ausschließlich die Londoner Börse einen Vorteil gezogen hätte.

Andererseits muß natürlich berücksichtigt werden, daß es grundsätzlich erlaubt ist, den Geschäftsbereich einer Börse zu ändern. Dies ist auch notwendig. Selbstredend kann eine Börse nicht für immer daran festgehalten werden, ihren einmal gewählten Geschäftsbereich fortzuführen. Vielmehr muß sie die Möglichkeit haben, auf die sich ändernden tatsächlichen Verhältnisse zu reagieren. Bedenkt man dies, kann die Problemstellung eigentlich nicht lauten, ob auf Konzernebene getätigte Absprachen über Spezialisierungen der einzelnen Börsen auch von diesen umgesetzt werden dürfen. Zu fragen ist, welche Voraussetzungen vorliegen müssen, damit eine solche Umsetzung börsenrechtlich zulässig ist. Denn falls sie für die einzelne Börse wirtschaftlich sinnvoll ist und ihre Marktposition stärkt, kann es an einer Zulässigkeit keinen Zweifel geben. Probleme ergeben sich aber vor allem dann, wenn eine Spezialisierung für die einzelne Börse als neutral oder sogar negativ einzustufen ist, dem aber konzernweit betrachtet ein übersteigender Profit gegenübersteht.

Es ist daher im folgenden zunächst zu untersuchen, wie im Falle einer Spezialisierung einer Börse im Rahmen einer Eingliederung in einen Börsenkonzern vorgegangen werden muß und wer an der Entscheidung zu beteiligen ist. Anschließend soll geklärt werden, ob das Börsenrecht inhaltliche Grenzen für die Zulässigkeit eines solchen Vorgehens setzt. Außer Betracht bleiben sollen an dieser Stelle kartellrechtliche Probleme einer solchen Vorgehensweise, da diese in einem eigenen Kapitel behandelt werden sollen.[404]

a) Vorgehen bei der Spezialisierung auf einen Geschäftsbereich

Der Anstoß für die Spezialisierung auf einen bestimmten Geschäftsbereich dürfte, wie bereits erwähnt, in aller Regel vom Börsenträger bzw. bei einer Konzernierung von der Konzernmuttergesellschaft ausgehen. Nun ist es ja gerade ein Kernpunkt der Dualität im deutschen Börsenwesen, daß der Börsenträger die zum Börsenbetrieb notwendigen finanziellen, personellen und sachlichen Mittel zur Verfügung stellt, jedoch aus dieser wirtschaftlichen Abhängigkeit der Börse nicht das Recht herleiten kann, auf die inneren Börsenangelegenheiten – und hierbei vor allem auf den organisatorischen Rahmen für den Börsenhandel – Einfluß nehmen zu

404 Siehe unten D.

dürfen.[405] Aus diesem Grund trifft den Börsenträger auch keine Pflicht zur Erhaltung der „guten Ordnung am Kapitalmarkt“ oder zur Förderung der „Interessen des Finanzplatzes Deutschland“,[406] vielmehr ist hierfür alleine der Gesetzgeber verantwortlich. Dem Börsenträger ist es nicht einmal erlaubt, in dieser Hinsicht in die inneren Angelegenheiten der Börse einzugreifen.[407] Daher ist es zwar zunächst der Börsenträger, der bei Stellung des Antrags auf Erlaubnis der Errichtung einer Börse gem. § 4 Abs. 2 Nr. 3 BörsG einen Geschäftsplan vorlegen muß, aus dem die Art der geplanten Geschäfte hervorgeht. Ist die Börse aber erst errichtet, fällt diese Aufgabe ihr selbst als Veranstalter des Marktes zu. Fraglich ist nun aber, wer bei der Börse darüber entscheidet, in welchem Bereich ein Handel an der Börse stattfindet. Hierbei sind zwei Alternativen denkbar. Zum einen könnte der Börsenrat für diese Entscheidung zuständig sein. Denn gem. § 12 Abs. 2 Nr. 1 1. Alt BörsG obliegt ihm der Erlaß der Börsenordnung und die Börsenordnung bestimmt nach § 16 Abs. 1 S. 2 Nr. 1 BörsG den Geschäftszweig der Börse. Zu einem anderen Ergebnis könnte man aber bei Betrachtung der §§ 15 I, 32 I, 39 I BörsG gelangen. Denn hiernach leitet die Geschäftsführung die Börse in eigener Verantwortung, und sie entscheidet über die Zulassung und den Widerruf der Zulassung von Wertpapieren.

Fraglich ist also, ob die Entscheidung, den Handel auf einen bestimmten Geschäftsbereich zu spezialisieren, von der Geschäftsführung getroffen werden kann oder ob hierfür der Börsenrat zuständig ist. Entscheidend hierfür ist, ob die Spezialisierung eine so weitreichende Veränderung ist, daß die Börsenordnung abgeändert werden muß. Hierbei ist zu beachten, daß der in der Börsenordnung geregelte Geschäftszweig kein unverbindliches Programm darstellt, sondern daß hierdurch der Anstaltszweck der Börse festgeschrieben wird und die Grenzen für das Handeln der Organe und die Pflichten der Organmitglieder festgelegt werden.[408] Um lokalisieren zu können, wo die Grenze verläuft, bei deren Überschreiten die Änderung der Börsenordnung und damit ein Handeln des Börsenrates notwendig ist, muß somit untersucht werden, wie die in § 16 Abs. 1 Nr. 1 BörsG enthaltene Regelung, die Börsenordnung müsse eine Bestimmung über „den Geschäftszweig der Börse“ enthalten, zu werten ist. Allein der Wortlaut der Norm schafft hier keine Klarheit. Denn ob man im oben erwähnten Beispiel im Handel mit Aktien von Technologieunternehmen einen anderen Geschäftszweig

405 Kümpel/Hammen S. 122.

406 So aber Schneider/Burgard WM 2000, Sonderbeilage Nr. 3, 41, 43, 45.

407 Schwark WM 2000, 2527; Schwark-Beck § 5 BörsG, Rn. 5; Posegga WM 2002, 2402, 2403.

408 Schneider/Burgard WM 2000, Sonderbeilage Nr. 3, 38; ähnlich Schwark WM 2000, 2528 f.

sehen will als im Handel mit Blue-Chip-Aktien oder ob man als Geschäftszweig den Aktien- oder gar den Wertpapierhandel insgesamt betrachten will, hängt davon ab, wie eng oder weit man den Begriff des Geschäftsbetriebs fassen kann. Etwas mehr Aufschluß über die Intention des Gesetzgebers geben die Ausführungen in der Gesetzesbegründung, wenn es hier heißt, die Geschäftszweige seien „einzeln oder der Kategorie nach, namhaft zu machen“[409]. Dies legt den Schluß nahe, daß es jedenfalls auch zulässig ist, wenn die Börsenordnung nur sehr grob auf die Kategorien hinweist, in denen ein Handel an der Börse stattfinden soll. Diese Auffassung wird in der Literatur gestützt, wenn als Geschäftszweige die Felder Effekten- (Fonds-, Wertpapier-), Termin- und Warenhandel aufgeführt werden,[410] und auch in der Praxis findet sich in den Börsenordnungen der deutschen Börsen regelmäßig nur eine sehr grobe Unterteilung[411]. Ob eine Änderung der Börsenordnung und mithin eine Entscheidung durch den Börsenrat notwendig ist, bestimmt sich somit danach, wie genau die Geschäftszweige in der Börsenordnung aufgegliedert sind. Hierbei ist jedoch nicht nur die komplette Schließung eines Zweigs eine vom Börsenrat zu treffende und in der Börsenordnung zu vermerkende Änderung, sondern auch eine faktische Änderung, die aus der Überführung eines Teils des Handels an andere Börsen oder der Austrocknung des Handels aufgrund anderer von Börse oder Börsenträger getroffener Entscheidungen herrührt. Zwar dürfte es schwer sein, feste Grenzen zu finden, wann der Umsatzrückgang in einem Geschäftszweig als Änderung der Geschäftszweige anzusehen ist, jedoch erscheint eine Zustimmung des Börsenrates im Bereich von Einbußen zwischen 25 und 50 % regelmäßig und ab Einbußen von 50 % zwingend notwendig. Zu berücksichtigen ist hierbei freilich auch eine etwaige „Gegenleistung“. Verzichtet also eine Börse mit dem in der Börsenordnung genannten Geschäftszweig „Aktienhandel“ auf den Handel mit Blue-Chip-Werten, übernimmt sie aber von einer anderen Börse im Gegenzug den Handel in anderen Aktien, so sind die Verschiebungen der Handelsvolumina zu saldieren, bevor über die Frage entschieden werden kann, ob sich hierdurch der Geschäftszweig der Börse ändert. Unbedingt zu beachten ist aber folgendes: Unberücksichtigt bleiben muß in allen Fällen ein eventuell erfolgender Zuwachs an Handelsvolumina bei im Freiverkehr gehandelten Aktien. Denn dieser Handel erfolgt gem. § 48 Abs. 1 S. 1 BörsG nicht durch die Börse, sondern durch den Börsenträger. Daher kann der Freiverkehrshandel der Börse rechtlich nicht

409 Stenographische Berichte über die Verhandlungen des Reichtags, 9. Legislaturperiode, IV. Session, 1. Anlagenband, 1895/97, S. 17.

410 Schwark-Schwark § 16 BörsG, Rn. 9.

411 Siehe § 2 S. 1 BörsO FWB; § 1 Abs. 1 S. 1 BörsO Stuttgart; § 1 Abs. 1 BörsO Düsseldorf.

zugerechnet werden. Bedenkt man weiterhin, daß der Freiverkehrshandel vom Börsenträger auch an eine andere Börse überführt werden könnte, ohne daß die Börse hierauf Einfluß nehmen kann, zeigt sich deutlich, daß ein Zuwachs im Freiverkehr einen Verlust im regulierten Markt nicht kompensieren kann.[412]

Ist aus den aufgeführten Gründen eine Änderung der Börsenordnung notwendig, ist zu berücksichtigen, daß wegen § 16 Abs. 3 S. 1 BörsG hierfür auch die Genehmigung durch die Börsenaufsichtsbehörde notwendig ist.

Zu beachten ist weiterhin, daß eine Spezialisierung des Handels auf bestimmte Bereiche, abgesehen von der Frage, ob hiermit eine Änderung des Geschäftszweiges einhergeht, aus anderen Gründen regelmäßig die Zustimmung des Börsenrates erfordern dürfte. Denn nach § 12 Abs. 2 S. 3 BörsG kann die Börsenordnung für Maßnahmen der Geschäftsführung von grundsätzlicher Bedeutung eine solche Zustimmung vorsehen. Die überwiegende Zahl der deutschen Wertpapierbörsen hat von dieser Möglichkeit Gebrauch gemacht und das Zustimmungserfordernis in der Börsenordnung verankert.[413] In diesen Fällen muß der Börsenrat ausnahmslos einer Spezialisierung zustimmen, weil selbst in den Fällen, in denen eine Spezialisierung zunächst nur zu kleineren Änderungen führt, sie doch eine Maßnahme von grundsätzlicher Bedeutung bleibt, da eine Rückgängigmachung regelmäßig nur sehr schwer möglich sein dürfte.

Eine andere Einschätzung der Situation ergibt sich auch nicht aus § 12 Abs. 2 S. 4 BörsG, nach dem bei Kooperations- oder Fusionsabkommen des Börsenträgers, die den Börsenbetrieb betreffen, dem Börsenrat lediglich Gelegenheit zur Stellungnahme zu geben ist. Durch diese Vorschrift sollen dem Börsenrat keine Kompetenzen entzogen werden, sondern die Norm ist restriktiv dahin auszulegen, daß eine Stellungnahme des Börsenrates auch in den Fällen erforderlich ist, in denen das Abkommen aufgrund seines Inhaltes in den Aufgabenbereich des Börsenträgers fällt. Geht eine Kooperation so weit, daß eine Änderung der Börsenordnung notwendig wird, ist diese Änderung weiterhin Aufgabe des Börsenrates.[414]

Betrachtet man unter diesen Aspekten die im Jahre 2000 geplante Kooperation zwischen Deutscher Börse und London Stock Exchange, ist fraglich, ob

412 Ebenso: Schneider/Burgard WM 2000, Sonderbeilage Nr. 3, 40.

413 Siehe beispielsweise § 4 Abs. 2 BörsO FWB; § 4 Abs. 2 BörsO Baden-Württembergische Wertpapierbörse; § 6 Abs. 2 Nr. 3 BörsO Börse Berlin; lediglich § 4 Abs. 3 BörsO Hanseatische Wertpapierbörse Hamburg und § 4 Abs. 3 BörsO Niedersächsische Börse zu Hannover bestimmen, daß Maßnahmen von grundsätzlicher Bedeutung dem Börsenrat lediglich vorgelegt werden *sollen*.

414 Ebenso Schwark-Schwark § 12 BörsG, Rn. 14.

die Überführung der Blue-Chip-Werte an die LSE und der im Gegenzug erfolgende Aufbau eines europaweiten Marktes für Wachstumswerte eine Änderung des Geschäftszweigs der Börse dargestellt hätten. Hierbei ist zu bedenken, daß sich in § 1 Abs. 1 der damaligen Börsenordnung keine Nennung des Aktienhandels als eigener Geschäftszweig finden ließ, geschweige denn eine Unterteilung in die Marktsegmente des amtlichen und geregelten Markts, sondern lediglich eine Differenzierung von „Handelsgeschäften in Wertpapieren, Geldmarktinstrumenten und Derivaten". Auch wenn in anderen Regelungen der Börsenordnung der amtliche und der geregelte Markt ausdrücklich genannt waren, so kann zur Bestimmung des Anstaltszwecks nur auf die Regelung der Geschäftszweige zurückgegriffen werden.[415] Denn es muß für die Börse möglich sein, die Einteilung der Marktsegmente zwar in der Börsenordnung festzuhalten, ohne aber gleich den Anstaltszweck entsprechend zu verändern, was nicht möglich wäre, wollte man aus jedem irgendwo in der Börsenordnung gegebenen Anhaltspunkt Rückschlüsse auf den Anstaltszweck ziehen. Somit wäre hier eine Modifizierung des Anstaltszwecks nur gegeben gewesen, wenn durch die Verlagerung des Blue-Chip-Handels an die LSE der gesamte Geschäftszweig Wertpapierhandel an der FWB faktisch aufgegeben worden wäre.[416] Zwar nahmen die Blue-Chip-Werte im Aktienhandel an der FWB eine ganz dominierende Position ein,[417] jedoch muß berücksichtigt werden, daß unter den Wertpapierhandel gem. § 2 Abs. 1 WpHG auch die Bereiche des Handels mit Genußscheinen, Anteilen an Investmentvermögen, Zertifikaten und Schuldverschreibungen fallen. Aber auch unter Berücksichtigung dieser Aspekte hätte die Aufgabe des Handels mit Blue-Chip-Aktien zu einem solchen Umsatzrückgang geführt, daß vieles dafür spricht, eine faktische Aufgabe des Wertpapierhandels anzunehmen.[418] Denn nach den

415 Anders aber Schwark WM 2000, 2529; Schneider/Burgard WM 2000, Sonderbeilage Nr. 3, 39.

416 Die Notwendigkeit einer Änderung der Börsenordnung wird hingegen bejaht von Hammen ZBB 2001, 84, 88.

417 Laut Schneider/Burgard WM 2000, Sonderbeilage Nr. 3, 39, sollen die Dax-30-Werte im Juli 2000 82,6% des Handelsvolumens in inländischen Aktien ausgemacht haben; nach Schwark WM 2000, 2530, wäre Schätzungen zufolge durch die Überführung der DAX-Werte an die LSE das Handelsvolumen des Amtlichen Marktes um 70 % reduziert worden; Hammen/Kümpel WM 2000, Sonderbeilage Nr. 3, 6, verweisen auf ein mögliche Reduktion des gesamten Umsatzes der FWB um 70 %; laut Reckers WM 2000, 1631 hätte eine Abwanderung der DAX-30-Werte zu einem Entfallen von 85 % des Umsatzes in deutschen Aktien an inländischen Börsen geführt.

418 So auch: Schwark WM 2000, 2530; Schneider/Burgard WM 2000, Sonderbeilage Nr. 3, 40.

Geschäftszahlen der Frankfurter Wertpapierbörse entfielen im Jahre 2000 vom Gesamtumsatz von ca. 1,42 Billionen Euro über Xetra und den Parketthandel[419] knapp 880 Milliarden auf die Dax-30-Werte.[420] Berücksichtigt man weiterhin, daß von dem Gesamtumsatz der Umsatz abgezogen werden muß, der im Freiverkehr erzielt wurde, und daß der Umsatz in Titeln von Wachstumswerten, den die Frankfurter Börse als Kompensation von der LSE erhalten sollte, jedenfalls zu einem erheblichen Teil über den Freiverkehr gehandelt worden wäre, wird ersichtlich, daß eine Verlagerung des Handels mit Blue-Chip-Werten nach London den Geschäftszweck der FWB faktisch abgeändert hätte. Zwar muß auf der anderen Seite beachtet werden, daß es den Emittenten der Standardwerte möglich sein sollte, gegen das Londoner Marktsegment zu optieren und weiterhin in Frankfurt notiert zu bleiben.[421] Jedoch darf nicht verkannt werden, daß sich im Falle der Abwanderung eines überwiegenden Teils der DAX-30-Unternehmen eine Sogwirkung entwickelt hätte, die es für die verbliebenen Unternehmen schwer gemacht hätte, ein Verbleiben in Frankfurt zu rechtfertigen.[422]

Im Ergebnis ist daher festzustellen, daß eine Verlagerung des Handels mit Blue-Chip-Werten von der FWB an die LSE eine Änderung der Börsenordnung durch den Börsenrat der FWB und eine Zustimmung der hessischen Börsenaufsichtsbehörde erfordert hätte.[423]

b) Börsenrechtliche Grenzen einer Spezialisierung

Zwar mag die Frage, ob die Entscheidung über eine Spezialisierung der Börse auf einen bestimmten Teilbereich vom Börsenträger, vom Börsenrat oder von der Börsengeschäftsführung zu treffen ist, in vielen Fällen nicht unbedeutend sein. Noch bedeutender aber ist die Frage, ob eine solche Vorgehensweise trotz Einigkeit aller Beteiligten einen Verstoß gegen das Börsenrecht darstellen kann und aus diesem Grunde nicht durchführbar ist. Dies wäre dann der Fall, wenn das Börsengesetz oder andere gesetzliche Regelungen Schranken für die Bestimmung oder Änderung des Anstaltszwecks einer Börse errichten würden. Würde eine Änderung des Geschäftszweigs in der Börsenordnung diese Schranken

---

419 Deutsche Börse Factbook 2000, S. 35.

420 Deutsche Börse Factbook 2000, S. 28.

421 Weshalb Hammen/Kümpel WM 2000, Sonderbeilage Nr. 3, 7, weiterhin von einem Fortbestehen des Geschäftszweigs des Wertpapierhandels ausgehen.

422 Schneider/Burgard WM 2000, Sonderbeilage Nr. 3, 39.

423 So auch Schwark § 12 BörsG Rn. 14; Schwark WM 2000, 2530; für eine Änderung der Börsenordnung auch Hammen/Kümpel WM 2000, Sonderbeilage Nr. 3, 9.

überschreiten, so wäre es dann die Aufgabe der Börsenaufsichtsbehörde, welche gem. § 16 Abs. 3 S. 1 BörsG die Börsenordnung genehmigen muß, einer Änderung der Börsenordnung die Zustimmung zu verweigern. Denn ohne die Zustimmung der Börsenaufsichtsbehörde ist eine Änderung der Börsenordnung nicht möglich. Vielmehr ist die Zustimmung Wirksamkeitsvoraussetzung und Grenze der der Börse verliehenen Autonomie.[424] Hierbei muß im Auge behalten werden, daß die Zustimmung zu einer Änderung der Börsenordnung von der Börsenaufsichtsbehörde nur dann verweigert werden darf, wenn die Änderung gegen eine gesetzliche Regelung verstößt. Denn § 16 Abs. 3 S. 1 BörsG eröffnet der Börsenaufsichtsbehörde nur die Möglichkeit einer Rechtmäßigkeitskontrolle. Zweckmäßigkeitserwägungen oder allgemeine börsenpolitische Ziele dürfen nicht berücksichtigt werden.[425] Dies zeigt sich sowohl am Wortlaut des § 16 Abs. 3 S. 2 BörsG, der von der Erfüllung der „gesetzlichen Aufgaben" spricht, als auch am Charakter der Börsenordnung als autonomer Rechtssetzung der Börse.[426] Wenn daher von manchen vertreten wird, die Börsenaufsichtsbehörde habe zu prüfen, ob eine Änderung der Börsenordnung die gute Ordnung am Kapitalmarkt beeinträchtige oder den Interessen des Finanzplatzes Deutschland widerspreche,[427] so kann dies nur insoweit gelten, als solche Belange in den einzelnen Vorschriften des Börsengesetzes hinreichend verankert sind.

Fraglich ist daher nun, welche Normen geeignet sein können, der Spezialisierung der Börse auf einen bestimmten Geschäftszweig entgegenzustehen. Hierbei ist zunächst festzustellen, daß dem Börsengesetz keine Anhaltspunkte dafür zu entnehmen sind, daß eine Börse verpflichtet ist, einen umfassenden Handel in allen Geschäftszweigen anzubieten. Vielmehr bot § 30 Abs. 1 S. 1 BörsG a. F. einen deutlichen Ansatzpunkt, daß sogar das Segment des amtlichen Marktes[428] insgesamt nicht zwingend erforderlich war, weil dort die Bestellung von Kursmaklern und die amtliche Börsenpreisfeststellung – welche beide nur dieses Segment betrafen – als optional dargestellt wurde.[429] Mit der Zusammenfassung der Segmente des „amtlichen Marktes" und des „geregelten Marktes" zum Segment des „regulierten Marktes" hat sich die Situation auf die Frage zugespitzt, ob es sogar denkbar wäre, daß eine Börse plant, zukünftig den Handel im

424 Schäfer-Peterhoff § 4 BörsG Rn. 15.
425 Schwark-Schwark § 16 BörsG, Rn. 3.
426 Schwark-Schwark § 16 BörsG, Rn. 3.
427 Schneider/Burgard WM 2000, Sonderbeilage Nr. 3, 41.
428 Nach alter Rechtslage war der regulierte Markt in die beiden Segmente des amtlichen Marktes und des geregelten Marktes aufgeteilt.
429 Hammen/Kümpel WM 2000, Sonderbeilage Nr. 3, 7.

regulierten Markt einzustellen und sich statt dessen allein auf Edelmetalle oder Wirtschaftsgüter und Rechte i. S. d. § 23 Abs. 1 BörsG zu spezialisieren. Doch auch gegen eine solche Vorgehensweise ergeben sich keine Bedenken. In der Gesetzesbegründung zum Börsengesetz macht der Gesetzgeber sogar deutlich, daß selbst die – immerhin in § 2 Abs. 2 und 3 BörsG festgeschriebene – Unterteilung in Wertpapierbörsen und Warenbörsen der übergreifenden Änderung der Geschäftsbereiche einer Börse nicht entgegensteht.[430] Klar wird dies, wenn man sich den fiktiven Fall betrachtet, daß eine bisher mit Aktien handelnde Regionalbörse wegen der beherrschenden Stellung der FWB ein zu geringes Handelsvolumen aufweist, um noch wirtschaftlich arbeiten zu können, und sich daher auf Edelmetalle spezialisiert. Zweifellos wäre hier eine Änderung des Geschäftszweiges nicht nur erlaubt, sie wäre sogar wirtschaftlich geboten. Es zeigt sich daher, daß die eigentlichen Bedenken bei einer Spezialisierung nicht darin bestehen, einen Handelszweig aufzugeben, sondern vielmehr dagegen, den in diesem Bereich erwirtschafteten Umsatz und Gewinn nicht nur tatenlos einer anderen Börse zu überlassen, sondern dieser sogar freiwillig abzugeben. Dann ist aber der Kernpunkt der Problematik nicht die Aufgabe eines Handelszweigs, sondern das Verhältnis von Verzicht auf einen Handelszweig zugunsten einer anderen Börse und hierfür erlangter Gegenleistung. Reduziert man dies auf die entscheidende rechtliche Frage, muß also untersucht werden, ob eine Börse einer Spezialisierung nur dann zustimmen darf, wenn die Saldierung von abgegebenem Geschäftszweig und erlangter Gegenleistung einen Gewinn für sie ergibt oder wenigstens als wirtschaftlich neutral zu bewerten ist.

Um zu entscheiden, wie weit die Befugnisse der Börsenorgane reichen, muß man sich zunächst den Sinn und Zweck einer Börse vergegenwärtigen. So dient beispielsweise die Frankfurter Wertpapierbörse ausweislich des § 2 S. 1 ihrer Satzung „ihren Handelsteilnehmern zum Abschluß von Handelsgeschäften in Wertpapieren". Nun ist es zwar dem Börsenrat aufgrund von § 12 Abs. 2 S. 1 Nr. 1 BörsG möglich, den in der Börsenordnung festgelegten Anstaltszweck zu modifizieren. Dies darf aber nicht soweit gehen, daß sich eine Börse nicht mehr im Rahmen des Zweckes bewegt, den das Börsengesetz für Börsen allgemein vorsieht. Dieser unabänderbare Zweck der öffentlich-rechtlichen Anstalt Börse ist der Handel mit Wertpapieren oder Waren. Wird nun ein bestimmter Bereich des bestehenden Geschäftes kompensationslos abgegeben, so widerspricht dies dem nicht disponiblen Anstaltszweck einer Börse.[431] Dies wird deutlich an der in

430 BT-Drucks. 16/4037 S. 3.

431 Siehe hierzu auch: Hammen AG 2001, 549, 556.

§ 5 Abs. 1 S. 2 BörsG verankerten Betriebspflicht des Börsenträgers. Denn wenn der Träger auch zur Bereitstellung der für eine „angemessene Fortentwicklung“ des Börsenbetriebs erforderlichen Mittel verpflichtet wird, zeigt sich, daß es dem Gesetzgeber nicht nur um eine Erhaltung des Status quo geht, sondern es auch im öffentlichen Interesse ist, daß sich die Börsen weiterentwickeln. Weiterhin muß berücksichtigt werden, daß jede freiwillige Abgabe von Handelsvolumina das Risiko erhöht, einen Sog auszulösen und im Extremfall sogar zum Verkümmern einer Börse führen kann.

Die Fortentwicklung der Börse ist somit ein einer Börse innewohnender, auch nicht in der Börsenordnung abänderbarer Anstaltszweck. An die Erfüllung des spezifischen Anstaltszwecks sind sowohl die Börsengeschäftsführung[432] als auch der mit ihrer Überwachung betraute Börsenrat[433] gebunden. Daher wäre die Verlagerung eines Börsensegments an eine andere Börse ohne ausreichende Kompensation auch im Falle eines Einigseins zwischen Börsengeschäftsführung und Börsenrat nicht zulässig und die Börsenaufsichtsbehörde dürfte einer entsprechenden Abänderung der Börsenordnung nicht zustimmen. Für die Bewertung, ob eine Börse ausreichend Kompensation für die Abgabe eines Segmentes erhält, muß aber immer die Verantwortungsverteilung des Börsengesetzes im Auge behalten werden. Hiernach leitet die Geschäftsführung gem. § 15 Abs. 1 S. 1 BörsG die Börse in eigener Verantwortung. Lediglich bei Änderungen der Börsenordnung und unter Umständen bei allen grundsätzlichen Entscheidungen muß der Börsenrat in seiner einem Aufsichtsrat in einer Aktiengesellschaft ähnlichen Rolle den Plänen der Geschäftsführung zustimmen. Daher muß es auch in erster Linie diesen beiden Organen obliegen zu entscheiden, ob eine Spezialisierung, mit der ein Tausch von Emittenten und Handelsvolumina einhergeht, für die zukünftige wirtschaftliche Entwicklung sinnvoll ist. Nur wenn beide Organe ihren weit auszulegenden Ermessensspielraum überschreiten, darf die Börsenaufsichtsbehörde, die ja lediglich die Gesetzmäßigkeit der Entscheidungen, nicht aber deren Zweckmäßigkeit überwacht,[434] eingreifen und der regelmäßig notwendigen Änderung der Börsenordnung die Zustimmung versagen.

Betrachtet man unter diesem Gesichtspunkt die im Jahre 2000 geplante Kooperation von FWB und LSE, wäre der geplante Verzicht der FWB auf ihren Blue-Chip-Handel und die gleichzeitige Schaffung eines europaweiten Marktes für Wachstumswerte in Frankfurt unzulässig gewesen, falls dieser Markt den

432 Schwark-Schwark § 15 BörsG, Rn. 3.

433 Schwark-Schwark § 12 BörsG, Rn. 16.

434 Schwark-Schwark § 16 BörsG, Rn. 3.

Regularien des Freiverkehrs unterfallen wäre. Denn wie bereits festgestellt,[435] wird der Freiverkehr vom Börsenträger veranstaltet und bildet für die Börse keine Kompensation für den Verlust von im amtlichen oder geregelten Markt gehandelten Blue-Chip-Werten. Wäre jedoch der Markt für Wachs-tumswerte in den amtlichen oder geregelten Markt integriert worden, spricht viel für eine Zulässigkeit der Spezialisierung. Denn zwar mag sich im nach-hinein erwiesen haben, daß der Handel mit Standardwerten um ein vielfaches ertragreicher war als der Handel im Bereich der Wachstumswerte. Jedoch konnte ein Crash im Bereich der Technologiewerte im Jahre 2000 noch nicht vorausgesehen werden. Daher mag sich die Entscheidung, den Handel mit Standardwerten zugunsten eines Handels mit den gerade in einem großen Aufschwung begriffenen Technologiewerten aufzugeben, aus damaliger Sicht als riskant und umstritten dargestellt haben, wirtschaftlich unvertretbar wäre sie indessen wohl nicht gewesen.

II. Rechtliche Probleme bei der Kooperation auf Ebene der Börsenanstalten

1. Einleitung

Auch wenn das Projekt „Deutsche Retailbörse“[436] nicht allzuweit vorangekommen ist und die genauen Modalitäten der geplant gewesenen Zusammenarbeit für den unbeteiligten Betrachter größtenteils im Dunkeln liegen, ist es dennoch ein geeigneter Anstoß, um sich mit der Frage zu beschäftigen, welche Möglichkeiten für eine Kooperation auf Ebene der Börsenanstalten bestehen. Daß eine Zusammenarbeit auf einer solchen Ebene sehr erfolgreich verlaufen kann, zeigt das Beispiel der Eurex, das man mit Fug und Recht als Paradebeispiel einer Kooperation, die auch die Börsen selbst betrifft, betrachten kann. Ebenfalls erfolgreich verlief die Integration des IBIS-Systems der Frankfurter Wertpapierbörse in die deutschen Regionalbörsen Anfang der 90er-Jahre. Ausgehend von den in diesen Fällen verwirklichten Punkten einer Zusammenarbeit soll untersucht werden, wie weit eine solche Kooperation voranschreiten kann und wo sich rechtliche Grenzen befinden, die nicht überschritten werden dürfen. Außer Betracht soll dabei in diesem Abschnitt die Möglichkeit einer kompletten Fusion der beiden Börsenanstalten bleiben, die an anderer Stelle untersucht werden wird.[437]

---

435 C. I. 7. a).

436 Siehe oben B. V.

437 Siehe unten C. III.

Als zu untersuchender Bereich bleiben daher alle Kooperationen, die einerseits über eine bloße Zusammenarbeit auf der Ebene der Börsenträger hinausgehen, andererseits aber die Existenz der Börsenanstalten unangetastet lassen. Daß es sich hierbei um ein Gebiet handelt, welches auch in der Zukunft eine erhebliche praktische Relevanz besitzen könnte, ergibt sich dabei aus zwei Gründen. Zum einen sind es wirtschaftliche Aspekte, die es für Börsenbetreiber verlockend erscheinen lassen, bei ihren Kooperationsvorhaben über eine allein auf der Ebene der Börsenträger angelegte Zusammenarbeit hinauszugehen. Denn eine Zusammenarbeit, die auch auf die Börsenanstalten ausgeweitet wird, bietet ein viel größeres Potential an Synergieeffekten und dürfte somit den Beteiligten, deren Kernziel regelmäßig eine Gewinnmaximierung und nicht die Kooperation an sich darstellen wird, als deutlich reizvollere Variante erscheinen. Sollte es nämlich gelingen, den Handel über eine einzige Handelsplattform abzuwickeln, das Clearing und Settlement zu vereinheitlichen und eventuell sogar Börsenorgane zu schaffen, die für alle beteiligten Börsen handeln können, ergäben sich Sparpotentiale, die mit einer Verknüpfung auf Trägerebene nicht zu erreichen sind. Der zweite Grund, welcher für eine solche – lediglich begrenzte – Zusammenarbeit spricht, liegt darin, daß es ungeachtet erheblicher wirtschaftlicher Vorteile einer vollständigen Fusion von Börsenanstalten, meist an einem politischen Willen hierfür fehlt. Ausschlaggebend hierfürdürfte in erster Linie die schon mehrfach angesprochene Stellung einer Börse als Prestigeobjekt des jeweiligen Bundeslandes sein. Denn wie keine andere öffentlich-rechtliche Anstalt versprüht eine Börse – trotz aller Kratzer, die die Finanzmarktkrise seit 2008 dem Image des Kapitalmarktes zugefügt hat – den Duft eines aufstrebenden, wirtschaftlich florierenden Landes.

Hat sich nun also im Rahmen der Verhandlungen über eine Zusammenarbeit zwischen zwei oder mehr Börsen eine Kooperation auf Ebene der Börsenanstalten als attraktivste realisierbare Möglichkeit herauskristallisiert, müssen verschiedene rechtliche Hürden überwunden werden, die den Beteiligten auf dem Weg zur Umsetzung begegnen. Diese betreffen zunächst Fragen des Handelssystems und der Handelsplattform, dann das Problem der Kooperation bei der Ausarbeitung der Börsenregelwerke und schließlich die Frage einer möglichst weitgehenden Kooperation im Bereich der Börsenorgane. Außer Betracht sollen zunächst kartellrechtliche Probleme bleiben, die sich im gesamten Bereich ergeben. Denn es erscheint angesichts der Tatsache, daß kartellrechtliche Probleme nahezu jede Zusammenarbeit von Börsen begleiten, gerechtfertigt, diesen Fragestellungen ein eigenes Kapitel zu widmen.[438]

2. Einführung eines gemeinsamen Handelssystems

Hiermit sind Modelle wie das der Einführung des IBIS-Systems der Frankfurter Wertpapierbörse in die Regionalbörsen angesprochen.[439] Für den außenstehenden Betrachter ergeben sich auf den ersten Blick kaum Unterschiede zu dem noch gesondert[440] zu behandelnden Modell einer gemeinsamen börslichen Handelsplattform wie der Eurex. Denn auch im IBIS-System war ein Handel zwischen Mitgliedern verschiedener angeschlossener Börsen möglich.[441] Gleichwohl ist der börsenrechtliche Unterschied groß. Denn bei IBIS erfolgte eine Zulassung der Handelsteilnehmer nur an ihrer jeweiligen Heimatbörse, nicht aber zusätzlich an der Frankfurter Wertpapierbörse, weil über eine solche Konstruktion der Kooperation kein Einvernehmen erzielt werden konnte.[442] Dies führt aber dazu, daß beim Abschluß eines Geschäftes zwischen an verschiedenen Regionalbörsen zugelassenen Teilnehmern keine Zuordnung des Geschäfts zu einer bestimmten Börse erfolgen konnte, weil dies eine Zulassung beider Teilnehmer an dieser Börse erfordert.[443] Daher war ein solches Geschäft rechtlich kein Börsenhandel, sondern außerbörslicher Handel.[444] Ein Börsengeschäft lag vielmehr nur bei Geschäftsabschlüssen vor, bei denen beide Handelsteilnehmer derselben Börse angehörten.[445]

In Anbetracht dieses Umstands wirft eine solche Konstruktion auch wesentlich andere börsenrechtliche Probleme als der Aufbau einer gemeinsamen Handelsplattform auf, von denen die bedeutendsten im folgenden dargestellt werden sollen. Das zur Zeit der Einführung des IBIS-Systems größte Problem, nämlich die Frage nach einer Zulässigkeit der Übermittlung von Willenserklärungen im Börsenhandel durch elektronische Datenübertragung, wurde durch eine Klarstellung im damaligen § 7 Abs. 1 des Börsengesetzes bereits im Jahre 1989 vom Gesetzgeber gelöst[446] und bereitet somit keine Schwierigkeiten mehr.

---

438 Siehe unten D.
439 Siehe oben B. IV.
440 A.II.3.
441 Kümpel WM 1992, 249, 253.
442 Kümpel WM 1992, 249, 250.
443 Kümpel WM 1992, 249, 253.
444 Ebd.
445 Kümpel WM 1992, 249, 257.
446 BGBl. 1989 I, S. 1412.

a) Nutzung eines fremden Handelssystems

Im Börsengesetz klar geregelt ist die Nutzung eines fremden Handelssystems. Diesbezüglich wurde durch das 4. Finanzmarktförderungsgesetz die Regelung des § 5 Abs. 3 BörsG (§ 1 Abs. 3 a. F.) eingefügt, wonach die „Auslagerung von Bereichen, die für die Durchführung des Börsenbetriebs wesentlich sind", grundsätzlich zulässig ist. Es wird somit klargestellt, daß die Betriebspflicht des Börsenträgers keine höchstpersönliche Pflicht ist, sondern daß auch Dritte als Erfüllungsgehilfen herangezogen werden können.[447] Jedoch ist eine solche Auslagerung nur unter bestimmten Voraussetzungen zulässig. So hat sich der Börsenträger nach § 5 Abs. 3 S. 2 BörsG die erforderliche Weisungsbefugnis vertraglich zu sichern und die ausgelagerten Bereiche in seine internen Kontrollverfahren einzubeziehen. Zudem muß der Börsenträger nach S. 3 dieser Norm sowohl die Absicht der Auslagerung als auch ihren Vollzug der Börsenaufsichtsbehörde anzeigen. Erfolgt eine Auslagerung, die nicht den Voraussetzungen der gesetzlichen Regelung entspricht, etwa weil sich der Börsenträger gegenüber dem Betreiber des Handelssystems vertraglich keine Weisungsbefugnis sichert, so ist hierin eine Verletzung der Betriebspflicht zu sehen.[448] Denn wie sich aus der Einfügung der Norm in die neu geschaffene Bestimmung in § 5 BörsG über „Pflichten des Börsenträgers" ergibt, handelt es sich bei der Sicherung eines umfassenden Zugriffs auf das verwendete Handelssystem um eine Verpflichtung, die auf der Betriebspflicht basiert. Eine solche Einordnung macht § 5 Abs. 3 BörsG auch nicht überflüssig, vielmehr konkretisiert er die Betriebspflicht für einen bestimmten Teilbereich.[449]

Zusätzlich zu den Einschränkungen in § 5 Abs. 3 BörsG muß jeder Einführung eines neuen Handelssystems gem. § 12 Abs. 2 S. 2 BörsG der Börsenrat zustimmen.

Umgekehrt ist es einem Börsenbetreiber auch erlaubt, sein Handelssystem anderen Börsen zur Verfügung zu stellen. Denn wenn ein Börsenträger anderen Marktteilnehmern Dienstleistungen anbietet, die über die Erhaltung und Fortentwicklung des Betriebs der von ihm getragenen Börse hinausgehen, handelt er außerhalb des ihm übertragenen hoheitlichen Aufgabenbereichs und kann daher wie jedes andere Unternehmen am Markt agieren.[450] Insoweit besteht eine Eingriffsmöglichkeit der Börsenaufsicht erst dann, wenn der Betrieb eines

---

447 Schwark-Beck § 5 BörsG, Rn. 22.

448 A. A. aber Schwark-Beck, 3. A., § 1 BörsG, Rn. 29.

449 A. A. aber Schwark-Beck ebd.

450 Beck FS Kümpel, S. 36 f.

Handelssystems für andere Börsen die Erfüllung der Betriebspflicht gegenüber der von dem betreffenden Börsenträger getragenen Börse gefährdet.[451]

b) *Nebeneinander von börslichem und außerbörslichem Handel im gleichen Handelssystem*

Fraglich ist weiterhin, welche börsenrechtlichen Voraussetzungen und Einschränkungen es für einen gleichzeitigen börslichen und außerbörslichen Handel auf demselben Handelssystem gibt, wie dies bei der Integration des IBIS-Systems in die Regionalbörsen der Fall war. Die hierbei bestehenden börsenrechtliche Schwierigkeit liegt darin, daß die unterschiedlichen Handelsarten auf dem Handelssystem erst im Nachhinein sauber voneinander abgegrenzt werden können, wenn nämlich klar ist, welche Orders gematcht wurden. Wurden die Orders von zwei Mitgliedern derselben Börse gematcht, handelt es sich um ein Börsengeschäft. Wurden jedoch die Orders von Handelsteilnehmern unterschiedlicher Börsen gematcht, handelt es sich um ein außerbörsliches Geschäft. Hieraus ergibt sich, daß es sich bei einem auf dieser Gestaltungbasierenden Handelssystem um ein System handelt, das janusköpfig sowohl als börsliches Handelssystem als auch als multilaterales Handelssystem im Sinne von § 31f WpHG zu betrachten ist.

Fraglich ist, ob ein solches System mit den heute geltenden börsengesetzlichen Regelungen vereinbar wäre. Dies könnte deshalb problematisch sein, weil der Handel an der Börse und der Handel über ein außerbörsliches Handelssystem vollkommen separat – sogar in unterschiedlichen Gesetzen – geregelt sind und es vor allem im Bereich der Aufsicht erhebliche Unterschiede gibt. So unterfällt der Börsenhandel der Aufsicht durch die Börsenaufsichtsbehörde, welche eine Behörde des Bundeslandes ist, in dem die Börse ihren Sitz hat. Demgegenüber unterfällt der außerbörsliche Handel über ein System nach § 31f WpHG der Aufsicht der Bafin.

Aus dem Gesetz ist nicht unmittelbar ersichtlich, ob ein börslicher und ein außerbörslicher Handel parallel über dasselbe System stattfinden dürfen. Jedoch ergeben sich aus der Gesetzesbegründung des Finanzmarkt-Richtlinie-Umsetzungsgesetzes zumindest Aufschlüsse über das generelle Nebeneinander von multilateralen Handelssystemen und Börsen. Demnach ist es zulässig, wenn der Betreiber eines geregelten Marktes gleichzeitig ein multilaterales Handelssystem betreibt.[452]

451 Ebd.
452 BT-Drucks. 16/4028, S. 68.

Ganz zum Ziel kann jedoch auch diese Aussage nicht führen, da weiterhin fraglich ist, ob es der Börsenträger oder die Börse selbst sein soll, die Betreiber des außerbörslichen multilateralen Handelssystems sein kann. Denn wenngleich nach der Definition des Art. 4 Abs. 1 Nr. 13 und Nr. 14 MiFID vom Wortlaut her als Betreiber des geregelten Marktes nach deutschem Börsenrecht nur die Börse selbst in Betracht kommt, ergibt sich aus Art. 36 Abs. 1 MiFID, daß gerade nicht die Börse, sondern der Börsenträger gemeint ist. Hiervon geht auch der deutsche Gesetzgeber aus. Andernfalls ergäbe es keinen Sinn, wenn in der Gesetzesbegründung weiterhin ausgeführt wird: "Betreiber eines geregelten Marktes (...) dürfen künftig nicht nur den Freiverkehr (...) betreiben", weil das Börsengesetz in § 48 ja ausdrücklich regelt, daß nur Börsenträger, nicht aber Börsen einen Freiverkehr betreiben dürfen. Auch ergeben sich grundsätzliche Zweifel daran, ob es einer Börse erlaubt ist, neben dem börslichen Handel gleichzeitig noch ein außerbörsliches Handelssystem zu betreiben. Eine solche Vorgehensweise könnte dem Anstaltszweck einer Börse zuwiderlaufen. Hierfür kann schon der Wortlaut des Börsengesetzes angeführt werden, wenn es dort in § 2 Abs. 1 heißt, Börsen seien Anstalten, die „nach Maßgabe dieses Gesetzes" multilaterale Systeme regeln und überwachen. Denn multilaterale außerbörsliche Handelssysteme richten sich nicht nach dem Börsengesetz, sondern nach § 31f WpHG. Zwar ist auch die Gesetzesbegründung nicht eindeutig, allerdings stützt auch sie tendenziell eher die Auffassung, die Börse selbst dürfe kein außerbörsliches Handelssystem errichten.[453] Da dies schließlich auch am besten mit der Unterscheidung von Börsen und außerbörslichen Handelssystemen und der Ausgestaltung von Börsen als Anstalten zu vereinbaren ist – es ist kaum zu begründen, wieso Anstalten, die gegründet werden, um einen geregelten Markt zu betreiben, gleichzeitig noch anderen wirtschaftlichen Tätigkeiten nachgehen sollen –, spricht sehr viel dafür, daß Börsen als Betreiber eines außerbörslichen Handelssystems nicht zulässig sind.

Als Betreiber dieses multilateralen Handelssystems kommt daher in erster Linie einer der beteiligten Börsenträger in Betracht, gegen dessen generelle Befugnis zum Betrieb eines solchen Systems – wie oben dargelegt – nichts spricht. Vielmehr wird dies sogar ausdrücklich in der Gesetzesbegründung gebilligt.[454] Auch gegen das Nebeneinander von Börsenhandel und von einem Börsenträger veranstaltetem außerbörslichen Handel auf einem Handelssystem ergeben sich börsenrechtlich keine Bedenken. Denn wie bereits dargelegt, kann hier anhand

453 Vgl. BT-Drucks. 16/4028, S. 68.
454 Ebd.

der Zulassung der Händler immer zweifelsfrei zugeordnet werden, ob ein Geschäft ein Börsengeschäft oder ein außerbörsliches Geschäft ist.

Somit ist eine mit der Integration des IBIS-Systems in die Regionalbörsen vergleichbare Konstruktion auch nach geltendem Börsenrecht zulässig.

c) Zulassungsrechtliche Fragestellungen

Auch die Zulassung der Handelsteilnehmer bereitet keine ernstzunehmenden Probleme. Da die Handelsteilnehmer nur bei einer der das Handelssystem nutzenden Börsen zugelassen sind, ist diese auch alleine für die Zulassung zuständig; zu gegensätzlichen Entscheidungen verschiedener Börsen kann es daher nicht kommen. Es besteht zulassungsrechtlich insofern kein Unterschied zu einer einzelnen Börse mit separatem Handelssystem.

d) Handelsaufsichtsrechtliche Fragestellungen

Schließlich ist noch zu untersuchen, welcher Behörde die Handelsaufsicht obliegt, wenn mehrere Börsen ein gemeinsames Handelssystem in der dargestellten Weise betreiben. Die Lösung liegt auch in diesem Bereich in der Aufteilung nach Art des abgeschlossenen Geschäfts. Kommt ein Geschäft zwischen Handelsteilnehmern derselben Börse zustande, handelt es sich, wie vorstehend dargestellt, um ein Börsengeschäft dieser Börse. Dementsprechend ist für die Handelsaufsicht die Börsenaufsichtsbehörde des Sitzlandes der Börse zuständig. Sofern das Geschäft zwischen Handelsteilnehmern an unterschiedlichen Börsen abgeschlossen wird, handelt es sich nicht um ein Börsengeschäft, sondern um ein außerbörsliches Geschäft an einem multilateralen Handelssystem nach § 31f WpHG. Hierfür obliegt die Aufsicht gem. § 4 Abs. 1 WpHG der Bundesanstalt für Finanzdienstleistungsaufsicht.

Inwieweit es den am Handelssystem beteiligten Börsen möglich ist, durch Vereinbarungen untereinander eine abweichende Zuordnung der Aufsicht zu erreichen, wird – um Wiederholungen zu vermeiden – im Rahmen von gemeinsamen Handelsplattformen besprochen werden,[455] wo sich dieses Problem noch viel deutlicher und drängender stellt.

3. Schaffung einer einheitlichen börslichen Handelsplattform

Weiterhin ist zu fragen, welche rechtlichen Anforderungen die Schaffung einer einheitlichen Handelsplattform für mehrere Börsen stellt. Hierbei ist zu

455 S. u. C. II. 3. c).

berücksichtigen, daß die Einführung einer gemeinsamen Handelsplattform keine Auswirkung auf den Bestand der teilnehmenden Börsen haben kann und insbesondere nie ein Kriterium sein kann, um eine Fusion der Börsen anzunehmen.[456] Zwar wird es oft so sein, daß der gesamte Handel einer beteiligten Börse nun über die gemeinsame Handelsplattform läuft, da das Ziel der gemeinsamen Plattform ja gerade die Erhöhung der Liquidität ist, was zu einem erheblichen Wettbewerbsvorteil gegenüber konkurrierenden Plattformen führen kann. Jedoch sind genauso gut Fälle denkbar, in denen nur ein Teil der Geschäfte einer Börse über eine gemeinsame Plattform mit einer anderen Börse abgewickelt wird, der andere Teil jedoch über eine separate Plattform. Dies ist vor allem dann sinnvoll, wenn eine gemeinsame Handelsplattform für einen bestimmten Geschäftsbereich eingerichtet wird. Als Beispiel kann hier wiederum die bis Ende 2011 als Kooperation betriebene Eurex dienen, über die die SWX ebenso wie die Gruppe Deutsche Börse nur ihren Derivatehandel abwickelte, während beispielsweise der Handel mit Aktien jeweils separat betrieben wurde.

Doch auch wenn zwei Börsen ihren sämtlichen Handel über eine gemeinsame Plattform abwickeln, mag dies zwar nach außen das Bild einer gemeinsamen Börse abgeben; rechtlich handelt es sich indes weiterhin um zwei unabhängige Börsen mit jeweils eigenständigen Börsenorganen, die auch verschiedenen Börsenaufsichtsbehörden unterstehen können. Aus dieser Koexistenz zweier Börsen bei Nutzung einer einheitlichen Handelsplattform ergeben sich Schwierigkeiten sowohl in börsenorganisationsrechtlicher als auch in zulassungsrechtlicher und handelsaufsichtsrechtlicher Hinsicht.

a) Börsenorganisationsrechtliche Zulässigkeit einer gemeinsamen Handelsplattform

Fraglich ist zunächst schon, ob die Einrichtung einer gemeinsamen Handelsplattform bei Beibehaltung zweier getrennter Börsen überhaupt zulässig ist und falls ja, wer bei einer solchen Entscheidung mitwirken muß.

Gegen die grundsätzliche Möglichkeit des Betriebs einer gemeinsamen Handelsplattform kann es im Ergebnis keine durchschlagenden Argumente geben. Denn die einzige Besonderheit dieser Konstruktion ist, daß das von den beteiligten Börsen jeweils verwendete Handelssystem identisch ist.[457] Gegen die Zulässigkeit

456 Siehe ausführlich unten C. III. 2. b) aa) bbb); ebenso wohl Christoph, Börsenkooperationen und Börsenfusionen, S. 204; anders aber Breitkreuz, Die Ordnung der Börse, S. 180; Vaupel RIW 1993, 733, 737.

457 Christoph, Börsenkooperationen und Börsenfusionen, S. 336 f.

einer solchen Vorgehensweise finden sich aber weder Anhaltspunkte im Börsengesetz, noch können solche aus dessen Zielen hergeleitet werden. Ganz im Gegenteil fördert die Schaffung einer gemeinsamen Handelsplattform sogar die Ziele des Gesetzgebers. Denn je niedriger die Liquidität an einem Markt ist, desto weniger wird die auf ihr beruhende Preisfeststellung der wirklichen Marktlage entsprechen.[458] Eine erhöhte Liquidität auf einer gemeinsame Handelsplattform führt daher auch zu marktgerechteren Preisen. Solche marktgerechte Preise sind aber gerade im Interesse der Anleger[459] und gem. § 24 Abs. 2 S. 1 BörsG Voraussetzung für den Börsenhandel.

In börsenorganisationsrechtlicher Hinsicht ergeben sich auch dann keine Zweifel an der Zulässigkeit der Errichtung einer gemeinsamen Handelsplattform, wenn der Kooperationspartner nicht in Deutschland ansässig ist. Denn dadurch, daß die kooperierenden Börsen rechtlich komplett getrennt bleiben, hat die Herkunft der Partnerbörse organisationsrechtlich keinerlei Auswirkung auf die in Deutschland ansässige Börse.

Es bleibt somit nur noch zu untersuchen, wer die Entscheidung über die Errichtung einer gemeinsamen Handelsplattform trifft. Um in die Zuständigkeit des Börsenrates zu fallen, bedürfte es eines Anhaltspunktes hierzu im Börsengesetz. In Betracht kommt hierbei zunächst § 16 Abs. 1 S. 2 Nr. 1–3 BörsG. Sollte die Errichtung einer gemeinsamen Handelsplattform unter eine dieser Regelungen fallen, hätte dies nicht nur zur Folge, daß der Börsenrat als gem. § 12 Abs. 2 S. 1 Nr. 1 1. Alt. BörsG die Börsenordnung erlassendes Gremium zur Entscheidung berechtigt wäre. Vielmehr bedürfte ein solches Kooperationsvorhaben wegen § 16 Abs. 3 BörsG auch der Zustimmung der Börsenaufsichtsbehörde. Mit „Geschäftszweig" in § 16 Abs. 1 S. 2 Nr. 1 BörsG ist jedoch lediglich auf die Unterteilung zwischen Effekten-, Termin- und Warenbörsen Bezug genommen,[460] so daß die Errichtung einer gemeinsamen Handelsplattform nicht hierunter fällt. Ebenfalls nicht einschlägig ist Nr. 2 der genannten Vorschrift, weil unter „Organisation der Börse" lediglich das Bestehen und die Funktion der Organe der Börse zu verstehen ist.[461] Schließlich sind mit dem Begriff der „Handelsarten" in Nr. 3 die unterschiedlichen Verfahren gemeint, nach welchen ein Handel ablaufen kann, wie etwa das Auktionsverfahren im Präsenzhandel und der fortlaufende Handel im elektronischen System.[462] Die Errichtung einer gemeinsamen Handelsplattform

458 Hammen/Kümpel S. 47.
459 Siehe Gesetzesbegründung BT-Drucks. 14/8017, S. 151 f.
460 Schwark-Schwark § 16 BörsG, Rn. 9.
461 Schwark-Schwark § 16 BörsG, Rn. 10.
462 BT-Drs. 14/8017, S. 74, Schwark-Schwark § 16 BörsG, Rn. 11.

fiele daher nur dann unter die letztgenannte Alternative, falls damit beispielsweise die Neueinführung eines elektronischen Handels einherginge, was in der Praxis jedoch kaum relevant werden dürfte.

Soweit § 16 BörsG also keine Grundlage bietet, um die Entscheidung über die Errichtung einer gemeinsamen Handelsplattform dem Börsenrat zuzuweisen, könnte sich eine solche jedoch aus § 12 Abs. 2 S. 2 BörsG ergeben. Hiernach bedarf „eine Entscheidung über die Einführung von technischen Systemen, die dem Handel dienen" der Zustimmung des Börsenrates. Geht man hier vom Wortlaut der Norm aus, wäre eine Zustimmung des Börsenrates also nur notwendig, wenn mit der Errichtung der gemeinsamen Handelsplattform auch die Einführung eines neuen Systems einhergeht, nicht aber wenn an ein bestehendes System eine weitere in- oder ausländische Börse angeschlossen wird. Da sich jedoch auch in diesem Fall die gleiche für die Handelsteilnehmer nicht unerhebliche Folge ergibt, daß künftig Orders zwischen allen an den teilnehmenden Börsen zugelassenen Handelsteilnehmern ausgeführt werden, spricht viel dafür, die Vorschrift hier weit auszulegen und die Einrichtung einer gemeinsamen Handelsplattform wegen der damit einhergehenden erheblichen Modifizierung des Handelssystems der Zustimmung des Börsenrates zu unterstellen.

Auch wenn nach dem hier Gesagten aus börsenorganisationsrechtlicher Sicht grundsätzlich nur eine Zustimmung des Börsenrates, nicht aber eine Zustimmung der Börsenaufsicht bei der Errichtung einer gemeinsamen Handelsplattform erforderlich ist, wird letztere in der Praxis oft schon deshalb notwendig sein, weil die Kooperation notwendigerweise zu Änderungen in der Börsenordnung führt, denen die Börsenaufsichtsbehörde gem. § 16 Abs. 3 BörsG zustimmen muß.

b) Zulassungsrechtliche Fragestellungen

Zulassungsrechtlich muß zwischen den Handelsteilnehmern einerseits und den zugelassenen Produkten andererseits unterschieden werden.

Die Zulassung von Handelsteilnehmern richtet sich nach § 19 BörsG und wird von der Geschäftsführung der Börse erteilt. Auf der gemeinsamen Handelsplattform werden Orders zwischen allen angeschlossenen Handelsteilnehmern gematcht. Da ein Geschäft aber zwingend erfordert, daß sowohl Käufer als auch Verkäufer an der gleichen Börse handeln, muß es bei einer gemeinsamen Handelsplattform immer eine beteiligte Börse geben, an der alle Handelsteilnehmer zugelassen sind. Im Fall der Eurex war dies beispielsweise die Eurex Deutschland. Darüber hinaus war es dort auch so, daß alle in Deutschland ansässigen

Handelsteilnehmer gleichzeitig an der Eurex Zürich zugelassen wurden.[463] Daß eine solche Zulassung an der Eurex Zürich jedoch rechtlich nicht zwingend notwendig war, zeigt sich bereits an der Tatsache, daß Handelsteilnehmer, die in Drittstaaten ansässig waren, lediglich einer Zulassung an der Eurex Deutschland bedurften.[464] Dies war folgerichtig, denn es sind keine rechtlichen Einwände dagegen ersichtlich, lediglich Geschäfte zwischen zwei Schweizer Handelsteilnehmern als Geschäfte an der Eurex Zürich zu behandeln, alle anderen aber als Geschäfte an der Eurex Deutschland. Eine Zulassung der Handelsteilnehmer an allen beteiligten Börsen mag daher bei einer gemeinsamen Handelsplattform von den Kooperationspartnern erwünscht sein. Rechtlich notwendig ist indes lediglich eine Zulassung aller Handelsteilnehmer an einer bestimmten an der Handelsplattform beteiligten Börse.

Das Gleiche gilt für die Produkte, die an einer gemeinsamen Handelsplattform gehandelt werden sollen, die – von der Ausnahme staatlicher Schuldverschreibungen gem. § 37 BörsG abgesehen – gleichfalls einer Zulassung durch die Geschäftsführung bedürfen, was für Wertpapiere in § 32 BörsG und für Wirtschaftsgüter und Rechte in § 23 BörsG geregelt ist. Auch hier ist es notwendig, daß alle gehandelten Produkte an der Börse zugelassen sind, an der alle Handelsteilnehmer zugelassen sind, weil nur so die Möglichkeit eines Handels auf der gesamten Plattform gewährleistet ist. Jedoch ist es, um allen Handelsteilnehmern die Möglichkeit zu geben, in allen Finanzinstrumenten handeln zu können, nicht zwingend notwendig, daß Handelsteilnehmer und gehandelte Produkte an allen beteiligten Börsen zugelassen sind.[465] Denn solange alle Teilnehmer und Produkte die Zulassung zu einer im vorhinein bestimmten Börse haben, welche an der Handelsplattform beteiligt ist, kann ein Geschäft zwischen zwei Beteiligten im Zweifel immer als Geschäft an dieser Börse abgeschlossen werden. In der Realität liegt freilich regelmäßig eine mehrfache Zulassung vor. Im beschriebenen Beispiel der Eurex war es sogar so, daß alle gehandelten Produkte sowohl an der Eurex Deutschland als auch an der Eurex Zürich zugelassen waren.[466] Eine solche Zulassung an allen an einer Handelsplattform beteiligten Börsen dürfte regelmäßig auch im Interesse der zuständigen Aufsichtsbehörden sein. So war es bei der Eurex für die deutsche Aufsichtsbehörde von großer Bedeutung, daß alle Handelsteilnehmer und alle gehandelten Produkte an der Eurex Deutschland

463 Siehe 3.1.2. BörsO Eurex; Beck FS Kümpel, S. 39.
464 Nobel FS Lutter, Diagramm S. 1510; vgl. auch 3 BörsO Eurex.
465 A. A. aber Christoph, Börsenkooperationen und Börsenfusionen, S. 474.
466 Kurth, Anforderungen, S. 3; Beck FS Kümpel, S. 39.

zugelassen waren.[467] Denn da ein auf der gemeinsamen Handelsplattform abgeschlossenes Geschäft dann immer auch ein Geschäft der Eurex Deutschland war, unterfiel es der Kontrolle der Hessischen Börsenaufsicht, was nach der Ansicht der Behörde für die Gewährleistung einer umfassenden Aufsicht unabdingbar notwendig war.[468]

Aus der Tatsache, daß die Börsen, die an eine gemeinsame Handelsplattform angeschlossen sind, rechtlich völlig unabhängig voneinander weiterexistieren, ergibt sich nun ein Problem, das zumindest rechtlich nur schwer zu beheben ist. Denn auch wenn eine Mehrfachzulassung von Teilnehmern und Produkten an allen oder jedenfalls einigen der beteiligten Börsen nicht zwingend notwendig ist, stellt sie doch die Regel dar. Es fragt sich daher, was passiert, wenn einem Produkt oder Handelsteilnehmer in solchen Fällen die Zulassung an einer der beteiligten Börsen entzogen wird. Aus der Selbständigkeit der beteiligten Börsen folgt zunächst ganz klar, daß eine solche Entscheidung keine direkte Wirkung auf die Zulassung an den anderen Börsen der Handelsplattform haben kann. Aus den vorstehenden Ausführungen ergibt sich weiterhin, daß bezüglich eines weiteren Handels auf der Handelsplattform zu unterscheiden ist, an welcher Börse der Teilnehmer oder das Produkt seine Zulassung verloren hat. Ist es die Börse, deren Zulassung zwingend für den Handel auf der Plattform notwendig ist, kann der betreffende Handelsteilnehmer nicht mehr handeln bzw. kann das betreffende Produkt nicht mehr auf der Plattform gehandelt werden. Ist es eine andere Börse, hat das für den Handel zunächst keine Auswirkung.[469] Daß solch auseinanderfallende Entscheidungen der Börsenorgane angesichts dieser klaren Folge unerwünscht und unter allen Umständen zu verhindern sind, ist offensichtlich. Inwieweit hier eine rechtliche Lösung machbar ist, ob es also möglich ist, ein gemeinsames Börsenorgan zu schaffen, das über die Zulassung an allen beteiligten Börsen entscheidet, soll an anderer Stelle dargestellt werden.[470] In der Praxis wird dem Risiko auseinanderfallender Entscheidungen häufig dadurch begegnet, daß Börsenorgane bei den an einer Handelsplattform beteiligten Börse personenidentisch besetzt werden, was zumindest faktisch stets zu übereinstimmenden Entscheidungen führen dürfte. Dieser Weg wurde auch bei der Eurex beschritten, wo die Geschäftsführung der Eurex Deutschland personenidentisch mit der Geschäftsleitung der Schweizer Börse Eurex Zürich AG war.[471] Wie weit

---

467 Kurth, Anforderungen, S. 3.

468 Kurth, Anforderungen, S. 3; Beck FS Kümpel, S. 39.

469 A. A. aber Christoph, Börsenkooperationen und Börsenfusionen, S. 474.

470 Siehe unten C. II. 6. b) bb).

471 Stand Dezember 2010, siehe: http://www.eurexchange.com/about/corporate.

eine solche Vorgehensweise – die jedenfalls in der Praxis gut funktioniert[472] – möglich ist und wo sie ihre Grenzen findet, soll in einem besonderen Abschnitt erörtert werden.[473] Ergänzend zu der personenidentischen Besetzung der Geschäftsleitung wurde in die an der Eurex gültige Börsenordnung eine Klausel integriert, wonach bei einer möglichen Rücknahme oder einem Widerruf der Börsenzulassung die Geschäftsführungen der beiden Eurex-Börsen „im Rahmen des rechtlich Zulässigen" einheitlich entscheiden werden.[474]

c) *Handelsaufsichtsrechtliche Fragestellungen*

Schließlich soll noch aufgezeigt werden, wie die Börsenaufsicht über eine gemeinsame Handelsplattform erfolgt. Es stellt sich nämlich, wenn Börsen aus unterschiedlichen Bundesländern oder sogar aus unterschiedlichen Staaten über eine gemeinsame Plattform Handel betreiben, die Frage, welche Börsenaufsichtsbehörde jeweils mit der Aufsicht betraut ist. Mag dies bei der Zulassung von Handelsteilnehmern und Produkten je nach der Börse, an der die Zulassung erfolgen soll, noch klar sein, ergeben sich für die Handelsüberwachung weitaus größere Probleme. Im wesentlichen bieten sich hierbei zwei Wege an. Zum einen erscheint es möglich, die Handelsüberwachung parallel von allen Börsenaufsichtsbehörden vornehmen zu lassen, deren Aufsicht eine der an der Handelsplattform beteiligten Börsen unterfällt. Dies hätte für den Fall, daß an einer Handelsplattform eine größere Anzahl von Börsen beteiligt ist, die äußerst unpraktische Folge, daß ein abgeschlossenes Geschäft der Aufsicht von einem halben Dutzend oder mehr Behörden unterliegt, was nicht nur geeignet ist, im Einzelfall für Verwirrung zu sorgen, sondern auch zu einer Vervielfachung der Kosten der Börsenaufsicht führt. Eine Alternative hierzu wäre, jedes abgeschlossene Geschäft nur in die Zuständigkeit einer einzigen Börsenaufsichtsbehörde fallen zu lassen, was jedoch wiederum zu zwei anderen Nachteilen führt. Denn zum einen steht zu befürchten, daß eine solche Regelung bei den Aufsichtsbehörden, welche sich um eine Verkürzung ihrer Befugnisse sorgen, zu Skepsis führen wird.[475] Zum anderen wäre aber auch erforderlich, jedes auf der Handelsplattform abgeschlossene Geschäft einer der beteiligten Börsen zuzuordnen.

---

472 Beck FS Kümpel, S. 39.

473 Siehe unten C. II. 5. b).

474 3.11.2 S. 3 Börsenordnung Eurex.

475 Siehe etwa Kurth, Anforderungen, S. 5, zur Eurex: „Wir haben bereits bei der Konstruktion darauf geachtet, daß der grundsätzliche Zugriff aufgrund der Inlandsanbindung gegeben ist".

Fraglich ist zunächst schon, ob das Börsengesetz eine der eben dargestellten Alternativen zwingend vorschreibt oder ob die Börsen eine Möglichkeit haben, durch die Art der Konstruktion der Handelsplattform oder durch entsprechende Fassung der Regelwerke eine Wahl zu treffen, wie die Aufsicht erfolgen soll. Das Bestehen einer solchen Möglichkeit wird von *Christoph* verneint. Jede an einer gemeinsamen Handelsplattform beteiligte Börse betreibe das gemeinsame Handelssystem als „ihr" Handelssystem und nutze es daher in seiner Gesamtheit.[476] Daher müsse sie sich auch alle darin getätigten Geschäfte zurechnen lassen, und eine mögliche Unterscheidung danach, wo die Handelsteilnehmer zugelassen seien, sei rechtlich nicht von Bedeutung.[477] Dies gehe aus der Regelung des § 7 Abs. 1 S. 2 BörsG hervor, die eine lückenlose Erfassung und Auswertung der Daten über den Börsenhandel durch die Handelsüberwachungsstelle verlange.[478] Da § 3 Abs. 1 S. 2 BörsG zudem die „Einrichtungen, die sich auf den Börsenverkehr *(...)* beziehen" der Aufsicht der Börsenaufsichtsbehörde unterstelle, zeige sich, daß auch der Gesetzgeber von einer Erstreckung der Markt- und Handelsaufsicht auf das gesamte Handelssystem ausgehe.[479] Daher sei im Ergebnis eine Änderung der Zuordnung etwa durch eine Bestimmung in der Börsenordnung nach deutschem Recht ausgeschlossen.[480] Betrachtet man die tatsächlichen Gegebenheiten bei der Eurex, so sind diese jedenfalls aus der Perspektive des deutschen Börsenrechts mit dieser Prämisse vereinbar.[481] Denn nach 1.1 S. 4 der Börsenordnung waren Geschäfte, die über die Handelsplattform zustande kamen, immer auch Geschäfte der Eurex Deutschland.[482] Nach der vorstehend dargestellten Auffassung folgte dieses jedoch nicht aus der Börsenordnung der Eurex, sondern bereits aus der bindenden Regelung des Börsengesetzes, so daß der Regelung der Börsenordnung nur ein deklaratorischer Charakter zuzubilligen wäre.

Diese Auffassung wird jedoch vor allem von der Börsenrechtspraxis nicht geteilt. Das zeigt sich beispielsweise an der Integration des IBIS-Systems der

---

476 Christoph, Börsenkooperationen und Börsenfusionen, S. 476.

477 Ebd.

478 Ebd.

479 Christoph, Börsenkooperationen und Börsenfusionen, S. 477.

480 Ebd.

481 Inwieweit die Regelung, daß nicht alle über Eurex abgeschlossene Geschäfte zugleich auch Geschäfte der Eurex Zürich sind, zulässig ist, bestimmt sich nach Schweizer Börsenaufsichtsrecht und kann daher in der vorliegenden Arbeit nicht untersucht werden.

482 Falls beide Handelsteilnehmer an der Eurex Zürich zugelassen sind, sind sie auch Geschäfte an der Eurex Zürich.

Frankfurter Wertpapierbörse in die Regionalbörsen. Denn hier wurde ein Teil der abgeschlossenen Geschäfte als Geschäfte alleine der Regionalbörsen behandelt.[483] Die Aufsicht über den gesamten Handel über das IBIS-System wurde jedoch von der Frankfurter Börse übernommen.[484] Während auf den zweiten Schwerpunkt der Frage, nämlich auf das Problem, ob durch eine Vereinbarung der beteiligten Börsen die Handelsüberwachung für eine Börse von einer anderen Börse übernommen werden darf, noch detailliert eingegangen werden soll,[485] soll an dieser Stelle zunächst entschieden werden, ob Anknüpfungspunkt für das Eingreifen der Handelsaufsicht tatsächlich, wie von *Christoph* behauptet, die Tatsache sein kann, daß ein bestimmtes Geschäft auf einem Handelssystem abgeschlossen wird, welches auch den Handel der betreffenden beaufsichtigten Börse abwickelt. Daß dies zweifelhaft ist, zeigt sich am besten am Beispiel der IBIS-Integration in die Regionalbörsen, bei denen das selbe Handelssystem sowohl für außerbörslichen Handel als auch für Börsenhandel verwendet worden ist. Wäre alleine die Abwicklung über ein bestimmtes Handelssystem das Anknüpfungsmerkmal für die Handelsaufsicht, würde dies bedeuten, daß in diesem Fall auch der außerbörsliche Handel zwischen Handelsteilnehmern verschiedener Regionalbörsen der Börsenaufsichtsbehörde untersteht, die für die Beaufsichtigung einer dritten am System beteiligten Regionalbörse zuständig ist, und dies, obwohl unter Umständen keiner der beiden Handelsteilnehmer eine Zulassung an dieser dritten Börse hat. Eine solche Zuordnung würde die Trennung, die der Gesetzgeber mit der Unterscheidung zwischen dem von der Börsenaufsichtsbehörde zu überwachenden Börsenhandel und dem von der BaFin zu überwachenden Handel auf multilateralen Handelssystemen vorsieht, unzulässig aufheben. Zudem darf sich durch die Einführung elektronischer Handelssysteme kein Unterschied in der rechtlichen Bewertung im Vergleich zur traditionellen Parkettbörse ergeben. Insofern stellt das gemeinsame Handelssystem aber nur den Raum für Geschäftsabschlüsse dar, der von den beteiligten Börsen gemeinsam genutzt wird, ohne daß dadurch aber ein Geschäftsabschluß automatisch auch alle Börsen betrifft. Um es mit einem Beispiel aus der vorelektronischen Zeit des Börsenhandels zu verdeutlichen: Mieten zwei Regionalbörsen im selben Bürogebäude Räumlichkeiten und betreiben dort ihre Handelssäle, ändert diese räumliche Übereinstimmung selbstverständlich nichts an der separaten Beaufsichtigung durch die jeweilige Börsenaufsicht. Dies gilt auch dann, wenn gleichzeitig ein

483 S. o. B. IV.

484 Kümpel WM 1992, 249, 253 f.

485 S. u. C. II. 6. b) cc).

außerbörslicher Handel zwischen Handelsteilnehmern der beiden Handelssäle stattfindet. Nur weil nun der Handel elektronisch über die gleichen Server und das gleiche Handelssystem läuft, führt dies nicht zu einer Vermischung der getrennt zu betrachtenden Börsen.

Dem kann auch nicht die Formulierung aus § 7 Abs. 1 S. 2 BörsG entgegengehalten werden, wonach die Handelsüberwachungsstelle „Daten über den Börsenhandel (…) lückenlos zu erfassen" habe.[486] Denn hier sind, wie § 7 Abs. 1 S. 1 BörsG ausdrücklich aufführt, die Daten über den Börsenhandel an der jeweiligen Börse gemeint. Daß der Gesetzgeber hier vom Handel „an der Börse" und nicht „auf der Handelsplattform" spricht, zeigt eindeutig, daß zunächst eine Zuordnung der Geschäfte zu einer bestimmten Börse erfolgen muß, damit über die Zuständigkeit der Börsenaufsicht entschieden werden kann. Welches das entscheidende Kriterium für die Zuordnung eines Geschäfts zu einer Börse ist, wird durch diese Regelung aber gerade nicht im Sinne des Merkmals einer tatsächlichen Nutzung eines bestimmten Handelssystems entschieden. Vielmehr erscheint ein solches Kriterium der räumlichen Zuordnung zum Computersystem wegen seiner Beliebigkeit als denkbar ungeeignet. Denn es kann nicht sinnvoll sein, die Frage der Aufsicht über die Börsen daran anzuknüpfen, ob der Handel über ein einheitliches System und einheitliche Server läuft oder ob mehrere identische Handelssysteme auf unterschiedlichen Servern, die aber Orders untereinander weiterleiten, den Börsenhandel steuern. Daß aber jedenfalls in letztgenanntem Fall eine Aufsicht von allen Börsenaufsichtsbehörden über alle am Kooperationsprojekt beteiligte Börsen nicht in Betracht kommt, dürfte außer Frage stehen. Dies aber zeigt, daß das entscheidende Kriterium, nach dem sich die Zuständigkeit der Aufsicht bestimmt, ein anderes sein muß. Es bietet sich hierbei vor allen anderen denkbaren Alternativen das Kriterium der rechtlichen Zuordnung an. Die Börsenaufsichtsbehörde hat daher in Fällen eines gemeinsamen Handelssystems oder einer gemeinsamen Handelsplattform diejenigen Geschäfte zu beaufsichtigen, die (zumindest auch) der durch sie beaufsichtigten Börse rechtlich zuzuordnen sind. Fraglich ist somit, unter welchen Voraussetzungen ein Geschäft einer Börse rechtlich zuzuordnen ist. Klar ist dies in den Fällen eines gemeinsamen Handelssystems, wenn eine Zulassung nur bei einer der beteiligten Börsen besteht.[487] Problematischer ist dies jedoch bei einer

---

486 A. A. Christoph, Börsenkooperationen und Börsenfusionen, S. 476.

487 S. hierzu oben C. II. 2. d): Sind beide Handelsteilnehmer an der gleichen Börse zugelassen, handelt es sich um ein Geschäft an dieser Börse; sind beide Handelsteilnehmer an unterschiedlichen Börsen zugelassen, handelt es sich um ein außerbörsliches Geschäft.

gemeinsamen Handelsplattform wie der Eurex, wenn die Handelsteilnehmer in aller Regel an mehreren oder allen beteiligten Börsen zugelassen sind. Denn schon in den Fällen von nur zwei an der Handelsplattform beteiligten Börsen bestehen drei Möglichkeiten einer Zuordnung des Geschäftes: Es kann sich um ein Geschäft der Börse A, um ein Geschäft der Börse B oder um ein Geschäft beider Börsen handeln. Hier stellt sich nun die Frage, ob es zulässig ist, wenn die beteiligten Börsen in der Börsenordnung oder einem anderen Regelwerk die Zuordnung der Geschäfte zu den einzelnen Börsen vornehmen, wobei hierbei verschiedene Varianten in Betracht kommen. So könnte eine Regelung dergestalt erfolgen, daß alle Geschäfte derselben Börse zugeordnet werden, oder es könnte versucht werden, eine Aufteilung zu schaffen, die den vor der Kooperation an den einzelnen Börsen gehandelten Volumina entspricht, also beispielsweise 30 % der Geschäfte Börse A, 70 % Börse B zuzuordnen. Erhebliche Bedenken gegen diese beiden Formen der Verteilung gibt es solange nicht, wie spätestens bei Abschluß des Geschäftes für alle Beteiligten klar ersichtlich ist, ob es sich bei einem Geschäft um ein Geschäft der Börse A oder der Börse B handelt. Denn da die Beteiligten an beiden Börsen Handelsteilnehmer sind, ist es grundsätzlich ihnen überlassen, an welcher Börse sie handeln wollen, wobei sie lediglich durch die die Handelsplattform betreibenden Börsen eingeschränkt werden, in deren Entscheidungsmacht es steht, wie die betreffende Handelsplattform konkret ausgestaltet wird und wer mit wem an welcher Börse Geschäfte abschließen kann. Dies erscheint vor allem dann konsequent, wenn man bedenkt, daß es zumindest theoretisch für die Beteiligten möglich wäre, ihre Zulassung an einer der beiden beteiligten Börsen vorübergehend aufzugeben. Dann wäre ein zwischen ihnen abgeschlossenes Geschäft automatisch an der Börse zustande gekommen, an der die Handelsteilnehmer weiterhin zugelassen sind. Ein solches Wahlrecht führt auch nicht zu einer Verkürzung der Aufsicht über den Börsenhandel, da eine effektive Überwachung solange möglich bleibt, als für die Aufsichtsbehörden klar zu erkennen ist, welche Geschäfte ihrer Aufsicht unterfallen. Daher ist eine anteilsmäßige Aufteilung der Geschäfte zwischen den Börsen nur dann möglich, wenn sie nach außen hin klar erkennbar ist. Möglich wäre beispielsweise eine Aufteilung nach Zeiträumen, so daß etwa drei Handelstage lang abgeschlossene Geschäfte der Börse A zugerechnet werden und dann einen Handelstag lang der Börse B. Ebenso zulässig wäre eine Aufteilung nach gehandelten Wertpapieren oder ähnlichen nach außen hin erkennbaren Kriterien.

Fraglich ist ferner, ob eine Regelung in der unter 1.1 S. 4 der Börsenordnung der Eurex verwendeten Form möglich ist, daß ein Börsengeschäft auf der Handelsplattform, sofern beide beteiligten Handelsteilnehmer an beiden Börsen zugelassen sind, sowohl ein Geschäft der Eurex Deutschland als auch ein Geschäft der Eurex Zürich ist. Dies ist, obwohl es gerade von den an der Beaufsichtigung beteiligten Behörden regelmäßig gewünscht werden dürfte, weil es ihre Befugnisse erweitert,[488] nicht so leicht zu bejahen.[489] Denn auch wenn der Verkäufer eines Finanzinstruments an beiden Börsen zugelassen ist, erscheint es zunächst lediglich begründbar, daß er entweder in seiner Funktion als Handelsteilnehmer an der Börse A oder als Handelsteilnehmer an der Börse B handelt. Wenn nun ein Geschäft zustande kommt und der Käufer in seiner Funktion als Handelsteilnehmer derselben Börse handelt, so liegt ein Geschäft an dieser Börse vor. Handelt der Verkäufer jedoch in seiner Funktion als Handelsteilnehmer an der anderen Börse, so führt dies nicht dazu, daß das Geschäft beiden Börsen zuzurechnen ist, sondern es wäre naheliegender, dieses Geschäft wie jeden anderen Handel zwischen den Teilnehmern verschiedener Börsen als außerbörslichen Handel einzuordnen. Eine Zuordnung zu beiden Börsen gleichzeitig kann deshalb nur dann erfolgen, wenn es dem Handelsteilnehmer möglich ist, bei Abschluß eines Geschäftes gleichzeitig als Handelsteilnehmer an Börse A und Börse B aufzutreten und dieses Geschäft sozusagen janusköpfig sowohl als Börsengeschäft an A als auch als Börsengeschäft an B zu werten wäre. Dies würde aber zu einer ganzen Reihe von Problemen führen. Es beginnt damit, daß nach außen hin kaum noch ersichtlich wäre, welche Volumina an den an solch einer gemeinsamen Handelsplattform beteiligten Börsen gehandelt werden. Denn das auf der gemeinsamen Handelsplattform umgesetzte Handelsvolumen würde sowohl in den Statistiken der Börse A als auch der Börse B erscheinen, und es wäre unter Umständen nicht ohne weiteres ersichtlich, wie hoch der Anteil der jeweilige Anteil der Börse an den so mehrfach aufgeführten Geschäften ist und wie hoch das tatsächliche Handelsvolumen an allen Börsen zusammen ist, was einen Verstoß gegen die Verpflichtung zur Nachhandelstransparenz gem. § 31 Abs. 1 BörsG darstellen könnte. Doch auch wenn man dieser Gefahr mit einer detaillierten Aufschlüsselung der Geschäfte begegnen würde, käme es im Bereich der Aufsicht und der Rechtsverfolgung zu erheblichen Schwierigkeiten. Denn wenn es sich bei einem Geschäft um ein Geschäft sowohl der Börse A als auch der Börse B handelt, sind für die Handelsüberwachung sowohl die Börsenaufsicht des Sitzlandes von A als auch des Sitzlandes von B zuständig, ohne daß klar wäre, in welchem Verhältnis beide zueinander stünden. Insbesondere muß für einen Handelsteilnehmer bei gegenläufigen Anordnungen der beiden Börsenaufsichtsbehörden

488 Siehe hierzu etwa Kurth, Anforderungen, S. 5.
489 A. A. Christoph, Börsenkooperationen und Börsenfusionen, S. 476.

klar sein, welcher Anordnung er zu folgen hat. Deshalb sollte sogar umgekehrt sichergestellt werden, daß es zu gegenläufigen Anordnungen überhaupt nicht kommen kann. Dies wirft aber die weitere verfassungsrechtliche Frage auf, ob es zulässig ist, daß sich eine Börsenaufsichtsbehörde von vorneherein den Entscheidungen der Börsenaufsichtsbehörde eines anderen Bundeslandes oder einem gemeinsam gebildeten Ausschuß unterwirft, was notwendig wäre, um die Gefahr sich widersprechender Entscheidungen sicher zu bannen. Erhebliche Probleme würden sich für Handelsteilnehmer auch im Rahmen einer möglichen Klage im Zusammenhang mit Wertpapiergeschäften ergeben. Denn sollte ein Geschäft an beiden Börsen vorliegen, fragt sich, gegen welche Börse eine Klage zu richten wäre. Auch wären alternative örtliche Zuständigkeiten denkbar, was zur Gefahr von gegenläufigen Gerichtsentscheidungen führt.

Dies alles spricht dafür, zu verlangen, daß sich ein auf einer gemeinsamen Handelsplattform abgeschlossenes Geschäft immer genau einer beteiligten Börse zuordnen läßt, mit der Konsequenz, daß die für diese Börse zuständige Aufsichtsbehörde insoweit zuständig ist. Zu einer Verkürzung der Aufsicht muß es hierdurch in der Praxis trotzdem nicht kommen. Denn es bleibt der zuständigen Behörde natürlich unbenommen, die für die anderen an der Handelsplattform beteiligten Börsen zuständigen Aufsichtsbehörden im Wege der Amtshilfe oder anderer öffentlich-rechtlicher Institute in eine Entscheidung einzubeziehen.

4. Schaffung einheitlicher Regelwerke

Ein zumindest börsenrechtlich weniger problematisches Mittel zur Intensivierung einer Kooperation auf Ebene der Börsenanstalten ist die Schaffung einheitlicher Regelwerke. Denn abgesehen von den damit verbundenen kartellrechtlichen Schwierigkeiten, auf die an anderer Stelle ausführlich eingegangen werden soll,[490] bietet das Börsengesetz wenige Hürden für eine solche Vorgehensweise. Eine Schwierigkeit könnte sich unter Umständen allenfalls daraus ergeben, daß für den Erlaß der wichtigsten Regelwerke, wie etwa der Börsenordnung, der Geschäftsbedingungen, der Gebührenordnung und der Zulassungsordnung für Börsenhändler gem. § 12 Abs. 2 Nr. 1 BörsG der Börsenrat zuständig ist. Da die einzelnen Mitglieder des Börsenrats gem. § 13 Abs. 1 BörsG für bis zu drei Jahre gewählt sind, kann eine Vereinheitlichung also nur erfolgen, falls im Börsenrat eine Mehrheit für die Pläne gewonnen wird. Da jedoch eine Kooperation auf Ebene der Börsenanstalten ohnehin nur vorankommen kann, wenn ein solcher Kurs durch den Börsenrat unterstützt wird, ist davon

490 S. u. D. III. 1. a).

auszugehen, daß in der Praxis einer Vereinheitlichung der Regelwerke keine Steine in den Weg gelegt werden dürften. Weiterhin könnte sich ein Problem noch aus dem Erfordernis der Genehmigung bestimmter Regelwerke durch die Börsenaufsichtsbehörde ergeben. So muß die Börsenaufsicht etwa nach § 16 Abs. 3 S. 1 BörsG der Börsenordnung und nach § 17 Abs. 2 S. 1 BörsG der Gebührenordnung zustimmen. Jedoch stellt auch dies in aller Regel nur eine geringe Hürde dar, die auf dem Weg zu einer Vereinheitlichung dieser Regelwerke überwunden werden muß. Denn die Börsenaufsichtsbehörde hat keineswegs die Befugnis, bei der Beurteilung von Börsenordnung oder Gebührenordnung eigene Zweckmäßigkeitserwägungen einfließen zu lassen.[491] Wie sich sowohl aus dem Charakter der Börsenordnung als autonomer Rechtssetzung der Börse als auch aus der Formulierung des § 16 Abs. 3 S. 2 BörsG ergibt, handelt es sich vielmehr um eine reine Rechtmäßigkeitskontrolle durch die Aufsichtsbehörde, die nur dann eine Zustimmung verweigern kann, wenn eine Regelung nicht mit den durch das Börsengesetz konkretisierten Aufgaben der Börsenanstalt im Einklang steht.[492]

Somit ist also im Ergebnis der Aufwand und die damit einhergehenden rechtlichen Schwierigkeiten einer Vereinheitlichung der Regelwerke gering, der Nutzen für die an einer Kooperation beteiligten Börsen jedoch erheblich. Denn gerade die Einrichtung eines gemeinsamen Handelssystems oder die Schaffung einer gemeinsamen Handelsplattform ist ohne eine Anpassung der Regelwerke kaum möglich, weil unterschiedliche Regelungen zum einen immer die Gefahr widersprüchlicher Entscheidungen erhöhen und zum anderen Handelsteilnehmer abschrecken, weil der Handel komplizierter und unübersichtlicher wird. Gerade bei solch intensiveren und längerfristigen Kooperationen ist die Vereinheitlichung von Regelwerken daher eine empfehlenswerte und auch in der Praxis zu beobachtende Vorgehensweise, wie das Beispiel der Eurex zeigt, wobei dort sogar eine weitgehende Zusammenfassung in einem einheitlichen Regelwerk erfolgt ist.[493]

491 Schwark-Schwark § 16 BörsG, Rn. 3; § 17 BörsG, Rn. 6.

492 Schwark-Schwark § 16 BörsG, Rn. 3.

493 Lediglich in Teilbereichen, wie etwa dem Aufsichtsrecht, war eine solche Zusammenfassung aufgrund entgegenstehender gesetzlicher Bestimmungen nicht möglich, vgl. Beck FS Kümpel, S. 37.

5. Personelle Identitäten bei der Besetzung von Börsenorganen

Wie bereits erwähnt,[494] wird dem Risiko, daß die Organe der an einer Kooperation beteiligten Börsen gegensätzliche Entscheidungen treffen, in der Praxis dadurch begegnet, daß versucht wird, die Organe einer Börse personenidentisch mit den jeweils entsprechenden Organmitgliedern der anderen beteiligten Börsen zu besetzen. Dies ist gerade bei überschaubaren Kooperationen zweier oder dreier Börsen ein geeignetes Mittel, um den rechtlichen Schwierigkeiten zu entgehen, die die Errichtung gemeinsamer Börsenorgane aufwirft.[495] Mit Erfolg praktiziert wird diese Vorgehensweise bei der Eurex, wo die Geschäftsführung der Eurex Deutschland mit dem Vorstand der Eurex Frankfurt AG und der Geschäftsleitung der Eurex Zürich AG personenidentisch war.[496] Jedoch zeigt diese Kooperation auch die praktischen Grenzen eines derartigen Vorgehens. Denn obgleich für die Besetzung der Handelsüberwachungsstellen ein ebensolches Vorgehen vorgesehen war, scheiterte dies an Bedenken der Schweizer Börsenaufsicht.[497]

Neben der Frage, inwieweit eine personenidentische Besetzung von einzelnen Börsenorganen grundsätzlich rechtlich zulässig ist, soll daher im folgenden auch untersucht werden, welche Hürden es gibt, die trotz einer rechtlichen Zulässigkeit eine tatsächliche Umsetzung des Vorhabens in die Praxis vereiteln könnten. Ferner soll für einige praxisrelevante Fälle der Frage nachgegangen werden, inwieweit die Mitgliedschaft in anderen Organen derselben Börse oder eine Partnerbörse oder eine leitende Stellung beim Börsenträger ein Hindernis für eine Mitgliedschaft in einem bestimmten Börsenorgan darstellen kann.

a) Börsenrat

Schwer realisierbar ist eine komplette Angleichung der Besetzung der Börsenräte, da diese zum einen für die Dauer von drei Jahren gewählt sind und zum anderen vor allem die Wahl der Mitglieder aus der Mitte der einzelnen in § 12 Abs. 1 BörsG aufgeführten Gruppen die Einflußnahme von Börse und Börsenträger erschwert.[498] Generell bestehen jedoch keine rechtlichen Bedenken dagegen, daß eine Person in mehreren Börsenräten vertreten ist, und auch in der Praxis ist dies

494 C. II. 3. b).

495 Siehe hierzu unten C. II. 7.

496 Stand November 2010, siehe: http://www.eurexchange.com/about/corporate.

497 Vgl. Kurth, Anforderungen, S. 4.

498 Christoph, Börsenkooperationen und Börsenfusionen, S. 163; Breitkreuz, Die Ordnung der Börse, S. 154.

regelmäßig anzutreffen.[499] Ebenso unproblematisch ist es, wenn ein Mitglied des Börsenrates gleichzeitig Vorstandsmitglied eines der an der Kooperation beteiligten Börsenträgers ist.[500]

b) *Börsengeschäftsführung*

Was eine Personenidentität in den Geschäftsführungen der an einer Kooperation beteiligten Börsen angeht, ist Folgendes festzuhalten. Es spricht nichts dagegen, daß eine Person Geschäftsführer von mehr als einer Börse ist,[501] und auch in der Praxis sind solche Personenidentitäten nicht ungewöhnlich.[502] Einziges rechtliches Problem bei der Durchsetzung einer solchen Absicht ist die Tatsache, daß die Börsengeschäftsführung gem. § 12 Abs. 2 Nr. 2 vom Börsenrat im Einvernehmen mit der Börsenaufsichtsbehörde bestellt wird. Jedoch ist der Einfluß des Börsenträgers auf die Personen der Geschäftsführung in der Praxis regelmäßig entscheidend, und meist werden sich weder Börsenrat noch Börsenaufsichtsbehörde einem Plan des Börsenträgers, der im Rahmen einer Kooperation zwischen mehreren Börsen auf eine Angleichung der Besetzung des Geschäftsführerpostens drängt, widersetzen. So bleibt als letztes Hindernis die Regelung, daß eine vorzeitige Abberufung des zum Zeitpunkt des Beginns einer Börsenkooperation amtierenden Geschäftsführers durch den Börsenrat nach verbreiteter Meinung nicht nach freiem Ermessen, sondern analog § 84 Abs. 3 AktG nur bei Vorliegen eines wichtigen Grundes erfolgen kann,[503] wobei jedoch dieser Umstand die Herstellung einer Personenidentität auf Geschäftsführerebene langfristig keineswegs ernstlich blockieren kann. Dies gilt um so mehr, als an das Vorliegen eines wichtigen Grundes von Literatur und Rechtsprechung keine

499 So gehörten beispielsweise im März 2009 vier Mitglieder des Börsenrates der Frankfurter Wertpapierbörse auch dem Börsenrat der Eurex Deutschland an.

500 Vielfach wird eine solche Vertretung sogar als wünschenswert angesehen, und es wird sogar befürwortet, eine gesetzliche Regelung zu schaffen, die die Vertretung des Börsenträgers im Börsenrat festschreibt; vgl. Kümpel, Bank- und Kapitalmarktrecht, 3. A., Rn. 17.281 ff., Christoph, Börsenkooperationen und Börsenfusionen, S. 163 f.

501 Christoph, Börsenkooperationen und Börsenfusionen, S. 168.

502 Abgesehen vom eingangs des Abschnittes aufgeführten Beispiel von Eurex Deutschland und Eurex Zürich ist dies etwa noch bei der Hanseatischen Wertpapierbörse Hamburg und der Niedersächsischen Börse zu Hannover der Fall, siehe http://www.boersenag.de/de/ueber_uns/gremien_struktur (Stand November 2010).

503 Schwark-Schwark § 12 BörsG, Rn. 17.

allzu hohen Anforderungen gestellt werden und auch eine Betriebsumstellung oder Fusion als ein solcher anerkannt ist.[504]

Zusätzlich können sich freilich aus praktischer Sicht Hindernisse ergeben, die jedenfalls eine vollständige Personenidentität zwischen den Geschäftsführungen als nicht sinnvoll erscheinen lassen. Ein solches Hindernis kann zum einen die unterschiedliche Anzahl der Geschäftsführer der an der Kooperation beteiligten Börsen sein. So hat die Frankfurter Wertpapierbörse deren vier, die übrigen sechs deutschen Wertpapierbörsen lediglich zwei.[505] Zudem erscheint eine vollständige Personenidentität dann nicht als sinnvoll, wenn sich eine Zusammenarbeit zwischen den Börsen nur auf einen Teilbereich bezieht und jede Börse ein Geschäftsgebiet behält, das sie nicht in die Kooperation einbringt.

c) Börsengeschäftsführung und Vorstand des Börsenträgers

Problematischer ist indes die auch in der Praxis[506] zu beobachtende Vorgehensweise, die Leitung der Börse Personen zu übertragen, die bereits Vorstandsmitglieder des eigenen Börsenträgers oder des Trägers einer Partnerbörse sind. Zwar stellt sich dieses Problem nicht nur bei Börsenkooperationen, sondern betrifft, wie die angeführten Beispiele belegen, Börsen allgemein. Jedoch verkompliziert sich die Situation bei Kooperationen mit ausländischen Börsen durch den Umstand, daß eine Trennung von Börse und Börsenträger in den meisten Ländern unbekannt ist und eine Angleichung der personellen Besetzung von Gremien der Kooperationspartner eine personenidentische Besetzung der Geschäftsführung der deutschen Börse und des Vorstands der deutschen Trägergesellschaft nahelegen dürfte. Dies läßt sich deutlich am Beispiel der Eurex beobachten.

Fraglich ist schon, ob es nicht generell als unzulässig betrachtet werden muß, wenn Personen, die dem Vorstand eines Börsenträgers angehören, gleichzeitig Geschäftsführer der betreffenden Börse sind. Auch wenn eine solch strikte Position in der Literatur nur vereinzelt vertreten wird,[507] finden sich doch wiederholt Stimmen, die einer solchen Personenidentität in der Leitung von Börsenträger

504 MüKo AktG-Spindler § 84, Rn. 121 m. w. N.

505 Stand November 2010.

506 Neben dem oben genannten Beispiel bei Eurex Deutschland und Eurex Frankfurt AG liegt auch bei der Hanseatischen Wertpapierbörse Hamburg und der Niedersächsischen Börse zu Hannover eine komplette Personenidentität zwischen der Geschäftsführung der Börse und der Leitung des Börsenträgers vor. Bei der Frankfurter Wertpapierbörse ist zumindest ein Geschäftsführer gleichzeitig Mitglied des Vorstandes des Börsenträgers.

507 Breitkreuz, Die Ordnung der Börse, S. 156.

und Börse kritisch gegenüberstehen,[508] und auch in der Praxis werden Konsequenzen aus diesen Bedenken gezogen.[509] Denn es mag zwar nach außen hin so erscheinen und in aller Regel sogar richtig sein, daß Börse und Börsenträger Hand in Hand arbeiten und die Schaffung einer expandierenden, wirtschaftlich florierenden Börse im Interesse beider ist.[510] Jedoch darf man nicht vergessen, daß sich die der Sorge um eine gedeihliche Entwicklung der Börse zugrunde liegende Interessenlage von Börsenträger einerseits und Börse andererseits wesentlich unterscheidet. Denn während die Börse eine öffentlich-rechtliche Anstalt ist, deren Zweck, wie aus § 2 Abs. 1 BörsG i. V. m. den jeweiligen Börsenordnungen hervorgeht, der Betrieb von multilateralen Handelssystemen zum Abschluß von Handelsgeschäften mit Wirtschaftsgütern und Rechten ist, handelt es sich beim Börsenträger um eine privatrechtliche Gesellschaft, die auf Gewinnerzielung ausgerichtet ist. Daß dies, insbesondere wenn es um hohe Investitionen in die Infrastruktur oder andere Maßnahmen geht, die – zumindest kurzfristig – unrentabel sind, zu divergierenden Auffassungen bei Börse und Träger führen kann, liegt auf der Hand.[511] Daher erscheint es zu kurz gegriffen, wenn man eine Personenidentität zwischen Börsengeschäftsführung und Vorstand des Börsenträgers als generell unproblematisch ansieht und dabei auf die langjährige problemfreie Übung hinweist.[512] Denn es muß gewichtet werden, daß die frühere Situation, als es regelmäßig die Handelsteilnehmer der Börse selbst waren, die als Mitglieder

508 Hammen/Kümpel WM 2000, Sonderbeilage Nr. 3, 10; Schneider/Burgard WM 2000, Sonderbeilage Nr. 3, 3; Christoph, Börsenkooperationen und Börsenfusionen, S. 164 ff.

509 So wurde Anfang 2005 die Trägergesellschaft der Baden-Württembergischen Wertpapierbörse aufgespaltet in die Baden-Württembergische Wertpapierbörse GmbH, die als Trägergesellschaft der Börse fungiert, und in die rein privatwirtschaftlich ausgerichtete Betriebsgesellschaft Börse Stuttgart AG. Weiterhin schied der bisherige Geschäftsführer der Baden-Württembergischen Wertpapierbörse aus seiner Funktion aus und war nur noch als Vorstand der Betriebsgesellschaft tätig. Grund für die Veränderungen war das Bestreben, den grundsätzlichen Konflikt zwischen der Durchführung hoheitlicher Aufgaben und der Wahrnehmung privatwirtschaftlicher Interessen aufzulösen; siehe „Börse Stuttgart sieht größere Spielräume“ und „Personen: Paul Wick übernimmt Börsenratsvorsitz in Stuttgart“, BZ vom 31.12.2004, S. 3 und 10.

510 So auch Schwark-Schwark § 15 BörsG, Rn. 3.

511 Ausführlich zur Aufhebung des bis dahin strukturell vorhandenen Gleichlaufs der Interessen durch den Börsengang des Börsenträgers: Hammen, AG 2001, 549, 556.

512 So aber Kümpel, Börsenrecht 1. Auflage, 1996, S. 52; ebenfalls kein Problem in der Personenidentität sieht Wiede, Die Börse als verwaltungsrechtliches Problem und Rechtsinstitut, S. 65.

eines Vereins, welcher als Börsenträger fungierte, die Börse betrieben, mit den heutigen Verhältnissen nicht vergleichbar ist. Börsenträger sind nämlich nicht nur immer häufiger als Aktiengesellschaften ausgestaltet. Vielmehr sind zudem ihre Anteilseigner oftmals Finanzinvestoren, die zur Börse keinen Bezug mehr haben, sondern ihre Entscheidung zur Beteiligung an einem Börsenträger aus rein renditeorientierten Gesichtspunkten treffen.[513] Hierraus jedoch zu folgern, aus der börsenrechtlichen Trennung von Börse und Börsenträger ergebe sich die Unzulässigkeit der beschriebenen Personenidentität, weil andernfalls zu befürchten sei, die Geschäftsführung der Börse werde de facto vom Börsenträger kontrolliert und dessen Interessen bei würden über Gebühr berücksichtigt,[514] erscheint freilich zu weitgehend. Es mag dahingestellt bleiben, ob eine dahingehende gesetzliche Regelung wünschenswert wäre, um einen überproportionalen Einfluß des Börsenträgers auf die Börsenanstalt zu verhindern. Im geltenden Recht findet sich hierfür jedoch keine Stütze. Zunächst ist festzustellen, daß im Börsengesetz ein ausdrückliches Verbot der Besetzung der Börsengeschäftsführung mit Vorstandsmitgliedern des Börsenträgers nicht zu finden ist. Wäre ein solches Verbot vom Gesetzgeber gleichwohl gewollt, wäre dies angesichts der Tatsache, daß das Problem der Personenidentität seit einem Jahrzehnt in der Literatur regelmäßig thematisiert wird und es in diesem Zeitraum zahlreiche Änderungen des Börsengesetzes gegeben hat, die man zum Anlaß für die Einfügung einer solchen Vorschrift hätte nehmen können, erstaunlich.[515] Ein Verbot der personenidentischen Besetzung von Börsengeschäftsführung und Vorstand der Trägergesellschaft ergibt sich auch nicht aus § 5 Abs. 4 Nr. 1 BörsG.[516] Bei dieser Regelung handelt es sich um eine Umsetzung von Artikel 39 Buchstabe a) der Finanzmarktrichtlinie. Mit der Regelung der Finanzmarktrichtlinie kann aber keinesfalls beabsichtigt gewesen sein, die Personenidentität zwischen der Leitung des geregelten Marktes und dem Betreiber des geregelten Marktes für unzulässig zu erklären. Denn die duale Struktur, die strikt zwischen Börse und Börsenträger unterscheidet, ist eine Besonderheit des deutschen Börsenrechts. In den anderen europäischen Ländern ist somit nicht nur eine Personenidentität gegeben, vielmehr hat der geregelte Markt die selbe Leitung wie der Marktbetreiber. Die Finanzmarktrichtlinie wollte selbstverständlich diese gängige Praxis nicht für europarechtswidrig erklären. Vielmehr hebt Art. 4 Abs. 1 Nr. 13 S. 2 Mifid

513 Hammen AG 2001, 549, 556.

514 Breitkreuz, Die Ordnung der Börse, S. 155 f.

515 So auch Christoph, Börsenkooperationen und Börsenfusionen, S. 165 f.

516 A. A. aber für den Fall der vollständigen Personalunion: Christoph, Börsenkooperationen und Börsenfusionen, S. 168.

ausdrücklich hervor, daß der Marktbetreiber der geregelte Markt selbst sein kann. Weil aber der deutsche Gesetzgeber mit § 5 Abs. 4 Nr. 1 BörsG lediglich die Vorgabe der Finanzmarktrichtlinie umsetzen wollte,[517] kann ihm kein über die europarechtliche Vorgabe hinausgehender Regelungswillen unterstellt werden.

Da sich börsenrechtlich kein Hindernis für eine Bestellung eines Vorstandsmitgliedes des Börsenträgers zum Geschäftsführer einer Börse ergibt,[518] fragt sich also, ob sich ein solches aus einer allgemeineren gesetzlichen Regelung ergeben könnte. Da das Konzern- und das Kommunalrecht, welche Regelungen für Doppelmandate und Mitwirkungsverbote enthalten, auf die Börse nicht anwendbar sind,[519] bleiben zuletzt nur noch die Vorschriften des allgemeinen Verwaltungsrechts, welche grundsätzlich auch für die Börse als Anstalt des öffentlichen Rechts Geltung haben. Hierbei sind es die Regelungen der §§ 20 und 21 VwVfG, die auch im Bereich der Börsen relevant werden können. Denn da die Geschäftsführung der Börse als Behörde anzusehen ist, unterliegt sie zumindest dann, wenn sie durch Verwaltungsakt agiert, den Einschränkungen des § 20 VwVfG,[520] wobei sich das Anwendungsgebiet dieser Vorschrift noch dadurch vergrößert, daß viele eine Anwendung der Norm auf verwaltungsaktähnliche behördliche Tätigkeiten befürworten.[521] Hiernach dürfen die Geschäftsführer, die dem Vorstand des Börsenträgers angehören, nach § 20 Abs. 1 Nr. 5 VwVfG nicht gegenüber dem Börsenträger handeln. Dies betrifft beispielsweise die Anforderung von finanziellen, personellen und sachlichen Mitteln gem. § 5 Abs. 1 S. 2 BörsG,[522] aber auch alle Entscheidungen im Zusammenhang mit der an der Börse notierten Aktie des Börsenträgers.

Es bleibt zu untersuchen, ob ein Verbot einer Personenidentität zwischen dem Vorstand des Börsenträgers und der Geschäftsleitung der Börse aus § 21 VwVfG folgt. § 21 VwVfG stellt im Verhältnis zu § 20 VwVfG einen Auffangtatbestand dar und erfordert die positive Feststellung der Möglichkeit sachfremder Amtshandlung aufgrund Befangenheit.[523] Hierfür reichen freilich unsubstantiierte Befürchtungen keineswegs aus, sondern es bedarf tatsächlich feststellbarer

517 BT-Drucks. 16/4028, S. 82.

518 A. A. Breitkreuz, Die Ordnung der Börse, S. 156; Christoph, Börsenkooperationen und Börsenfusionen, S. 168.

519 Breitkreuz, Die Ordnung der Börse, S. 150 f.

520 Breitkreuz, Die Ordnung der Börse, S. 152.

521 Stelkens/Bonk/Sachs-Bonk/Schmitz § 20, Rn. 21.

522 Breitkreuz, Die Ordnung der Börse, S. 152.

523 BeckOK VwVfG, Heßhaus, § 21 Rn. 2, Stelkens/Bonk/Sachs-Bonk/Schmitz § 21, Rn. 2 f.

Umstände, die bei einer verständigen Würdigung den Anschein einer nicht mehr neutralen Amtsführung wecken.[524] Neben dem Verhalten einer Person kommen hierfür auch deren persönliche Verhältnisse als solche Umstände in Betracht.[525] Da bei einer Amtshandlung der Börsengeschäftsführung gegenüber dem Börsenträger bereits die speziellere Bestimmung in § 20 VwVfG eingreift, bleibt somit zu fragen, ob § 21 VwVfG bei Amtshandlungen der Börsengeschäftsführung gegenüber den Nutzern der Börse eingreift. Dies wäre dann der Fall, wenn schon die Tatsache, daß ein Geschäftsführer gleichzeitig Vorstandsmitglied des Börsenträgers ist, geeignet erscheint, den Verdacht zu wecken, er handele gegenüber den Nutzern voreingenommen und sachwidrig. Das ist jedoch nicht zu befürchten. Mag ein solcher Verdacht auch auf den ersten Blick nicht auszuschließen sein, so zerstreut er sich jedenfalls bei einer genaueren Betrachtung der Befugnisse der Börsengeschäftsführung. Zwar sind diese Befugnisse durch Änderungen des Börsengesetzes in den letzten Jahren stetig erweitert worden. Gleichwohl besteht ein alleiniges Entscheidungsrecht für die Börsengeschäftsführung nur im Bereich des Tagesgeschäfts, in dem Interessenkonflikte zwischen dem Börsenträger und den Börsennutzern weniger relevant sind. Auch wenn *Breitkreuz* hierzu richtig ausführt, es lasse sich theoretisch nicht ausschließen, daß der Börsenträger durch eine Einflußnahme auf die „Zulassungspolitik" der Börse eigene Interessen durchsetzen wolle,[526] so ist doch zu berücksichtigen, daß dies die Schwelle des § 21 VwVfG noch nicht überschreitet. Denn wenngleich eine solche Einflußnahme theoretisch denkbar erscheint, so ist sie in der Praxis alleine aufgrund der Tatsache, daß eine Einmischung in das Tagesgeschäft für den Börsenträger allenfalls sehr begrenzte Vorteile bietet, so fernliegend, daß jedenfalls der Anschein einer parteiischen Amtsführung nicht vorliegt. Anders stellt sich die Situation hingegen bei bedeutenden strategischen Entscheidungen dar, die sich dauerhaft auf die Börse auswirken. Hier sind die Auswirkungen auf den Börsenträger, sei es wegen der durch eine Maßnahme verursachten Kosten, sei es, weil sich die strategische Ausrichtung erheblich auf die Ertragsaussichten auswirkt, deutlich größer, und das Risiko der versuchten Einflußnahme durch den Träger wächst erheblich. Jedoch bedürfen solche Maßnahmen ausnahmslos einer (Mit-)Entscheidung des Börsenrates, so daß eine Einflußnahme auf die Geschäftsführung von vorneherein nicht als erfolgversprechend erscheint.

524 BeckOK VwVfG, Heßhaus, § 21 Rn. 3, Stelkens/Bonk/Sachs-Bonk/Schmitz § 20, Rn. 9.

525 BeckOK VwVfG, Heßhaus, § 21 Rn. 4.

526 Breitkreuz, Die Ordnung der Börse, S. 150.

Zudem darf nicht vergessen werden, daß die Dinge bei Maßnahmen der Börsengeschäftsführung grundlegend anders liegen, als in den Fällen eines „normalen" Verwaltungsverfahrens. Denn während in letzteren Fällen der Adressat einem Beamten gegenübersteht, auf dessen Auswahl und Kontrolle er keinerlei Einfluß nehmen kann, wird er bei Kontakten mit der Börsengeschäftsführung durch das Verfahren Bestellung geschützt. Zunächst ist zu gewichten, daß die Börsengeschäftsführung durch den Börsenrat bestellt und abberufen wird. Der Börsenrat wird aber im wesentlichen gerade durch die Nutzer der Börse gebildet, so daß es eben an den Nutzern selbst ist, Personen die Geschäftsführung zu übertragen, denen zugetraut wird, diese Position mit der notwendigen Neutralität auszuüben. Zudem kann die Bestellung eines Geschäftsführers nur im Einvernehmen mit der zuständigen Börsenaufsichtsbehörde erfolgen. Da die Aufsichtsbehörde bei ihrer Entscheidung hierüber aber lediglich das öffentliche Interesse an einer funktionierenden Börse, nicht aber das Interesse des Börsenträgers an einem möglichst profitablen Geschäft gewichtet, besteht spätestens auf dieser Ebene die Möglichkeit, Bedenken gegen die Unabhängigkeit eines designierten Geschäftsführers zu berücksichtigen und eine andere Besetzung der Position zu erzwingen. Sollten sich solche Bedenken erst im Laufe der Zeit ergeben, besteht ferner die Möglichkeit von Börsenrat und Börsenaufsichtsbehörde, gemeinsam die Abberufung eines amtierenden Geschäftsführers durchzusetzen. Zwar bedarf eine solche Abberufung nach verbreiteter Meinung analog § 84 Abs. 3 S. 1 AktG eines wichtigen Grundes[527], jedoch ist ein solcher gem. § 84 Abs. 3 S. 2 2. Alt AktG in der Unfähigkeit zu ordnungsmäßiger Geschäftsführung zu sehen. Da hierunter auch eine persönliche Untauglichkeit fällt,[528] sollte sich insoweit kein Hindernis ergeben, weil eine solche Untauglichkeit zweifellos gegeben ist, wenn Anhaltspunkte vorliegen, daß der Börsengeschäftsführer nicht mehr unabhängig entscheiden kann, sondern sich nur noch einseitig nach den Interessen des Börsenträgers richtet.

Mithin ist alleine die Tatsache, daß ein Börsengeschäftsführer gleichzeitig Vorstandsmitglied des Börsenträgers ist, ohne das Hinzukommen weiterer Anhaltspunkte nicht geeignet, Mißtrauen gegen eine unparteiische Amtsausübung zu rechtfertigen.

Auch wenn somit § 21 VwVfG einer vollständigen Personenidentität von Börsengeschäftsführung und Vorstand des Börsenträgers nicht entgegensteht, ist es zwingend notwendig, daß Maßnahmen ergriffen werden, um die dargestellten

527 Schwark-Schwark § 12 BörsG, Rn. 17.

528 MüKo AktG-Hefermehl/Spindler § 84, Rn. 97.

Probleme zu lösen, die sich aus der Anwendbarkeit von § 20 VwVfG ergeben, sobald die Börse gegenüber ihrem Träger handelt. Hierbei empfiehlt es sich auf jeden Fall, die Geschäftsführung der Börse so zu besetzen, daß auch unter Berücksichtigung dieser Vorschrift ein wirksames Verwaltungshandeln immer gewährleistet ist. Es darf also entweder eine ausreichende Anzahl von Geschäftsführern weder beim Börsenträger beschäftigt noch Mitglied in dessen Vorstand oder Aufsichtsrat sein, oder es muß wirksames Verwaltungshandeln dadurch gesichert werden, daß in der Börsenordnung Vertretungsregelungen verankert werden, die die Handlungsfähigkeit der Börse auch in den in § 20 VwVfG aufgelisteten Fällen gewährleisten.[529]

d) Handelsüberwachungsstelle

Weil der Gesetzgeber verhindern wollte, daß Objektivität und Neutralität der Handelsüberwachungsstelle hinter einer übertriebenen Berücksichtigung der geschäftlichen Interessen des Börsenträgers zurückstehen müssen, hat er sich bemüht, durch die börsengesetzlichen Regelungen eine Absicherung der persönlichen und sachlichen Unabhängigkeit der Mitglieder dieses Börsenorgans zu erreichen.[530] Dies zeigt sich neben der in § 7 Abs. 1 S. 4 BörsG festgelegten Befugnis zur Erteilung von Weisungen durch die Börsenaufsichtsbehörde auch in dem in § 12 Abs. 2 Nr. 5 BörsG geregelten Verfahren zur Bestellung des Leiters der Handelsüberwachungsstelle. Hierfür ist zunächst ein Vorschlag der Börsengeschäftsführung notwendig, über den der Börsenrat im Einvernehmen mit der Börsenaufsichtsbehörde entscheidet. Mittels dieses Verfahrens wird versucht, die Unabhängigkeit der Handelsüberwachungsstellevon den übrigen Börsenorga nen und einen Ausschluß von Interessenkollisionen zu sichern.[531]

Jedoch sind auch die Mitarbeiter der Handelsüberwachungsstelle regelmäßig Mitarbeiter des Börsenträgers,[532] und es wird sowohl aus diesem Umstand als auch aus der Tatsache, daß die Handelsüberwachungsstelle letztlich eben doch als Organ der Börse ausgestaltet ist, deutlich, daß eine Position als Leiter der Handelsüberwachungsstelle einer anderen Börse oder als Inhaber einer anderen bedeutenden Stellung bei einer Börse oder einem Börsenträger nicht schon gleichsam automatisch der Bestellung als Leiter der Handelsüberwachungsstelle entgegensteht. Daß es jedoch trotz dieser rechtlichen Möglichkeiten schwer sein

529 Siehe etwa Nr. 2.1.2.1 BörsO Eurex oder § 9 Abs. 3 BörsO FWB.
530 Schwark-Beck § 7 BörsG, Rn. 6.
531 BT-Drucks. 12/6679, S. 60.
532 Schwark-Beck § 7 BörsG, Rn. 7.

dürfte, im Rahmen einer Börsenkooperation die Handelsüberwachungsstellen aller beteiligten Börsen personenidentisch zu besetzen, zeigt neben der Tatsache, daß bei jeder beteiligten Börse das Einvernehmen dreier Stellen hergestellt werden muß (Geschäftsführung, Börsenrat, Börsenaufsichtsbehörde), das schon angeführte Beispiel aus der Börsenrechtspraxis. So war bei der Eurex eine personenidentische Besetzung der Handelsüberwachungsstellen geplant, scheiterte jedoch trotz der Unterstützung eines solchen Vorgehens durch die hessischen Börsenaufsichtsbehörde offenbar an der Ablehnung von seiten der Schweizer Aufsicht.[533]

e) *Sanktionsausschuß*

Als letztes Börsenorgan, bei dem eine personenidentische Besetzung denkbar ist, bleibt schließlich der Sanktionsausschuß. Allgemeingültige Aussagen hierzu sind unmöglich, weil die Voraussetzungen für die Besetzung des Sanktionsausschusses nicht im Börsengesetz geregelt werden, sondern die jeweilige Landesregierung in § 22 Abs. 1 S. 1 BörsG ermächtigt wird, eine Rechtsverordnung hierüber zu erlassen. Daher ist der Kreis der als Mitglieder des Sanktionsausschusses in Frage kommenden Personen je nach Bundesland oder – da die Rechtsverordnungen regelmäßig nicht für das Bundesland, sondern nur für eine konkrete Börse erlassen werden – sogar je nach Börse unterschiedlich. Beispielsweise scheiden gelegentlich Angestellte einer Person, die durch ihre Tätigkeit oder durch die Entscheidung einen unmittelbaren Vor- oder Nachteil erlangen können, als Mitglieder des Sanktionsausschusses aus,[534] so daß wohl hier alle Beschäftigte des Börsenträgers als mögliche Kandidaten ausgeschlossen sein dürften.[535] Hingegen gehören gem. den Verordnungen anderer Bundesländer nur Bedienstete der Börsenaufsichtsbehörde zum Kreis der ausgeschlossenen Personen.[536] Überall sind jedoch Mitglieder anderer Börsenorgane von der Wahl in den Sanktionsausschuß ausgeschlossen,[537] so daß insoweit eine

533 Kurth, Anforderungen, S. 4.

534 § 6 Abs. 1 Nr. 2 i. V. m. Nr. 5 1. Alt. Verordnung über die Errichtung, die Zusammensetzung und das Verfahren des Sanktionsausschusses an der Hanseatischen Wertpapierbörse Hamburg; § 5 Abs. 1 Nr. 2 i. V. m. 5 1. Alt. Verordnung des Wirtschaftsministeriums über den Sanktionsausschuss an der Baden-Württembergischen Wertpapierbörse.

535 Ebenso ausdrücklich § 17 Abs. 3 S. 2 3. Alt Börsenverordnung des Landes Bayern.

536 § 23 Abs. 2 S. 2 2. Alt Börsenverordnung des Landes Hessen.

537 § 23 Abs. 2 S. 2 1. Alt Börsenverordnung des Landes Hessen; § 17 Abs. 3 S. 2 2. Alt Börsenverordnung des Landes Bayern; § 6 Abs. 1 Nr. 2 i. V. m. Nr. 5 2. Alt. Verordnung

Personenidentität ausscheidet. Wenngleich sich aus dem Wortlaut der entsprechenden Verordnungen nicht immer eindeutig klären läßt, ob auch eine Personenidentität zwischen den Sanktionsausschüssen mehrerer an einer Börsenkooperation beteiligten Börsen ausgeschlossen ist,[538] spricht gegeneine derartige Ableitung der Kontext der Regelungen. Denn aus den anderen Einschränkungen bezüglich wählbarer Personen wird klar, daß es darum geht, mögliche Interessenkonflikte, die sich daraus ergeben könnten, daß ein Mitglied des Sanktionsausschusses zu eng mit der Börse, dem Börsenträger oder der Börsenaufsicht verbunden ist, von vorneherein zu unterbinden. Ein solches Risiko besteht aber gerade nicht, wenn ein Kandidat bereits Mitglied des Sanktionsausschusses an einer anderen Börse ist. Vielmehr zeigt diese Mitgliedschaft ja gerade, daß gegen seine Unabhängigkeit und Neutralität keine Bedenken bestehen. Daß eine personenidentische Besetzung der Sanktionsausschüsse zweier oder mehrerer an einer Kooperation beteiligten Börsen trotz der generellen börsenrechtlichen Unbedenklichkeit in der Praxis kaum umzusetzen sein dürfte, ergibt sich jedoch aus den Regelungen zur Besetzung dieses Gremiums. Zum einen unterscheidet sich die Anzahl der Mitglieder des Sanktionsausschusses von Börse zu Börse.[539] Zum anderen divergieren die Vorschriften, aus welchen an der Börse vertretenen Gruppen jeweils wie viele Mitglieder vom Börsenrat gewählt werden müssen[540] und wer weiterhin ein Mitentscheidungsrecht hat, so stark von Börse zu Börse,[541] daß auch schon bei Kooperationen von zwei Börsen der Versuch

über die Errichtung, die Zusammensetzung und das Verfahren des Sanktionsausschusses an der Hanseatischen Wertpapierbörse Hamburg; § 5 Abs. 1 Nr. 2 i. V. m. 5 2. Alt. Verordnung des Wirtschaftsministeriums über den Sanktionsausschuss an der Baden-Württembergischen Wertpapierbörse.

538 Beispielsweise dürfen nach § 23 Abs. 2 S. 2 Hessischer Börsenverordnung „Angehörige anderer Börsenorgane“ nicht in den Sanktionsausschuß gewählt werden.

539 So sind es bei der Börse in München gem. § 17 Börsenverordnung des Landes Bayern 14 Mitglieder, in Hamburg und Stuttgart gem. § 3 Abs. 1 Sanktionsausschußverordnung Hamburg bzw. § 2 Abs. 2 S. 1 Sanktionsausschußverordnung Stuttgart je 10 Mitglieder und bei den beiden in Hessen beheimateten Börsen Eurex Deutschland und der FWB gem. § 23 Abs. 1 S. 1 und 2 Börsenverordnung Hessen mindestens 12 Mitglieder.

540 Besonders restriktiv ist hierbei die Regelung in § 2 Abs. 2 S. 2 Sanktionsausschußverordnung Stuttgart, die sicherstellt, daß die verschiedenen Gruppen von zum Handel an der Börse berechtigten Personen jeweils ein Mitglied im Sanktionsausschuß stellen.

541 Während beispielsweise in Hessen und Bayern mindestens zwei vorsitzende Mitglieder auf Vorschlag der Börsengeschäftsführung vom Börsenrat im Einvernehmen mit der Börsenaufsichtsbehörde bestellt und die übrigen beisitzenden Mitglieder vom

einer personenidentischen Besetzung der Sanktionsausschüsse einer Sisyphusarbeit gleichen dürfte.

f) Ergebnis

Betrachtet man die gefundenen Ergebnisse, wird deutlich, daß die rechtlichen Hürden, die es für eine personenidentische Besetzung der einzelnen Börsenorgane bei einer Kooperation zwischen mehreren Börsen zu überwinden gilt, in den meisten Fällen nicht sonderlich hoch sind. Daß solche Besetzungen trotz weitreichender rechtlicher Zulässigkeit in der Praxis oft schwer in die Tat umzusetzen sind, liegt in verschiedenen Ursachen begründet. Entweder werden die Mitglieder des Organs – wie der Börsenrat – von den Handelsteilnehmern gewählt oder es sind – wie bei der Handelsüberwachungsstelle und teilweise beim Sanktionsausschuß – mit dem Börsenrat und der Börsenaufsichtsbehörde in die Auswahl der Organmitglieder Dritte integriert, auf die die Börsenträger bei ihren Kooperationsbemühungen nur sehr eingeschränkt Einfluß haben.

6. Übertragung von Aufgaben und Befugnissen auf Organe einer anderen Börse

Neben der personenidentischen Besetzung der entsprechenden Organe mehrerer Partnerbörsen stellt sich die Frage, ob es in einem weiteren Schritt möglich ist, Befugnisse etwa der Geschäftsführung oder der Handelsüberwachungsstelle von einer Börse auf die Organe einer anderen an der Kooperation beteiligten Börse zu verlagern. Um es an einem Beispiel anschaulicher zu machen, geht es also um die Frage, ob die Handelsüberwachungsstelle der Börse A die Handelsüberwachungsstelle der Börse B „beauftragen" kann, an ihrer Stelle die in § 7 Abs. 1 S. 2 BörsG vorgeschriebene systematische Erfassung des Börsenhandels an der Börse A zu übernehmen. Gäbe es die grundsätzliche Möglichkeit, eine solche Vereinbarung zu treffen, hätte dies in verschiedener Hinsicht Vorteile für die an einer Zusammenarbeit beteiligten Börsen. Zum einen würde es die Möglichkeit eröffnen, daß sich die jeweiligen Organe auf einen begrenzten Arbeitsbereich spezialisieren – beispielsweise eine Handelsüberwachungsstelle auf die Überwachung des Handels mit Derivaten, eine andere auf den Handel mit Aktien – und es könnte so auf manchen Gebieten effektiver und damit auch kostengünstiger gearbeitet werden. Außerdem könnte die Übertragung von Befugnissen auf eine

Börsenrat alleine gewählt werden, werden an den Börsen in Hamburg und Stuttgart alle Mitglieder vom Börsenrat gewählt.

einzige für diesen Bereich zuständige Stelle auch die Gefahr von gegenläufigen Entscheidungen, vor allem in Eilfällen, erheblich verringern.

a) *Generelle Zulässigkeit der Übertragung von Aufgaben und Befugnissen der Börsenorgane*

Wenn nun untersucht werden soll, ob eine Übertragung von Aufgaben der Börsenorgane zulässig ist, so fällt schnell auf, daß in diesem Bereich Regelungen auf verschiedenen Ebenen existieren. Zunächst werden bei der Regelung der einzelnen Börsenorganen gelegentlich Aussagen über die Zusammenarbeit mit anderen Stellen gemacht, jedoch ohne daß über Andeutungen und die Klärung von Einzelfällen hinausgegangen wird.[542] Ferner regelt § 5 Abs. 3 BörsG, unter welchen Voraussetzungen die „Auslagerung von Bereichen, die für die Durchführung des Börsenbetriebs wesentlich sind", zulässig ist. Fraglich ist nun, ob in den Fällen, in denen die Regelungen über die einzelnen Börsenorgane keine Anhaltspunkte geben, die Frage der Zulässigkeit einer Übertragung von Aufgaben im Lichte dieser Vorschrift zu untersuchen ist. Nicht nur der Wortlaut, welcher auf den „Börsenbetrieb" abstellt, sondern auch die Auswertung der Gesetzesbegründung ergibt aber, daß der Gesetzgeber mit der erwähnten Norm andere Sachverhalte regeln wollte. Vor dem Hintergrund der gescheiterten Fusion von Deutsche Börse AG und London Stock Exchange im Jahre 2000[543] sollte sichergestellt werden, daß die Kontrollmöglichkeiten der Börsenaufsichtsbehörde bezüglich der eingesetzten elektronischen Handelssysteme und der Abwicklung der Börsengeschäfte nicht durch den Börsenträger beeinträchtigt werden können.[544] Daß § 5 BörsG eine Übertragung von Aufgaben der Börsenorgane nicht betrifft folgt auch daraus, daß es sich um eine Regelung handelt, die die Pflichten des Börsenträgers regelt.[545] Der Börsenträger hat aber lediglich Einfluß auf das Zurverfügungstellen der zum Börsenbetrieb notwendigen Handelssysteme. Auf die Erfüllung der Aufgaben der Börsenorgane kann er – jedenfalls rein rechtlich betrachtet – jedoch überhaupt nicht einwirken. Doch auch wenn sich somit ergibt, daß eine Übertragung von Aufgaben der Börsenorgane im Börsengesetz ungeregelt geblieben ist, ginge ein Schluß, eine solche Übertragung sei generell unmöglich, zu weit. Denn trifft das Börsengesetz keine Aussage zu einem Sachverhalt,

---

542 Siehe hierzu unten die Abschnitte über die einzelnen Börsenorgane.

543 Schwark-Beck § 5 BörsG, Rn. 12.

544 Stellungnahme des Bundesrates, BT-Drs. 14/8017, S. 146.

545 Siehe zum einen die Überschrift „Pflichten des Börsenträgers" wie auch die Formulierung in S. 2 und 3 der Norm „Der Börsenträger hat…".

so greift als allgemeineres Recht das allgemeine Verwaltungsrecht ein, sofern die Regelungen im Börsengesetz nicht abschließend sind. Dies ist vorliegend der Fall, weil weder im Gesetzestext noch in der Gesetzesbegründung Anhaltspunkte dafür ersichtlich sind, daß die allgemeinen verwaltungsrechtlichen Regelungen zur Übertragung von Aufgaben bei Börsen unanwendbar sein sollen. Demnach wäre eine Übertragung von Aufgaben dann zulässig, wenn das allgemeine Verwaltungsrecht eine passende Handlungsform hierfür bereithielte. Um Aufgaben zu übertragen oder die Hilfe einer anderen Stelle in Anspruch zu nehmen, kennt das Verwaltungsrecht eine ganze Reihe verschiedener Handlungsformen. In Betracht kommen hierbei für den Bereich der Börsen in erster Linie die Amtshilfe, die Delegation, die Mandatierung oder die Organleihe.

aa) Amtshilfe

Der Begriff der Amtshilfe wird in zahlreichen öffentlich-rechtlichen Regelungen verwendet, wie etwa in Art. 35 Abs. 1 GG oder in § 14 VwGO. Definiert ist er in § 4 Abs. 1 VwVfG. Demnach ist Amtshilfe die ergänzende Hilfe, die eine Behörde einer anderen auf Ersuchen hin leistet. Die Grenzen der Amtshilfe ergeben sich auch aus dem Verwaltungsverfahrensgesetz. § 5 VwVfG regelt, unter welchen Umständen um Amtshilfe ersucht werden kann und wann sie nicht geleistet werden darf. Auch wenn die betreffenden Regelungen hier nicht sonderlich restriktiv ausgestaltet sind und sich somit ein recht weites Feld für die Inanspruchnahme von Amtshilfe ergibt, ist dieses Institut im Bereich der Börsen nur sehr eingeschränkt verwendbar. Denn eine weitgehende Übertragung von Aufgaben ist mit dem Institut der Amtshilfe nicht erreichbar. Vielmehr zielt dieses Institut lediglich auf eine beschränkte Hilfeleistung, bei der aber die Gesamtverantwortung bezüglich der Recht- und Zweckmäßigkeit der eingeleiteten Maßnahme bei der ursprünglichen Behörde verbleibt.[546] Zudem ist die Amtshilfe dadurch gekennzeichnet, daß es zwar unter Umständen auch möglich ist, in einer Vielzahl von Fällen tätig zu werden, es sich aber jeweils um eine Hilfeleistung im Einzelfall handeln muß.[547]

Eine solche Hilfeleistung kann im Rahmen einer Börsenkooperation in bestimmten Einzelfällen sinnvoll und notwendig sein. Dem oben beschriebenen Ziel einer Kostensenkung durch eine dauerhafte Verlagerung von Aufgaben an

---

546 BeckOK VwVfG, Funke-Kaiser, § 4, Rn. 3, Stelkens/Bonk/Sachs-Bonk/Schmitz § 4, Rn. 27.

547 Stelkens/Bonk/Sachs-Bonk/Schmitz § 4, Rn. 30; BeckOK VwVfG Funke-Kaiser, § 4, Rn. 20.

eine zentrale Stelle in einer Gruppe kooperierender Börsen kommt man auf diesem Wege jedoch nicht näher, weshalb die Amtshilfe an dieser Stelle kann nicht weiter betrachtet werden soll.

bb) Delegation

Als weitere Möglichkeit zur Übertragung von Aufgaben kann an das Rechtsinstitut der Delegation gedacht werden. Bei der Delegation handelt es sich um eine Übertragung von Teilen einer Zuständigkeit auf eine andere Behörde, wobei diese die übertragenen Aufgaben dann eigenverantwortlich und in eigenem Namen ausführt.[548] Da es sich hierbei um eine Übertragung handelt, die sowohl endgültig als auch nur zeitweise, generell oder auch nur für den Einzelfall erfolgen kann,[549] scheint sich auf den ersten Blick hiermit eine Chance für eine Gestaltung zu ergeben, die eine Zusammenarbeit auf der Ebene der Börsen rechtlich absichern kann. Daß die Delegation in der Praxis dennoch ein ungeeignetes Mittel sein dürfte, folgt aus den hohen Voraussetzungen, die an ihre Zulässigkeit zu stellen sind. Delegation ist nämlich nur zulässig, wenn sie durch Gesetz oder aufgrund eines Gesetzes angeordnet ist.[550] Da es indes eine gesetzliche Grundlage für eine Delegation von Aufgaben der Börsenorgane im geltenden Recht nicht gibt, scheidet eine praktische Anwendung dieses Rechtsinstituts im Rahmen von Börsenkooperationen derzeit aus.

cc) Mandatierung

Weiterhin könnte eine Übertragung von Aufgaben auch im Wege einer Mandatierung erfolgen. Bei der Mandatierung sind verschiedene Sachverhalte zu unterscheiden.[551] So sind auf der einen Seite das innerbehördliche Mandat und auf der anderen Seite das zwischenbehördliche bzw. organisationsrechtliche[552] Mandat voneinander abzugrenzen, welche sich in ihren rechtlichen Voraussetzungen und

---

548 Stelkens/Bonk/Sachs-Bonk/Schmitz § 4, Rn. 41; BeckOK VwVfG Funke-Kaiser, § 4, Rn. 32.

549 BeckOK VwVfG Funke-Kaiser, § 4, Rn. 32, Stelkens/Bonk/Sachs-Bonk/Schmitz § 4, Rn. 41.

550 BVerwG DÖV 1962, 340, 341; Schenke VerwArch 68 (1977), 118, 166; BeckOK VwVfG, Funke-Kaiser, § 4, Rn. 32, Spanner DÖV 1962, 342, 342; Stelkens/Bonk/Sachs-Bonk/Schmitz § 4, Rn. 41; Schwark-Beck § 3 BörsG, Rn. 69.

551 Vgl. Schenke VerwArch 68 (1977), 118, 148; Horn NJW 1986, 808, 809.

552 „Zwischenbehördliches Mandat" ist die Terminologie bei Schenke und Kintz, „organisationsrechtliches Mandat" die Terminologie bei Horn; im folgenden wird der Terminologie von Schenke gefolgt.

Folgen unterscheiden.[553] Während das innerbehördliche Mandat, bei dem der Mandatar kein eigenständiges anderes öffentlichrechtliches Subjekt ist, vielmehr Behördenbedienstete im Namen des Behördenleiters Rechtsakte vornehmen, als jedenfalls grundsätzlich zulässig angesehen wird,[554] wirft das zwischenbehördliche Mandat, welches im hier zu untersuchenden Fall einer Zusammenarbeit zwischen verschiedenen Börsen notwendig wäre, größere Schwierigkeiten auf. Schon die grundsätzliche Zulässigkeit einer Kompetenzübertragung auf dem Weg der zwischenbehördlichen Mandatierung ist nicht unumstritten.[555] Dies gilt insbesondere dann, wenn es sich um ein generelles Mandat handelt, d.h. ein solches, das sich auf alle Fälle erstreckt, für die der Mandant kompetent ist, wie es im Rahmen einer Übertragung von Aufgaben auf die Organe einer anderen Börse notwendig wäre, um einen spürbaren Synergieeffekt zu erzielen. Vor allem in der älteren Literatur[556] und Rechtsprechung[557] wurde die Auffassung vertreten, die Übertragung von Befugnissen im Rahmen eines Mandates sei nur für Einzelfälle möglich. Werde hingegen versucht, eine generelle Übertragung von Aufgaben im Rahmen eines Mandates vorzunehmen, stelle dies einen Formmißbrauch dar und es liege in diesen Fällen eine unzulässige verdeckte Delegation vor.[558]

Dessen ungeachtet vertritt die inzwischen herrschende Auffassung in Rechtsprechung[559] und Literatur[560] die Ansicht, daß beim Mandat ebenso wie bei der Delegation eine Kompetenz nicht nur im Einzelfall, sondern auch generell auf eine Behörde eines anderen Verwaltungsträgers übertragen werden kann. Dies überzeugt angesichts der Tatsache, daß die Frage der Rechtmäßigkeit eines ohne gesetzliche Grundlage ergangenen Mandates getrennt betrachtet werden muß von der Frage, ob ein Mandat grundsätzlich eine generelle Übertragung von Aufgaben begründen kann. Letzteres zu verneinen bedeutete aber eine Einschränkung der organisationsrechtlichen Befugnisse öffentlich-rechtlicher Stellen, für die eine Rechtfertigung nicht ersichtlich ist.[561]

---

553 Schenke VerwArch 68 (1977), 118, 148 ff., Horn NJW 1986, 808, 809; Hirschberger, Organleihe, S. 19.
554 Schenke VerwA 68 (1977), 151; Hirschberger, Organleihe, S. 19.
555 So lehnt Mangels JZ 1957, 161, 162, das zwischenbehördliche Mandat völlig ab.
556 Obermayer JZ 1956, 625, 629.
557 BVerwG DÖV 1962, 340, 341.
558 Obermayer JZ 1956, 625, 629.
559 BDiszG NVwZ 1986, 866, 867.
560 Schenke VerwArch 68 (1977), 118, 148; BeckOK VwGO, Kintz, § 78, Rn. 29; Müller DÖV 1964, 530, 535 f.
561 BDiszG NVwZ 1986, 866, 867.

Wegen der Möglichkeit, Aufgaben generell auf andere Stellen zu übertragen, ist die Mandatierung auch ein Instrument, das für Börsenkooperationen zweckmäßig ist. Der Unterschied zur Delegation besteht darin, daß die Kompetenzverteilung nach außen hin zwischen den beteiligten Behörden nicht verändert wird.[562] Der Mandatar handelt nicht in eigenem Namen, sondern im Namen des Mandanten,[563] und letzterer hat in der Regel ein unbeschränktes Weisungsrecht.[564]

Jedoch wird überwiegend die Meinung vertreten, aus der Mandatierung folge – trotz der Tatsache, daß formal betrachtet eine Änderung der Kompetenzverteilung zwischen den Behörden nicht gegeben sei, da der Mandatar im Namen des Mandanten handele – eine Abweichung von der gesetzlichen Zuständigkeitsordnung, weil entscheidend sei, wer eine Aufgabe letztlich tatsächlich ausführe.[565] Dies diene auch dem Schutz des Bürgers, der einen Anspruch auf den „gesetzlichen Verwaltungsbeamten" habe, welcher unter rechtsstaatlichen Gesichtspunkten dem Anspruch des Bürgers auf den gesetzlichen Richter in nichts nachstehen solle.[566] Besonders deutlich werde die Problematik – so wird gesagt – in den Fällen, in denen einer Behörde die Befugnis zur Ermessensentscheidung oder ein Beurteilungsspielraum eingeräumt sei.[567] Denn schließlich treffe der Mandatar eine Ermessensentscheidung, die nach dem Gesetz nur dem Mandanten zustehe.[568]

Hieraus wird nun von der inzwischen herrschenden Auffassung gefolgert, daß das generelle zwischenbehördliche Mandat einer Ermächtigungsgrundlage bedarf, die auf derselben Stufe angesiedelt ist, wie die durch das Mandat veränderte Zuständigkeitszuweisung.[569] Lediglich vereinzelt wird die Auffassung vertreten, eine Mandatierung sei auch ohne gesetzliche Ermächtigungsgrundlage zulässig und unterliege nur unwesentlichen Einschränkungen.[570]

---

562 BeckOK VwGO, Kintz, § 78, Rn. 29; Hirschberger, Organleihe, S. 20.

563 Schenke VerwArch 68 (1977), 118, 148; Hirschberger, Organleihe, S. 20.

564 BeckOK VwGO, Kintz, § 78, Rn. 29; anders jedoch Schenke VerwArch 68 (1977), 118, 149, der das Bestehen eines Weisungsverhältnisses nicht als essentiell ansieht.

565 Schenke VerwArch 68 (1977), 118, 153; Horn NJW 1986, 808, 808; BDiszG NVwZ 1986, 866, 867; Obermayer JZ 1956, 625, 629; a. A. aber Müller DÖV 1964, 530, 536.

566 Horn NJW 1986, 808, 808.

567 Schenke VerwArch 68 (1977), 118, 154.

568 BDiszG NVwZ 1986, 866, 867.

569 Horn NJW 1986, 808, 808; Schenke VerwArch 68 (1977), 118, 154; ders DÖV 1985, 452 f.; Stelkens/Bonk/Sachs-Bonk/Schmitz § 4, Rn. 40; VGH Kassel DÖV 1974, 604, 604; BDiszG NVwZ 1986, 866, 866; a. A. jedoch OVG Koblenz NVwZ 1986, 843, 844.

570 Lauscher, Delegation von Hoheitsrechten, S. 57.

Um die Frage der Notwendigkeit einer gesetzlichen Ermächtigung zutreffend beantworten zu können, muß zunächst herausgearbeitet werden, wie eine solche begründet werden kann.[571] Hierbei gibt es zwei mögliche Anknüpfungspunkte. Zum einen ist in den Verfassungen verschiedener Bundesländer eine ausdrückliche Vorschrift enthalten, wonach die Organisation der Staatsverwaltung und die Regelung der Zuständigkeiten durch Gesetz erfolgen müssen.[572] Soweit eine solche Regelung nicht besteht,[573] könnte einer Übertragung ohne Ermächtigungsgrundlage ein allgemeiner rechtsstaatlicher Gesetzesvorbehalt entgegenstehen, der seine Grundlage im wesentlichen in Art. 20 Abs. 3 GG findet.[574] Ob ein solcher allgemeiner Gesetzesvorbehalt auch Zuständigkeitsregelungen der Verwaltung umfaßt, weil hierdurch im Sinne der Wesentlichkeitsrechtsprechung des Bundesverfassungsgerichtes[575] Inhalte betroffen sind, die „wesentlich" bzw. „grundlegend" sind, oder ob man der Zuweisung von Zuständigkeiten auf eine Verwaltungsstelle keine derartige Bedeutung zumessen kann,[576] soll an dieser Stelle nicht entschieden werden. Denn auch in letzterem Fall würde sich nach der herrschenden Auffassung in Literatur und Rechtsprechung aus dem ausdrücklich in einigen Landesverfassungen geregelten Gesetzesvorbehalt für einen Großteil der in Deutschland existierenden Börsen ein Hindernis ergeben, das eine Übertragung von Organkompetenzen auf dem Weg der Mandatierung als unpraktikabel erscheinen läßt, weil die Schaffung einer gesetzlichen Regelung im Falle einer Börsenkooperation wegen der zu erwartenden politischen Widerstände und der zu befürchtenden Dauer eines Gesetzgebungsverfahrens in einer solchen Angelegenheit kaum zu verwirklichen wäre. Es soll daher vielmehr der Fokus nochmals auf die Auffassung der herrschenden Meinung gerichtet werden, wonach eine Mandatierung eine Abweichung von der gesetzlichen Zuständigkeitsordnung darstellt. Denn jedenfalls für den Bereich der Aufgaben der Börsenorgane steht diese Ansicht nicht auf einem solch soliden argumentativen Fundament, wie es auf den ersten Blick den Anschein haben mag. Denn wie bereits erwähnt, liegt eine Abweichung von der gesetzlichen Zuständigkeitsordnung bei einer formalen Betrachtungsweise ja gerade nicht vor, weil der

571 So auch OVG Koblenz NVwZ 1986, 843, 844.

572 Siehe hierzu die jeweiligen Landesverfassungen: Art. 77 Abs. 1 in Bayern; Art. 57 S. 1 in Hamburg; Art. 77 S. 1 in Nordrhein-Westfalen; Art. 45 Abs. 2 in Schleswig-Holstein und 70 Abs. 1 S. 1 in Baden-Württemberg.

573 Beispielsweise in den Bundesländern Hessen und Rheinland-Pfalz.

574 OVG Koblenz NVwZ 1986, 843, 844.

575 Vgl. BVerfGE 47, 46, 78 ff.

576 OVG Koblenz NVwZ 1986, 843, 844.

Mandatar nicht im eigenen, sondern im Namen des Mandanten handelt. Eine Abweichung kann daher nur aufgrund einer wertenden Betrachtungsweise festgestellt werden, wenn man davon ausgeht, der Inhalt der Zuständigkeitsordnung erschöpfe sich nicht in der formalrechtlichen Zuordnung von Hoheitsakten, sondern es solle darüber hinaus zum Ausdruck gebracht werden, der Kompetenzinhaber solle die ihm übertragenen Kompetenzen selbst ausüben, weil ihn der Gesetzgeber für die am besten geeignete Stelle halte, um diese Aufgaben auszufüllen.[577] Ob diese Auffassung im Allgemeinen zutreffend ist, mag dahinstehen, jedenfalls im Bereich des Börsenrechts ist einer solchen Argumentation nicht zu folgen.

Zunächst ist zu gewichten, daß sich eine Börse von einer Behörde wie dem Ordnungsamt oder dem Bauamt doch wesentlich unterscheidet. Der bedeutendste Unterschied ist, daß im Börsenwesen die Handelsteilnehmer nicht an eine spezielle Börse gebunden sind. So kann natürlich jeder aus Hessen stammende Handelsteilnehmer nicht nur bei der in Hessen ansässigen Frankfurter Wertpapierbörse Handel treiben, sondern es steht ihm – nach einer entsprechenden Zulassung – frei, seine Geschäfte über eine andere Börse abzuwickeln. Seine Schutzbedürftigkeit ist damit entscheidend verringert im Vergleich zu einem Bürger, der keine Alternative dazu hat, seine Begehren beim örtlich zuständigen Ordnungs- oder Bauamt vorzubringen. Weiterhin ist zu bemerken, daß die Handelsteilnehmer auf die Besetzung der Börsenorgane viel direkter Einfluß nehmen können, als der Bürger auf die Besetzung einer Behörde. Denn bei der Börse wird über die Besetzung des Börsenrates durch Wahl entschieden, und der so legitimierte Börsenrat hat dann seinerseits entscheidenden Einfluß auf die Besetzung der Börsengeschäftsführung und der Handelsüberwachungsstelle. Eine solche weitgehende Einflußmöglichkeit hat der Bürger bei anderen Behörden – sieht man von seiner Möglichkeit der Mitentscheidung durch die Wahl des Bürgermeisters ab – wegen des mehrstufigen Verwaltungsaufbaus regelmäßig nicht. Als letztes sei darauf hingewiesen, daß es möglich ist, Börsenorgane personenidentisch mit den Organen einer anderen Börse zu besetzen, ohne daß es hierfür einer besonderen gesetzlichen Regelung bedarf. Die rechtlichen Folgen für die Handelsteilnehmer sind aber keine anderen, wenn Geschäftsführer B der B-Börse auch noch zum Geschäftsführer der A-Börse bestellt wird oder wenn Geschäftsführer B die Geschäftsführung der A-Börse im Rahmen eines Mandates übernimmt. Nun beruht aber die im Schrifttum geäußerte Auffassung, eine

577 Schenke VerwArch 68 (1977), 118, 153 f.; in die gleiche Richtung argumentiert BVerfGE 61, 1, 41.

Mandatierung habe eine Abweichung von der gesetzlichen Zuständigkeitsregelung zur Folge, auf der Annahme, es sei eine besondere Schutzbedürftigkeit des Bürgers vor einer tatsächlichen Übertragung von Aufgaben gegeben und diese überwiege die formalrechtliche Beurteilung des Mandats als Handeln im Namen eines anderen. Eine solche Wertung muß jedoch angepaßt werden, wenn eine Schutzbedürftigkeit in einem bestimmten Bereich generell nicht gegeben ist. Da dies im Bereich der Börsen der Fall ist, spricht viel dafür, daß in der Übertragung von Aufgaben von Börsenorganen im Wege der Mandatierung eine Änderung der Zuständigkeitsregelung nicht zu erblicken ist.

Doch selbst wenn man ungeachtet dieser Erwägungen von einer Änderung der Zuständigkeitsordnung ausgeht, zeigt sich, daß eine solche Änderung im Bereich der Börsen insoweit zulässig ist, weil hier das oben aufgeführte Gebot der eigenen tatsächlichen Kompetenzausübung nicht gilt. Denn wie aus § 5 Abs. 3 BörsG deutlich wird, geht der Gesetzgeber davon aus, daß wesentliche Aufgaben des Börsenbetriebs nicht nur vom Börsenträger erfüllt werden, sondern sogar auf Dritte ausgelagert werden können, bei denen es sich nicht um Mitarbeiter der Behörde handelt. Wenn der Gesetzgeber aber in diesem Bereich ausdrücklich nicht nur die tatsächliche, sondern sogar eine rechtliche Verlagerung von Behördenaufgaben erlaubt, ist nicht ersichtlich, daß in einem anderen Bereich eine Mandatierung, welche zumindest in rechtlicher Hinsicht zu keiner veränderten Zuordnung führt, unzulässig sein soll. Dies gilt um so mehr, als es bei den Börsen auch auf anderem Gebiet eine lange Tradition gibt, öffentliche Aufgaben nicht selbst, sondern durch andere erfüllen zu lassen, wie sich an dem Beispiel der Kursmakler zeigt, welche als Privatpersonen mit öffentlichen Aufgaben betraut waren[578].

Daher erweist sich im Ergebnis, daß eine Übertragung von Aufgaben und Befugnissen einzelner Börsenorgane im Wege einer Mandatierung auch ohne gesetzliche Grundlage allgemein verwaltungsrechtlich zulässig ist. Inwieweit sich hiergegen spezifische börsenrechtliche Bedenken ergeben, soll im Rahmen der Ausführungen zu den einzelnen Börsenorganen untersucht werden.[579]

dd) Organleihe

Als weiteres verwaltungsrechtliches Mittel zur Verlagerung von Aufgaben kommt schließlich die Organleihe in Betracht. Mit diesem Begriff wird regelmäßig

578 Siehe hierzu ausführlich Schwark, 2. A., § 30, Rn. 2 ff.

579 S. u. C. II. 6. b).

eine Vielzahl von organisatorischen Erscheinungsformen bezeichnet,[580] wobei allen Formen immanent ist, daß ein Organ eines Rechtsträgers ermächtigt und beauftragt wird, einen Aufgabenbereich eines anderen Rechtsträgers im Außenverhältnis wahrzunehmen, wobei es in eigenem Namen handelt.[581] Es kommt hierbei zu keiner Verlagerung von Kompetenzen.[582] Das entliehene Organ handelt als Organ des Entleihers und ist dessen Weisungen unterworfen.[583] Die vom entliehenen Organ ausgeführten Maßnahmen und getroffenen Entscheidungen werden dem Entleiher zugerechnet.[584] Vergleichbar mit der Amtshilfe ist die Organleihe insoweit, als auch hier ein Verwaltungsträger einen anderen mit personellen bzw. sachlichen Mitteln unterstützt, weil letzterer aus Zweckmäßigkeitsgesichtspunkten keine eigene Einrichtung schaffen will.[585] Im Gegensatz zur Amtshilfe handelt es sich bei der Organleihe aber nicht um eine Einzelfallhilfe, sondern die Hilfe betrifft einen bestimmten Kompetenzausschnitt und ist auf eine gewisse Dauer angelegt.[586]

Insofern ist also auch die Organleihe praktisch geeignet, um im Rahmen von Kooperationen zwischen mehreren Börsenanstalten eine Übertragung von Aufgaben von dem Organ einer Börse auf das entsprechende Organ einer Partnerbörse zu ermöglichen. Fraglich ist nun jedoch, welche rechtlichen Voraussetzungen und Grenzen für einer Organleihe bestehen. Das Grundgesetz bietet keine allgemeinen Regelungen über die Zulässigkeit der „Betrauung" einer Verwaltungskörperschaft mit den Aufgaben des Organs einer anderen Verwaltungskörperschaft.[587] Dies führt dazu, daß ähnlich wie bei der Mandatierung in Literatur und Rechtsprechung keine Einigkeit über den Umfang der Zulässigkeit der Organleihe und ihre Voraussetzungen herrscht. Denn auch wenn die Organleihe seit langem in der Verwaltungspraxis eingesetzt wird, gibt es Stimmen, die sich kritisch mit ihr auseinandersetzten. Kritisiert wird die Organleihe hierbei jedoch

580 BVerfG NVwZ 1983, 537, 539.

581 Stelkens/Bonk/Sachs-Bonk/Schmitz § 4, Rn. 39; BeckOK VwVfG, Funke-Kaiser, § 4, Rn. 34.

582 BVerfGE 63, 1, 32.

583 BVerfG NVwZ 1983, 537, 539; Stelkens/Bonk/Sachs-Bonk/Schmitz § 4, Rn. 39; BeckOK VwVfG, Funke-Kaiser § 4, Rn. 34.

584 BVerfG NVwZ 1983, 537, 539; Stelkens/Bonk/Sachs-Bonk/Schmitz § 4, Rn. 39; BeckOK VwVfG, Funke-Kaiser § 4, Rn. 34; Handbuch Verfassungsrecht-Vogel, S. 1087.

585 BVerfG NVwZ 1983, 537, 539; Stelkens/Bonk/Sachs-Bonk/Schmitz § 4, Rn. 39.

586 BVerfG NVwZ 1983, 537, 539; BeckOK VwVfG, Funke-Kaiser § 4, Rn. 34; Stelkens/Bonk/Sachs-Bonk/Schmitz § 4, Rn. 39.

587 BVerfG NVwZ 1983, 537, 540.

in erster Linie im Verhältnis zwischen Bund und Ländern, da es hierdurch zu einem Widerspruch komme zwischen den zwingenden Kompetenznormen des Grundgesetzes und einer Praxis, in der in großem Umfang Einrichtungen der Landesverwaltung für Zwecke der Bundesverwaltung herangezogen würden.[588] Nichtsdestotrotz wird die Organleihe jedenfalls grundsätzlich von der ganz herrschenden Auffassung als zulässig angesehen.[589] Jedoch wird gefordert, daß ein Einsatz dosiert zu erfolgen habe und „nicht im Effekt zu einer faktischen Aushöhlung des normalen Verwaltungsganges" führen dürfe.[590] Diese Auffassung teilt auch das Bundesverfassungsgericht, wenn es darlegt, grundsätzlich habe derjenige Verwaltungsträger, dem durch eine Kompetenznorm des Grundgesetzes Verwaltungsaufgaben zugewiesen worden seien, diese Aufgaben auch durch eigene Verwaltungseinrichtungen und mit eigenen personellen und sächlichen Mitteln wahrzunehmen.[591] Dem stehe eine weitreichende Heranziehung der Hilfe von nicht zuständigen Verwaltungsträgern entgegen, auch wenn eine förmliche Übertragung von Zuständigkeiten nicht erfolge.[592] Daher müsse die Organleihe eine Ausnahme bleiben und komme nur für eng begrenzte Aufgabenfelder in Betracht, wobei es zusätzlich des Vorliegens besonderer sachlicher Gründe bedürfe.[593]

Was die Voraussetzungen betrifft, so scheint unumstritten zu sein, daß für die Organleihe die Zustimmung des für das entliehene Organ zuständigen Rechtsträgers notwendig ist.[594] Fraglich ist jedoch, inwieweit es zusätzlich einer gesetzlichen Regelung bedarf. Hierzu wird in der Literatur von manchen vertreten, eine solche Regelung sei unentbehrlich und eine Organleihe ohne ausdrückliche gesetzliche Grundlage unzulässig.[595] Auch von seiten der Bundesregierung wurde diese Meinung in der Vergangenheit geteilt.[596] Diese Auffassung wird zum

588 Siehe z.B. Schmidt-Bleibtreu/Klein-Henneke vor Art. 83, Rn. 1.

589 So ausdrücklich: Maunz/Dürig-Lerche Art. 83, Rn. 26; Handbuch Verfassungsrecht-Vogel, S. 1087 m. w. N.; a. A. aber Bay. VGH im Vorlagebeschluß vom 4. 5. 1981, Az. 39 IX 77, abgedruckt in BVerfGE 63, 1 ff.

590 Maunz/Dürig-Lerche Art. 83, Rn. 26.

591 BVerfG NVwZ 1983, 537, 541.

592 Ebd.

593 BVerfG NVwZ 1983, 537, 541; zustimmend Lodde, Rechtsfragen der Organleihe, S. 150 ff.

594 BVerfGE 61, 1, 43.; Handbuch Verfassungsrecht-Vogel, S. 1087; Schmidt-Bleibtreu/Klein-Sannwald Art. 35, Rn. 14.

595 Stelkens/Bonk/Sachs-Bonk/Schmitz § 3, Rn. 13; Lodde, Rechtsfragen der Organleihe, S. 147 ff.

596 Siehe die Stellungnahme des Bundesministers für Wirtschaft in BVerfGE 61, 1, 15.

einen damit begründet, daß durch die Organleihe gelegentlich mittelbar grundrechtsrelevante Eingriffe betroffen seien, so vor allem im Bereich der Ordnungsbehörden.[597] Jedoch seien grundlegende Bereiche, die dem Gesetzesvorbehalt unterfallen, in gleichem Maße berührt, wenn die Staatsorganisation betroffen sei.[598] Denn auch wenn es zu keiner Kompetenzverlagerung komme, sei mit jeder Organleihe doch eine Beschränkung des Einflusses des Entleihers auf die eigene Verwaltung verbunden, weil zumindest die unbeschränkte Personalhoheit schwinde und der entleihende Verwaltungsträger somit in wesentlichem Maße hoheitliche Befugnisse verliere.[599] Besonders deutlich werde dies wiederum bei Ermessensentscheidungen, weil der verleihende Verwaltungsträger durch Auswahl der geeigneten Entscheidungspersonen die Verwaltungsentscheidung wesentlich beeinflussen könne.[600]

Andere legen einen flexibleren Maßstab an. Das Erfordernis einer gesetzlichen Regelung wird von den „Besonderheiten des Einzelfalles (…), das heißt unter anderem davon, wie weit hier allgemeine Regeln über den Gesetzesvorbehalt eingreifen", abhängig gemacht.[601] Nach wieder anderer Auffassung ist eine gesetzliche Grundlage für eine Organleihe generell entbehrlich.[602]

Fraglich ist nun, welche Folgen sich aus den vorstehend angeführten Ansichten für eine mögliche Übertragung von Aufgaben und Befugnissen von einem Börsenorgan auf das entsprechende Organ einer Partnerbörse ergeben. Hierzu muß man sich zunächst vergegenwärtigen, daß es in der rechtlichen Auseinandersetzung zum Thema der Organleihe bislang ausschließlich um die Frage ging, inwieweit eine Landesbehörde Aufgaben des Bundes erfüllen darf. Da aber diesbezüglich Problemfelder wie etwa das Verbot der sog. Mischverwaltung und die grundgesetzliche Regelung der Art. 83 ff. GG in die Diskussion einfließen müssen, können die im voranstehenden Abschnitt geschilderten Ableitungen keineswegs unmodifiziert für den Bereich der Börsen übernommen werden. Um eine

597 Lodde, Rechtsfragen der Organleihe, S. 148 f.

598 Lodde, Rechtsfragen der Organleihe, S. 149.

599 Lodde, Rechtsfragen der Organleihe, S. 149, ähnlich auch Hirschberger, Organleihe, S. 117.

600 Hirschberger, Organleihe, S. 117.

601 Handbuch Verfassungsrecht-Vogel, S. 1087; ebenso anscheinend auch Maunz/Dürig-Lerche Art. 83, Rn. 26 und Maunz/Dürig-Maunz Art. 104a, Rn. 60, wo eine durch Vereinbarungen, bzw. Verwaltungsabkommen zustande gekommene Organleihe der gesetzlich vorgesehenen Organleihe gegenübergestellt wird.

602 Siehe Stellungnahme der Versorgungsanstalt der deutschen Bezirksschornsteinfegermeister in BVerfGE 61, 1, 18 f.

sachgerechte Lösung zu finden, muß der Fokus vielmehr zunächst wiederum auf das Wesen der Organleihe gerichtet werden. Denn weil das entliehene Organ als Organ des Entleihers handelt und dessen Weisungen unterworfen ist, werden bei der Organleihe keine Kompetenzen übertragen, und die gesetzliche Kompetenzordnung bleibt somit unangetastet. Dies spricht zunächst dafür, daß eine gesetzliche Grundlage nicht erforderlich ist. Hält man eine solche trotzdem für geboten, so kann dies allein mit der Forderung begründet werden, ein Verwaltungsträger habe die ihm zugewiesenen Verwaltungsaufgaben deshalb höchstpersönlich zu erledigen, weil ansonsten zumindest in tatsächlicher Hinsicht hoheitliche Befugnisse aufgegeben würden.[603] Insoweit unterscheidet sich die Begründung für das Erfordernis einer gesetzlichen Regelung also kaum von dem schon diskutierten Fall der Mandatierung. Deshalb müssen auch hier die Unterschiede zwischen einer Börse und anderen Behörden sowie die Wertungen des Börsengesetzes gewichtet werden, wonach eine Wahrnehmung ihrer Aufgaben mit eigenen personellen und sächlichen Mitteln durch die Börse nicht erforderlich ist.[604] Somit ist eine Übertragung von Aufgaben im Wege der Organleihe im Bereich der Börsen auch ohne eine ausdrückliche gesetzliche Grundlage möglich.

ee) Beteiligte Personen

Nachdem nun also gezeigt werden konnte, daß sowohl die Mandatierung als auch die Organleihe grundsätzlich geeignet sind, auch ohne spezielle Gesetzesgrundlage eine Übertragung von Aufgaben der Börsenorgane zu begründen, bleibt noch zu untersuchen, welche Personen an einer solchen Übertragung mitwirken müssen. Wie bereits erwähnt, bedarf die Organleihe der Zustimmung des für das entliehene Organ zuständigen Rechtsträgers.[605] Rechtsträger im verwaltungsrechtlichen Sinne kann gem. § 78 VwGO auch eine öffentlich-rechtliche Körperschaft sein, wobei hierzu auch rechtsfähige Anstalten des öffentlichen Rechts gehören.[606] Da es sich bei der Börse um eine Anstalt handelt, die zumindest im öffentlich-rechtlichen Bereich rechtsfähig ist,[607] ist für eine Organleihe somit die Zustimmung derjenigen Börse notwendig, auf deren Organ Aufgaben übertragen werden sollen. Ebenso ist selbstverständlich Ausgangspunkt für eine

603 Siehe hierzu ausführlich Lodde, Rechtsfragen der Organleihe, S. 149; zumindest in die gleiche Richtung argumentiert BVerfGE 61, 1, 41.

604 Vgl. hierzu oben C. II. 6. a) cc).

605 BVerfGE 61, 1, 43.; Handbuch Verfassungsrecht-Vogel, S. 1087; Schmidt-Bleibtreu/Klein-Sannwald Art. 35, Rn. 14.

606 Schoch/Schmidt-Aßmann/Pietzner-Meissner VwGO § 78 Rn. 29.

607 Schwark-Beck § 2 BörsG, Rn. 37.

Organleihe die Zustimmung derjenigen Börse, die eine Aufgabe überträgt, wobei im Rahmen der vorliegenden Untersuchung im Bereich der jeweiligen Börsenorgane dargelegt werden soll, welche Börsenorgane einer Übertragung von Aufgaben zustimmen müssen.[608] Die Notwendigkeit einer Zustimmung der beiden beteiligten Börsen ergibt sich ebenso wie bei der Organleihe auch bei einer Mandatierung.

Fraglich ist, ob hierüber hinaus die Zustimmung weiterer Beteiligter benötigt wird. In Betracht kommen hier sowohl die jeweiligen Bundesländer, deren Behörden die entleihende und die leihende Börsen sind, wie auch der Börsenträger der das Organ leihenden Börse, da er gem. § 5 Abs. 1 S. 2 BörsG für die Aufbringung deren finanzieller, personeller und sachlicher Mittel verantwortlich ist und damit die wirtschaftliche Last der Organleihe zu tragen hat.

Daß der Börsenträger bei einer Organleihe kein Mitspracherecht hat, folgt aus der Abgrenzung der Aufgaben von Börse und Börsenträger. Für den öffentlich-rechtlichen Bereich, zu dem auch eine Organleihe an andere Börsen gehört, ist alleine die Börsenanstalt zuständig. Grenze ihrer Entscheidungsfreiheit bildet allein die Frage, ob sie sich im Rahmen einer Organleihe noch im Bereich einer angemessenen Fortentwicklung des Börsenbetriebs befindet, weil den Träger nur bis zu dieser Grenze die Verpflichtung zur Zurverfügungstellung von Mitteln trifft. Dies muß für den jeweiligen Einzelfall entschieden werden – Allgemein betrachtet bewegt sich aber eine Organleihe wegen der durch sie erreichbaren Erzielung von Synergieeffekten und der Erleichterung von Kooperationen im Börsenwesen noch im Rahmen der zulässigen Weiterentwicklung einer Börse.

Aber auch die Zustimmung von seiten der jeweiligen Länder ist aus verwaltungsrechtlicher Sicht entbehrlich, da es sich bei den Börsen um Anstalten handelt, die verwaltungsrechtlich rechtsfähig sind und sich selbst verwalten. Daß – je nachdem welches Börsenorgan im Rahmen einer Mandatierung oder Organleihe Aufgaben übertragen soll – aufgrund börsenrechtlicher Bestimmungen eine Zustimmung des betreffenden Bundeslandes notwendig sein kann, soll in den folgenden Abschnitten dargelegt werden.[609]

b) Zulässigkeit einer Übertragung von Aufgaben einzelner Börsenorgane

Nachdem also nach hier vertretener Auffassung das Verwaltungsrecht mit der Mandatierung und der Organleihe generell durchaus Möglichkeiten bereithält, Aufgaben von Börsenorganen auch ohne ausdrückliche gesetzliche Grundlage

608 S. u. C. II. 6. b) aa) bis dd).

609 S. u. C. II. 6. b) aa) bis dd).

auf die Organe anderer Börsen zu übertragen, soll nun untersucht werden, ob diese Möglichkeit für alle Organe einer Börse gegeben ist oder ob sich aus börsenrechtlicher Sicht in bestimmten Einzelfällen Hindernisse ergeben, die eine so weitgehende Zusammenarbeit ausschließen.

aa) Börsenrat

Hierbei kann zunächst überlegt werden, ob es dem Börsenrat einer Börse rechtlich möglich ist, bestimmte Teilbereiche der ihm nach § 12 Abs. 2 BörsG obliegenden Aufgaben dem Börsenrat einer anderen Börse zu übertragen. So wäre es beispielsweise effektiv, wenn börsliche Regelwerke, bei denen es wichtig ist, daß sie für alle an einer Kooperation beteiligten Börsen einheitlich sind – wie vor allem die Börsengeschäftsbedingungen und die Zulassungsordnung für Börsenhändler –, von einem Börsenrat erlassen würden und sodann automatisch an allen beteiligten Börsen Geltung erlangten. Daß sich gegen eine solche Übertragung der Befugnis zum Erlaß von Satzungen Bedenken ergeben, wird schnell deutlich, wenn man sich bewußt macht, daß es sich bei dem Börsenrat um das für die Börsenselbstverwaltung wesentliche Organ handelt, in dem die am Börsenhandel unmittelbar oder mittelbar Beteiligten repräsentiert sind.[610] Ließe man zu, daß sich der Börsenrat selbst seiner Kompetenzen beraubt, konterkarierte man die börsengesetzliche Regelung zur Wahl des Börsenrates, die erkennbar entscheidenden Wert darauf legt, daß alle an der Börse vertretenen Gruppen, wie beispielsweise zugelassene Kreditinstitute, Finanzdienstleistungsinstitute, Emittenten, Skontroführer und Anleger im Börsenrat vertreten und somit an der Börsenselbstverwaltung beteiligt sind. Übertrüge ein Börsenrat seine Entscheidungskompetenz auf einen anderen Börsenrat, so wäre eine Beteiligung dieser Gruppen nicht mehr gewährleistet, da es zwar durchaus häufig vorkommen wird, daß bestimmte Beteiligte wie etwa große Kredit- oder Finanzdienstleistungsinstitute auch in dem Börsenrat der anderen Börse vertreten sind, dies aber gerade bei nur regional agierenden Handelshäusern oder Emittenten in vielen Fällen nicht garantiert wäre. Daß dies dazu führen muß, eine solch weitgehende Übertragung von Kompetenzen als unzulässig anzusehen, steht spätestens bei einem Blick auf § 12 Abs. 4 BörsG fest. Denn nach dieser Norm ist sogar im Falle der Bildung von Ausschüssen, die einen Beschluß des Börsenrates vorbereiten sollen, darauf zu achten, daß die betroffenen Gruppen angemessen vertreten sind, soweit ihre Belange durch den Beschluß berührt werden können. Dann kann es aber erst recht nicht zulässig sein, wenn endgültige Entscheidungen des

610 So auch BT-Drucks. 12/6679, S. 62.

Börsenrates auf ein Gremium übertragen werden, in dem eine solche angemessene Vertretung der einzelnen Gruppen nicht gewährleistet ist.

Wenn aber nun die Befugnis zum Erlaß von Satzungen nicht auf einen anderen Börsenrat übertragen werden kann, so bleibt gerade im Hinblick auf die eben erwähnte Vorschrift in § 12 Abs. 4 BörsG zu untersuchen, ob es zumindest möglich ist, einen der Börsenräte der an einer Kooperation beteiligten Börsen eine Börsen-, Gebühren- oder Zulassungsordnung ausarbeiten zu lassen, welche anschließend von jedem Börsenrat erlassen wird. Doch auch schon hier zeigt die erwähnte Norm Grenzen auf. Denn die Ausarbeitung eines Regelwerkes, welches anschließend von den einzelnen Börsenräten nur noch angenommen oder abgelehnt werden kann, wird dem Willen des Gesetzgebers nach der Einbindung der einzelnen Gruppen schon in den Entstehungsprozeß eines Beschlusses nicht gerecht. Wenn schon für eine solche Vorbereitung durch einen Ausschuß des Börsenrates eine Beteiligung der betroffenen Gruppen notwendig ist, muß das erst recht gelten, wenn eine Vorbereitung eines Beschlusses auf einen anderen Börsenrat übertragen wird. Ein solches Vorgehen ist also nur dann börsenrechtlich zulässig, wenn alle an einer Kooperation beteiligten Börsenräte schon im Entstehungsprozeß der Regelwerke etwa im Wege der Bildung von börsenübergreifenden Arbeitskreisen die Möglichkeit haben, ihre Interessen geltend zu machen und auf die Ausarbeitung Einfluß zu nehmen. Jedoch sollte man hierbei die an eine angemessene Repräsentanz zu stellenden Anforderungen nicht überdehnen, da es im Ergebnis nicht darum gehen darf, daß jede Gruppe der Beteiligten am Börsenhandel an jeder Partnerbörse einen Vertreter in jeden Arbeitskreis entsendet, was gerade bei Kooperationen zwischen mehr als zwei oder drei Partnern die Arbeitskreise auf eine Größe aufblähen würde, die einem effektiven Arbeiten kaum dienlich wäre. Wichtig ist vielmehr, daß die einzelnen Gruppen der Beteiligten am Börsenhandel eine nicht nur theoretische Möglichkeit besitzen, ihre Einwände und Änderungswünsche vorzubringen und damit aktiv in den Entstehungsprozeß einzugreifen.

Ebenso könnte an eine Lockerung in den Bereichen gedacht werden, die nicht zu denjenigen gehören, deren Regulierung durch die Börse verpflichtend ist. Als ein Beispiel ist in Betracht zu ziehen, wenn sich die einzelnen Börsen einer Börsenkooperation auf Teilsegmente wie etwa den Aktien-, den Derivate- oder den Fondshandel konzentrieren wollen. Hier könnte erwogen werden zu prüfen, ob es zulässig ist, die Ausarbeitung von Regelwerken, die sich etwa speziell auf den Fondshandel beziehen, auch dem Börsenrat einer einzelnen Börse zu übertragen, sofern die anderen Börsenräte dem zustimmen. Denn es kann immerhin der Börsenrat gem. § 12 Abs. 2 S. 1 Nr. 1 i. V. m. § 16 Abs. 1 S. 2 Nr. 1 BörsG den Geschäftszweig der Börse festlegen. Es wäre somit zweifellos rechtmäßig, wenn ein Börsenrat entscheidet, daß an der betreffenden Börse überhaupt keine Fondsanteile gehandelt werden können. Hieraus die Schlußfolgerung zu ziehen, eine Verlagerung der Verantwortung für eine solche Entscheidung sei gleichsam als Minus zum kompletten Verzicht mit dem Börsenrecht vereinbar, scheint nicht fernliegend. Nichtsdestotrotz spricht mehr dafür, die gesetzlichen Regelungen den Börsenrat betreffend insoweit als Betonung der Selbstverwaltung der Börse aufzufassen. Zwar darf ein Börsenrat entscheiden, einen bestimmten Geschäftszweig nicht anzubieten. Entscheidend ist aber gerade, daß die Zuständigkeit für alle maßgeblichen Entscheidungen beim Börsenrat verbleibt und auch nicht weiterübertragen werden darf.

bb) Börsengeschäftsführung

Anders als beim Börsenrat liegt die Bedeutung der Börsengeschäftsführung nicht in erster Linie in der Börsenselbstverwaltung. Vielmehr ist ihre Funktion– jedenfalls in einzelnen Teilen – vergleichbar mit dem Vorstand einer Aktiengesellschaft. Entsprechend legt der Gesetzgeber in § 15 BörsG die Betonung auf die Notwendigkeit der Zuverlässigkeit und fachlichen Eignung der geschäftsleitenden Person. Da es, abgesehen von diesen Eigenschaften, im Gesetz keine Vorgaben an die Person des Geschäftsführers gibt, stehen börsenrechtliche Belange einer Übertragung von Aufgaben und Befugnissen der Börsengeschäftsführung auf andere Börsengeschäftsführungen im Wege der Mandatierung oder Organleihe nicht entgegen.

Jedoch ergeben sich aus der Regelung des § 15 BörsG Anhaltspunkte dafür, wer an einem solchen Vorgehen mitwirken muß. Da es gem. § 12 Abs. 2 S. 1 Nr. 2 BörsG dem Börsenrat obliegt, die Geschäftsführer zu bestellen und abzuberufen, ist es auch der Börsenrat, der eine Entscheidung über eine Übertragung von Aufgaben an die Geschäftsführung einer kooperierenden Börse trifft. Denn eine solche Übertragung ist im Ergebnis nichts anderes als eine partielle Abberufung und Bestellung einer anderen Geschäftsführung. Dementsprechend hat eine amtierende Geschäftsführung, die diese Aufgabe aktuell wahrnimmt, auch kein Mitspracherecht bei der Entscheidung über eine Mandatierung/Organleihe. Zwar ist entsprechend der Vorgaben der herrschenden Meinung[611] auch die Übertragung lediglich eines bestimmten Aufgabenbereiches ebenso wie die Abberufung des Geschäftsführers analog § 84 Abs. 3 AktG nur bei Vorliegen eines wichtigen Grundes zulässig. Jedoch ist diese Voraussetzung bei der Übertragung

611 Schwark-Schwark § 16 BörsG, Rn. 9.

von Aufgaben auf die Geschäftsführung einer an einer Kooperation teilnehmenden Börse gegeben, wenn durch eine solche Konzentrierung Synergieeffekte erzielt werden können oder eine solche Vorgehensweise aus anderen Gründen – wie etwa der Sicherstellung einer einheitlichen Entscheidungspraxis innerhalb eines Börsenverbundes – für eine Börse vorteilhaft erscheint.

Weiterhin muß berücksichtigt werden, daß Bestellung und Abberufung der Börsengeschäftsführer gem. §§ 12 Abs. 2 S. 1 Nr. 2, 15 Abs. 2 BörsG nur im Einvernehmen mit der Börsenaufsichtsbehörde möglich sind. Mithin hat das jeweilige Bundesland die Möglichkeit, eine Übertragung von Aufgaben im Wege der Mandatierung oder Organleihe durch Verweigerung seines Einvernehmens zu blockieren. Jedoch ist hierbei zu berücksichtigen, daß dies gem. § 15 Abs. 2 BörsG nur zulässig ist, wenn aus objektiven und nachweisbaren Gründen Zweifel an der Zuverlässigkeit oder fachlichen Eignung des neuen Geschäftsführers bestehen oder die ordnungsgemäße Leitung der Börse gefährdet erscheint. Da der neue Geschäftsführer ja bereits Geschäftsführer an einer anderen Börse ist und die Börsenaufsichtsbehörde des betreffenden Bundeslandes somit keine Zweifel an seiner Zuverlässigkeit oder fachlichen Eignung hat, dürfte eine Ablehnung aus diesen Gründen – wenngleich man jeder Börsenaufsichtsbehörde insoweit einen eigenen Beurteilungsspielraum zugestehen muß – regelmäßig ausscheiden. In Betracht kommt also nur noch eine Ablehnung, wenn eine ordnungsgemäße Leitung der Börse gefährdet erscheint. Eine solche Gefährdung kann indes nicht darin erblickt werden, daß eine Geschäftsführung für mehrere Börsen tätig ist, da dies – wie dargelegt – verwaltungsrechtlich zulässig ist und sich insoweit auch keine börsenrechtlichen Einschränkungen finden lassen. Eine Verweigerung der Zustimmung von seiten der Börsenaufsichtsbehörde käme demnach nur dann in Betracht, wenn sich aus den weiteren Umständen der Zusammenarbeit zwischen den Börsen ergibt, daß die Belange der jeweiligen Börsenanstalt durch die Mandatierung/Organleihe zugunsten einer anderen beteiligten Börse oder zugunsten der Börsenträger spürbar vernachlässigt werden.

cc) Handelsüberwachungsstelle

Grundsätzlich ergeben sich börsenrechtlich keine Bedenken, auch Aufgaben der Handelsüberwachungsstelle im Wege der Mandatierung oder Organleihe auf eine andere Börse zu übertragen. Denn gerade bei der Handelsüberwachungsstelle versucht der Gesetzgeber mit einer Reihe von Regelungen dafür zu sorgen, daß eine Unabhängigkeit der Mitglieder gegenüber den anderen Börsenorganen und dem Börsenträger gewahrt bleibt. Gerade durch diese Unabhängigkeit scheint eine Übertragung von Aufgaben der Handelsüberwachungsstellen anderer

Börsen ein vergleichsweise geringes Risiko mit sich zu bringen. Daß gerade durch die gesetzlichen Regelungen, die eine Unabhängigkeit der Handelsüberwachungsstelle garantieren sollen, eine solche Zusammenarbeit praktisch zu einem schwierigen Unterfangen werden kann, dürfte jedoch kaum zu leugnen sein. Denn als erste Hürde erfordert die Bestellung oder Abberufung des Leiters der Handelsüberwachungsstelle regelmäßig das Einvernehmen von Börsengeschäftsführung, Börsenrat und Börsenaufsichtsbehörde (§ 12 Abs. 2 S. 1 Nr. 5 und § 7 Abs. 2 S. 2 BörsG). Es spricht viel dafür, diese Vorschriften im Falle einer dauerhaften Übertragung von Aufgaben auf eine andere Handelsüberwachungsstelle analog anzuwenden, weil es der wesentliche Zweck der Norm ist, eine Einflußnahme vor allem des Börsenträgers auf die Handelsüberwachung auszuschließen. Hierfür ist aber der Wechsel der tatsächlichen Entscheidungsgewalt bedeutend, und die Tatsache, daß eine Organleihe/Mandatierung zu keiner Änderung der rechtlichen Zuordnung führt, tritt dahinter zurück. Nun scheint es zwar durchaus naheliegend, daß die Börsengeschäftsführung, die regelmäßig in die Pläne zur Börsenkooperation eingebunden sein wird, einer Übertragung von Aufgaben der Handelsüberwachungsstelle zustimmen wird. Auch ein Einvernehmen des Börsenrates wird regelmäßig zu erreichen sein, wenn man bedenkt, daß auf diesem Wege zugunsten aller Handelsteilnehmer Kosten gesenkt werden können. Schwieriger dürfte es indes sein, die Börsenaufsichtsbehörde von einem solchen Schritt zu überzeugen, weil er immerhin die Konsequenz hätte, daß die für die Aufsicht bedeutende Handelsüberwachung zukünftig jedenfalls faktisch in einem anderen Bundesland ausgeführt wird. Daß dies aufgrund der Befürchtung, zukünftig weniger Kontrollmöglichkeiten zu haben oder auf irgendeine andere Weise an Bedeutung zu verlieren, von seiten der Börsenaufsicht schnell zu einem „Widerspruchsreflex" führen kann, erscheint naheliegend. Dieser Reflex ist auf den ersten Blick nicht unberechtigt, da die Regelung des § 7 Abs. 1 S. 4 BörsG besagt, daß die Börsenaufsichtsbehörde der Handelsüberwachungsstelle Weisungen erteilen und Ermittlungen übernehmen kann und es also fraglich ist, ob ein solches Eingreifen noch möglich ist, wenn die Aufgaben von einer Handelsüberwachungsstelle an einer Börse in einem anderen Bundesland übernommen werden. Jedoch muß hierbei die Ausgestaltung der Aufgabenübertragung durch Organleihe bzw. Mandatierung berücksichtigt werden. So ist bei der Organleihe, wie bereits geschildert, das entliehene Organ den Weisungen des Entleihers unterworfen,[612] so daß unter Berücksichtigung der Weisungsgebundenheit

---

612 BVerfG NVwZ 1983, 537, 539; Stelkens/Bonk/Sachs-Bonk/Schmitz § 4, Rn. 39; BeckOK VwVfG, Funke-Kaiser § 4, Rn. 34, Lodde, Rechtsfragen der Organleihe, S. 55.

der an der Ausgangsbörse eingerichteten Handelsüberwachungsstelle gem. § 7 Abs. 1 S. 4 BörsG die Börsenaufsicht jedenfalls indirekt ihre Weisungen auch gegen das entliehene Organ durchsetzen kann. Da es sich bei der Organleihe um eine reine Verlagerung von Organmitteln auf einen anderen Verwaltungsträger handelt, weshalb für das entliehene Organ das Recht des ausleihenden Hoheitsträgers zur Anwendung kommt,[613] wird man darüber hinaus in § 7 Abs. 1 S. 4 BörsG auch eine ausreichende Ermächtigungsgrundlage erblicken können, die der Börsenaufsicht die Befugnis gibt, Weisungen direkt gegenüber dem entliehenen Organ aussprechen zu können.

Auch im Falle einer Ausgestaltung der Aufgabenübertragung als Mandat besteht regelmäßig zwischen Mandanten und Mandatar ein Weisungsverhältnis.[614] Dies ist jedoch nicht zwingend. Es sind ebenso Mandatsverhältnisse denkbar, in denen ein solches Weisungsverhältnis nicht vorliegt.[615] Bei einer Verlagerung von Aufgaben der Handelsüberwachungsstelle im Wege der Mandatierung ist daher auf die Vereinbarung eines Weisungsverhältnisses zu achten, da ansonsten zwangsläufig ein Verstoß gegen die der Börse aus § 7 Abs. 1 S. 4 BörsG obliegenden Verpflichtungen vorliegt und die Börsenaufsichtsbehörde ihr Einvernehmen zu einer Übertragung der Aufgaben gerechtfertigterweise verweigern wird. Jedoch könnte auch dann die Börsenaufsicht ihre Weisungen nur indirekt durchsetzen, da eine Erstreckung des Weisungsrechts der Aufsichtsbehörde aus § 7 Abs. 1 S. 4 BörsG auf den Mandatar nicht angenommen werden kann. Da man in diesem fehlenden direkten Weisungsrecht einen Verstoß gegen die gesetzlichen Vorgaben erblicken könnte, der eine generelle Ablehnung einer Mandatierung von seiten der Börsenaufsicht rechtfertigen könnte, ist einer kooperationswilligen Börse zu raten, bei der Übertragung von Aufgaben der Handelsüberwachungsstelle immer den Weg der Organleihe zu beschreiten.

Im Ergebnis ist somit festzuhalten, daß eine Übertragung von Aufgaben der Handelsüberwachungsstelle rechtlich möglich, aber tatsächlich wegen der Erforderlichkeit einer Mitwirkung von Börsengeschäftsführung, Börsenrat und Börsenaufsichtsbehörde nicht immer ganz einfach umzusetzen sein wird.

dd) Sanktionsausschuß

Schließlich bleibt zu untersuchen, ob es börsenrechtliche Bedenken bei einer Auslagerung von Aufgaben im Bereich der Sanktionsausschüsse gibt. Aus dem

613 Hirschberger, Organleihe, S. 192.

614 Schenke VerwArch 68 (1977), 118, 149.

615 Schenke VerwArch 68 (1977), 118, 149, a. A. BeckOK VwGO, Kintz, § 78, Rn. 29.

Börsengesetz ergeben sich keine Vorbehalte gegen eine solche Auslagerung, weil aus § 20 BörsG nicht einmal eine Verpflichtung ersichtlich ist, überhaupt einen Sanktionsausschuß einzurichten.[616] Jedoch könnten sich Einschränkungen daraus ergeben, daß Regelungen über die Sanktionsausschüsse aller deutschen Börsen auf der Grundlage von § 22 Abs. 1 S. 1 BörsG durch Rechtsverordnung der Landesregierungen erfolgt sind. Wie schon bei der Frage nach einer möglichen personenidentischen Besetzung der Sanktionsausschüsse dargelegt,[617] ergibt sich hierbei ein grundlegendes Problem daraus, daß von Börse zu Börse teils gravierende Unterschiede in den landesrechtlichen Regelungen bestehen. Jedoch stimmen die einzelnen Verordnungen insoweit überein, daß die Handelsteilnehmer an der Börse ähnlich wie beim Börsenrat in irgendeiner Weise an der Besetzung des Sanktionsausschusses beteiligt sind. So ist etwa regelmäßig festgelegt, daß die Beisitzer des Sanktionsausschusses aus dem Kreis der Handelsteilnehmer stammen müssen,[618] wobei letztere mitunter die Beisitzer auch vorschlagen.[619] Teilweise wird sogar der gesamte Sanktionsausschuß mit Vertretern der Handelsteilnehmer besetzt.[620] Würden nun Aufgaben des Sanktionsausschusses im Wege einer Mandatierung oder Organleihe auf den Sanktionsausschuß einer anderen Börse ausgelagert, wäre eine Einbindung der Handelsteilnehmer nicht mehr gewährleistet, weil sich der Kreis der Beteiligten an den betreffenden Börsen erheblich unterscheiden kann. Die teilweise sehr fein ausdifferenzierten Regelungen der genannten Rechtsverordnungen zeigen aber deutlich, daß es den Landesgesetzgebern darum ging, ein Mitspracherecht der einzelnen Gruppen im Sanktionsausschuß sicherzustellen. Gerade durch diese Einbindung der potentiell von der Sanktionsgewalt betroffenen Handelsteilnehmer in die Entscheidungsfindung wird nämlich sichergestellt, daß das Ziel, welches das Börsengesetz mit der Einführung des Sanktionsausschusses erreichen will,[621] auch erreicht wird. Da dies unter Umständen nicht mehr gewährleistet wäre, wenn

---

616 Schwark-Beck § 22 BörsG, Rn. 2.

617 A.II.

618 Z.B. § 17 Abs. 4 S. 1 Börsenverordnung des Landes Bayern; § 23 Abs. 3 S. 1 Börsenverordnung des Landes Hessen.

619 § 23 Abs. 3 S. 1 Börsenverordnung des Landes Hessen.

620 § 2 Abs. 2 S. 2 Verordnung des Wirtschaftsministeriums über den Sanktionsausschuss an der Baden-Württembergischen Wertpapierbörse.

621 Gem. Regierungsbegründung zum 2. FMFG, BT-Drs. 12/6679, S. 68, soll der Sanktionsausschuß Transparenz, Fairneß und Chancengleichheit an der Börse sicherstellen und das Vertrauen der Anleger, Emittenten und unmittelbaren Börsenbenutzer in die Funktionsfähigkeit der Börse schützen.

die Entscheidungen des Sanktionsausschusses faktisch an einer anderen Börse getroffen würden, ist eine Aufgabenübertragung im Bereich der Sanktionsausschüsse also nur denkbar, soweit die jeweiligen Bundesländer ihre Rechtsverordnungen entsprechend anpassen.

7. Einrichtung gemeinsamer Börsenorgane

Da, wie bereits angesprochen, die Börsen bestrebt sein müssen, gegensätzliche Entscheidungen der jeweiligen Börsenorgane zu verhindern, ist es aus ihrer Sicht verlockend, hierauf nicht nur durch eine personenidentische Besetzung der Börsenorgane oder einer Übertragung einzelner Aufgaben hinzuwirken, sondern zu versuchen, gemeinsame Börsenorgane zu schaffen und so die Anzahl der Börsenorgane an den beteiligten Börsen zu reduzieren. Ebenso wäre es aus dem Blickwinkel möglicher Kosteneinsparungen am ergiebigsten, wenn die an einer Kooperation beteiligten Börsen beispielsweise nicht jeweils eine Handelsüberwachungsstelle oder einen Sanktionsausschuß unterhalten müßten, sondern eine gemeinsame Handelsüberwachungsstelle einrichten dürften, die dann für die Handelsüberwachung an allen diesen Börsen zuständig wäre. Ob dieser für die beteiligten Börsen und ihre Träger förderlich erscheinende Plan auch verwirklicht werden kann oder ob ihm rechtliche Hindernisse entgegenstehen, soll im folgenden untersucht werden.

a) Generelle Zulässigkeit gemeinsamer Börsenorgane

Allgemein verwaltungsrechtlich stehen der Einrichtung gemeinsamer Börsenorgane keine Hindernisse entgegen, weil gemeinsame Organe im Rahmen der Organisationsgewalt der Behörden betrieben werden können, wenn dies wirtschaftlich vorteilhafter und effektiver ist und keine Rechtsvorschriften entgegenstehen.[622]

Fraglich ist indes, ob eine Bildung von gemeinsamen Börsenorganen von vorneherein mit dem geltenden Börsenrecht unvereinbar ist. Denn es ist – wie sich aus dem Wortlaut des Börsengesetzes ergibt – die Einrichtung der entsprechenden Börsenorgane mit Ausnahme des Sanktionsausschusses[623] bei der Errichtung einer Börse verpflichtend,. Wenn es dort beispielsweise heißt, „jede

622 Stelkens/Bonk/Sachs-Bonk/Schmitz § 4, Rn. 27.

623 Schwark-Beck § 22 BörsG, Rn. 2; jedoch ist die Einrichtung eines Sanktionsausschusses durch die jeweiligen landesrechtlichen Börsenverordnungen an allen deutschen Börsen obligatorisch.

Wertpapierbörse hat einen Börsenrat zu bilden“[624] oder „die Börse hat (...) eine Handelsüberwachungsstelle als Börsenorgan einzurichten“,[625] läßt dies wenig Spielraum für eine Auslegung und könnte zu der Annahme verleiten, eine Einrichtung von gemeinsamen Börsenorganen scheide automatisch aus. Daß dies nicht der Fall ist, liegt in einem entscheidenden Unterschied, den eine gemeinsame Einrichtung im Vergleich zur oben besprochenen Aufgabenübertragung durch Mandatierung oder Organleihe aufweist. Bei einer gemeinsamen Einrichtung erfüllt nämlich die Behörde ihre Aufgabe mit eigenen sachlichen und personellen Mitteln,[626] so daß keine Auslagerung von Aufgaben vorliegt, vielmehr das gemeinsame Organ jeder Börse als deren Organ zuzurechnen ist. Somit steht die gesetzliche Pflicht zur Einrichtung der Börsenorgane dem Bestreben nach gemeinsamen Börsenorganen nicht entgegen.

b) Zulässigkeit gemeinsamer Börsenorgane im einzelnen

Fraglich ist deshalb, ob sich aus den börsenrechtlichen Regelungen für die einzelnen jeweiligen Börsenorgane Hindernisse für die Einrichtung gemeinsamer Organe ergeben können. Daher soll die Zulässigkeit einer solchen Vorgehensweise im folgenden für jedes Börsenorgan separat untersucht werden.

aa) Börsenrat

Für die Einrichtung eines gemeinsamen Börsenrates für mehrere Börsen ergibt sich ein kaum zu überwindendes Hindernis aus der Tatsache, daß die Mitglieder nach § 13 Abs. 1 BörsG aus den einzelnen Gruppen der Handelsteilnehmer für einen Zeitraum von bis zu drei Jahren gewählt werden. Schon eine Vereinheitlichung des Wahltermins an den an einer Börsenkooperation beteiligten Börsen ist kaum zu verwirklichen, weil dafür regelmäßig die Börsenverordnungen der einzelnen Bundesländer angepaßt werden müßten.[627] Entscheidend ist darüber hinaus aber die Tatsache, daß es wegen des an den verschiedenen Börsen nicht übereinstimmenden Kreises der Handelsteilnehmer praktisch ausgeschlossen ist, daß an allen Börsen die selben Personen in den Börsenrat gewählt werden, wobei hier ohnehin zunächst die Anzahl der Mitglieder der Börsenräte in den landesrechtlichen Börsenverordnungen angepaßt werden müßten. Nur bei einer Personenidentität aller Mitglieder der Börsenräte wäre aber überhaupt denkbar,

---

624 § 12 Abs. 1 S. 1 BörsG.

625 § 7 Abs. 1 S. 1 BörsG.

626 Stelkens/Bonk/Sachs-Bonk/Schmitz § 4, Rn. 37.

627 Siehe beispielsweise § 21 Börsenverordnung des Landes Hessen.

einen gemeinsamen Börsenrat einzurichten. Auch wenn es vorstellbar erscheint zu versuchen, den Kreis der Handelsteilnehmer an den Börsen dadurch anzugleichen, daß man die Zulassung an allen beteiligten Börsen als Voraussetzung in die Börsenordnung aufnimmt, wie dies ansatzweise bereits bei der Eurex praktiziert wurde,[628] wirft ein solches Verfahren wegen der regelmäßig differierenden Börsenverordnungen der einzelnen Bundesländer hohe praktische Hürden auf. Außerdem muß man bedenken, daß es sich bei dem Börsenrat um das für die Selbstverwaltung der Börse wesentliche Organ handelt. Falls man aber nun sowohl den Kreis der Handelsteilnehmer angleicht als auch einen gemeinsamen Börsenrat einrichtet, ist fraglich, inwieweit eine Eigenständigkeit der an der Kooperation beteiligten Börsen überhaupt noch sinnvoll ist oder ob es sich dann nicht anbietet, durch die Fusion der betreffenden Börsenanstalten gleich eine einzige einheitliche Börse zu schaffen.[629]

bb) Börsengeschäftsführung

Näher liegt die Einrichtung einer gemeinsamen Geschäftsführung für alle an einer Kooperation beteiligten Börsen. Gerade wegen der nun in § 32 Abs. 1 BörsG der Geschäftsführung zugeordneten Zulassung von Wertpapieren würde dies zum einen zu erheblichen Synergieeffekten führen und zum anderen das Risiko entgegengesetzter Entscheidungen bei Zulassungsverfahren an verschiedenen Partnerbörsen beseitigen. Börsenrechtliche Einschränkungen für eine solche Vorgehensweise gibt es ebenso wie bei der personenidentischen Besetzung der Geschäftsführerposten[630] oder der Übertragung von Kompetenzen durch Mandatierung oder Organleihe[631] nur vereinzelt.

Dabei muß berücksichtigt werden, daß die Schaffung von lediglich einer gemeinsamen Börsengeschäftsführung nur dann möglich ist, wenn die beteiligten Börsen kein separat betriebenes Geschäft außerhalb des Bereiches der Kooperation haben, also anders als dies etwa bei der Eurex der Fall ist, wo eine Zusammenarbeit nur im Bereich der Terminbörsen erfolgt. Zudem bedarf die Einrichtung einer gemeinsamen Geschäftsführung, weil es sich hierbei um eine Bestellung und Abberufung der Börsengeschäftsführung handelt, gem. §§ 12 Abs. 2 S. 1 Nr. 2, 15 Abs. 2 BörsG des Einvernehmens mit der Börsenaufsichtsbehörde.

628 Jedoch nur in Bezug auf die Eurex Deutschland, an der auch alle Handelsteilnehmer der Eurex Zürich zugelassen sein müssen, siehe 3 S. 1 Börsenordnung Eurex.

629 Zur Fusion von Börsenanstalten siehe unten C. III.

630 Siehe C. II. 5. b).

631 Siehe C. II. 6. b) bb).

Wie auch bei der Übertragung von Aufgaben auf eine andere Börse darf eine Verweigerung jedoch nur aus objektiv und nachweisbar begründeten Zweifeln an der Zuverlässigkeit oder fachlichen Eignung des neuen Geschäftsführers oder bei einer Gefährdung der ordnungsgemäßen Leitung der Börse erfolgen.[632] Sie darf nicht in Vorbehalten gegen eine gemeinsame Geschäftsführung an sich begründet sein.

Von seiten der Börse ist es gem. § 12 Abs. 2 S. 1 Nr. 2 BörsG der Börsenrat, der für die Entscheidung über eine gemeinsame Börsengeschäftsführung zuständig ist.

cc) Handelsüberwachungsstelle

Fraglich ist weiterhin, ob die Errichtung eines gemeinsamen Organs auch im Falle der Handelsüberwachungsstelle ein gangbarer Weg ist. Auch hier gestaltet sich die Situation ähnlich wie bei einer Übertragung von Aufgaben durch Organleihe/Mandatierung,[633] wobei jedoch die Regelung in § 7 Abs. 1 S. 4 BörsG zu beachten ist, wonach die Aufgaben der Handelsüberwachungsstelle nicht weiterübertragen werden können und die Börsenaufsicht das dort verankerte Weisungsrecht auch gegenüber einer gemeinsamen Handelsüberwachungsstelle ausüben kann. Ein Problem ergibt sich dabei insoweit, als dies für Weisungen aller für die Kooperationsbörsen zuständigen Landesaufsichtsbehörden gilt, sich die gemeinsame Handelsüberwachungsstelle mithin unter Umständen der Situation ausgesetzt sehen könnte, daß ihr von den Börsenaufsichtsbehörden verschiedener Bundesländer einander widersprechende Weisungen erteilt werden. Daher erfordert die Bündelung der Aufgaben auf eine Handelsüberwachungsstelle zwangsläufig auch eine Regelung der betroffenen Länder bezüglich der Aufsicht über diese Stelle, wofür sich die Form des Staatsvertrages anbietet.[634]

Auch wenn somit die rechtlichen Hürden für eine gemeinsame Handelsüberwachungsstelle durchaus überwindbar erscheinen, dürfte die Voraussetzung des Einvernehmens zwischen Börsengeschäftsführungen, Börsenräten und Börsenaufsichtsbehörden durchaus praktische Schwierigkeiten bereiten. Denn bei drei an einer Kooperation beteiligten Börsen aus verschiedenen Bundesländern ergäben sich hierdurch bereits neun Beteiligte, die den jeweiligen Plänen zustimmen

---

632 Siehe hierzu ausführlicher C. II. 6. b) bb) a. E.

633 Siehe C. II. 6. b) cc).

634 Eine vergleichbare Regelung enthielt Art. 2 des Staatsvertrages über den Zusammenschluß der Wertpapierbörsen Berlin und Bremen, wo sich ebenfalls das Problem der Aufsicht – hier jedoch über die gesamte Börse – stellte.

müssten. Besonders die Stellung der Aufsicht könnte sich hierbei als Problem erweisen. Denn entweder wird sie von allen beteiligten Aufsichtsbehörden gemeinsam und einvernehmlich wahrgenommen,[635] was bei mehr als zwei oder drei beteiligten Börsen zu praktischen Problemen führen könnte. Oder sie wird unter den betroffenen Börsenaufsichtsbehörden aufgeteilt, was aber, gleich nach welchen Kriterien eine solche Aufteilung erfolgen würde, zu einer Begrenzung der Befugnisse der einzelnen Aufsichtsbehörden führen würde und deshalb deren Zustimmung zu dem Kooperationsprojekt in Frage stellen könnte.

Im Ergebnis dürften also auch hier die tatsächlichen Schwierigkeiten einer Verwirklichung die rechtlichen übersteigen, wenngleich die Einrichtung einer gemeinsamen Handelsüberwachungsstelle allen Beteiligten ein durchaus effektives Vorgehen ermöglichen würde.

dd) Sanktionsausschuß

Wie bei der Frage einer Aufgabenübertragung ausgeführt,[636] besteht nach dem Börsengesetz nicht einmal eine Verpflichtung, überhaupt einen Sanktionsausschuß einzurichten, so daß sich auch keine Bedenken ergeben können, einen gemeinsamen Sanktionsausschuß mit anderen Börsen einzurichten. Was einem solchen Vorgehen jedoch entgegensteht, ist die Ausgestaltung der Rechtsverordnungen über die Sanktionsausschüsse der einzelnen Bundesländer. Nur wenn diese Rechtsverordnungen durch die einzelnen Bundesländer entsprechend abgeändert werden, kommt die Errichtung einer gemeinsamen Einrichtung in Betracht.[637]

III. Rechtliche Probleme der Fusion von Börsenanstalten

1. Einleitung

Eine Fusion von Börsenanstalten ist immer dann gegeben, wenn aus ursprünglich zwei oder mehr selbständigen Börsen eine einheitliche Anstalt des öffentlichen Rechts entsteht. Eine Börsenfusion, wie es sie in Deutschland bisher nur im Falle der Börse Berlin-Bremen gegeben hat, stellt in der Reihe der möglichen Kooperationsformen die am weitesten reichende Gestaltung dar. Auch hier stellen sich sowohl auf Ebene der Börsen als auch auf Ebene der Börsenträger

---

635 Dies geschah gem. Art. 2 S. 1 des Staatsvertrages im Falle des Zusammenschlusses der Börsen Berlin und Bremen.

636 Siehe C. II. 6. b) dd).

637 Vgl. hierzu die Ausführungen unter C. II. 5. e) und C. II. 6. b) dd).

umfassende rechtliche Fragen, die nicht zuletzt eine große praktische Relevanz haben. Auf die für das Gelingen eines Zusammenschlusses bedeutendsten Gesichtspunkte soll im folgenden eingegangen werden. Auf der Ebene der Börsen ist dies neben der zunächst zu klärenden Frage, ob und wie eine Fusion mehrerer Börsenanstalten möglich ist, vor allem das Problem, welche Auswirkung eine Fusion auf die beteiligten Anstalten und ihre Genehmigung hat. Hier wird insbesondere die Frage zu klären sein, ob eine fusionierte Börsenanstalt mit einer bzw. allen ursprünglich vorhandenen Börsen rechtsidentisch ist oder ob es sich um eine neu geschaffene Anstalt handelt. Ebenfalls wird zu untersuchen sein, welche Folgen sich insbesondere für die Börsengenehmigung, aber auch für die Rechtsbeziehungen der an der Fusion beteiligten Börsen zu ihren Nutzern ergeben. Auf Ebene der Börsenträger wird in erster Linie zu prüfen sein, ob die durch die Fusion entstandene Börse mehrere Börsenträger haben kann, und falls dies zu bejahen ist, ob eine Aufteilung der Betriebspflicht auf diese Börsenträger zulässig ist oder ob eine gemeinsame Haftung aller Träger besteht.

2. Fusion mehrerer Börsenanstalten

Da es bei einem Zusammenschlusses mehrerer Börsen um das Problem geht, inwieweit zwei teilrechtsfähige Anstalten des öffentlichen Rechts fusionieren können, handelt es sich hier – anders als bei einem primär privatrechtlich zu beurteilenden Zusammenschluß von Börsenträgern – um eine rein nach Maßgabe des öffentlichen Rechts zu beurteilende Frage.

a) Voraussetzungen

Zunächst sollen die Voraussetzungen für die Fusion von Börsenanstalten untersucht werden, wobei zunächst die Fragen zu beantworten sind, ob eine solche Fusion überhaupt zulässig ist und welcher rechtlicher Grundlage sie bedarf. Sodann soll darauf eingegangen werden, ob für die Fusion die Zustimmung der fusionierenden Börsen, ihrer Träger sowie der zuständigen Börsenaufsichtsbehörden erforderlich ist.

aa) Zulässigkeit

Ausgangspunkt für die Frage nach der Zulässigkeit einer Fusion mehrerer Börsen ist das Problem, unter welchen Voraussetzungen die Struktur der staatlichen Verwaltung abgeändert werden darf. Grundsätzlich ist die Regierung befugt, kraft ihrer in Art. 84 Abs. 1 S. 1 GG festgeschriebenen Organisationshoheit über den Aufbau der Verwaltung zu entscheiden. Die Errichtung einer öffentlich-rechtlichen

Anstalt unterfällt jedoch dem Vorbehalt des Gesetzes.[638] Da sich eine Fusion von Börsen unmittelbar auf den Bestand dieser Börsen als Anstalt des öffentlichen Rechts auswirkt, bedarf es auch hier eines Gesetzes durch den zuständigen Gesetzgeber. Als gesetzliche Grundlage kommen zunächst die §§ 2 ff. UmwG in Betracht, da das Umwandlungsgesetz ja gerade die Verschmelzung von Rechtsträgern regeln soll. Jedoch ergibt sich aus der abschließenden Aufzählung des § 3 UmwG, daß eine Anwendung des Umwandlungsgesetzes auf öffentlich-rechtliche Anstalten ausgeschlossen ist.[639] Auch im Börsengesetz findet sich keine gesetzliche Grundlage für eine Verschmelzung. Zwar ist die Errichtung der Börse als Anstalt des öffentlichen Rechts in § 4 Abs. 1 BörsG geregelt. Nicht reguliert ist hingegen die Fusion von Börsen. Das Börsenwesen ist gem. Art. 74 Abs. 1 Nr. 11 GG Gegenstand der konkurrierenden Gesetzgebung. Da der Bund seine Gesetzgebungskompetenz mit dem Börsengesetz wahrgenommen hat, bleibt nur dann Raum für eine Regelung durch die Gesetzgeber der einzelnen Bundesländer, falls das Börsengesetz in diesem Bereich keine abschließende Regelung darstellt.[640] Entscheidend für die Frage, ob die Länder die Fusion von Börsen durch Gesetz regeln dürfen, ist somit die Frage, welche Aussagekraft dem Schweigen des Börsengesetzes in diesem Bereich zukommt. Soweit das Börsengesetz auch insoweit eine abschließende Regelung darstellen sollte, besteht wegen Art. 72 Abs. 1 GG keine Gesetzgebungskompetenz der Länder. Dies ist freilich nicht der Fall. Denn bei dem Zusammenschluß von zwei Börsen handelt es sich zunächst um eine Frage, die allein das Organisationsrecht der Länder betrifft.[641] Denn ebenso wie bei der Errichtung und der Aufhebung einer Börse, die durch Entscheidung der Börsenaufsicht – für die der Bundesgesetzgeber im Börsengesetz lediglich die Voraussetzungen vorgibt – zu regeln sind, geht es hier um die Frage, wie viele und welche öffentlich-rechtlichen Anstalten errichtet werden. Bei der Errichtung einer Börse handelt es sich aber um eine „Durchführung" des Börsengesetzes, die nach Art. 83 GG den Bundesländern obliegt.[642] Da die Börse damit durch einen Akt der Börsenaufsichtsbehörde entsteht, ist sie, weil die Zuordnung der Behörde anhand des Gründungsaktes vorzunehmen ist, eine

638 Stelkens LKV 2003, 491; Krebs NVwZ 1985, 609, 614f.; Berg NJW 1985, 2294, 2296; Christoph, Börsenkooperationen und Börsenfusionen, S. 133, 372.

639 Kost/Geerling BKR 2003, S. 690, 691; Christoph, Börsenkooperationen und Börsenfusionen, S. 371.

640 Ebenso: Christoph, Börsenkooperationen und Börsenfusionen, S. 375.

641 Ausführlich: Christoph, Börsenkooperationen und Börsenfusionen, S. 376.

642 Hammen WM 2007, 1297, 1301

Anstalt desjenigen Bundeslandes, das sie genehmigt.[643] Allein bei der Frage, welche konkreten Folgen das Zusammenfassen zweier Börsen zu einer Anstalt hat, sind die Entscheidungen des Bundesgesetzgebers im Börsengesetz zu beachten. Eine etwaige Vereinbarung über die Überleitung von Rechtsverhältnissen an die neue Börse wird an der Frage zu messen sein, inwieweit das Börsengesetz eine solche Vorgehensweise legitimiert. Somit ist Voraussetzung für eine Fusion von Börsen also ein Gesetz des Landtages des Bundeslandes, in dem die Börsen ihren Sitz haben. Allenfalls in den Fällen, in denen die Voraussetzungen des § 4 Abs. 5 BörsG vorliegen, mithin eine Aufhebung der Erlaubnis durch die Aufsichtsbehörde möglich wäre, kann erwogen werden, ob eine ausreichende Legitimation der Aufsichtsbehörde zur Anordnung einer Fusion als im Vergleich milderes Mittel gegeben ist, wobei dieser Fall allerdings kaum jemals praktische Relevanz erlangen dürfte. Ein weit größeres Problem bei der Fusion mehrerer Börsen ist die Tatsache, daß es nahezu ausschließlich um Sachverhalte gehen dürfte, in denen die beteiligten Börsen in unterschiedlichen Bundesländern ansässig sind. In diesen Fällen kann natürlich die gesetzliche Legitimation der Fusion allein durch einen Gesetzgeber nicht ausreichend sein, da bezüglich der Entscheidung über das Schicksal der anderen Börsen keines der betreffenden Bundesländer eine Gesetzgebungskompetenz besitzt. Hier bedarf es daher einer Vorgehensweise, mit der die Fusion von allen Bundesländern legitimiert wird, in denen eine der beteiligten Börsen ihren Sitz hat. Naheliegendes Mittel hierfür ist ein durch die Landtage gebilligter Staatsvertrag zwischen den Bundesländern, weil auf diese Weise dem verfassungsrechtlichen Gesetzesvorbehalt Genüge getan wird.[644] Folgerichtig wird das Mittel des Staatsvertrages daher auch regelmäßig gewählt, wenn eine länderübergreifende Zusammenarbeit erwünscht ist, so neben den Rundfunkanstalten[645] bei der Fusion von Landesbanken[646] und auch im bisher einzigen Fall einer Fusion von Börsen zweier Bundesländer[647].

---

643 Ebd.

644 Für die Zulässigkeit von Börsenfusionen durch Staatsvertrag auch: Schwark-Beck § 4, Rn. 36; Christoph, Börsenkooperationen und Börsenfusionen, S. 372.

645 So etwa der „Staatsvertrag über den Norddeutschen Rundfunk (NDR)“, veröffentlicht am 05.03.1992, SH. GVBl. S. 120.

646 Vergleiche zum Beispiel den „Staatsvertrag zwischen dem Land Baden-Württemberg und dem Land Rheinland-Pfalz über die Vereinigung der Landesbank Baden-Württemberg und der LRP Landesbank Rheinland-Pfalz“ und das entsprechende Gesetz, veröffentlicht am 25.06.2008, BW GBl. S. 201.

647 Staatsvertrag über den Zusammenschluß der Berliner Wertpapierbörse und der Bremer Wertpapierbörse zu einer gemeinsamen Wertpapierbörse Berlin-Bremen und

bb) Zustimmung der Börsenträger

Zu prüfen ist weiterhin, ob für eine Fusion von Börsenanstalten weitere Voraussetzungen erfüllt sein müssen. In Betracht kommt hierbei zunächst das Erfordernis der Zustimmung der Börsenträger zur Fusion, was angesichts der Tatsache, daß sich die Fusion ganz erheblich auf die von ihnen getragenen an der Fusion beteiligten Börsen und damit auch auf die ihnen erteilte Börsengenehmigung auswirkt, naheliegend erscheint. Hierbei ist zunächst zu untersuchen, welchen Unterschied es macht, ob die fusionierte Börse ein neues Rechtssubjekt ist oder ob sie mit den Ausgangsbörsen rechtsidentisch ist.[648] Handelt es sich bei der fusionierten Börse um eine Börse, die mit den Ausgangsbörsen nicht rechtsidentisch ist, führt die Fusion zu einer Auflösung der Ausgangsbörsen und zur Errichtung einer neuen Börse. Für den bzw. die Börsenträger der untergegangenen Börsen wäre dies verbunden mit dem Wegfall der alten Börsengenehmigung und der Erteilung einer neuen Börsengenehmigung für die fusionierte Börse. Die Anforderungen an eine solche Fusion wären somit an den Voraussetzungen zu messen, die das Börsengesetz für die Auflösung einer Börse und den Widerruf der Börsengenehmigung aufstellt. Erfordern diese Verwaltungsakte die Zustimmung des Börsenträgers, muß eine solche Zustimmung auch bei einer Fusion der von ihm betriebenen Börse erforderlich sein. Bis zu den Änderungen des Börsengesetzes durch das Finanzmarktrichtlinie-Umsetzungsgesetz im März 2007 war umstritten, unter welchen Voraussetzungen eine Genehmigung widerrufen und eine bestehende Börse aufgehoben werden durfte. Teilweise wurde aus dem Wortlaut von

die Zusammenarbeit der Börsenaufsichtsbehörden des Landes Berlin und der Freien Hansestadt Bremen, GVBl. Berlin v. 18.03.2003, S. 126 und BremGBl. v. 04.03.2003, S. 45 f.;
in Bremen gebilligt durch: Gesetz zu dem Staatsvertrag über den Zusammenschluß der Berliner Wertpapierbörse und der Bremer Wertpapierbörse zu einer gemeinsamen Wertpapierbörse Berlin-Bremen und die Zusammenarbeit der Börsenaufsichtsbehörden des Landes Berlin und der Freien Hansestadt Bremen, 25.02.2003, BremGbl. v. 04.03.2003, S. 45;
in Berlin gebilligt durch: Gesetz zu dem Staatsvertrag über den Zusammenschluß der Berliner Wertpapierbörse und der Bremer Wertpapierbörse zu einer gemeinsamen Wertpapierbörse Berlin-Bremen und die Zusammenarbeit der Börsenaufsichtsbehörden des Landes Berlin und der Freien Hansestadt Bremen, 13.03.2003, GVBl. Berlin v. 18.03.2003, S. 126.

648 Zur Frage, ob beide Konstruktionen rechtlich zulässig sind und welche Folgen sie haben, s. u. C. III. 2. b).

§ 1 Abs. 1 S. 2 BörsG a. F.[649] und dem Fehlen gesetzlich ausdrücklich bestimmter Voraussetzungen für eine Aufhebung gefolgert, der Widerruf und die Aufhebung bestehender Börsen durch die Börsenaufsichtsbehörde könne nach billigem Ermessen erfolgen.[650] Nach anderer Auffassung waren bereits nach altem Recht die allgemeinen verwaltungsrechtlichen Bestimmungen der §§ 48 und 49 VwVfG über die Rücknahme oder den Widerruf begünstigender Verwaltungsakte auch für die Aufhebung existierender Börsen anzuwenden,[651] so daß ein Widerruf nur bei Vorliegen bestimmter, klar umgrenzter Voraussetzungen möglich gewesen wäre. Das Finanzmarktrichtlinie-Umsetzungsgesetz hat diesen Streit durch die Regelung des § 4 Abs. 5 BörsG im wesentlichen zugunsten der Vertreter der letztgenannten Auffassung entschieden, indem nun ausdrücklich auf die Regelungen der Verwaltungsverfahrensgesetze der Länder verwiesen wird und gleichzeitig weitere Gründe, die die Aufhebung der Börsenerlaubnis rechtfertigen können, im Börsengesetz aufgelistet werden. Da diese besonderen Gründe im Falle des Widerrufs zum Zwecke einer Börsenfusion nicht einschlägig sind (etwa ein fehlender Börsenbetrieb für mehr als sechs Monate oder Verstöße gegen das Börsengesetz), bleiben zur Rechtfertigung eines Widerrufs ohne Zustimmung des Börsenträgers nur die in § 49 Abs. 2 S. 1 VwVfG geregelten Tatbestände. Hierbei ist an die Widerrufsgründe zu denken, die in den Ziffern 3. und 5. dieser Vorschrift geregelt sind. Nach § 49 Abs. 2 S. 1 Nr. 3 VwVfG ist eine Gefährdung des öffentlichen Interesses, nach Nr. 5 dieser Bestimmung ist sogar ein drohender schwerer Nachteil für das Gemeinwohl Voraussetzung für einen Widerruf. Eine Situation, in der im Rahmen einer Börsenfusion die Rücknahme der Börsengenehmigung für die Ausgangsbörsen notwendig ist, weil ohne sie das öffentliche Interesse gefährdet wäre, erscheint aber nur in Ausnahmefällen vorstellbar. Ein Zusammenschluss zweier Börsen zu einer mit den Ausgangsbörsen nicht identischen Börse ohne Zustimmung des Börsenträgers scheitert spätestens daran, daß der Börsenträger nicht verpflichtet werden kann, die Trägerschaft für die von der von ihm getragenen Börse rechtlich strikt zu unterscheidende, neue Börse zu übernehmen. Für einen Zusammenschluß mehrerer Börsen zu einer mit den Ausgangsbörsen nicht rechtsidentischen Börse ist somit die Zustimmung des Börsenträgers zwangsläufig erforderlich. Dementsprechend sah der Vertrag

649 „Diese (*Die Börsenaufsichtsbehörde, Anm. d. Verf.*) ist befugt, die Aufhebung bestehender Börsen anzuordnen."

650 Schwark BörsG, 2. A., § 1 Rn. 33; Breitkreuz, Die Ordnung der Börse, S. 194.

651 Schwark-Beck, 3. A., § 1 BörsG, Rn. 20; Beck BKR 2002, 662, 665; Groß, Kapitalmarktrecht, 2. A. § 2c BörsG, Rn. 2; Christoph, Börsenkooperationen und Börsenfusionen, S. 267.

über den Zusammenschluß der Börse Berlin und der Börse Bremen in § 5 auch die Zustimmung der beiden Börsenträger als Wirksamkeitsvoraussetzung vor.[652]

Fraglich bleibt aber, ob es einer Zustimmung des Börsenträgers auch dann bedarf, wenn die fusionierte Börse mit der von ihm getragenen Ausgangsbörse rechtsidentisch ist. Hierbei kann nämlich nicht auf die Regelung in § 4 Abs. 5 BörsG zurückgegriffen werden, weil bei einer Rechtsidentität die erteilte Genehmigung weiterhin Geltung hat und es somit nicht zu einem Widerruf kommen wird. Auch könnte der Börsenträger die Trägerschaft für die fusionierte Börse nicht ablehnen, da es sich nicht um eine von der Ausgangsbörse verschiedene Börse handelt und ihn somit weiterhin die Betriebspflicht aus § 5 Abs. 1 S. 1 BörsG trifft. Die Fusion stellt in diesem Fall keinen Bruch in der Entwicklung der Börse dar, sondern ist eine konstante Weiterentwicklung zu einer größeren Börse, die rechtlich eher dem Falle eines organischen Wachstums, als dem voranstehend diskutierten Fall einer Fusion ohne Rechtsidentität ähnelt. Für die Regelung der Geschäftszweige, die Zulassung von Personen und Handelsgegenständen sowie die Organisation der Börse ist aber die Börse selbst und nicht ihr Träger zuständig.[653] Den Maßstab für die Verpflichtung des Börsenträgers, diese Weiterentwicklung zu finanzieren, bildet die Betriebspflicht in § 5 Abs. 1 S. 2 BörsG. Hiernach ist der Börsenträger verpflichtet, der Börse die zur angemessenen Fortentwicklung des Börsenbetriebs erforderlichen finanziellen, personellen und sächlichen Mittel zur Verfügung zu stellen. Entscheidend für die Frage, ob eine Zustimmung des Börsenträgers zu einer Fusion erfolgen muß, ist somit die Frage, ob es sich hierbei noch um eine angemessene Fortentwicklung des Börsenbetriebs oder um einen die angemessene Fortentwicklung übersteigenden Aufwand handelt, der ohne die Zustimmung des Börsenträgers nicht geschuldet ist. Die Regelung des § 5 Abs. 1 S. 2 BörsG (§ 1 Abs. 2 S. 2 BörsG a. F.) wurde durch das 4. Finanzmarktförderungsgesetz 2002 ins Börsengesetz eingefügt und sollte nach der Regierungsbegründung zur Konkretisierung der auch zuvor schon bestehenden Betriebspflicht dienen.[654] Eine Präzisierung des Begriffs der angemessenen Fortentwicklung fehlt jedoch in der Begründung. Vielmehr wird lediglich darauf hingewiesen, der Träger sei nicht zu jeder Investition verpflichtet, sondern eine Leistungspflicht bestehe nur insoweit, als sie

652 Vertrag über den Zusammenschluß der Wertpapierbörsen Berlin und Bremen zur Wertpapierbörse Berlin-Bremen, Amtsblatt der freien Hansestadt Bremen, 2002, S. 826.

653 Schwark-Beck § 4 BörsG, Rn. 7; Spindler WM 2001, 1689, 1696.

654 BT-Drucks. 14/8017 v. 18.1.2002, S. 72.

eine angemessene Fortentwicklung des Börsenbetriebes ermögliche.[655] In der Literatur wird vorgeschlagen, die Pflichten des Börsenträgers durch eine doppelte Verhältnismäßigkeitsprüfung zu bestimmen.[656] So sollen auf einer ersten Ebene alle von vorneherein nicht geeigneten oder nicht erforderlichen Maßnahmen mangels Erforderlichkeit ausgeschlossen werden,[657] bevor auf einer zweiten Ebene entschieden wird, ob der für eine konkrete Maßnahme erforderliche Aufwand in einem vernünftigen Verhältnis zum bestehenden Bedarf steht.[658] Hierbei soll sowohl die finanzielle Leistungsfähigkeit des Börsenträgers zu berücksichtigen als auch ihm ein gewisser Beurteilungsspielraum zuzubilligen sein.[659] Legt man diese Kriterien der Antwort auf die Frage zugrunde, ob das Zurverfügungstellen der Mittel für eine Börsenfusion noch von der Betriebspflicht umfaßt ist, wird man dies in der ganz überwiegenden Mehrzahl der Fusionsvorhaben verneinen müssen. Denn in aller Regel werden für die Fusion erhebliche Mittel aufzuwenden sein, und die Größe der Börse wird sich ganz erheblich steigern, was den Umfang einer angemessenen Fortentwicklung deutlich übersteigt. Auch wenn nicht auszuschließen ist, daß in Einzelfällen – etwa wenn die Frankfurter Wertpapierbörse als mit weitem Abstand bedeutendste deutsche Börse mit einer kleineren Börse fusioniert – eine Fusion den Rahmen einer angemessenen Fortentwicklung nicht übersteigt, empfiehlt es sich somit stets, auch bei einer identitätswahrenden Fusion die Zustimmung der Börsenträger einzuholen. Dies sollte nicht zu nennenswerten praktischen Schwierigkeiten führen, da es fast immer die Börsenträger sind, die das größte Interesse an einer Fusion haben und die Initiative hierfür regelmäßig von ihnen ausgeht.

cc) Zustimmung der Ausgangsbörsen

Fraglich ist weiterhin, ob es bei einer Börsenfusion auch der Zustimmung der beteiligten Ausgangsbörsen bedarf. Hierbei ist wiederum zu unterscheiden zwischen der Fusion zu einer Börse, die mit den Ausgangsbörsen nicht rechtsidentisch ist, und einer Fusion, bei der die Börsen ihre Rechtsidentität bewahren.

Ist die fusionierte Börse nicht mit den oder zumindest einer der an der Fusion beteiligten Börsen identisch, ist die Fusion rechtlich ebenso zu werten wie die Auflösung der Ausgangsbörse. Es ist daher zu untersuchen, ob bei der geplanten

---

655 Ebd.

656 Schwark-Beck § 5 BörsG, Rn. 6.

657 Schwark-Beck § 5 BörsG, Rn. 6; Kümpel/Hammen/Ekkenga-Kümpel, Kz. 060, Rn. 218; Beck BKR 2002, 662, 664.

658 Schwark-Beck § 5 BörsG, Rn. 6; Beck BKR 2002, 662, 664.

659 Schwark-Beck § 5 BörsG, Rn. 6.

Auflösung einer Börse diese selbst dem Vorgang zustimmen muß oder ob sie hierbei keinerlei Interventionsmöglichkeit hat. Diese Frage wird in der Literatur nicht einheitlich beantwortet. Nach *Christoph* kann eine Börse ohne ihre Zustimmung durch die Börsenaufsicht nur auf Grundlage der im Börsengesetz ausdrücklich genannten Erwägungen aufgelöst werden.[660] Aber auch die Fusion zweier Börsen[661] durch einen Staatsvertrag könne nicht ohne Zustimmung der Börsen erfolgen, da ihre Selbstverwaltungsautonomie durch das bundesrechtliche Börsengesetz festgeschrieben sei, welches mangels Gesetzgebungskompetenz auch nicht durch Ländergesetze eingeschränkt werden könne.[662] Demgegenüber ist *Beck* der Auffassung, ein Mitwirkungs- oder Mitentscheidungsrecht der Börse bei einem Trägerwechsel oder der Auflösung der Börse bestehe nicht, weil die Befugnisse des Börsenrates in § 12 BörsG abschließend normiert seien.[663]

Dieser Auffassung ist im Ergebnis zu folgen. Die Zustimmungsbedürftigkeit der Auflösung der Börse könnte sich aus zwei Gesichtspunkten ergeben: Zum einen aus der Selbstverwaltungsautonomie und zum anderen aus einer besonderen gesetzlichen Regelung. Für das börsliche Selbstverwaltungsrecht finden sich an vielen Stellen des Börsengesetzes Anhaltspunkte, insbesondere in der für Selbstverwaltungseinrichtungen typischen Satzungsautonomie,[664] die ihren Ausdruck in § 12 Abs. 2 S. 1 Nr. 1 BörsG findet. Jedoch ist Folge des Selbstverwaltungsrechts lediglich eine Beschränkung der staatlichen Aufsicht auf eine Rechtsaufsicht. Es gibt also keine Fachaufsicht durch die Exekutive.[665] Keinen Schutz gewährt das Selbstverwaltungsrecht jedoch vor der Aufhebung der Börsenanstalt als Teil der öffentlichen Verwaltung durch das zuständige Landesparlament.[666] Wenn *Christoph* hiergegen einwendet, die Länder könnten die durch Bundesgesetz festgeschriebene Selbstverwaltungsautonomie nicht einmal durch Gesetz aufheben, so ist dies zwar richtig. Jedoch ist bei der Auflösung einer Börse weder eine Aufhebung noch eine Einschränkung des Selbstverwaltungsrechtes gegeben, da dieses, wie oben festgestellt, von vornherein nur einen Schutz gegenüber der Exekutive verleiht. Daher bliebe als Grundlage für die Erforderlichkeiteiner Zustimmung der Börse zu ihrer Auflösung nur die gesetzliche Regelung des Börsengesetzes, die – da es sich um Bundesrecht handelt – auch nicht durch ein Gesetz eines

660 Christoph, Börsenkooperationen und Börsenfusionen, S. 394 f.

661 Diese führt nach *Christoph* immer zu einem Wechsel der Rechtsidentität.

662 Christoph, Börsenkooperationen und Börsenfusionen, S. 395.

663 Schwark-Beck § 4 BörsG, Rn. 37.

664 Schwark-Beck § 3 BörsG, Rn. 3.

665 Kümpel, Bank- und Kapitalmarktrecht, 3. A., S. 2310.

666 Vgl. hierzu auch Christoph, Börsenkooperationen und Börsenfusionen, S. 395.

Länderparlamentes verändert werden darf. Eine solche Regelung ist im Börsengesetz indes nicht anzutreffen. So findet sich in § 12 Abs. 2 S. 1 BörsG, welcher die Zuständigkeiten des Börsenrates behandelt, kein Hinweis auf die Notwendigkeit einer Zustimmung zur Auflösung, und auch aus § 4 Abs. 5 BörsG läßt sich keine Einschränkung der Befugnis zur Auflösung gegenüber der Börse selbst herleiten. Denn die Norm beinhaltet lediglich eine Einschränkung der Rücknahme der Börsengenehmigung gegenüber dem Börsenträger, für den sich die Genehmigung als begünstigender Verwaltungsakt darstellt. Freilich besteht auch im Verwaltungsrecht grundsätzlich die Möglichkeit, auf eine Rechtsposition zu verzichten[667], wobei diese Möglichkeit bei der Börsengenehmigung insoweit eingeschränkt ist, als sich der Träger aufgrund der Beleihung nicht einseitig von seiner Verpflichtung lösen kann.[668] Besteht aber zwischen der Börsenaufsicht bzw. bei einer Fusion zwischen dem Landesparlament und dem Börsenträger Einigkeit über die Aufhebung der erteilten Genehmigung, so kann § 4 Abs. 5 BörsG gegenüber der Börsenanstalt keinen Schutz entfalten.

Ist die fusionierte Börse nicht mit der Ausgangsbörse rechtsidentisch, ist eine Zustimmung der Börse selbst zur Fusion somit nicht notwendig. Nichtsdestotrotz dürfte es sich schon aus praktischen Erwägungen empfehlen, die Zustimmung der Börsenanstalten für eine Fusion einzuholen, wie dies auch im Falle der Fusion der Börsen Berlin und Bremen gem. § 5 des Vertrages über den Zusammenschluß[669] geschehen ist.

Weiterhin bleibt zu untersuchen, ob dieses Ergebnis auch dann gilt, wenn die fusionierte Börse mit den Ausgangsbörsen rechtsidentisch ist, oder ob es in diesem Fall einer Zustimmung der Börsenanstalten zu der Fusion bedarf. Liegt eine Rechtsidentität vor, führt die Fusion nicht zur Auflösung der Ausgangsbörsen, aber es kommt in aller Regel zu einer Reihe erheblicher Veränderungen. So ergeben sich meist Änderungen der Besetzung der Börsenorgane, des Handelssystems, der Börsenordnung und in der Person des Börsenträgers. Diese Veränderungen bedürfen aber überwiegend der Zustimmung durch die Börse. So muß nach § 12 Abs. 2 S. 1 Nr. 1 BörsG der Börsenrat dem Erlaß der Börsenordnung zustimmen. Nach Nr. 2 dieser Vorschrift obliegt ihm die Bestellung und Abberufung des Geschäftsführers, während § 12 Abs. 2 S. 2 BörsG ein Zustimmungserfordernis für die Einführung eines neuen Handelssystems festlegt.

---

667 Stelkens/Bonk/Sachs-Sachs § 53, Rn. 17 ff.

668 Schwark-Beck § 4 BörsG, Rn. 31; Hammen/Kümpel WM 2000, Sonderbeilage Nr. 3, 10.

669 Vertrag über den Zusammenschluß der Wertpapierbörsen Berlin und Bremen zur Wertpapierbörse Berlin-Bremen, Amtsblatt der freien Hansestadt Bremen, 2002, S. 826.

Lediglich im Falle eines Trägerwechsels ist eine Zustimmung des Börsenrates nach herrschender Auffassung entbehrlich.[670] Da es aber bezüglich der Börsenordnung und der Börsenorgane einer Angleichung bedarf und somit höchstens eine der Ausgangsbörsen unverändert weiterexistieren kann, ist eine Zustimmung zur Fusion durch die anderen beteiligten Börsen zwingend erforderlich. Da die Weiterexistenz auch nur einer Ausgangbörse ohne jegliche Änderung der Börsenordnung und der Besetzung der Börsenorgane wohl allenfalls theoretisch möglich, ist in der Praxis die Zustimmung aller Ausgangsbörsen zu einer Fusion unter Beibehaltung der Rechtsidentität unumgänglich.

dd) Zustimmung der Börsenaufsichtsbehörden

Schließlich ist zu untersuchen, inwieweit die betreffenden Börsenaufsichtsbehörden in die Durchführung einer Börsenfusion eingebunden werden müssen und ob auch von ihrer Seite aus eine Zustimmung notwendig ist. Auch hier ist wiederum die Fusion unter Beibehaltung der Rechtsidentität zu unterscheiden von der Fusion, bei der die fusionierte Börse nicht mit den Ausgangsbörsen rechtsidentisch ist.

Bei fehlender Rechtsidentität ergibt sich die Antwort aus der mit der Fusion verbundenen Aufhebung der ursprünglichen und der erforderlichen Erteilung einer neuen Genehmigung. Hierfür ist gem. § 4 Abs. 1 BörsG die Börsenaufsichtsbehörde zuständig. Da diese Zuständigkeit durch eine bundesgesetzliche Regelung begründet wird, bedürfte es zu einer Änderung der Zuständigkeit ebenfalls eines Bundesgesetzes, so daß ein Gesetz des Landesgesetzgebers nicht ausreicht. Die Zustimmung der Börsenaufsichtsbehörden zu einer dergestalten Fusion ist somit zwingend notwendig.[671]

Ist die fusionierte Börse mit den Ausgangsbörsen rechtsidentisch, bestimmt sich die Erforderlichkeit der Zustimmung nach Umfang und Art der mit der Fusion verbundenen Änderungen des Börsenbetriebs. Während für die Einführung eines neuen Handelssystems nach herrschender Auffassung keine Genehmigung der Börsenaufsicht notwendig ist,[672] bedarf es einer solchen in vielen anderen Bereichen. So erfordert etwa die Bestellung eines neuen Geschäftsführers gem. § 12 Abs. 2 Nr. 2 BörsG ebenso das Einvernehmen der Börsenaufsichtsbehörde

670 Schwark-Beck § 4 BörsG, Rn. 37; a. A. wohl Schneider/Burgard WM 2000, Sonderbeilage Nr. 3, 28.

671 So auch Christoph, Börsenkooperationen und Börsenfusionen, S. 392.

672 Breitkreuz, Die Ordnung der Börse, S. 176 f.; Beck WM 1998, 420 f.; Christoph, Börsenkooperationen und Börsenfusionen, S. 206 ff.; a. A. bzgl. des Wechsels von Parketthandel zu elektronischem Handel: Schwark BörsG, 2. A., § 1 Rn. 26.

wie die Bestellung eines neuen Leiters der Handelsüberwachungsstelle gem. § 12 Abs. 2 Nr. 5 BörsG. Ebenso verlangt die Änderung der Börsenordnung nach § 16 Abs. 3 S. 1 BörsG die Genehmigung durch die Aufsichtsbehörde. Es zeigt sich also, daß auch im Falle der Bewahrung der Rechtsidentität eine Zusammenarbeit mit den Börsenaufsichtsbehörden rechtlich – und noch vielmehr praktisch – in vielen Bereichen notwendig ist.

ee) Ergebnis

Die Fusion mehrerer Börsenanstalten ist rechtlich möglich, bedarf jedoch einer gesetzlichen Legitimation durch die Landesgesetzgeber der Länder, in denen die Ausgangsbörsen ihren Sitz haben. Die Verwirklichung der Fusion bedarf weiterhin der Zustimmung durch die Börsenaufsichtsbehörden. Ist die fusionierte Börse mit den Ausgangsbörsen rechtsidentisch, ist für die Fusion ferner die Zustimmung der Börsenanstalten und regelmäßig auch der Börsenträger notwendig. Liegt eine Rechtsidentität zwischen Ausgangsbörsen und fusionierter Börse nicht vor, bedarf es lediglich der Zustimmung des Börsenträgers, während eine Zustimmung der Börsenanstalten nicht zwingend erforderlich ist.

b) Folgen

Nachdem festgestellt worden ist, daß die Fusion von Börsen auf Grundlage eines Staatsvertrages und eines entsprechenden Zustimmungsgesetzes grundsätzlich möglich ist, stellt sich die Frage, welche Folgen ein solcher Zusammenschluß für die beteiligten Börsenanstalten sowie deren Träger und Nutzer hat und ob diese Folgen eine Verschmelzung von Börsenanstalten überhaupt praktisch sinnvoll erscheinen lassen. Denn praktischen Nutzen weist eine Fusion in aller Regel nur dann auf, wenn sie zu Synergieeffekten führt. Solche Effekte lassen sich erzielen, wenn von der an den Ausgangsbörsen vorhandenen Struktur möglichst viel zu der fusionierten Börse „hinübergerettet“ werden kann. Inwieweit dies möglich ist, hängt zunächst davon ab, ob es sich bei der fusionierten Börse um eine neue Börse handelt oder ob sie mit einer oder allen Ausgangsbörsen identisch ist. Sollte sich ergeben, daß sie mit der Ausgangsbörse identisch ist, ergeben sich bezüglich der Genehmigung und den bis dahin bestehenden Rechtsverhältnissen insoweit keine Probleme, da sie weiterhin Geltung haben. Sollte es sich bei der verschmolzenen Börse aber um eine neue Anstalt handeln, wird zu untersuchen sein, ob es möglich ist, im Wege einer wie auch immer gearteten Überleitung eine Kontinuität zu den Ausgangsbörsen herzustellen oder ob es notwendig ist, die Genehmigung neu zu erteilen und die Rechtsverhältnisse zu den Nutzern neu zu begründen.

aa) Identität zwischen Ausgangsbörsen und fusionierter Börse

Eine Entscheidung der Frage, ob die fusionierte Börse mit den oder mit wenigstens einer Ausgangsbörse identisch ist, kann sich nicht aus einer Wertung der Begriffe „Fusion" oder „Zusammenschluß" ergeben, die in diesem Zusammenhang regelmäßig gebraucht werden.[673] Denn es wurde ja gerade festgestellt, daß Wertungen, die sich etwa aus dem Umwandlungsgesetz ergeben, nicht ohne weiteres auf Börsenzusammenschlüsse übernommen werden können. Es ist daher unerheblich, wie diese Begriffe in anderen Rechtsgebieten gebraucht werden. Im Bereich der Börsen sind beide Begriffe untechnisch zu verwenden. Daher ist es auch ein falscher Ausgangspunkt, wenn *Breitkreuz* zwischen einer Fusion, die eine neue Börse entstehen läßt, und einer Kooperation, bei der die Börsen ihre Identität wahren, unterscheidet[674] und beides durch eine abwägende Einzelfallentscheidung gegeneinander abgrenzen will[675]. Vielmehr ist zunächst zu klären, ob ein Zusammenschluß zweier Börsen unter der Bewahrung der Rechtsidentität grundsätzlich möglich ist. Das Umwandlungsgesetz kennt in § 2 Nr. 1 die Verschmelzung durch Aufnahme. Hierbei behält der übernehmende Rechtsträger seine Identität.[676] Der übertragende Rechtsträger geht demgegenüber nach ganz herrschender Meinung unter.[677] Fraglich ist daher, ob es auch einen Zusammenschluß geben kann, der zuläßt, daß alle Ausgangsbörsen nach ihrer Fusion weiterexistieren. Zwar ist eine derartige Fusion im Umwandlungsgesetz nicht vorgesehen, und die Regelung der dort ausdrücklich angesprochenen Umwandlungsmöglichkeiten ist grundsätzlich abschließend (sog. Numerus clausus der Umwandlungsfälle).[678] Jedoch regelt § 1 Abs. 2 UmwG ausdrücklich, daß andere Arten der Umwandlung zulässig sind, sofern sie durch Bundes- oder Landesgesetz erlaubt werden. In der Begründung des Gesetzentwurfs wird hierbei ausdrücklich auf mögliche Umstrukturierungen öffentlich-rechtlicher Anstalten aufgrund Landesrechts hingewiesen.[679] Es ist daher keineswegs grundsätzlich ausgeschlossen, daß die Bundesländer, die eine Fusion durch Staatsvertrag und Gesetz vereinbaren, regeln, die fusionierte Börse solle mit den Ausgangsbörsen rechtsidentisch sein. Allerdings wäre eine solche Regelung nur dann möglich,

673 Anders aber wohl Schwark-Beck § 4 BörsG, Rn. 36.

674 Breitkreuz, Die Ordnung der Börse, S. 178.

675 Ebd. S. 179.

676 Semler/Stengel-Stengel § 2 Rn. 24; Kallmeyer-Marsch-Barner § 2 Rn. 5.

677 Semmler/Stengel-Stengel § 2, Rn. 37 m. w. N.; Schmitt/Hörtnagl/Stratz-Stratz § 2, Rn. 10; a. A. Beuthien/Helios NZG 2006, 369, 372 f.

678 Lutter-Lutter/Drygala § 1, Rn. 26.

679 BR-Drs. 75/94, S. 80.

soweit die bestehenden bundesgesetzlichen Regelungen der Bewahrung der Rechtsidentität der fusionierten Börse nicht entgegenstehen. Es ist daher zu untersuchen, ob das Börsengesetz oder, falls dieses Gesetz keine einschlägige Vorschrift enthält, das allgemeine Verwaltungsrecht zwingende Bestimmungen für den Zusammenschluß von Börsen oder öffentlich-rechtlichen Anstalten im allgemeinen bereithält. Sollte eine Identitätswahrung der fusionierten Börse nicht ausdrücklich gesetzlich ausgeschlossen sein, kommt weiterhin ein Ausschluß dadurch in Betracht, daß das Gesetz für bestimmte mit der Fusion verknüpfte Folgen das Entstehen einer neuen Börse vorsieht. Es sind daher im folgenden auch alle Änderungen, die der Zusammenschluß einer Börse mit sich bringt, wie etwa die Errichtung neuer Börsenorgane, die Änderung des Anstaltszwecks, der Erlaß einer neuen Börsenordnung usw., nacheinander darauf zu untersuchen, ob sie zur Errichtung einer neuen Börse führen.[680] Weiterhin ist zu prüfen, ob das kumulative Zusammentreffen mehrerer der Änderungen, die alleine noch nicht zu einem Identitätswechsel der Börse führen, zu einer anderen Bewertung führen kann.

aaa) Zusammenschluß der öffentlich-rechtlichen Anstalten

Zunächst ist zu untersuchen, ob eine ausdrückliche Regelung vorhanden ist, aus der erschlossen werden kann, ob eine fusionierte Börse mit den Ausgangsbörsen rechtsidentisch ist oder nicht. Indes zeigt schon ein erster Blick, daß das Börsenrecht keine Normierung der Zusammenschlüsse mehrerer Börsenanstalten enthält. Daher ist zu prüfen, ob es im Bereich der öffentlich-rechtlichen Anstalten zwingende allgemeine Bestimmungen gibt, wie eine Fusion von Anstalten vor sich geht und welches die Rechtsfolgen sind. Denn nur unter dieser Voraussetzung kann sich eine bindende Folge für den Zusammenschluß zweier Börsen ergeben. Anderenfalls ist eine Entscheidung darüber, ob die neu entstandene Börse identisch mit den Ausgangsbörsen ist, anhand der Wertungen zu fällen, die das Börsengesetz für die einzelnen mit dem Zusammenschluß verbundenen rechtstatsächlichen Änderungen bereithält.

Zwar erfolgt ein Zusammenschluß von Anstalten des öffentlichen Rechts meist auf dem Wege, daß eine neue Anstalt gegründet wird, die die Gesamtrechtsnachfolge der ursprünglich vorhandenen Anstalten antritt[681], zwingend ist dies jedoch nicht. Zum einen steht einer Anstalt des öffentlichen Rechts über den

---

680 So auch Christoph, Börsenkooperationen und Börsenfusionen, S. 378.

681 Etwa beim Rundfunk Berlin-Brandenburg, s. Binder, LKV 2003, 355, 359 oder dem Universitätsklinikum Gießen und Marburg, s. BAG BeckRS 2009, 67989.

Umweg einer Umwandlung in eine Kapitalgesellschaft nach § 301 I UmwG die Möglichkeit einer Verschmelzung durch Aufnahme nach § 2 Nr. 1 UmwG offen. Aber auch für eine direkte Verschmelzung, die die Rechtsidentität unberührt läßt, finden sich im Bereich der Anstalten zahlreiche Beispiele. So kann etwa der Zusammenschluß von Sparkassen regelmäßig auch im Wege der „Vereinigung durch Aufnahme" erfolgen, was zumindest die aufnehmende Anstalt in ihrer rechtlichen Existenz unberührt läßt.[682]

Somit zeigt sich, daß im Bereich der Anstalten des öffentlichen Rechts keine bindenden Regelungen bestehen, inwieweit eine fusionierte Anstalt eine neue Rechtsidentität besitzt. Es ist daher zu untersuchen, ob börsenrechtliche Regelungen für einzelne mit einer Fusion regelmäßig verknüpfte Folgen die Entstehung einer neuen Börse zwingend erforderlich machen. Denn auch wenn das Börsengesetz keine ausdrücklichen Regelungen zu einem Zusammenschluß enthält, kann ein solcher natürlich nur unter Einhaltung aller börsenrechtlichen Vorschriften in Betracht kommen.

bbb) Einrichtung einer gemeinsamen Handelsplattform

Breitkreuz ist der Auffassung, die Zusammenfassung der Handelsplattformen zweier Börsen sei als „stille Fusion" zu werten und lasse die beiden fusionierenden Börsen als Regelungsobjekte ihrer jeweiligen Börsengenehmigung wegfallen, weshalb eine Neugenehmigung der nun entstandenen Börse notwendig sei.[683] Ebenso nennt *Christoph* die Verwendung einer neuen Handelsplattform als materielles Kriterium, das geeignet sei, zur Antwort auf die Frage zu dienen, ob eine Identitätsänderung der Börse gegeben sei.[684] Daß die Errichtung einer gemeinsamen Handelsplattform kein Kriterium ist, welches über die Weiterexistenz einer Börse entscheiden kann, wird jedoch aus § 17 Abs. 2 S. 1 BörsG a. F. deutlich. Diese Vorschrift verpflichtete den Inhaber der Nutzungs- und Verwertungsrechte an einem elektronischen Handelssystem, das an einer Börse eingeführt war, unter bestimmten Voraussetzungen, anderen Börsen die Einführung des Systems zu gestatten. Hierbei ist nach dem Willen des Gesetzgebers unter der „Einführung des Systems" nicht nur die bloße Überlassung der Software zu verstehen, sondern es sollte vielmehr ein Anspruch auf Zugang zum Handelssystem selbst

682 § 17 Abs. I S. 1 Nr. 1 SparkG Hessen, § 32 Abs. I S. 1 Nr. 2 1. Alt SparkG NRW, § 29 Abs. I SparkG Schleswig-Holstein, Kost/Geerling BKR 2003, S. 690.

683 Breitkreuz, Die Ordnung der Börse, S. 180, dagegen: Christoph, Börsenkooperationen und Börsenfusionen, S. 204.

684 Christoph, Börsenkooperationen und Börsenfusionen, S. 378; ebenso: Vaupel RIW 1993 733, 737.

bestehen.[685] Auch wenn fraglich ist, ob diese gewünschte Folge[686] in Wortlaut und Systematik von § 17 Abs. 2 S. 1 BörsG a. F. hinreichend wiederzufinden ist[687], ergibt sich doch aus dieser Regelung, daß der Gesetzgeber das Errichten einer gemeinsamen Handelsplattform nicht als einen Umstand angesehen hat, der den Bestand einer Börse beeinflussen kann. Denn wenn im Text der Vorschrift von der *„Einführung des Systems an der betreffenden Börse zu angemessenen Bedingungen"* die Rede ist, wird deutlich, daß der Gesetzgeber in keinem Fall erwogen hat, die Integration in ein fremdes Handelssystem könne die Börse als eigenständige Anstalt wegfallen lassen. Abgesehen davon, daß die Festlegung einer angemessenen Gegenleistung keinen Sinn machen würde, falls der Gesetzgeber davon ausgegangen wäre, die anspruchstellende Börse falle mit der Integration in das Handelssystem weg, ist es mit börsenrechtlichen und verfassungsrechtlichen Grundsätzen nicht vereinbar, in § 17 Abs. 2 S. 1 BörsG a. F. eine Regelung zu sehen, die eine Börse zur Übernahme von anderen Börsen auf deren Antrag zwangsverpflichtet. Wenn demgegenüber behauptet wird, nur die Tatsache, daß eine Börse nicht nur über das gemeinsame Handelssystem sondern auch über eine weitere Plattform Börsenhandel betreibe, sichere die Existenz einer eigenständigen Börse, und erst die Aufgabe des Handels über die zweite Plattform führe zum Wegfall der betroffenen Börse,[688] so widerspricht diese Auslegung dem Börsengesetz und ist nicht praktisch handhabbar. Denn zum einen läge es dann in der Hand der Börse selbst, sich durch ein eigenständiges Vorgehen aufzulösen, obwohl es nach dem Börsengesetz doch gerade die Börsenaufsicht ist, die über Errichtung und Auflösung der Börse entscheidet. Zum anderen wäre es oft kaum möglich, den genauen Zeitpunkt für die Auflösung der Börse festzustellen, wenn nämlich etwa keine Entscheidung der Börse vorliegt, den Handel über eine schon vorhandenen Plattform einzustellen, sondern dieser rein tatsächlich wegen der Konkurrenz der neuen, liquideren Plattform nach und nach austrocknet.

All dies macht deutlich, daß die Errichtung einer gemeinsamen Handelsplattform mit einer anderen Börse – und dann natürlich erst recht der schlichte Austausch der eigenen Handelsplattform – kein Kriterium ist, das den Bestand einer Börse beeinflussen kann.

---

685 Schwark-Schwark, 3. A., § 17 BörsG, Rn. 10.

686 BT-Drs. 13/8933, S. 163 f.

687 Dagegen: Schwark-Schwark, 3. A., § 17 BörsG, Rn. 10.

688 Breitkreuz, Die Ordnung der Börse, S. 179, Fn. 108.

ccc) Trägerwechsel

Bereits an anderer Stelle[689] wurde dargelegt, daß entgegen einer weit verbreiteten Ansicht die Auflösung des Börsenträgers den Bestand einer Börse unberührt läßt, da diese als Anstalt des öffentlichen Rechts vom jeweiligen Bundesland errichtet wird und daher auch das Land für die Auflösung als actus contrarius zuständig ist.[690] Ebenso wurde gezeigt, daß diese Tatsache zur Folge hat, daß bei der Auflösung eines Börsenträgers die Trägerschaft über die Börse dem Land als Errichtungskörperschaft zu fallen kann. Dies macht nun deutlich, daß ein Wechsel des Trägers auf die Börsenanstalt keine Auswirkungen hat und somit kein Kriterium sein kann, um eine Rechtsidentität einer fusionierten Börse mit den Ausgangsbörsen auszuschließen.

ddd) Änderung des Anstaltszwecks und Erlaß einer gemeinsamen Börsenordnung

In Betracht kommt weiterhin, daß eine Änderung des Anstaltszwecks im Rahmen einer neu erlassenen gemeinsamen Börsenordnung als Indiz für einen Verlustes der Rechtsidentität einer Börse im Falle ihrer Fusion taugt.[691] Freilich ergeben sich auch hiergegen Bedenken. Insbesondere die Regelung des § 4 Abs. 2 Nr. 3 i. V. m. Abs. 7 BörsG spricht gegen eine solche Betrachtungsweise. Nach dieser Vorschrift hat der Börsenträger wesentliche Änderungen hinsichtlich des Geschäftsplans, der Art der geplanten Geschäfte und des Regelwerkes der Börse unverzüglich der Börsenaufsichtsbehörde anzuzeigen. Wenn aber selbst eine wesentliche Änderung der Art der geplanten Geschäfte, also des Anstaltszwecks, oder wesentliche Änderungen der Börsenordnung nur zu einer Anzeigepflicht gegenüber der Börsenaufsichtsbehörde führen, kann der Gesetzgeber unmöglich gewollt haben, daß hierdurch eine genehmigte Börse in ihrem Bestand beeinträchtigt wird. Denn andernfalls würde es zwingend einer neuen Erlaubnis oder jedenfalls – sofern dies möglich ist[692] – einer Überleitung der Genehmigung auf die neu entstandene Börse bedürfen. Wenn aber die Änderung des Anstaltszwecks und der Erlaß einer wesentlich veränderten Börsenordnung für gewöhnlich keinen Einfluß auf den Bestand der Börsenanstalt haben, kann

---

689 Siehe oben C. I. 6. b).

690 Hammen Konzern 2008, 269, 271.

691 Christoph, Börsenkooperationen und Börsenfusionen, S. 378; Breitkreuz, Die Ordnung der Börse, S. 179.

692 S. u. C. III. 2. b) bb).

nichts anderes gelten, wenn beides anläßlich eines Zusammenschlusses mit einer anderen Börse geschieht.

eee) Bildung gemeinsamer Börsenorgane

Fraglich ist, ob eine Neugestaltung und Neubesetzung der Börsenorgane im Rahmen eines Zusammenschlusses mehrerer Börsen geeignet ist, die rechtliche Existenz der bisherigen Börsen aufzuheben, wie dies teilweise vertreten wird.[693] Jedoch zeigt sich bei näherer Betrachtung, daß es sich hier um einen Zirkelschluß handelt. Denn die Notwendigkeit der außerplanmäßigen Neubesetzung eines Börsenorgans kann sich lediglich als Folge einer Fusion ergeben, falls die zusammengeschlossene Börse nicht rechtsidentisch mit den Ausgangsbörsen ist und daher entsprechend einer Neugenehmigung behandelt werden muß. Ist jedoch eine Rechtsidentität gegeben, kann alleine die Neubesetzung oder Veränderung eines Organs die Erlaubnis nicht entfallen lassen. Allerdings muß die Neubesetzung dann natürlich auf Grundlage einer gesetzlichen Regelung erfolgen. Im Falle der Börse Berlin-Bremen wurde hierzu in § 1 Abs. 3 des Vertrages über den Zusammenschluß beispielsweise eine Regelung über die Neubestellung der Börsenorgane aufgenommen,[694] welche über einen Verweis zum Inhalt des Staatsvertrages zwischen den Ländern gemacht wurde.[695] Eine solche Neubesetzung der Börsenorgane kann aber ebensowenig wie etwa eine notwendige Neuwahl nach Ablauf der Amtszeit des Börsenrates dazu dienen, den Fortbestand der bis dahin bestehenden Börsen in Zweifel zu ziehen, da sowohl personelle als auch mitunter organisatorische Veränderungen zur normalen Entwicklung einer Börse gehören.

693 Christoph, Börsenkooperationen und Börsenfusionen, S. 379; Breitkreuz, Die Ordnung der Börse, S. 179; Vaupel RIW 1993, 733, 737.

694 Vertrag über den Zusammenschluß der Wertpapierbörsen Berlin und Bremen zur Wertpapierbörse Berlin-Bremen, Amtsblatt der freien Hansestadt Bremen, 2002, S. 825.

695 Staatsvertrag über den Zusammenschluß der Berliner Wertpapierbörse und der Bremer Wertpapierbörse zu einer gemeinsamen Wertpapierbörse Berlin-Bremen und die Zusammenarbeit der Börsenaufsichtsbehörden des Landes Berlin und der Freien Hansestadt Bremen, GVBl. Berlin v. 18.03.2003, S. 126 und BremGBl. v. 04.03.2003, S. 45 f.

fff) Änderung des Börsensitzes

Ferner könnte eine angesichts der Fusion vorgenommene Änderung des Börsensitzes geeignet sein, die Rechtsidentität zwischen ursprünglicher und fusionierter Börse entfallen zu lassen.[696]

Hierbei ist schon umstritten, nach welchen Kriterien zu entscheiden ist, wo eine Börse ihren Sitz hat. Denn während die Entscheidung zu Zeiten der reinen Präsenzbörsen in aller Regel unproblematisch war, weil auf den Ort des Börsenparketts abgestellt werden konnte, ergeben sich seit Einführung der elektronischen Börsen erhebliche Schwierigkeiten. Es wird dabei alternativ auf den Sitz des Börsenträgers, den Sitz der Handelsteilnehmer, den Standort des Servers oder den Verwaltungssitz der Börse und ihrer Organe verwiesen.[697] Freilich müssen die beiden ersten Varianten von vorneherein ausscheiden. Ein Abstellen auf den Sitz des Börsenträgers widerspricht dem Dualismus des Börsenrechts. Börsenträger und Börse sind streng zu trennen, weshalb es auf den Sitz der Börse keine Auswirkung haben kann, wo ihr Träger beheimatet ist. Auch würde diese Ansicht zu der nicht sinnvollen und europarechtlich unzulässigen Folge führen, daß ein Börsenträger, der seinen Sitz nicht im Inland hat, nie Träger einer deutschen Börse sein kann. Ebenfalls nicht überzeugen kann das Heranziehen des Sitzes der Handelsteilnehmer als entscheidendes Kriterium. Zum einen würde ein solches Verständnis in Zeiten, da ein erheblicher Teil der Handelsteilnehmer im Wege der „remote membership" von Standorten außerhalb Deutschlands am Handel an den Börsen teilnimmt, zu schier unüberwindbaren Problemen führen, weil eine Vielzahl von Rechtsordnungen anwendbar wäre.[698] Zum anderen greift es aber auch zu kurz, wenn man aus der räumlichen Anwesenheit eines Handelsteilnehmers etwa in den USA folgert, der über XETRA getätigte Handel habe dort stattgefunden. Denn entsprechend den allgemeinen zivilrechtlichen Grundsätzen ist entscheidend für den Ort des Börsenhandels nicht der Ort, an dem die Erklärung des Händlers abgegeben wird, sondern der Ort, an dem die Erklärungen der Handelsteilnehmer zusammengeführt werden. Insoweit hat sich durch die Nutzung von elektronischen Handelssystemen lediglich insoweit eine Änderung ergeben, als ein Handelsteilnehmer nicht mehr – wie früher üblich – am Ort des Börse seine Willenserklärungen abgeben muß, sondern diese über eine beliebige Entfernung übermittelt werden können. Als mögliche Anknüpfungspunkte für den Sitz der Börse kommen somit nur noch der Standort

---

696 So Christoph, Börsenkooperationen und Börsenfusionen, S. 378.

697 Vgl. Riehmer/Heuser, NZG 2001, 385, 388 f.

698 Schwark-Beck § 4 BörsG, Rn. 2.

des Servers als der Ort, an dem Angebot und Nachfrage tatsächlich zusammengeführt werden, und der Verwaltungssitz der Börse als der Ort, an dem die den Börsenhandel regelnden und überwachenden Personen körperlich anwesend sind, in Betracht. Hierbei spricht gegen den Serverstandort, daß im Zeitalter der weltweiten Vernetzung der räumliche Standort eines Computers gerade keine Rolle mehr spielt, weil er beliebig austauschbar ist. Wenn man zudem bedenkt, daß das Verlegen des Standorts eines Servers selbst bei so umfangreicher Ausrüstung, die zum Betreiben einer Börse notwendig ist, kaum Schwierigkeiten bereitet und daher einem Mißbrauch oder zumindest einem Run auf die Länder mit der laxesten Börsenaufsicht Tür und Tor geöffnet wäre, spricht alles dafür, als entscheidend für den Sitz der Börse den Ort des ihres Verwaltungssitzes anzusehen.

Daß eine Änderung des Börsensitzes der Wahrung der Rechtsidentität einer Börse entgegenstehen könnte, scheint naheliegend, wenn man die Vorschrift in § 3 BörsG berücksichtigt. Denn gemäß dieser Norm übt die zuständige oberste Landesbehörde die Aufsicht über die Börse aus. Zuständig kann aber eine Landesbehörde nur dann sein, wenn sie auch örtlich zuständig ist, und dies entscheidet sich danach, wo die Börse ihren Sitz hat. Würde man nun einer Börse erlauben, unter Wahrung der Rechtsidentität ihren Sitz in ein anderes Bundesland zu verlegen, könnte eine Börse sich jederzeit die ihr passende Aufsicht aussuchen. Vor allem muß aber bedacht werden, daß es sich bei der Börse um eine öffentlich-rechtliche Anstalt des jeweiligen Bundeslandes handelt. Die Errichtungskörperschaft ist für eine öffentlich-rechtliche Anstalt aber von solcher Bedeutung, daß sie nicht wechseln kann, ohne die Rechtsidentität der Anstalt zu berühren. Eine Verlegung des Sitzes einer Börse in ein anderes Bundesland kann daher nicht identitätswahrend erfolgen.

Fraglich ist nun aber, ob damit eine die Identität aller Börsen wahrende Fusion über Landesgrenzen hinaus unmöglich wird. Dies ist jedoch nicht der Fall. Denn eine Sitzverlegung in ein anderes Bundesland wäre nur dann zwangsläufig notwendig, falls es eine Begrenzung der zusammengeschlossenen Börse auf einen einzigen Sitz gäbe. Jedoch ist im Börsengesetz keine Regelung vorhanden, die einen Mehrfachsitz verbietet. Daher bleibt es weiterhin den Ländern erlaubt, eigene Regelungen bezüglich des Sitzes von öffentlich-rechtlichen Anstalten zu erlassen.[699] Daß dementgegen nach herrschender Auffassung einer Aktiengesellschaft ein Mehrfachsitz nur in außergewöhnlichen Fällen erlaubt sein

699 Siehe auch BayObLG NJW-RR 2001, 28 ff.

soll,[700] ändert nichts an der gefundenen Lösung, da in diesem Fall – anders als bei der Börse – mit § 5 AktG eine materiell-rechtliche Vorschrift gegeben ist, die von einem einzigen statutarisch festgelegten Sitz ausgeht.[701] Somit ist es den von einer Fusion betroffenen Bundesländern unbenommen, einer fusionierten Börse per Staatsvertrag einen Mehrfachsitz zuzuweisen, wie dies auch im Falle der Börse Berlin-Bremen geschehen ist,[702] so daß die sich für die Praxis ergebenden Einschränkungen begrenzt sein dürften. Es ist lediglich notwendig, daß sich die verschiedenen, nun für die neu entstandene Börse zuständigen Aufsichtsbehörden über die Ausübung der Aufsicht einigen und eine insoweit handhabbare Regelung geschaffen wird.[703]

ggg) Identitätswechsel durch kumulatives Vorliegen mehrerer Änderungen

Es bleibt nun zu untersuchen, ob das Zusammentreffen mehrerer der vorstehend genannten Änderungen beim Zusammenschluß von Börsen geeignet sein könnte, zu einer anderen Beurteilung bezüglich der Wahrung der Rechtsidentität der ursprünglich vorhandenen Börsen zu führen. Denn es sticht natürlich ins Auge, daß bei der Fusion von Börsen meist mehrere, wenn nicht gar alle der oben beschriebenen Änderungen eintreten und sich die neu entstandene Börse von den Ausgangsbörsen regelmäßig deutlich unterscheidet. Jedoch kann auch dies nicht geeignet sein, den zwingenden Verlust der Rechtsidentität der fusionierten Börsen zu begründen. Zum einen würde diese Annahme zu kaum handhabbaren Folgen führen. Denn es bleibt vollkommen im dunklen, wo die Grenze zwischen der Wahrung der Rechtsidentität und dem Verlust derselben verlaufen sollte. Soll etwa die Einrichtung einer gemeinsamen Handelsplattform und die Schaffung einer neuen Börsenordnung noch nicht zum Verlust der Rechtsidentität führen, die gleichzeitige Bildung gemeinsamer Börsenorgane dann aber schon? Es

700 BayObLG NJW-RR 1986, 31; MüKo AktG-Heider § 5, Rn. 41 ff. m. w. N.

701 BayObLG, NJW-RR 2001, 28.

702 Artikel 1 S. 3, Staatsvertrag über den Zusammenschluß der Berliner Wertpapierbörse und der Bremer Wertpapierbörse zu einer gemeinsamen Wertpapierbörse Berlin-Bremen und die Zusammenarbeit der Börsenaufsichtsbehörden des Landes Berlin und der Freien Hansestadt Bremen, GVBl. Berlin v. 18.03.2003, S. 126 und BremGBl. v. 04.03.2003, S. 45 f.

703 siehe Artikel 2, Staatsvertrag über den Zusammenschluß der Berliner Wertpapierbörse und der Bremer Wertpapierbörse zu einer gemeinsamen Wertpapierbörse Berlin-Bremen und die Zusammenarbeit der Börsenaufsichtsbehörden des Landes Berlin und der Freien Hansestadt Bremen, GVBl. Berlin v. 18.03.2003, S. 126 und BremGBl. v. 04.03.2003, S. 45 f.

blieben nur die Möglichkeiten, entweder eine starre Regelung zu befürworten, nach der etwa das gleichzeitige Vorliegen von zwei oder drei der vorstehend aufgeführten Umstände zum Verlust der Rechtsidentität führen soll, was wegen der starren Grenzen kaum vertretbar scheint, oder jede Fusion einer individuellen Gesamtbetrachtung zu unterziehen. Dies wird in der Literatur regelmäßig vorgeschlagen[704], führt aber zu einer nicht hinnehmbaren Rechtsunsicherheit und würde die Durchführung einer Börsenfusion praktisch nahezu unmöglich machen, weil die beteiligten Börsen das wirtschaftlich nicht hinnehmbare Risiko tragen müßten, daß die fusionierte Börse als Neuerrichtung behandelt würde und damit alle mit den Ausgangsbörsen bestehenden Rechtsverhältnisse wegfielen.

Zwar kann eine rechtsfolgenorientierte Betrachtungsweise nicht dazu führen, zu entscheiden, ob eine Rechtsidentität bei einer Börsenfusion vorliegen soll oder nicht. Es ergeben sich aber auch aus anderen Gründen erhebliche Einwände dagegen, einen zwingenden Identitätswechsel mit dem kumulativen Vorliegen mehrerer der obigen bei der Fusion von Börsen regelmäßig einhergehenden Änderungen zu begründen. Denn nachdem festgestellt worden ist, daß mit Ausnahme der Verlegung des Börsensitzes jede einzelne Änderung für sich ungeeignet ist, zwangsläufig zu einem Wechsel der Rechtsidentität von Ausgangsbörse zu fusionierter Börse zu führen, wäre es ja nur das zeitliche Zusammentreffen mehrerer Änderungen, das zu einem Identitätswechsel führte. Es ist aber logisch nicht zu begründen, warum eine Börse, die dieselben Änderungen zeitlich gestreckt vornimmt, ihre Rechtsidentität behalten soll, diejenige, die die Veränderungen aber zeitgleich vornimmt, ihre Rechtsidentität verliert. Hätte der Gesetzgeber des Börsengesetzes dies gewollt, so hätte dies im Börsengesetz verankert werden müssen. Da dies aber gerade nicht geschehen ist, steht es den Landesgesetzgebern frei, im Rahmen der Regelung einer Börsenfusion festzulegen, daß die Fusion in der Weise erfolgt, daß die entstehende Börse mit den Ausgangsbörsen rechtsidentisch ist. Wie bereits oben angesprochen, steht dem auch nicht das Umwandlungsgesetz entgegen, weil es in § 1 Abs. 2 landesrechtliche Regelungen von Fusionen ausdrücklich zuläßt.

Fraglich ist allenfalls, ob eine Rechtsidentität auch dann bestehen kann, wenn der Landesgesetzgeber im Staatsvertrag oder im Gesetz keine ausdrückliche Regelung trifft. Dies ist indes nicht der Fall. Denn wenn für die Durchführung eines Zusammenschlusses zweier Börsen keine ausdrückliche Regelung geschaffen wird, muß – jedenfalls insoweit Regelungen des Börsengesetzes nicht

---

704 Christoph, Börsenkooperationen und Börsenfusionen, S. 379; Breitkreuz, Die Ordnung der Börse, S. 179; Vaupel RIW 1993, 733, 737.

entgegenstehen – hilfsweise auf die Regelungen des Umwandlungsgesetzes für Verschmelzungen zurückgegriffen werden. Ein Zusammenschluß, bei dem beide Rechtsträger ihre Rechtsidentität bewahren, ist dort aber nicht vorgesehen. Vielmehr sind lediglich die Verschmelzung durch Neugründung und die Verschmelzung durch Aufnahme möglich. Bei ersterem entfällt die Rechtsidentität beider Ausgangsrechtsträger, bei letzterem die Identität des aufgenommenen Rechtsträgers. Allenfalls wenn sich aus dem geschlossenen Staatsvertrag oder den entsprechenden Verträgen oder Gesetzen klar ergibt, daß eine andere gesetzlich geregelte Art der Strukturveränderung gewollt ist, entscheidet sich die Frage der Rechtsidentität nach den betreffenden Regelungen.

Legt man dies alles bei der Fusion der Börsen Berlin und Bremen zugrunde, muß man zu dem Ergebnis kommen, daß die fusionierte Börse Berlin-Bremen nicht rechtsidentisch mit den Ausgangsbörsen war, da eine Bestimmung, die die Rechtsidentität festlegte, weder im Gesetz noch in dem durch Verweisung einbezogenen Staatsvertrag oder dem Vertrag zwischen beiden Börsen zu finden war. Hierfür spricht auch, daß sowohl der Vertrag zwischen den Börsen[705] als auch der Staatsvertrag zwischen den Ländern[706] den Übergang der an den Ausgangsbörsen bestehenden Rechtsverhältnisse auf die fusionierte Börse vorsahen. Da diese Regelung bei Bestehen einer Rechtsidentität überflüssig gewesen wäre, wird deutlich, daß eine solche von den Beteiligten auch nicht beabsichtigt war.[707]

hhh) Ergebnis

Die Untersuchungen hat gezeigt, daß im Rahmen eines Börsenzusammenschlusses nur der Wechsel des Börsensitzes von einem Bundesland in ein anderes zwingend den Verlust der Rechtsidentität der Börse zur Folge hat. Dies hat zur Konsequenz, daß bei einer Fusion zweier Börsen aus verschiedenen Bundesländern immer dann mindestens eine der beteiligten Börsen ihre Rechtspersönlichkeit verliert, wenn die fusionierte Börse nur einen Börsensitz behält. Der Zusammenschluß der öffentlich-rechtlichen Anstalten, die Errichtung einer gemeinsamen Handelsplattform, der Wechsel der Börsenträger, der Erlaß einer neuen Börsenordnung und die Bildung gemeinsamer Börsenorgane stehen der

705 Vertrag über den Zusammenschluß der Wertpapierbörsen Berlin und Bremen zur Wertpapierbörse Berlin-Bremen, Amtsblatt der freien Hansestadt Bremen, 2002, S. 825.

706 Staatsvertrag über den Zusammenschluß der Berliner Wertpapierbörse und der Bremer Wertpapierbörse zu einer gemeinsamen Wertpapierbörse Berlin-Bremen und die Zusammenarbeit der Börsenaufsichtsbehörden des Landes Berlin und der Freien Hansestadt Bremen, GVBl. Berlin v. 18.03.2003, S. 126 und BremGBl. v. 04.03.2003, S. 45 f.

707 Ebenso Christoph, Börsenkooperationen und Börsenfusionen, S. 380.

Bewahrung der Rechtsidentität der Ausgangsbörsen dann nicht entgegen, wenn das Gesetz bzw. der Staatsvertrag zwischen den Ländern, welche den Zusammenschluß regeln, eine Rechtsidentität zwischen Ausgangsbörsen und fusionierter Börse vorsieht. Erfolgt keine ausdrückliche Regelung, muß regelmäßig auf die Vorgaben des Umwandlungsgesetzes für Verschmelzungen zurückgegriffen werden. Hiernach können nicht beide Ausgangsbörsen zugleich ihre Rechtsidentität bewahren.

bb) Überleitung der Genehmigung

Ist die fusionierte Börse rechtsidentisch mit den ursprünglichen Börsen, besteht die jeweilige Börsengenehmigung fort. Fraglich ist aber, welche Folgen sich ergeben, wenn eine Rechtsidentität fehlt.

Da es sich dann bei der neu entstandenen Börse um eine neue öffentlichrechtliche Anstalt handelt, ergibt sich schon aus § 4 I BörsG, daß eine schriftliche Genehmigung notwendig ist. Dieser Auffassung folgten die Beteiligten des Zusammenschlusses der Börsen Berlin und Bremen nicht. Vielmehr wurde auf eine Genehmigung der Börse Berlin-Bremen verzichtet, und diese wurde unter Aufrechterhaltung der für die Ausgangsbörsen erteilten Genehmigungen geführt.[708] Dies stellt jedenfalls dann, wenn von seiten der Börsenaufsicht keine ausdrückliche „Überleitung" der Genehmigung erfolgt, einen Verstoß gegen die Erfordernisse des Börsengesetzes dar, zumal – wie bereits festgestellt – auch eine Rechtsidentität zwischen den Ausgangsbörsen Berlin und Bremen sowie der neu entstandenen Börse Berlin-Bremen nicht beabsichtigt war.

Enthält dementgegen ein zwischen den Landesregierungen geschlossener Staatsvertrag eine Regelung zur Überleitung der Genehmigung vor, ist nicht ersichtlich, weshalb eine solche Vorgehensweise in bezug auf die Börsengenehmigung[709] unzulässig sein sollte, zumal insoweit lediglich die Aufhebung und die Neuerteilung einer Genehmigung in einem Akt zusammenfallen.

Dies gilt auch für die in der Genehmigung enthaltene börsenaufsichtsrechtliche Erlaubnis.[710] Zwar ist es richtig, daß eine Entscheidung des Landtages keineswegs die Entscheidung der zuständigen Landesbehörde ersetzen kann. Da jedoch Staatsverträge der Länder von der Regierung bzw. dem jeweiligen

708 Christoph, Börsenkooperationen und Börsenfusionen, S. 380.

709 Zur Frage, welche Folgen sich hieraus für die Rechtsverhältnisse der Benutzer zur Börse ergibt, s. u. cc).

710 A. A. jedoch Christoph, Börsenkooperationen und Börsenfusionen, S. 390, der eine solche Regelung durch Länderstaatsvertrag für unzulässig hält.

Ministerpräsidenten geschlossen werden[711] und der Landtag lediglich zustimmt, liegt regelmäßig eine Beteiligung des jeweils zuständigen Ministers vor, was freilich auch gegeben sein muß, um den Anforderungen des § 4 Abs. 1 BörsG gerecht zu werden.

cc) Überleitung der Rechtsverhältnisse

Zu untersuchen ist ferner, ob es möglich ist, die an den Ausgangsbörsen bestehenden öffentlich-rechtlichen Rechtsverhältnisse, insbesondere mit den Handelsteilnehmern und den Emittenten, auf die fusionierte, mit den Ausgangsbörsen nicht rechtsidentische Börse überzuleiten. Dies ist von enormer praktischer Bedeutung, weil ein Zwang, alle Rechtsverhältnisse neu zu begründen, mit einem erheblichen Aufwand und somit auch mit erheblichen Kosten verbunden wäre, was den wirtschaftlichen Reiz einer Börsenfusion merklich beeinträchtigen würde.

Im Fall der Börse Berlin-Bremen gingen die Beteiligten von der Möglichkeit einer Überleitung der Rechtsverhältnisse aus. Denn in § 2 des Vertrages über den Zusammenschluß der Börsen Berlin und Bremen[712] findet sich, ebenso wie in Artikel 1 S. 2 des Staatsvertrages,[713] eine Regelung über den Übergang der öffentlich-rechtlichen Rechtsverhältnisse.

Gegen die Wirkung einer solchen Regelung können sich vor allem aus zwei Gesichtspunkten Bedenken ergeben. Zunächst aus Sicht der neu entstandenen Börse, weil ihr Nutzer aufgedrängt werden, die sie unter Umständen ablehnt. Aber auch aus Sicht der Nutzer kann es unerwünscht sein, sich unvermittelt an einer neu entstandenen Börse wiederzufinden, die nicht als Handelsplatz gewählt worden war. Daher ist zu untersuchen, welchen Anforderungen eine Überleitung der Rechtsverhältnisse genügen muß und wessen Zustimmung hierfür erforderlich ist.

aaa) Notwendigkeit der Regelung durch Gesetz bzw. Staatsvertrag

Der Bereich der Rechtsnachfolge im öffentlichen Recht ist seit jeher umstritten. Überwiegend hat sich die Auffassung durchgesetzt, daß die Nachfolgetatbestände des Zivilrechts nicht unmittelbar auf den Bereich des öffentlichen Rechts übertragbar sind,[714] sondern allenfalls eine entsprechende Anwendung

711 Vgl. bspw. § 72 GGO Hessen i. V. m. Art. 103 Verf. Hessen; § 13 Abs. 1 S. 1 GOReg Saarland.

712 Amtsblatt der freien Hansestadt Bremen, 2002, S. 825.

713 GVBl. Berlin v. 18.03.2003, S. 126 und BremGBl. v. 04.03.2003, S. 45 f.

714 A. A. jedoch Stadie DVBl. 1990, 501, 503.

der Regelungen in Betracht kommt.[715] Jedoch herrscht keine Einigkeit darüber, unter welchen Umständen eine Rechtsnachfolge im öffentlichen Recht möglich ist. So werden zwar regelmäßig das Vorliegen eines Nachfolgetatbestandes und die Nachfolgefähigkeit der Rechtsposition als Voraussetzungen der Rechtsnachfolge genannt.[716] Allerdings gibt es bereits über die Anforderungen, die an den Nachfolgetatbestand zu stellen sind, unterschiedliche Ansichten. Während von manchen angenommen wird, der Nachfolgetatbestand könne sich aus Gesetz, Verwaltungsakt oder Rechtsgeschäft ergeben,[717] wird von anderer Seite das Vorliegen einer gesetzlichen Grundlage für eine Rechtsnachfolge auf seiten der Verwaltung für unabdingbar gehalten.[718] Eine Beschränkung auf gesetzlich gefaßte Nachfolgetatbestände scheint jedenfalls für den im vorliegenden Fall wesentlichen Bereich der Gesamtrechtsnachfolge überzeugend. Denn eine Gesamtrechtsnachfolge führt zu einer Veränderung der rechtssatzmäßig festgelegten Zuständigkeitsordnung und hat im Ergebnis für die Nutzer vergleichbare Folgen wie die Errichtung oder Auflösung der Börse als juristische Person des öffentlichen Rechts. Da aber die Errichtung oder Auflösung juristischer Personen des öffentlichen Rechts einem Gesetzesvorbehalt unterfällt,[719] erscheint es konsequent, gleiches auch für die Gesamtrechtsnachfolge zu fordern. Dies führt auch keineswegs zu zusätzlichen Erschwernissen bei der Durchführung einer Börsenfusion. Denn da die Fusion – wie bereits dargelegt – eine gesetzliche bzw. staatsvertragliche Regelung erfordert, erscheint es sinnvoll, den entsprechenden Staatsvertrag um eine Regelung zu ergänzen, die den Übergang der an den Ausgangsbörsen bestehenden öffentlich-rechtlichen Rechtsverhältnisse thematisiert, wie dies ja auch bei der Fusion der Börsen Berlin und Bremen geschehen ist.

bbb) Notwendigkeit der Zustimmung der Börse zur Überleitung

Zwar mag es theoretisch denkbar sein, daß sich die neu entstandene Börse gegen die Überleitung von Rechtsverhältnissen der Nutzer der Ausgangsbörsen wehrt, jedoch zeigt sich bei näherer Betrachtung schnell, daß es sich hierbei um

---

715 Schink, Rechtsnachfolge, S. 27; ausdrücklich offen gelassen von BverwG NVwZ 2006, 928, 931; vgl. zum Thema auch BeckOK VwGO, Schmidt-Kötters, § 42, Rn. 118 ff.

716 Schink, Rechtsnachfolge, S. 31; Otto, Nachfolge in öffentlich-rechtliche Positionen des Bürgers, S. 31 ff.; Wolff/Bachoff/Stober/Kluth, VerwR I, 10. Aufl., S. 454 ff. m.w.N.

717 Otto, Nachfolge in öffentlich-rechtliche Positionen des Bürgers, 34 ff.; ähnlich Schink, Rechtsnachfolge, S. 37.

718 Erichsen-Erichsen, Allg. VerwR., 12. A., S. 263; Christoph, Börsenkooperationen und Börsenfusionen, S. 391.

719 Stelkens LKV 2003, 491.

absolute Ausnahmefälle handeln dürfte. Denn zum einen ist es gerade der Sinn einer Börsenfusion, das Marktgeschehen zweier Börsen an einer Börse zu konzentrieren, um möglichst wirtschaftlich arbeiten zu können. Würde hierbei ein bedeutender Teil der Nutzer verlorengehen, wäre die Fusion meist wirtschaftlich sinnlos. Zum anderen ist zu gewichten, daß das gegebenenfalls übergeleitete Rechtsverhältnis bereits zwischen dem Nutzer und einer der Ausgangsbörsen bestanden hat. Wenn diese aber hiergegen keine Einwände gehabt hat, dürfte es naheliegend sein, daß in aller Regel auch die neu entstandene Börse an der Überleitung des Rechtsverhältnisses gelegen ist. Allerdings ist es nicht ausgeschlossen, daß es Einzelfälle gibt – insbesondere wenn die neu entstandene Börse sich auf ein neues Geschäftsfeld konzentriert –, in denen die Überleitung der Rechtsverhältnisse nicht im Interesse der neuen Börse ist. Fraglich ist daher, ob eine Zustimmung der fusionierten Börse zum Übergang der Rechtsverhältnisse notwendig ist. Hierfür spricht, daß die Begründung von Rechtsverhältnissen mit den Nutzern in den Zuständigkeitsbereich der Geschäftsführung der Börse fällt, wie dies beispielsweise § 19 I BörsG für die Teilnahme am Börsenhandel regelt. Wäre es nun möglich, durch Landesgesetz einen Übergang der öffentlich-rechtlichen Rechtsverhältnisse von der ursprünglichen Börse auf die neu entstandene Börse zu bestimmen, träfe die Entscheidung zur Zulassung an der Börse nicht mehr, wie in § 19 I BörsG vorgesehen, die Geschäftsführung der Börse, sondern Landesregierung und Landtag.

Es handelt sich hierbei um ein Problem, daß den Bereich der Nachfolgefähigkeit der Rechtsposition betrifft. Denn auch bei einem den Anforderungen für eine Rechtsnachfolge im öffentlichen Recht genügenden Nachfolgetatbestand können nur die Rechtspositionen übergehen, die nachfolgefähig sind.[720] Die Regelung durch den Bundesgesetzgeber im Börsengesetz führt jedoch zu einer Einschränkung der Nachfolgefähigkeit. Über eine Zuordnung eines Rechtsverhältnisses durch Rechtssatz kann ebenso wie über die Zuständigkeit selbst nur aufgrund einer gegenüber der Zuständigkeitsregelung gleich- oder höherrangigen Norm disponiert werden.[721] Eine Überleitung der Rechtsverhältnisse alleine durch Staatsvertrag der Länder und ohne Zustimmung der Geschäftsführung der jeweiligen Börse stellt daher einen Verstoß gegen die Zuständigkeitsverteilung des Börsengesetzes dar, welche – da es sich beim Börsengesetz um

720 Schink, Rechtsnachfolge, S. 26.
721 Dietlein, Nachfolge im Öffentlichen Recht, S. 213.

Bundesrecht handelt – auch nicht durch ein Gesetz des Landesgesetzgebers relativiert werden darf.[722]

Eine entsprechende Bindung der Überleitung der Rechtsverhältnisse an eine Zustimmung durch die Börsengeschäftsführung findet sich in dem Staatsvertrag, der den Zusammenschluß der Börsen Berlin und Bremen regelt, nicht. Die Tatsache, daß auch der Vertrag zwischen den Börsen Berlin und Bremen eine Überleitung der Rechtsverhältnisse vorsah und die Organe der neu entstandenen Börse Berlin-Bremen mit den Organen der Ausgangsbörsen zu großen Teilen personenidentisch waren, reicht für sich genommen nicht aus, um auf das Erfordernis der Zustimmung durch die neue Geschäftsführung zu verzichten.[723] Denn auch wenn die neue Börse faktisch in weiten Teilen mit den Ausgangsbörsen übereinstimmt, ist eine Folge der fehlenden Rechtsidentität, daß rechtlich zwischen den Ausgangsbörsen und der fusionierten Börse strikt zu trennen ist. Es ist daher für eine mögliche Zustimmung zur Überleitung der Rechtsverhältnisse allein auf das Handeln der neuen Geschäftsführung abzustellen. Dies führt indes im vorliegenden Fall zu keinem anderen Ergebnis. Auch wenn eine ausdrückliche Zustimmung der Geschäftsführung der Börse Berlin-Bremen nicht vorlag, folgt hier alleine aus der Fortführung der von den Ausgangsbörsen begründeten Rechtsverhältnissen eine konkludente Genehmigung der Überleitungsregelung des Staatsvertrages durch die neue Börse.

ccc) Zustimmung der Börsennutzer zur Überleitung

Weiterhin ist zu untersuchen, ob es für die Überleitung der Rechtsverhältnisse auf die fusionierte Börse auch der Zustimmung durch die betroffenen Börsennutzer bedarf. Denn eher noch als ein Einwand der Börse gegen den Übergang der Rechtsbeziehungen scheint der Einwand eines Nutzers denkbar, etwa weil er mit den Änderungen von Börsen- oder Gebührenordnung an der fusionierten Börse nicht einverstanden ist und deshalb seine Geschäfte zukünftig an einer anderen Börse führen will. Sollte es aber aus diesem Grund notwendig werden, bei einer Überleitung die Zustimmung der Börsennutzer einzuholen, würde dies zu einem ganz erheblichen Aufwand für die fusionierte Börse führen, welcher durch die Anordnung der Überleitung in einem Staatsvertrag gerade verhindert werden soll. Folgerichtig sahen die Regelungen über den Zusammenschluß der Börsen Berlin und Bremen auch keine Zustimmung der Börsennutzer zum

---

722 Ebenso Christoph, Börsenkooperationen und Börsenfusionen, S. 382.

723 Anders aber Christoph, Börsenkooperationen und Börsenfusionen, S. 383 f.

Übergang der Rechtsverhältnisse auf die Börse Berlin-Bremen vor. Ob dies rechtlich zulässig ist, ist zu klären.

Da bei einer entsprechenden Regelung durch einen Staatsvertrag ein Nachfolgetatbestand vorliegt, konzentriert sich die Problemstellung wiederum auf die Nachfolgefähigkeit der Rechtsposition. Die Nachfolgefähigkeit könnte fehlen oder zumindest von einer Zustimmung der Nutzer abhängig sein, falls es sich entweder um ein Rechtsverhältnis handelt, das von Natur aus höchstpersönlich ist oder wenn es bundesrechtliche Normen gibt, die eine Nachfolgefähigkeit ausschließen. *Christoph* lehnt es ab, das Rechtsverhältnis zwischen Börse und Nutzer von seiten der Börse als höchstpersönlich anzusehen.[724] Zwar suche sich auch der Anstaltsnutzer eine spezifische Börse aus, jedoch verfügten teilrechtsfähige Verwaltungseinheiten aufgrund ihrer Zugehörigkeit zur mittelbaren Staatsverwaltung nicht über persönliche Merkmale, die ihnen eine individuelle Persönlichkeit verleihten.[725] Zwar ist der Auffassung zuzustimmen, die Verwaltung sei grundsätzlich als Einheit zu betrachten, folglich seien Rechtsbeziehungen auf der Seite der für die Verwaltung agierenden Personen nicht durch höchstpersönliche Merkmale geprägt,. Indes weist das Verhältnis zwischen Börse und Börsennutzer Besonderheiten auf, die zu einer anderen Betrachtungsweise führen müssen. So erfolgt die Zulassung zur Börse nach § 19 I BörsG als begünstigender Verwaltungsakt, der von der Geschäftsführung der Börse nur auf Antrag erlassen wird.[726] Bei der Zulassung zum Skontroführer hat das Antragserfordernis sogar Eingang in den Wortlaut des § 27 I BörsG gefunden. Dementsprechend erfolgt eine Zulassung in beiden Fällen auch nur an derjenigen Börse, an der ein Antrag gestellt wird. Entgegen den Gegebenheiten in anderen Bereichen der Verwaltung gibt es aber keine feste Zuständigkeit einer Verwaltungsstelle für einen bestimmten regionalen Bereich, sondern die verschiedenen Börsen stehen im wirtschaftlichen Wettbewerb miteinander, und der Anstaltsnutzer wählt mit seinem Antrag auf Zulassung diejenige aus, bei der er sich die meisten Vorteile verspricht. Würde man nun zulassen, daß das öffentlich-rechtliche Rechtsverhältnis eines Nutzers zur Börse durch eine Bestimmung in einem Staatsvertrag auf die neu entstandene – und rechtlich mit den Ausgangsbörsen wegen der fehlenden Rechtsidentität in keinem Zusammenhang stehenden – Börse übertragen wird, ist dies genauso zu bewerten, als wenn ein Staatsvertrag vorsähe, die Rechtsverhältnisse bei der Auflösung einer Regionalbörse an eine andere deutsche Börse zu überführen,

724 Christoph, Börsenkooperationen und Börsenfusionen, S. 384.
725 Christoph, Börsenkooperationen und Börsenfusionen, S. 385.
726 Schwark-Schwark § 19 BörsG, Rn. 4.

ohne den Nutzern ein Mitspracherecht hierbei zu geben. Dies wäre aber ein Verstoß gegen die Regelungen des Börsengesetzes, die für die Zulassung des Nutzers zu einer Börse zwingend das Erfordernis eines Antrags gerade an dieser Börse vorsehen. Eine Regelung des bundesrechtlichen Börsengesetzes steht aber, wie bereits oben dargelegt, nicht zur Disposition des Landesgesetzgebers, weshalb eine entsprechende staatsvertragliche Regelung insoweit einzuschränken ist, daß es zum Übergang der öffentlich-rechtlichen Rechtsverhältnisse auf die fusionierte Börse zwingend eines Antrags bzw. einer Zustimmung jedes einzelnen Börsennutzers bedarf. Die bei der Fusion der Börsen Berlin und Bremen praktizierte Vorgehensweise war mithin insoweit rechtswidrig, als eine solche Zustimmung der Nutzer nicht eingeholt worden ist.

ddd) Ergebnis

Im Ergebnis zeigt sich also, daß eine Überleitung von mit den Ausgangsbörsen bestehenden öffentlich-rechtlichen Rechtsverhältnissen auf die nicht rechtsidentische fusionierte Börse durch gesetzliche Regelung möglich ist. Jedoch bedarf es zu ihrer Wirksamkeit sowohl der Zustimmung der zuständigen Stellen der fusionierten Börse als auch – was praktisch wesentlich bedeutender ist – der Zustimmung der betroffenen Börsennutzer. Da die Überleitung der bestehenden Rechtsverhältnisse auf die fusionierte Börse ein Kernpunkt für einen gelungenen Zusammenschluß von Börsenanstalten ist und die Einholung der Zustimmung aller Börsennutzer einen erheblichen Aufwand erfordert, ist diese Anforderung geeignet, den Reiz einer Fusion zu einer mit den Ausgangsbörsen nicht rechtsidentischen Börse erheblich zu schmälern. Es zeigt sich, daß auch in diesem Bereich die Fusion unter Wahrung der Rechtsidentität deutliche Vorteile aufweist, weshalb es fusionswilligen Börsen somit in aller Regel anzuraten sein dürfte, darauf zu drängen, daß der zwischen den Ländern geschlossene Staatsvertrag eine solche Regelung enthält.

3. Mehrheiten von Börsenträgern

Mehrheiten von Börsenträgern sind keine Erscheinung, die auf Fälle einer Fusion von Börsenanstalten beschränkt sind; so besitzt etwa auch die Hanseatische Wertpapierbörse Hamburg seit Anfang 2005 mit der BÖAG Börsen AG und der Bremer Wertpapierbörse AG zwei Träger[727], ohne daß es hier zu einer Änderung auf Ebene der Börsenanstalt gekommen ist. Da sie jedoch ein Phänomen sind,

727 Börsenordnung der Hanseatischen Wertpapierbörse Hamburg in der Fassung vom 28.11.2005, § 2 Abs. 1 S. 1.

welches bei der Fusion von Börsen regelmäßig auftaucht, sollen sie an dieser Stelle besprochen werden.

a) Zulässigkeit

Hierbei ist zunächst zu untersuchen, ob es rechtlich zulässig ist, einer Börsenanstalt mehrere Träger zuzuordnen oder ob nicht vielmehr für eine einzelne Börse auch nur ein einzelner Börsenbetreiber verantwortlich sein kann.

Im allgemeinen ist festzustellen, daß im Regelfall eine Anstalt des öffentlichen Rechts nur von einem Träger getragen wird. Dies sagt jedoch nichts über die rechtliche Zulässigkeit einer Mehrheit von Anstaltsträgern aus. Vielmehr gibt es eine Reihe von gesetzlichen Regelungen, die eine Mehrheit von Anstaltsträgern explizit vorsehen.[728] Es bleibt aber zu klären, welche Folge diese Tatsache für den Bereich der Börsen hat. Wenngleich es auch in manchen Bereichen möglich ist, einer öffentlich-rechtlichen Anstalt mehrere Träger zuzuordnen, bedeutet dies natürlich keineswegs, daß dieses auch im Bereich des Börsenrechts von vorneherein unproblematisch ist. Entscheidend ist vielmehr, ob das Börsengesetz eine solche Mehrheit von Börsenträgern zuläßt.

Dabei ist festzustellen, daß das Börsengesetz im Zusammenhang mit dem Träger durchgängig den Singular verwendet, so ist etwa in der besonders dem Träger gewidmeten Vorschrift in § 5 BörsG ausschließlich die Wendung „der Börsenträger" zu finden. In Anbetracht der Tatsache, daß in anderen gesetzlichen Regelungen ausdrücklich eine Mehrheit von Trägern erwähnt wird, könnte dies zu dem Schluß verleiten, das Betreiben einer Börse durch eine Mehrheit von Trägern sei vom Gesetzgeber ausgeschlossen worden.[729] Daß dies nicht der Fall ist, zeigt sich jedoch aus folgenden Anhaltspunkten: Es muß berücksichtigt werden, daß es in der deutschen Börsenlandschaft zur Zeit der Entstehung des Gesetzes bereits mehrere Fälle gab, in denen eine Börse von einer Mehrheit von Trägern betrieben wurde. Insbesondere ist hier wieder die Börse Berlin-Bremen, aber auch die Hanseatische Wertpapierbörse Hamburg zu nennen. Hätte der Gesetzgeber diese Sachverhalte als Verstoß gegen das damalige Börsenrecht, das insoweit keinen Unterschied zur heute geltenden Rechtslage aufwies, gewertet, wäre es ein leichtes gewesen, eine Klarstellung im neuen Börsengesetz zu verankern. Zudem ist darauf zu verweisen, daß es keinen sinnvollen Grund gibt, das Betreiben einer Börse durch eine Mehrheit von Trägern auszuschließen. Denn

728 Z.B. § 8 Abs. 3, 6 SpkG Baden-Württemberg; § 1 Abs. 3 SächsSparkG; vgl. Christoph, Börsenkooperationen und Börsenfusionen, S. 398 m. w. Bsp.

729 So Posegga WM 2002, 2402, 2403; Breitkreuz, Die Ordnung der Börse, S. 179

zumindest dann, wenn alle Träger als Gesamtschuldner haften,[730] ergeben sich für alle Nutzer der Börse aufgrund der erweiterten Haftungsmasse nur Vorteile.

Somit ist den Regelungen des Börsengesetzes nicht zu entnehmen, daß die Errichtung einer Börse durch mehrere Träger unzulässig ist.[731] Allerdings bedeutet das Schweigen des Börsengesetzes keinesfalls zwangsläufig, daß eine Trägermehrheit zulässig ist. So wird teilweise angenommen, eine Mehrträgerschaft sei nur ausnahmsweise möglich, soweit das Gesetz eine solche ausdrücklich vorsehe.[732] Eine solche Einschränkung wäre freilich nur dann anzunehmen, wenn eine Regelung dieser Art unter den im Grundgesetz nicht ausdrücklich erwähnten, vom Bundesverfassungsgericht[733] aus Art. 20 Abs. 3 GG hergeleiteten Vorbehalt des Gesetzes fallen würde. Dieser Auffassung kann jedoch nicht gefolgt werden.[734] Zwar ist es richtig, daß die Errichtung von Anstalten des öffentlichen Rechts unter den Vorbehalt des Gesetzes fällt, weil es das Demokratieprinzip erfordert, daß eine Errichtung einer selbständigen Verwaltungseinheit, die zu einer Einschränkung der demokratischen Kontrolle führt, vom Gesetzgeber legitimiert sein muß.[735] Jedoch ist zu berücksichtigen, daß es mit den Bestimmungen in §§ 4, 5 Abs. 1 BörsG eine Legitimation für die Errichtung der Börse als Anstalt öffentlichen Rechts unmißverständlich gibt und nur zur Diskussion steht, ob auch ausdrücklich geregelt sein muß, daß eine Trägerschaft durch zwei oder mehr juristische Personen zulässig ist. Hierfür gibt es indes keinerlei Notwendigkeit. So wäre es beispielsweise auch unproblematisch, wenn zwei potentielle Börsenträger eine gemeinsame Gesellschaft gründen, die dann ihrerseits einen Antrag auf Erteilung der Erlaubnis zur Errichtung einer Börse stellt. Dabei wären im Endeffekt die gleichen Personen für die Trägerschaft der Börse verantwortlich, nur wäre die Haftung auf die neu gegründete Gesellschaft beschränkt. Dann kann es aber keinen Sinn machen, für die Börsenträgerschaft durch eine Mehrheit von Trägern eine ausdrückliche gesetzliche Regelung zu fordern, da für eine solche Pflicht kein Schutzzweck erkennbar ist.

---

730 Zur Frage, ob diese Haftung auch eingegrenzt werden kann, siehe unter b).

731 Ebenso auch: Schwark-Beck § 4 BörsG, Rn. 36; Christoph, Börsenkooperationen und Börsenfusionen, S. 399.

732 Gaß, Die Umwandlung gemeindlicher Unternehmen, S. 39.

733 BVerfGE 40, 237, 248 f.

734 So auch mit überzeugender Argumentation: Christoph, Börsenkooperationen und Börsenfusionen, S. 399.

735 Stelkens LKV 2003, 489.

b) Begrenzung der Betriebspflicht

Fraglich ist nun aber, in welchem Verhältnis die Pflichten mehrerer Träger einer Börse zueinander stehen. In aller Regel ist von solchen Börsenträgern keine Haftung als Gesamtschuldner gewünscht. Vielmehr wird versucht, die Haftung jedes dieser Träger auf einen abgegrenzten Bereich zu beschränken, für den er dann die alleinige Verantwortung übernimmt. Als Beispiel kann hier wiederum die Börse Berlin-Bremen dienen, für die in § 3 Abs. 2 des Vertrages über den Zusammenschluß der Börsen Berlin und Bremen folgendes geregelt war:

> *Die Wertpapierbörse Berlin-Bremen verfügt über zwei Träger, die jeweils ausschließlich für einen der Geschäftsbereiche verantwortlich sind. Die Berliner Börse AG ist Trägerin des Geschäftsbereichs Skontroführung. Die NASDAQ Deutschland AG (vormals Bremer Wertpapierbörse AG) ist Trägerin des Geschäftsbereichs elektronischer Handel. Die Verpflichtung zur Herstellung und Erhaltung der Arbeitsfähigkeit der Organe der Wertpapierbörse Berlin-Bremen wird von beiden Trägern gemeinschaftlich übernommen.*[736]

Da das Börsengesetz bereits die Trägerschaft einer Börse durch mehrere juristische Personen unerwähnt läßt, besteht selbstredend auch keine Regelung über die Zulässigkeit einer Aufteilungder vorgenannten Art. Daß die Begrenzung des Umfangs der Trägerschaft im Vergleich zu der Frage nach der generellen Zulässigkeit einer Trägermehrheit deutlich schwieriger zu beurteilen ist, folgt schon aus der Tatsache, daß sich hierbei für die Börse merkliche Nachteile ergeben. Denn wenn etwa – wie vorstehend geschildert – alleine die Berliner Börse AG Trägerin des Skontroführerhandels sein soll, begrenzt dies die Möglichkeiten der Börse, Ansprüche auf Ausstattung mit den zum Börsenbetrieb erforderlichen Mitteln gem. § 5 Abs. 1 BörsG geltend zu machen, auf einen von zwei in Frage kommenden Schuldnern. Aus diesen Gründen wird überwiegend gefolgert, es bestehe eine gesamtschuldnerische Verantwortung der Träger für die Börse, die weder durch eine abweichende Regelung bei Erteilung der Genehmigung noch durch einen Staatsvertrag abgeändert werden könne.[737] Lediglich eine Änderung durch den Bund als zuständigen Gesetzgeber für das Börsenrecht wird von manchen für möglich erachtet.[738] Gegen eine solche Einschätzung der Betriebspflicht der Börsenträger ergeben sich jedoch gewichtige Einwände. Zunächst

---

736 Vertrag über den Zusammenschluß der Wertpapierbörsen Berlin und Bremen zur Wertpapierbörse Berlin-Bremen, Abl. Bremen 2002, S. 825, 826.

737 Schwark-Beck § 4 BörsG, Rn. 36; Christoph, Börsenkooperationen und Börsenfusionen, S. 400; allgemein zum Thema Anstaltslast auch: Kemmler DVBl. 2003, 100 ff.

738 Christoph, Börsenkooperationen und Börsenfusionen, S. 400; kritisch in verfassungsrechtlicher Hinsicht: Kemmler DVBl. 2003, 100, 105f.

ist anzumerken, daß eine gesamtschuldnerische Haftung bei einer Mehrheit von Anstaltsträgern in einer Reihe von Gesetzen[739] und Staatsverträgen[740] ausdrücklich geregelt wird, was nur dann Sinn macht, wenn eine solche Haftung keineswegs unumstößlich ist. Es kann daher nicht generell davon ausgegangen werden, eine gemeinschaftliche Trägerschaft einer öffentlich-rechtlichen Anstalt ziehe eine gesamtschuldnerische Haftung nach sich. Vielmehr ist zu untersuchen, ob im jeweiligen Bereich eine eindeutige gesetzliche Regelung gegeben ist. Denn wenn das Börsengesetz eine Gesamtschuld nicht ausdrücklich anordnet, liegt es im Ermessen der Behörde, wie sie eine Börsengenehmigung erteilt und ob die Anordnung einer Gesamtschuldnerschaft Inhalt der Genehmigung wird. Die Vorschriften des Börsengesetzes ordnen nun aber weder von ihrem Wortlaut her eine Gesamtschuld an, noch erfordern Sinn und Zweck der Regelungen eine solche. Zunächst kann aus der Formulierung in § 5 Abs. 1 BörsG eine zwingende gesamtschuldnerische Haftung nicht erschlossen werden.[741] Die Tatsache, daß hier von einer Pflicht zur Zurverfügungstellung der erforderlichen Mittel gegenüber der Börse die Rede ist, ohne daß Einschränkungen erwähnt werden, beruht keineswegs auf dem gesetzgeberischen Willen, jeder Börsenträger solle gesamtschuldnerisch verpflichtet sein. Vielmehr hat der Gesetzgeber den Fall, daß mehrere Börsenträger vorhanden sind, ungeregelt gelassen. Zweifellos darf es hierwegen bei der Zurverfügungstellung von Mitteln für den Börsenbetrieb keine Einschränkung geben. Dies bedingt aber nicht, daß jeder der beteiligten Börsenträger für alle denkbaren Ansprüche der Börse haftet, sondern nur, daß für jeden möglichen Anspruch der Börse mindestens ein Träger eintritt. Durch eine Aufteilung der Betriebspflicht wird die Börse nicht schlechter gestellt als in jenen Fällen, in denen lediglich ein Träger allen Ansprüchen der Börse ausgesetzt ist. Vielmehr sinkt umgekehrt das Risiko einer Insolvenz eines Trägers, da die finanzielle Last aufgeteilt wird. Daß eine Aufteilung der Betriebspflicht grundsätzlich möglich sein muß, zeigt auch der Vergleich mit anderen Kooperationsmöglichkeiten, die vom Börsengesetz zweifellos gedeckt sind. Beispielsweise wäre es im Fall der Börse Berlin-Bremen alternativ zu der Fusion beider Börsen auch möglich gewesen, zwei Börsen zu genehmigen, Von denen eine Börse ihr Geschäft auf den Skontroführerhandel beschränkt, während die zweite Börse ausschließlich den elektronischen Handel übernimmt. Beide Börsen

739 Etwa § 3 Abs. 2 S. 5 SparkG Mecklenburg-Vorpommern.

740 Z.B. § 7 Abs. 3 S. 5 Staatsvertrag zwischen dem Land Niedersachsen, dem Land Sachsen-Anhalt und dem Land Mecklenburg-Vorpommern über die Norddeutsche Landesbank – Girozentrale-.

741 Anders aber: Christoph, Börsenkooperationen und Börsenfusionen, S. 400.

hätten nun durch Schaffung gemeinsamer oder jedenfalls personenidentischer Organe und einer gemeinsamen Handelsplattform eine derart enge Kooperation schaffen können, daß für Börsennutzer de facto kein Unterschied zu einer fusionierten Börse entstanden wäre. Einziger Unterschied wäre die Tatsache gewesen, daß jedes Geschäft einer der beiden Börsen hätte zugewiesen werden müssen. Dies würde aber die wirtschaftlichen Möglichkeiten der Börsen oder ihrer Nutzer gegenüber dem Fall einer Aufteilung der Betriebspflicht, wie sie in dem angeführten Vertrag über den Zusammenschluß der Börsen Berlin und Bremen vorgesehen war, deutlich verschlechtern. Denn es läge die Haftung für die Geschäftsbereiche jeweils bei nur einem der beiden Träger. In diesem Fall wäre zudem bei einer Haftung eines Börsenorgans – je nachdem, als Organ welcher Börse eine haftungsauslösende Handlung erfolgt wäre – nur der jeweilige Börsenträger im Wege der Betriebspflicht wirtschaftlich verantwortlich. Wenn aber auf diesem Wege ein wirtschaftlich vergleichbares oder für die Börse und ihre Nutzer sogar nachteiliges Ergebnis geschaffen werden kann, besteht kein Bedarf für einen Schutz vor einer Aufteilung der Betriebspflicht. Im Ergebnis war daher die Aufteilung der Betriebspflicht durch § 3 Abs. 2 des Vertrages über den Zusammenschluß der Börsen Berlin und Bremen zulässig. Einer solchen Regelung im Rahmen der Erteilung einer Genehmigung oder eines Staatsvertrages stehen keine Bedenken entgegen. Lediglich in solchen Fällen, in denen eine klare Trennung von Verantwortlichkeiten nicht möglich ist – etwa im Bereich einer möglichen Haftung der Börsenorgane –, muß es zwangsläufig bei einer gesamtschuldnerischen Haftung aller Trägern einer einzelnen Börse bleiben.

D. Kartellrechtliche Aspekte von Börsenkooperationen und Börsenfusionen

I. Einführung

Die Bedeutung kartellrechtlicher Fragen für Börsenkooperationen und Börsenfusionen kann gar nicht hoch genug eingeschätzt werden.[742] Denn während andere rechtliche Hindernisse in vielen Fällen dadurch beseitigt werden können, daß eine alternative Gestaltung der Kooperation, etwa bei der Zusammenarbeit der Börsenorgane, gewählt wird, ist ein solches Ausweichen bei kartellrechtlichen Problemen oft allenfalls sehr eingeschränkt möglich. Während also die Beantwortung der rechtlichen Fragestellungen in anderen Bereichen regelmäßig nur vorprägt, *wie* eine geplante Börsenkooperation oder –fusion zu verwirklichen ist, sind es oft die kartellrechtlichen Fragen, die über das *Ob* einer geplanten Zusammenarbeit entscheiden.

Eine zusätzliche Schwierigkeit ergibt sich daraus, daß die kartellrechtliche Beurteilung von Sachverhalten gerade im Bereich der Börsen besondere Schwierigkeiten bereitet. Dies hat eine Reihe verschiedener Gründe. Zum einen beruht es darauf, daß Wissenschaft und Praxis über Jahrzehnte diesem Gebiet nahezu keinerlei Aufmerksamkeit schenkten[743], was sicher hauptsächlich darauf zurückzuführen ist, daß die praktische Bedeutung dieses Bereiches gering war. Denn abgesehen von der Angleichung der Börsenregelwerke in den 1970er und 1980er Jahren und der 1992 erfolgten Einführung des BOSS-CUBE-Systems gab es kaum Anlässe, die kartellrechtliche Fragen in den Fokus der Aufmerksamkeit hätten rücken können. Auch war es das traditionelle Selbstverständnis der Börsen, das mehr dem einer hoheitlichen Institution als dem eines Unternehmens, das Dienstleistungen rund um den Wertpapierhandel anbietet, entsprach, welches einer frühzeitigeren Beschäftigung mit dem Kartellrecht im Wege stand. Weiterhin sind es aber auch das Börsenrecht an sich und die tatsächliche Ausgestaltung des Börsenwesens, die es schwer machen, das Kartellrecht im Bereich der Börsen anzuwenden. Denn es haben sich zwar einige Börsenträger

742 So auch: Christoph, Börsenkooperationen und Börsenfusionen, S. 259; Köndgen, FS Lutter, S. 1401, 1407 f.

743 Bis Ende der 90er Jahre war es allein die Abhandlung von von Olenhusen, „Börsen und Kartellrecht", die sich vertieft mit dem Thema auseinandersetzte.

unzweifelhaft zu hochprofitablen Unternehmen entwickelt. Gleichwohl bestehen aufgrund der Besonderheiten des in fast alle Felder des Börsenwesens hineinwirkenden öffentlichen Rechts deutliche Unterschiede etwa zwischen der Deutschen Börse AG und anderen im DAX vertretenen Unternehmen, die ihren Gewinn mit dem Verkauf von Kraftfahrzeugen oder anderen Gütern erwirtschaften. Dies liegt aber nicht nur an der Trennung von privatrechtlichem Träger und öffentlich-rechtlicher Börse, sondern auch an einer differenziert vorzunehmenden Bewertung des Wettbewerbs im Bereich der Börsen. Dies soll an einem Beispiel deutlich gemacht werden: Beim Verkauf von Produkten wie etwa Kraftfahrzeugen, aber auch bei Dienstleistungen wie etwa der Einrichtung und Betreuung von IT-Anlagen ist der Wettbewerb zwischen verschiedenen Anbietern uneingeschränkt zu begrüßen, weil durch Wettbewerb für den Verbraucher Vorteile bei Preisen und Produktangeboten geschaffen werden können. Dem gegenüber besteht zwar Einigkeit, daß Konkurrenz zwischen Börsen den Kunden niedrigere Kosten bringen kann. Andererseits muß aber beim Wertpapierhandel immer auch berücksichtigt werden, daß im Wettbewerb einer Vielzahl von Börsen die Liquidität für die einzelnen Wertpapiere zu zersplittern droht. Je geringer aber die Liquidität an einer Börse ist, desto höher ist das Risiko, daß der Anleger zu hohe Kaufpreise zahlen muß oder zu niedrige Verkaufspreise erzielen kann.[744] Solche Tatsachen, verbunden mit der überragenden Bedeutung einer Börse für die Volkswirtschaft eines Landes, sind es, die neben der Besonderheit einer Einwirkung öffentlich-rechtlicher Regelungen auf das Börsenwesen dazu führen, daß kartellrechtliche Wertungen, die für andere Bereiche der Wirtschaft unstreitig sind, nicht ungeprüft in das Börsenwesen übernommen werden können.

Im Folgenden soll daher zunächst auf die generelle Anwendbarkeit des Kartellrechts auf die Börsen eingegangen werden, wobei insbesondere untersucht werden soll, in welchem Verhältnis zueinander hierbei das nationale und das europäische Kartellrecht stehen. Anschließend sollen die beiden für die Börsen wichtigsten Tatbestände des Kartellrechts im Hinblick auf ihre Folgen für Kooperationen zwischen Börsen untersucht werden, nämlich das Kartellverbot in Art. 101 AEUV bzw. § 1 GWB und die Zusammenschlußkontrolle nach §§ 35 ff. GWB.

744 Kümpel/Hammen, S. 47.

II. Die Anwendbarkeit des Kartellrechts im Bereich der Börsen

Zunächst soll die Frage beantwortet werden, ob das Kartellrecht grundsätzlich auf die Tätigkeit von Börsen anzuwenden ist, wobei hierbei als erstes zu untersuchen ist, in welchem Verhältnis das europäische Kartellrecht zum deutschen Kartellrecht im Bereich der Börsen steht. Weiterhin wird zu erläutern sein, wer das Bezugssubjekt einer kartellrechtlichen Entscheidung ist, wann also die Börse und unter welchen Umständen ihr Träger in den Fokus der kartellrechtlichen Bewertung rücken muß. Anschließend bedarf es der Erläuterung, in welchem Umfang das Kartellrecht auf die Tätigkeit der Börsen anzuwenden ist, wobei im wesentlichen auf zwei Problemfelder einzugehen sein wird. In einem ersten Schritt ist zu fragen, ob und unter welchen Voraussetzungen Börse und Börsenträger separat oder in ihrem Zusammenwirken betrachtet werden müssen. Weiterhin wird zu prüfen sein, ob es für die kartellrechtliche Bewertung einen Unterschied macht, ob die Börse sich privatrechtlicher oder öffentlich-rechtlicher Handlungsformen bedient.

1. Die Abgrenzung von nationalem Kartellrecht zu europäischem Kartellrecht

Bevor untersucht werden kann, ob die Ausgestaltung der Börsen als teilrechtsfähige Anstalten des öffentlichen Rechts einer Anwendung des Kartellrechts generell entgegensteht, muß geklärt werden, welches Kartellrecht überhaupt anzuwenden ist, wobei hier zwischen dem Bereich des in Art. 101 AEUV bzw. § 1 GWB geregelten Kartellverbotes und der in der EG-Fusionskontrollverordnung[745] bzw. in §§ 35 ff. GWB geregelten Zusammenschlußkontrolle unterschieden werden muß.

a) Abgrenzung des Kartellverbotes nach Art. 101 AEUV und nach § 1 GWB

Zunächst soll geprüft werden, ob bezüglich eines Kartellverbots europäisches Kartellrecht generell anwendbar ist und wie hier das Konkurrenzverhältnis zwischen europäischem und deutschem Recht gestaltet ist.

745 Verordnung (EG) Nr. 139/2004 des Rates vom 20. Januar 2004 über die Kontrolle von Unternehmenszusammenschlüssen.

aa) Die Anwendbarkeit europäischen Kartellrechts

Neben dem im GWB geregelten deutschen Kartellrecht, das fraglos auf deutsche Sachverhalte anzuwenden ist, finden sich auch in den Art. 101 – 106 AEUV wettbewerbsrechtliche Regelungen. Dies ist deshalb von Bedeutung, weil es sich bei der Regelung des Art. 101 AEUV, welche wie die Vorschrift in § 1 GWB Kartelle grundsätzlich verbietet, um eine Bestimmung handelt, die nach heute unbestrittener Auffassung unmittelbare und zwingende Geltung in den Mitgliedstaaten entfaltet.[746] Sollten Kooperationsvorhaben zwischen deutschen Börsen daher geeignet sein, i. S. v. Art. 101 AEUV „den Handel zwischen Mitgliedstaaten zu beeinträchtigen", fände auch das europäische Kartellrecht Anwendung. Bei dieser Zwischenstaatlichkeitsklausel, deren Funktion als Kollisionsnorm umstritten ist,[747] handelt es sich nach nun ganz herrschender Ansicht jedenfalls auch um ein materiellrechtliches Tatbestandsmerkmal von Art. 101 AEUV.[748] Der EuGH vertritt mit der Begründung, die Funktionsfähigkeit des Gemeinsamen Marktes müsse sichergestellt werden, eine sehr weite Auslegung dieses Merkmals,[749] wodurch seine praktische Bedeutung inzwischen sehr gering ist.[750] Eine mögliche Beeinträchtigung des Handels zwischen den Mitgliedstaaten soll immer dann durch eine Vereinbarung zwischen Unternehmen gegeben sein, „wenn sich anhand einer Gesamtheit objektiver rechtlicher oder tatsächlicher Umstände mit hinreichender Wahrscheinlichkeit voraussehen läßt, daß sie den Warenverkehr zwischen Mitgliedstaaten unmittelbar oder mittelbar, tatsächlich oder potentiell in einem der Erreichung der Ziele eines einheitlichen zwischenstaatlichen Marktes nachteiligen Sinne beeinflussen kann".[751] Um in der Praxis für mehr Klarheit

746 Kling/Thomas, Kartellrecht, S. 26; Immenga/Mestmäcker-Emmerich Wettbewerbsrecht EG, Art. 83 EGV Rn. 1.

747 Dagegen: Rittner/Kulka, Wettbewerbs- und Kartellrecht, S. 220 m. w. N.; dafür: Immenga/Mestmäcker-Rehbinder Wettbewerbsrecht EG, Art. 81 Abs. 1 EGV, Rn. 262 m. w. N.

748 Immenga/Mestmäcker-Rehbinder Wettbewerbsrecht EG, Art. 81 Abs. 1 EGV, Rn. 262, Rittner/Kulka, Wettbewerbs- und Kartellrecht, S. 220.

749 Vgl. EuGH Rs. 56–65, Slg. 1966, 282, 303 (Maschinenbau Ulm).

750 Immenga/Mestmäcker-Rehbinder Wettbewerbsrecht EG, Art. 81 Abs. 1 EGV, Rn. 264.

751 EuGH Rs. 56–65, Slg. 1966, 282, 303 (Maschinenbau Ulm).

zu sorgen, hat die Kommission ausführliche Leitlinien[752] erstellt, die sich im wesentlichen an der Rechtsprechung des EuGH orientieren.[753]

Insgesamt besteht Einigkeit, es sei nicht notwendig, daß eine Vereinbarung zwischen Unternehmen aus verschiedenen Mitgliedstaaten getroffen werde, vielmehr sei es ausreichend, wenn Handlungen von Unternehmen die ihren Sitz in demselben Mitgliedstaat hätten, Auswirkungen auf den Handel in anderen Mitgliedstaaten haben könnten.[754] Das Merkmal der „Eignung" zur Beeinträchtigung des Handels zwischen Mitgliedstaaten ist so zu verstehen, daß eine tatsächliche Beeinträchtigung nicht notwendig ist, sondern eine hinreichende Wahrscheinlichkeit einer Beeinträchtigung ausreichent.[755] Um einer unangemessenen Ausweitung der Anwendung von Art. 101 Abs. 1 AEUV entgegenzuwirken und um nur diejenigen Fälle zu erfassen, die von einigem Gewicht sind, soll die Regelung nur dann eingreifen, wenn als weiteres ungeschriebenes Tatbestandsmerkmal[756] eine „Spürbarkeit" der Beeinträchtigung des zwischenstaatlichen Handels vorliegt.[757] Zwar wurde von der Rechtsprechung keine klare Definition für das Merkmal der Spürbarkeit entwickelt. Im Wege einer Negativvermutung soll es aber regelmäßig dann zu verneinen sein, wenn der gemeinsame Marktanteil der beteiligten Unternehmen eine Schwelle von 5 % nicht überschreitet und der gesamte Jahresumsatz nicht höher als 40 Millionen € liegt.[758]

Betrachtet man unter diesen Voraussetzungen mögliche Kooperations- und Fusionsvorhaben deutscher Börsen und ihrer Träger, zeigt sich, daß in einem Großteil der Fälle europäisches Kartellrecht anwendbar ist. Denn der Handel zwischen den Mitgliedstaaten ist jedenfalls immer dann betroffen, wenn eine Absprache zwischen den Börsenanstalten besteht. Bei Börsen ergibt sich ein grenzüberschreitender Sachverhalt schon daraus, daß an jeder Börse viele Wertpapieremittenten oder Handelsteilnehmer aus dem EU-Ausland stammen.[759]

---

752 „Leitlinien über den Begriff der Beeinträchtigung des zwischenstaatlichen Handels in den Artikeln 81 und 82 des Vertrags" vom 27. 04. 2004, EU-Dok.-Nr. 5 2004 XC 0427 (06).

753 Rittner/Kulka, Wettbewerbs- und Kartellrecht, S. 221.

754 Kling/Thomas, Kartellrecht, S. 37.

755 Kling/Thomas, Kartellrecht, S. 39.

756 Für eine dogmatische Einordnung als ungeschriebenes Tatbestandsmerkmal: Kling/Thomas, Kartellrecht, S. 40 m. w. N.

757 EuGH Rs. 56–65, Slg. 1966, 282, 303 (Maschinenbau Ulm); vgl. auch Immenga/Mestmäcker-Rehbinder Wettbewerbsrecht: EG, Art. 81 Abs. 1, Rn. 276 ff.

758 Leitlinien, s. Fn. 750, Rn. 52.

759 So kamen im August 2009 von den 248 Handelsteilnehmern der Frankfurter Wertpapierbörse 131 aus dem Ausland, davon 116 aus EU-Staaten. Von 10.144 an

Eine solche Beeinträchtigung des Handels zwischen den Mitgliedstaaten dürfte in der Praxis auch regelmäßig „spürbar" im Sinne der europäischen Rechtsprechung sein, weil jedenfalls bei einer Beteiligung der Deutsche Börse AG oder der Frankfurter Wertpapierbörse die Umsatzgrenze von 40 Millionen € um ein Vielfaches überschritten und die Anwendung der Art. 101–106 AEUV damit geboten ist.[760] Lediglich wenn Börsenbetreiber kleinerer Regionalbörsen agieren, kann es zu Situationen kommen, die nicht dem europäischen Wettbewerbsrecht unterfallen, was aber wegen der erforderlichen Addition der Umsätze der beteiligten Börsen bzw. Börsenträgern auch nur in Einzelfällen gegeben sein dürfte.

bb) Das Konkurrenzverhältnis von europäischem und deutschem Kartellrecht

Es fragt sich daher nun weiter, wie sich in den Fällen der Anwendbarkeit europäischen Kartellrechts deutsches und europäisches Kartellrecht zueinander verhalten. Dabei erscheinen zwei grundlegende Alternativen naheliegend. Entweder verdrängt die europäische Regelung immer dann, wenn die Voraussetzungen für ihr Eingreifen vorliegen, die Anwendung des deutschen Kartellrechts, oder es bleibt das deutsche Kartellrecht stets kumulativ anwendbar.

Entscheidend für das Verhältnis von deutschem und europäischem Kartellrecht ist die Regelung in Art. 103 Abs. 2 lit. e AEUV, wonach der Rat ermächtigt ist, das Verhältnis zwischen den innerstaatlichen Regelungen und den im oder aufgrund des Vertrages über die Arbeitsweise der Europäischen Union erlassenen Vorschriften festzulegen. Nachdem der Rat von dieser Ermächtigung lange Zeit keinen Gebrauch gemacht hatte, änderte sich dies durch das Inkrafttreten der Verordnung Nr. 1/2003[761], welche unter Zuhilfenahme der Zwischenstaatlichkeitsklausel die Anwendungsbereiche des nationalen Kartellrechts vom Anwendungsbereich des europäischen Kartellrechts abgrenzt.[762] Demnach kann das Konkurrenzverhältnis nun, etwas vereinfacht dargestellt, wie folgt zusammengefaßt werden. Vom Grundsatz her sind auf Sachverhalte, die sowohl gem. § 130 Abs. 2 GWB deutschem Kartellrecht als auch wegen einer Beeinträchtigung des zwischenstaatlichen Handels dem europäischen Kartellrecht unterfallen, beide

---

der FWB notierten Aktiengesellschaften kamen 9.113 aus dem Ausland. Quellen: http://deutsche-boerse.com/dbag/dispatch/de/xetraCountries/gdb_navigation/about_us/20_FWB_Frankfurt_Stock_Exchange/50_Market_Participants/40_Xetra_Countries?list=countries und Cash Market: Monthly Statistics – August 2009, S. 40.

760 Vgl. Geschäftsbericht 2009 Gruppe Deutsche Börse, S. U4, 12.

761 Verordnung (EG) Nr. 1/2003 des Rates vom 16. Dezember 2002 zur Durchführung der in den Artikeln 81 und 82 des Vertrags niedergelegten Wettbewerbsregeln.

762 Rittner/Kulka, Wettbewerbs- und Kartellrecht, S. 222.

Regelungen nebeneinander anwendbar.[763] Kommt es dabei zu unterschiedlichen Bewertungen eines Sachverhaltes, geht im Anwendungsbereich des Art. 101 AEUV die europarechtliche Beurteilung immer der Wertung des GWB vor. Dies folgt dann, wenn eine Verhaltensweise nach Art. 101 AEUV erlaubt, nach § 1 GWB aber verboten ist, aus Art. 3 Abs. 2 S. 1 VO 1/2003 und aus § 22 Abs. 2 GWB. Ist umgekehrt eine Verhaltensweise aus dem Bereich des Art. 101 AEUV nach deutschem Kartellrecht erlaubt, nach europäischem Kartellrecht aber verboten, ergibt sich der Vorrang des Art. 101 AEUV nicht ausdrücklich aus dem Gesetz; er folgt vielmehr aus der Rechtsprechung des EuGH,[764] wobei § 22 Abs. 2 S. 3 GWB auch hier zumindest einen Anhaltspunkt liefert.[765] Anders zu bewerten ist das Konkurrenzverhältnis jedoch im Bereich von Art. 102 AEUV, sofern hierbei einseitige Maßnahmen betroffen sind. Denn diesbezüglich besteht kein genereller Vorrang der europarechtlichen Bestimmung vor den §§ 19, 20 GWB.[766] Vielmehr regeln Art. 3 Abs. 2 VO 1/2003 und § 22 Abs. 3 S. 2 GWB, daß einseitige Maßnahmen im nationalen Recht restriktiver gehandhabt werden dürfen als auf europäischer Ebene.[767]

In verfahrensrechtlicher Hinsicht können in Fällen, in denen eine Zwischenstaatlichkeit vorliegt, sowohl die nationalen als auch die europäischen Instanzen tätig werden.[768] Jedoch gibt Art. 11 Abs. 6 VO Nr. 1/2003 der Kommission die Möglichkeit, die Zuständigkeit an sich zu ziehen. Ist dies nicht der Fall, kann das Bundeskartellamt nicht nur über rein innerdeutsche Sachverhalte entscheiden, sondern auch über Sachverhalte, bei denen eine Zwischenstaatlichkeit gegeben ist. Voraussetzung hierfür ist lediglich, daß ein „hinreichender Inlandsbezug" vorliegt, der Sachverhalt also seinen Schwerpunkt im Inland hat.[769] In diesen Fällen ergeht die Entscheidung dann nicht nur auf Grundlage des GWB. Vielmehr besteht gem. Art. 3 Abs. 1 VO 1/2003 eine Verpflichtung zur gleichzeitigen Anwendung der Regelungen des europäischen Kartellrechts. Umgekehrt ist es aber zulässig, daß eine Entscheidung nur auf der Grundlage des EU-Rechts ergeht, weil weder die Verordnung Nr. 1/2003 noch das GWB umgekehrt eine Pflicht zur gleichzeitigen Anwendung des deutschen Kartellrechts kennen.

---

763 Immenga/Mestmäcker-Ritter Wettbewerbsrecht EG, Art. 83 EGV Rn. 20; Rittner/Kulka, Wettbewerbs- und Kartellrecht, S. 223.

764 Siehe hierbei vor allem EuGH Rs. 14/68, Slg. 1969, 1 ff. (Walt Wilhelm).

765 Rittner/Kulka, Wettbewerbs- und Kartellrecht, S. 223.

766 Kling/Thomas, Kartellrecht, S. 30.

767 Ebd.

768 Vgl. Rittner/Kulka, Wettbewerbs- und Kartellrecht, S. 222 f.

769 BGH EuZW 1998, 315, 316.

cc) Ergebnis

Sind somit Vereinbarungen zwischen deutschen Börsen auf ihre kartellrechtliche Zulässigkeit hin zu untersuchen, so wird im Regelfall das Bundeskartellamt den Fall aufgreifen, da wegen des Sitzes der Börsen im Inland ein inländischer Schwerpunkt gegeben ist. Jedoch wird das Bundeskartellamt auch auf Grundlage des § 101 AEUV zu entscheiden haben, weil regelmäßig eine spürbare Beeinträchtigung des Handels zwischen den Mitgliedstaaten vorliegt.[770] Eine vorrangige Anwendung deutschen Kartellrechts kommt lediglich für den eng begrenzten Bereich von Fällen in Betracht, in denen Vereinbarungen nur zwischen Börsen bzw. Börsenträgern bestehen, die so klein sind, daß eine spürbare Beeinträchtigung des Handels zwischen den Mitgliedstaaten ausscheidet, oder im Falle einseitiger Maßnahmen, sofern das deutsche Kartellrecht hierfür restriktivere Regelungen vorsieht. Da sich im Regelfall aber die kartellrechtliche Beurteilung vorrangig nach den Regelungen der Art. 101 ff. AEUV richtet, sollen diese bei der folgenden Untersuchung der Reichweite des Kartellverbotes im Börsenrecht[771] im Vordergrund stehen. Auf die Regelungen des GWB wird nur insoweit eingegangen werden, als ihre Anwendung zu einer abweichenden kartellrechtlichen Bewertung von Börsenkooperationen führt.

b) Abgrenzung im Bereich der Zusammenschlußkontrolle gemäß der Fusionskontrollverordnung bzw. gemäß §§ 35 ff. GWB

Weiterhin ist zu untersuchen, unter welchen Umständen im Bereich der Zusammenschlußkontrolle europäisches Recht anwendbar ist und wie es sich zu den Regelungen über die Zusammenschlußkontrolle im GWB verhält.

aa) Die Anwendbarkeit europäischen Kartellrechts

Bis in die 1980er Jahre kannte das europäische Recht noch keine gesonderten Vorschriften über eine Zusammenschlußkontrolle. Vielmehr wurde versucht, mit Hilfe der Anwendung der Artt. 101 und 102 AEUV[772] auf Zusammenschlüsse zu befriedigenden Ergebnissen zu gelangen.[773] Da auf diesem Weg jedoch keine effektive Zusammenschlußkontrolle erfolgen konnte,[774] wurde 1989 die

770 S. o. D.II.1.a)aa).

771 Siehe unten D.III.1.

772 Damals noch Artt. 85 und 86 EGV.

773 Vgl. beispielsweise EuGH Rs. 6/72, Slg. 1973, 215, Rz. 25 (Continental Can).

774 Siehe Verordnung (EG) 139/2004, S. 1, 7. Erwägungsgrund.

europäische Fusionskontrollverordnung[775] geschaffen, die im Jahre 2004 durch die aktuelle Fassung[776] ersetzt wurde, wobei jedoch ihre Grundstrukturen erhalten blieben.[777]

Damit ein Vorgang in den Anwendungsbereich der Fusionskontrollverordnung fällt, müssen zwei Voraussetzungen erfüllt sein. Zunächst muß es sich um einen Zusammenschluß i. S. v. Art. 3 FKVO handeln, was vereinfacht zusammengefaßt immer dann der Fall ist, wenn auf Grund einer Fusion von Unternehmen oder Unternehmensteilen oder auf Grund eines Kontrollerwerbs einer Person über ein zweites oder weiteres Unternehmen eine dauerhafte Veränderung der Kontrolle über Unternehmen stattfindet. Da das Vorliegen dieser Voraussetzung nur im Hinblick auf konkrete Vorhaben geprüft werden kann, soll darauf – soweit notwendig – an anderer Stelle[778] eingegangen werden. Für die Frage, inwieweit europäisches oder deutsches Kartellrecht anwendbar ist, ist es lediglich wichtig, darauf hinzuweisen, daß sich die Definitionen des Zusammenschlusses in der FKVO und im GWB erheblich unterscheiden. Allgemein ist festzustellen, daß die Eingriffsvoraussetzungen im deutschen Kartellrecht deutlich niedriger liegen als im europäischen Recht.[779]

Ferner ist gem. Art. 1 Abs. 1 FKVO erforderlich, daß es sich um einen Zusammenschluß handelt, der von gemeinschaftsweiter Bedeutung ist. Dies ist dann der Fall, wenn bestimmte in Art. 1 Abs. 2 und 3 FKVO genannte Schwellenwerte bezüglich des Umsatzes der beteiligten Unternehmen überschritten werden. Hierbei gibt es zwei getrennt zu betrachtende Tatbestände, nämlich die in Art. 1 Abs. 2 FKVO festgeschriebene allgemeine Regelung und die besonderen Schwellenwerte in Art. 1 Abs. 3 FKVO, welche gegenüber Abs. 2 dieser Vorschrift subsidiär anwendbar sind.[780] Ob ein Zusammenschluß der allgemeinen Vorschrift in Art. 1 Abs. 2 FKVO unterfällt, ist im Wege einer dreistufigen Prüfung zu untersuchen. Kriterium auf der ersten Stufe ist der weltweite Umsatz aller beteiligten Unternehmen, welcher über der Schwelle von 5 Mrd. € liegen muß. Auf der zweiten Ebene der Prüfung wird ein Bezug zur Europäischen Union hergestellt, indem wenigstens zwei der beteiligten Unternehmen einen Umsatz von jeweils mindestens 250 Mio. € innerhalb der Union aufweisen müssen. Schließlich soll

775 Verordnung (EWG) Nr. 4064/89.

776 Verordnung (EG) 139/2004.

777 Rittner/Kulka, Wettbewerbs- und Kartellrecht, S. 385.

778 D.III.2.

779 Vgl. Kling/Thomas, Kartellrecht, S. 713.

780 Immenga/Mestmäcker-Immenga/Körber Wettbewerbsrecht EG, VO 139/2004/EG, Art. 1, Rn. 11.

auf der dritten Stufe eine Abgrenzung gegenüber Zusammenschlüssen mit vorwiegend nationaler Bedeutung erfolgen,[781] indem diejenigen Zusammenschlüsse aus dem Anwendungsbereich der FKVO ausgeschlossen werden, bei denen die beteiligten Unternehmen mehr als zwei Drittel ihres unionsweiten Umsatzes in ein und demselben Mitgliedstaat erzielen.

Betrachtet man diese Voraussetzungen im Hinblick auf Zusammenschlüsse deutscher Börsenbetreiber, ergibt sich bereits auf den ersten Blick, daß bereits die Gesamtumsatzschwelle auf der ersten Stufe eine Hürde darstellt, welche bei solchen Zusammenschlüssen nicht überwunden werden kann.[782] Lediglich bei Zusammenschlüssen der Deutschen Börse AG[783] mit einem oder mehreren anderen großen europäischen Börsenbetreibern besteht die Möglichkeit eines Eingreifens der FKVO, welche regelmäßig bei einer Überschreitung des weltweiten Gesamtumsatzes von 5 Mrd. € gegeben ist. Diese Grenze wurde bisher lediglich bei dem geplanten Zusammenschluß zwischen Deutscher Börse AG und Nyse Euronext knapp erreicht, wo ein Gesamtumsatz von 5,44 Mrd. € zugrundegelegt wurde.[784]

Da auch im Rahmen der Regelung in Art. 1 Abs. 3 FKVO die Schwelle des weltweiten Gesamtumsatzes mit 2,5 Mrd. € recht hoch ausfällt, kommt eine Anwendung der europäischen Fusionskontrolle nur dann in Betracht, wenn an dem Zusammenschluß entweder die Deutsche Börse AG oder eine große im EU-Ausland beheimatete Börse beteiligt ist.[785] Demgegenüber scheidet eine Fusionskontrolle gemäß Art. 1 Abs. 3 FKVO bei einem Zusammenschluß der

781 Immenga/Mestmäcker-Immenga/Körber Wettbewerbsrecht EG, VO 139/2004/EG, Art. 1, Rn. 9.

782 Weiterhin stünde einer Anwendung der FKVO wohl auch die Voraussetzung der dritten Stufe entgegen, da sich die wesentlichen unionsinternen Geschäftsaktivitäten aller deutschen Börsenbetreiber auf Deutschland konzentrieren.

783 Der Gesamtumsatz der Gruppe Deutsche Börse lag im Jahr 2008 bei 2,455 Mrd. € (http://deutsche-boerse.com/dbag/dispatch/de/kir/gdb_navigation/investor_rela tions/ 30_Reports_and_Figures/ 10_Company_Figures), im Jahre 2009 sogar nur bei 2,062 Mrd. €.

784 M.6166 Deutsche Börse – NYSE Euronext, S. 4, abrufbar unter http://ec.europa.eu/competition/mergers/cases/decisions/m6166_20120201_20610_2711467_EN.pdf.

785 Anders noch bei der versuchten Übernahme der London Stock Exchange durch die Deutsche Börse AG im Jahre 2005, als der Gesamtumsatz der beiden Unternehmen unter der Schwelle von 2,5 Mrd. € lag; http://www.bundeskartellamt.de/wDeutsch/download/pdf/Fusion/Fusion05/B4-09-05.pdf; vgl. ebenso Merkt, Gutachten zum 64. Deutschen Juristentag, G 117: „scheidet (…) bislang eine Anwendung der Fusionskontrollverordnung mangels Erreichens der Schwellenwerte aus".

Deutschen Börse AG mit anderen deutschen Börsen aus. Denn auch insoweit[786] dürfte es wohl an der tatbestandlichen Voraussetzung fehlen, daß nicht mehr als zwei Drittel des unionsweiten Umsatzes von den Beteiligten in ein und demselben Mitgliedstaat erzielt werden dürfen, weil alle deutschen Regionalbörsen den absolut überwiegenden Teil ihres Umsatzes in Deutschland generieren. Bei der Deutsche Börse AG ist dies nicht so offensichtlich, da beispielsweise zu einem erheblichen Teil des Umsatzes die Tochtergesellschaft Clearstream S. A. beiträgt, welche ihren Sitz in Luxemburg hat.[787] Jedoch ist das ausschlaggebende Kriterium zur Zurechnung des Umsatzes zu einem bestimmten Land nicht der Sitz der Tochtergesellschaft, sondern der Sitz des Nachfragers,[788] weshalb einiges dafür spricht, daß auch bei der Deutsche Börse AG mehr als zwei Drittel des Umsatzes als in Deutschland erzielt anzusehen sind.

bb) Das Konkurrenzverhältnis von europäischem und deutschem Kartellrecht

Anders als beim Kartellverbot sind europäisches und deutsches Recht im Bereich der Zusammenschlußkontrolle nicht nebeneinander anwendbar. Vielmehr ergibt sich aus dem achten Erwägungsgrund der Fusionskontrollverordnung[789], daß bei einem Zusammenschluß, der der europäischen Fusionskontrolle unterfällt, ausschließlich die Kommission für die Prüfung zuständig sein soll. Entsprechend legt auch § 35 Abs. 3 GWB fest, daß die Regelungen des deutschen Rechts insoweit keine Anwendung finden. Allenfalls wenn im Rahmen einer Transaktion einzelne abtrennbare Teile existieren, die einen separaten Zusammenschluß darstellen, der nicht mehr von der EU-Fusionskontrollverordnung erfaßt wird, können sie der nationalen Fusionskontrolle unterfallen.[790] Gleichfalls durch die europäische Fusionskontrolle nicht verdrängt wird eine Zusammenschlußkontrolle in Nicht-EU-Staaten,[791] soweit beteiligte Unternehmen international tätig sind. Das kann für die Deutsche Börse AG Bedeutung haben, die mit der von der

786 Vgl. Fn. 42.

787 Deutsche Börse Group Geschäftsbericht 2006, S. 126 f.

788 Immenga/Mestmäcker-Immenga/Körber Wettbewerbsrecht EG, VO 139/2004/EG, Art. 1, Rn. 16.

789 Verordnung (EG) 139/2004.

790 Kling/Thomas, Kartellrecht, S. 337.

791 Vgl. Kling/Thomas, Kartellrecht, S. 337 u. 339 ff.

EUREX übernommenen International Securities Exchange Holdings (ISE) über eine auf dem amerikanischen Markt tätige Derivatebörse verfügt.

cc) Ergebnis

Im Ergebnis ist festzuhalten, daß bei der überwiegenden Zahl denkbarer Zusammenschlüsse unter Beteiligung deutscher Börsenträger die Regelungen des GWB Anwendung finden, während eine Fusionskontrolle nach der europäischen Regelung der FKVO nur vereinzelt in Betracht kommt, weil meist die dort geltenden Umsatzschwellen nicht erreicht werden.

Ferner ist festzustellen, daß sich der Bedarf einer Beurteilung nach dem GWB daraus ergeben kann, daß im Vergleich zum europäischen Recht die Anforderungen an einen „Zusammenschluß" im deutschen Kartellrecht deutlich niedriger liegen.[792] Denn in einigen Fällen wird aus diesem Grund die deutsche Zusammenschlußkontrolle eingreifen, während nach den Regelungen der FKVO noch kein den Anwendungsbereich der Verordnung eröffnender „Zusammenschluß" vorliegt.

2. Börsen und Börsenträger als Rechtssubjekte eines Kartellverfahrens

Nachdem geklärt worden ist, welche Behörden im kartellrechtlichen Verfahren tätig werden können und welche Rechtsnormen anzuwenden sind, ist nun zu erörtern, welches die Rolle der Börse und ihres Trägers im kartellrechtlichen Verfahren ist. Insoweit wird zu prüfen sein, ob beide materiellrechtlich überhaupt dem Kartellrecht unterfallen und falls ja, wann die Börse und wann der Träger als Rechtssubjekt eines kartellrechtlichen Verfahrens in Betracht kommen. In diesem Rahmen wird auch die Frage zu beantworten sein, ob eine Zurechnung erfolgen kann, wie dies im Rahmen von Konzernstrukturen möglich ist oder ob Börse und Träger stets strikt separat betrachtet werden müssen. Schließlich ist noch zu klären, wer prozeßrechtlich Beteiligter im Rahmen von zivilrechtlichen Verfahren sein kann.

a) Die sachliche Anwendbarkeit des europäischen Kartellrechts auf Börsen und Börsenträger

Bei den Regelungen der Art. 101 bis 106 AEUV handelt es sich gemäß der amtlichen Kapitelüberschrift um „Vorschriften für Unternehmen". Daher ist

792 Vgl. Kling/Thomas, Kartellrecht, S. 713.

Grundvoraussetzung für die uneingeschränkte Anwendbarkeit dieser Normen des europäischen Kartellrechts im Bereich des Börsenwesens, ebenso wie für die Anwendbarkeit der Regelungen des GWB, die von wenigen Ausnahmen abgesehen ebenfalls ausschließlich für Unternehmen gelten[793], daß es sich sowohl bei den Börsen als auch den Börsenträgern um Unternehmen im Sinne des AEUV handelt. Während dies für die Börsenträger jedenfalls inzwischen[794] außer Frage steht,[795] bedarf es im Bereich der Börse einer näheren Erläuterung. Entscheidend ist zunächst die rechtliche Einordnung der Börse. Diese war lange Jahre heftig umstritten.[796] Teils wurde die Börse als privatrechtliche Veranstaltung des Börsenträgers klassifiziert[797], teils als Veranstaltung der Landesregierung[798] oder als Rechtsgebilde sui generis[799]. Inzwischen stellt das Börsengesetz in § 2 Abs. 1 klar, daß Börsen teilrechtsfähige Anstalten des öffentlichen Rechts sind. Aber auch unter Zugrundelegung dieser Festlegung bleiben Fragen. Denn auf den ersten Blick könnte sowohl die Tatsache, daß es sich bei einer Börse um eine öffentlich-rechtliche Anstalt handelt, als auch die Tatsache, daß die Börse lediglich teilrechtsfähig ist, einer Einordnung unter den Unternehmerbegriff des AEUV entgegenstehen.

Hierbei ist jedoch zunächst festzustellen, daß der Unternehmensbegriff des AEUV – ebenso wie derjenige des GWB[800] – weit ausgelegt werden muß.[801] Dabei geht die herrschende Meinung von einem funktionalen Unternehmensbegriff im Gegensatz zum früher teilweise vertretenen institutionellen Unternehmensbegriff aus[802]. Der EuGH versteht daher unter einem Unternehmen „jede eine

793 Emmerich, Kartellrecht, S. 267.

794 Bis Anfang der 1990er Jahre waren regelmäßig Industrie- und Handelskammern oder Vereine Träger der deutschen Wertpapierbörsen. Inzwischen werden jedoch alle deutschen Börsen von Kapitalgesellschaften getragen.

795 Siehe ausführlich Beck WM 1996, 2313 ff; ebenso Schäfer/Hamann-Ledermann § 6 BörsG, Rn. 9.

796 Vgl. die ausführliche Darstellung bei von Olenhusen, Börsen und Kartellrecht, S. 70 ff.

797 Anschütz Verw.Arch.11 (1903), 519, 520 f.

798 Göppert, Das Recht der Börsen, S. 64 ff.

799 Meyer/Bremer BörsG § 1 Fn. 4.

800 Emmerich, Kartellrecht, S. 268.

801 Von der Groeben/Schwarze-Schröter vor Art. 81–85, Rn. 17.

802 Für den AEUV/EGV: Grabitz/Hilf-Aicher/Schuhmacher/Stockenhuber/Schroeder Art. 81, Rn. 51; Callies/Ruffert-Weiß Art. 81, Rn. 25; von der Groeben/Schwarze-Schröter vor Art. 81–85, Rn. 22; für das GWB Immenga/Mestmäcker-Zimmer Wettbewerbsrecht: GWB § 1 Rn. 27; Lagen/Bunte-Bunte Deutsches Kartellrecht, § 1 GWB Rn. 13; Löwenheim/Meessen/Riesenkampff-Nordemann § 1 GWB, Rn. 18 ff.

wirtschaftliche Tätigkeit ausübende Einheit, unabhängig von ihrer Rechtsform und der Art ihrer Finanzierung",[803] wobei der Umfang der Tätigkeit keine Rolle spielen soll.[804] Auch ist anzumerken, daß eine Gewinnerzielungsabsicht nicht notwendig ist[805], was bis vor einigen Jahren im Bereich der Börsen noch eine gewisse Bedeutung hatte[806], heutzutage aber keine Rolle mehr spielt. Im Ergebnis in die gleiche Richtung führt die für das deutsche Recht herausgearbeitete, wonach den Unternehmensbegriff „jede selbständige, nicht rein private und außerhalb des Erwerbslebens liegende Tätigkeit einer Person in der Erzeugung oder Verteilung von Waren oder gewerblichen Leistungen" erfüllt,[807] wobei auch hier die Rechtsform der Unternehmung unbeachtlich ist.[808] Wie sich aus Art. 106 Abs. 1 AEUV ergibt, finden die Regelungen des europäischen Kartellrechts auch auf ein Unternehmen Anwendung, das ganz oder teilweise im Eigentum der öffentlichen Hand steht oder von ihr verwaltet oder betrieben wird.[809] Dasselbe gilt im Rahmen des GWB aufgrund von § 130 I S. 1 GWB.

Entscheidend für die Frage, inwieweit das Kartellrecht auf den am wirtschaftlichen Verkehr teilnehmenden Staat anzuwenden ist, ist sowohl nach europäischem als auch nach deutschem Kartellrecht der Umstand, ob der Staat bei der fraglichen Handlung im Wettbewerb mit anderen Unternehmen tätig wird[810] bzw. ob er am Markt als Nachfrager oder Anbieter von Waren oder Dienstleistungen auftritt.[811]

Auf das Börsenwesen übertragen bedeutet dies, daß die öffentlich-rechtliche Ausgestaltung der Börse die Anwendbarkeit des europäischen Kartellrechts

803 EuGH, Rs. C-41/90, Slg. 1991, I-1979, Rn. 21 (Höfner und Elser); EuGH, Rs. C-55/96, Slg. 1997, I-7119, Rn. 21 (Job Centre coop).

804 Kling/Thomas, Kartellrecht, S. 53.

805 Für die heutigen Artt. 101–106 AEUV: EuGH, Rs. C-244/94, Slg. 1995, I-4013, Rn. 21 (Fédération Française des Sociétés d'Assurance); Grabitz/Hilf-Aicher/Schuhmacher/Stockenhuber/Schroeder Art. 81, Rn. 57; für das GWB: Immenga/Mestmäcker-Zimmer § 1 Rn. 56.

806 Beispielsweise die Schweizer SWX und die US-amerikanischen Börsen arbeiteten lange Zeit ohne Gewinnerzielungsabsicht.

807 Schwark-Beck § 9 BörsG, Rn. 5; Emmerich, Kartellrecht, S. 268.

808 Emmerich, Kartellrecht, S. 268; Schwark-Beck § 9 BörsG, Rn. 5.

809 Grabitz/Hilf-Aicher/Schuhmacher/Stockenhuber/Schroeder Art. 81, Rn. 67 ff.; von der Groeben/Schwarze-Schröter vor Art. 81–85, Rn. 17; Callies/Ruffert-Weiß Art. 81, Rn. 13.

810 Emmerich, Kartellrecht, S. 272.

811 Kling/Thomas, Kartellrecht, S. 57; Emmerich/Hoffmann, S. 530; Schwark-Beck § 9 BörsG, Rn. 5.

keinesfalls entfallen läßt,[812] da auch Anstalten des öffentlichen Rechts dem Kartellrecht unterfallen können.[813] Entscheidend ist vielmehr, daß die Börsen für die Emittenten einen Absatzmarkt für Wertpapiere und für die Handelsteilnehmer die Möglichkeit des Wertpapierhandels schaffen, jeweils gegen Zahlung entsprechender Gebühren.[814] Hierdurch treten sie in Konkurrenz zu den anderen nationalen und zu ausländischen Börsen und erbringen so gewerbliche Leistungen im Geschäftsverkehr.[815]

Manche meinen nun freilich, Unternehmen im Sinne des Kartellrechts könnten nur natürliche oder juristische Personen sein,[816] weil nur Rechtsträger Partner der kartellrechtlich relevanten Verträge und Beschlüsse sowie Adressaten von kartellrechtlichen Geboten und Verboten sein könnten.[817] Hiernach würden Börsen nicht dem Kartellrecht unterfallen, da sie lediglich teilrechtsfähig sind.

Dem entgegen hat neben der herrschenden Auffassung in der Literatur[818] auch der EuGH[819] das Vorhandensein von Rechtssubjektivität als Voraussetzung für das Eingreifen kartellrechtlicher Regelungen verneint.[820] Hiernach ist allein die tatsächliche Selbständigkeit eines Unternehmens und seine Fähigkeit entscheidend, eigene Entschlüsse beim Handeln im Wettbewerb zu treffen.

Mag die erstgenannte Auffassung bei privatrechtlichen Unternehmen noch nachvollziehbar sein, kann dies jedoch nicht bei einer teilrechtsfähigen Anstalt

812 Beck WM 2000, 597, 598; von Olenhusen, Börsen und Kartellrecht, S. 111; für das GWB ferner: Schäfer-Peterhoff § 2a BörsG, Rz. 6 f.

813 BGH NJW 1990, 2815; Grabitz/Hilf-Aicher/Schuhmacher/Stockenhuber/Schroeder Art. 81, Rn. 53; Schwark-Beck § 9 BörsG, Rn. 5.

814 Ebenso Beck WM 2000, 597, 598.

815 Schäfer/Hamann-Ledermann § 6 BörsG, Rn. 7.

816 Grabitz/Hilf-Aicher/Schuhmacher/Stockenhuber/Schroeder Art. 81, Rn. 53; Langen, Kommentar zum Kartellrecht, § 1 Rn. 7; mit Einschränkungen auch: Langen/Bunte-Bunte Art. 81 Rn. 6; dagegen jedoch: Christoph, Börsenkooperationen und Börsenfusionen, S. 254; Schäfer-Peterhoff § 2a Rn. 6.

817 Langen, Kommentar zum Kartellrecht, § 1 Rn. 7.

818 Von der Groeben/Schwarze-Schröter vor Art. 81–85, Rn. 27; Callies/Ruffert-Weiß Art. 81, Rn. 33; Kling/Thomas, Kartellrecht, S. 53; Beck WM 2000, 597, 598; Immenga/Mestmäcker-Emmerich Wettbewerbsrecht: EG, Art. 81 Abs. 1, Rn. 17; Emmerich, Kartellrecht, S. 28.

819 EuGH, verb. Rs. C-189/02 P u.a., Slg. 2005, I-5425, Rn. 113 (Dansk Rørindustri).

820 Unabhängig davon wird jedoch teilweise gefordert, daß bereits auf der Ebene des Tatbestandes notwendig ist, das Vorhandensein eines Rechtsträgers zu prüfen, welchem ein Verstoß eines nicht rechtsfähigen Unternehmens auf der Rechtsfolgenseite zugerechnet werden kann, vgl. Thomas, Unternehmensverantwortlichkeit und -umstrukturierung nach EG-Kartellrecht, S. 48.

und ihrem Träger gelten. Es ist nicht einzusehen, wieso es gerade die Vollrechtsfähigkeit sein soll, die das Kriterium einer Zurechnung kartellrechtlich relevanter Handlungen darstellen soll. Denn ohne Zweifel ist etwa der Erlaß einer Gebührenordnung nur der Börse und nicht ihrem Träger zuzurechnen. Der Börsenträger hat häufig kaum Möglichkeiten, ein kartellrechtswidriges Verhalten der Börse abzustellen, weil die Börse den Weisungen des Trägers nicht unterworfen ist, sondern durch Börsenrat und Geschäftsführung eigenständig entscheidet.[821] Dies würde nun bedeuten, daß es unter Umständen kaum möglich wäre, im Börsenwesen ein unstreitig kartellrechtswidriges Verhalten zu sanktionieren. Es erscheint aber sinnwidrig, daß eine rechtliche Überprüfung nur deshalb scheitern soll, weil die Börse nicht vollrechtsfähig ist, da es dann alleine die rechtliche Konstruktion möglich machen würde, sich komplett den Vorschriften des Kartellrechts zu entziehen. Vielmehr kann als letzter Mosaikstein für die Erkenntnis, daß die Börsenanstalten nicht von der Anwendung des Kartellrechtes ausgenommen sein sollen, die Tatsache dienen, daß § 9 BörsG von einer Anwendbarkeit der kartellrechtlichen Vorschriften ausgeht, wobei die Börsenanstalten nicht ausgenommen werden.

Somit ist nicht nur in Bezug auf den Börsenträger der sachliche Anwendungsbereich des Kartellrechts eröffnet, vielmehr kommt auch die Börse als handelndes Subjekt im Sinne des Kartellrechts in Betracht.[822]

Dies gilt bei der Börse freilich zunächst nur für die Frage, ob ein „Unternehmen“ im Sinne des kartellrechtlichen Tatbestandes vorliegt. Inwieweit gegen ein solches Unternehmen auch kartellrechtliche Verfügungen ergehen können, soll an anderer Stelle untersucht werden.[823]

b) Bezugssubjekt kartellrechtlicher Entscheidungen

Nachdem festgestellt worden ist, daß die Börse Unternehmen im Sinne des Kartellrechts ist und daher auch als Adressat kartellrechtlicher Entscheidungen in Betracht kommt, stellt sich sofort eine weitere Frage. Denn alleine die Tatsache, daß auch eine Börse Unternehmen im Sinne des Kartellrechts sein kann, bedeutet keinesfalls automatisch, daß es auch die Börse ist, die im Rahmen von

---

821 Zur Zurechnung von Handlungen zwischen Börsenträger und Börse siehe u. A.II.2.c).

822 Ebenso: Beck WM 2000, 597, 598; Schwark-Beck § 9 BörsG, Rn. 6; Schäfer/Hamann-Ledermann § 6 BörsG, Rn. 6; Emmerich, Kartellrecht, S. 33; Emmerich/Hoffmann FS Schmitt Glaeser, S. 527, 531; Christoph, Börsenkooperationen und Börsenfusionen, S. 254.

823 S. u. D.II.2.d).

Kooperations- und Fusionsvorhaben als handelndes Subjekt agiert. Vielmehr sind viele Vorgänge denkbar, bei denen es gerade nicht die Börse, sondern der Börsenträger ist, von dem die kartellrechtlich relevante Handlung ausgeht, beispielsweise wenn der Träger einer Börse im Rahmen der Übernahme eines anderen Börsenträgers die Trägerschaft für eine weitere Börse übernimmt. Daher muß bei Kooperationen und Fusionen von Börsenorganisationen jeweils zunächst untersucht werden, wer Bezugssubjekt der kartellrechtlichen Betrachtungen ist. Als in kartellrechtlich bedeutsamer Weise Handelnde kommen hierbei entweder die Börse, der Börsenträger oder Börse und Börsenträger gemeinsam in Betracht. Dies kann mitunter eine genaue Differenzierung erforderlich machen. Während es etwa bei einer reinen Umstrukturierung auf Trägerebene unproblematisch ist, daß sich die kartellrechtliche Beurteilung auf den Börsenträger fokussiert, kann es beispielsweise zu Schwierigkeiten kommen, wenn die Beurteilung von Leistungsbeziehungen zu Handelsteilnehmern im Raume steht. Hier ist nämlich zwischen der Leistungsbeziehung im regulierten Markt und der Leistungsbeziehung im Freiverkehr streng zu unterscheiden. Während bei ersterer nach inzwischen wohl unstreitiger Auffassung[824] die Börse selbst als Leistende anzusehen ist, soweit sie im Einklang mit der Rechtsordnung in eigener Zuständigkeit Leistungen an Emittenten und Handelsteilnehmer erbringt,[825] kommt beim Freiverkehr, der gem. § 48 BörsG vom Börsenträger veranstaltet wird, nur der Träger als Bezugssubjekt einer kartellrechtlichen Beurteilung in Betracht. Ohne an dieser Stelle auf alle in Betracht kommenden Konstellationen bei Kooperationsprojekten eingehen zu können, sei also darauf hingewiesen, daß es bei der kartellrechtlichen Beurteilung einzelner Sachverhalte zunächst immer notwendig ist zu hinterfragen, welche relevanten Handlungen von der Börse und welche vom Börsenträger ausgeführt wurden.

c) Börse und Börsenträger als einheitliches Unternehmen

Nachdem also die kartellrechtlich bedeutsamen Verhaltensweisen der Börse oder ihrem Träger zugeordnet worden sind, stellt sich ein Folgeproblem. Denn auf den ersten Blick mag es befremdlich erscheinen, wenn man die Börse und ihren Träger, welche für den juristischen Laien kaum zu unterscheiden sind, als zwei vollkommen unabhängige Kartellrechtssubjekte behandelt, deren Handlungen streng getrennt voneinander zu beurteilen sind. Denn gerade wenn

824 Siehe zum Diskussionsstand vor dem gesetzlichen Bekenntnis zur Börse als teilrechtsfähiger Anstalt: von Olenhusen, Börsen und Kartellrecht, S. 70 ff.

825 Von Olenhusen, Börsen und Kartellrecht, S. 94.

es um Zusammenschlüsse von Börsenträgern und um die in diesem Rahmen auftauchenden Frage nach der Berechnung von Unternehmensumsätzen oder Marktanteilen geht, taucht das Problem auf, wie die vom Börsenträger getragene Börsenanstalt in diesem Zusammenhang zu behandeln ist. Denn auch wenn es sich juristisch gesehen um zwei unterschiedliche Unternehmen handelt, ist eine enge tatsächliche Verknüpfung beider Unternehmen nicht zu leugnen. Zwar ist es so, daß bei Zusammenschlüssen grundsätzlich nur diejenigen Unternehmen einer gesetzlichen Kontrolle unterliegen, die auch an dem Zusammenschluß beteiligt sind. Aber es darf selbstredend nicht möglich sein, durch die Verlagerung von Unternehmensteilen auf ein Tochterunternehmen oder ein anderes Unternehmen innerhalb des Konzerns eine kartellrechtliche Untersuchung zu umgehen. Daher ist zu prüfen, ob es geboten ist, Umsätze und Marktanteile der Börse bei der kartellrechtlichen Beurteilung denen des Börsenträgers hinzuzurechnen.

Der gesetzliche Anknüpfungspunkt, dieses tatsächliche Näheverhältnis zwischen Börse und Träger rechtlich erfassen zu können, ist § 36 Abs. 2 S. 1 GWB. Diese Vorschrift bestimmt für den Bereich der Zusammenschlußkontrolle, daß in den Fällen, in denen ein beteiligtes Unternehmen ein abhängiges oder herrschendes Unternehmen oder ein Konzernunternehmen ist, die verbundenen Unternehmen als einheitliches Unternehmen anzusehen sind. Maßstab für die Frage, wann eine Abhängigkeit vorliegt, ist § 17 AktG. Hiernach besteht Abhängigkeit, wenn auf ein rechtlich selbständiges Unternehmen von einem anderen Unternehmen unmittelbar oder mittelbar ein beherrschender Einfluß ausgeübt werden kann. Hierbei gilt nach § 17 Abs. 2 AktG zusätzlich die Vermutung, daß ein Unternehmen von einem anderen Unternehmen, das an ihm mehrheitlich beteiligt ist, auch abhängig ist. Konzernunternehmen i. S. d. § 36 Abs. 2 S. 1 Alt. 3 GWB sind Unternehmen, die in einen Unterordnungs- oder Gleichordnungskonzern integriert sind. Ein Unterordnungskonzern ist nach § 18 Abs. 1 AktG dann gegeben, wenn ein herrschendes und ein oder mehrere abhängige Unternehmen unter der einheitlichen Leitung des herrschenden Unternehmens zusammengefaßt sind. Da auch in diesem Fall eine Abhängigkeit vorliegen muß, wird hierdurch der Anwendungsbereich des § 36 Abs. 2 S. 1 GWB nicht erweitert, da diese Fälle gleichzeitig unter Alt. 1 oder 2 der Norm fallen.[826] Erweitert wird er freilich durch die Anwendung auf Konzernunternehmen im Gleichordnungskonzern, da hierfür nach § 18 Abs. 2 AktG lediglich Voraussetzung ist, daß

826 Immenga/Mestmäcker-Mestmäcker/Veelken Wettbewerbsrecht: GWB, § 36, Rn. 36.

die Unternehmen unter einheitlicher Leitung zusammengefaßt sind; ein Abhängigkeitsverhältnis zwischen den Unternehmen ist hier nicht notwendig.[827]

Entscheidend für die Fragestellung, ob Börsenträger und Börse als einheitliches Unternehmen i. S. d. deutschen Kartellrechts anzusehen sind, ist mithin, ob entweder der Börsenträger an der Börse eine Mehrheitsbeteiligung i. S. d. § 17 Abs. 2 AktG hat oder auf andere Weise einen beherrschenden Einfluß auf sie ausüben kann oder ob Börsenträger und Börse unter einheitlicher Leitung zusammengefaßt sind und daher einen Gleichordnungskonzern bilden.

Im europäischen Kartellrecht findet sich zwar keine mit dem deutschen Recht vergleichbare ausdrückliche Regelung. Von der Sache her ergeben sich jedoch kaum Unterschiede. Dogmatisch verortet wird das Problem im europäischen Recht auf der Ebene des Begriffs des „Unternehmens". Da dieser „wirtschaftliche Einheiten umfaßt, die jeweils in einer einheitlichen Organisation persönlicher, materieller und immaterieller Mittel besteht, mit der dauerhaft ein bestimmter wirtschaftlicher Zweck verfolgt wird"[828], soll im Falle einer Abhängigkeit nur *ein* Unternehmen im kartellrechtlichen Sinne vorliegen, auch wenn es sich um mehrere Mutter- und Tochtergesellschaften handelt.[829]

aa) Möglichkeit der Ausübung eines beherrschenden Einflusses gem. § 17 Abs. 1 und 2 AktG

Betrachtet man das Verhältnis zwischen Börsenträger und Börse nach Maßgabe des im deutschen Börsenrecht bestehenden dualen Systems, zeigt sich schnell, daß es keine mit einer Mehrheitsbeteiligung i. S. d. Aktiengesetzes vergleichbare Situation gibt. Zwar ist die Abhängigkeitsvermutung in § 17 Abs. 2 AktG nicht auf Aktiengesellschaften beschränkt. Voraussetzung ist aber stets, daß bei der jeweiligen Unternehmensform die Möglichkeit einer Anteils- oder Stimmenmehrheit i. S. v. § 16 Abs. 1 AktG besteht.[830] Die Börse ist eine öffentlich-rechtliche Anstalt. Da sie kein Kapital hat, ist es rechtlich nicht möglich, an ihr eine gesellschaftsrechtliche oder andersgeartete Anteilsmehrheit zu erwerben. Stimmenmehrheiten können regelmäßig aber auch nur an Unternehmensträgern erworben werden, die mitgliedschaftlich aufgebaut sind und durch Mehrheit entscheiden.[831] Da eine Anstalt des öffentlichen Rechts jedoch keine Mitglieder,

827 So zumindest die h. M., vgl. Hüffer AktG § 18, Rn. 20, m. w. N.
828 EuGH, Rs. C-97/08 P, WM 2009, 2048, 2049.
829 EuGH, Rs. C-97/08 P, WM 2009, 2048, 2050.
830 OLG Düsseldorf, AG 2008, 859, 860.
831 Ebd.

sondern nur Nutzer hat, kommt auch der Erwerb einer Stimmenmehrheit an ihr nicht in Betracht. §17 Abs. 2 AktG ist daher auf eine Anstalt des öffentlichen Rechts nicht anwendbar.[832]

Umgekehrt ist eine Beteiligung der Börse am Börsenträger zwar gesellschaftsrechtlich denkbar, weil es sich bei den deutschen Börsenträgern ausnahmslos um Kapitalgesellschaften handelt Jedoch erscheint es fraglich, ob dies aus öffentlich-rechtlicher Sicht mit dem Anstaltszweck einer Börse vereinbar wäre. Jedenfalls stand bislang eine Beteiligung einer Börse an ihrem eigenen oder an einem anderen Träger noch nie zur Debatte, und es spricht wenig dafür, daß sich dies in naher Zukunft ändert.

Gleichwohl könnte eine Behandlung von Börse und Träger als einheitliches Unternehmen darauf zu stützen sein, daß der Träger auf andere Weise auf die Börse einen beherrschenden Einfluß i. S. v. § 17 Abs. 1 AktG ausüben kann.

Der Abhängigkeitstatbestand ist nach verbreiteter Auffassung dann erfüllt, wenn aus der Sicht eines rechtlich selbständigen Unternehmens für ein anderes Unternehmen die Möglichkeit gegeben ist, einen beherrschenden Einfluß auszuüben, wobei nicht erforderlich ist, daß der Einfluß auch tatsächlich ausgeübt wird.[833] Das Gesetz legt hierbei ausdrücklich fest, daß hierzu keine Möglichkeit zur unmittelbaren Geltendmachung des Einflusses notwendig ist, vielmehr reicht die Möglichkeit eines mittelbaren Einflusses aus. Teils jedoch wird gefordert, die Möglichkeit der Einflußnahme müsse beständig, umfassend und gesellschaftsrechtlich fundiert sein.[834] Im Hinblick auf die Regelung des § 17 Abs. 2 AktG wird die Möglichkeit einer Einflußnahme dann als beherrschend angesehen, wenn sie ihrer Art nach dem Einflußpotential einer Mehrheitsbeteiligung vergleichbar ist.[835] Dies soll etwa auch dann der Fall sein, wenn ein entscheidender Einfluß auf die Besetzung der Verwaltungsorgane des abhängigen Unternehmens besteht, da wegen des Interesses der Organmitglieder an einer Wiederwahl bzw. der dauerhaften Ausübung des Amtes dann regelmäßig von einem den Interessen des herrschenden Unternehmens konformen Verhalten auszugehen sei.[836]

---

832 So auch im Ergebnis: OLG Düsseldorf, AG 2008, 859, 860.

833 MüKo AktG-Bayer § 17, Rn. 11; Hüffer AktG § 17, Rn. 4; Schmidt-Vetter AktG § 17, Rn. 5.

834 Hüffer AktG § 17, Rn. 4; Schmidt-Vetter AktG § 17, Rn. 15; a. A. Kölner Kommentar-Koppensteiner § 17, Rn. 27.

835 Hüffer AktG § 17, Rn. 5.

836 MüKo AktG-Bayer, § 17, Rn. 27; Hüffer AktG § 17, Rn. 5; Kölner Kommentar-Koppensteiner § 17, Rn. 21; im Ergebnis auch Schmidt-Vetter AktG § 17, Rn. 40 f.

Somit ist also zu prüfen, ob der Börsenträger auf die von ihm getragene Börsenanstalt eine Einflußmöglichkeit hat, die derjenigen des Inhabers einer Anteilsmehrheit vergleichbar ist. Insbesondere ist hierbei zu untersuchen, welche Einfluß der Börsenträger auf die Besetzung der Börsenorgane hat.

Im Rahmen des im Jahre 2005 gestarteten zweiten Versuchs der Deutsche Börse AG, die London Stock Exchange zu übernehmen, ging das Bundeskartellamt bei seiner Prüfung der kartellrechtlichen Zulässigkeit des Vorhabens in seinem Beschluß vom 27.06.2005[837] davon aus, es handele sich bei der Deutsche Börse AG und der Frankfurter Wertpapierbörse um ein einheitliches Unternehmen i. S. v. § 36 Abs. 2 GWB.[838] Auch wenn sich das Bundeskartellamt hierbei nicht ausdrücklich dazu äußert, ob es diese Einschätzung auf den Tatbestand des § 17 Abs. 1 AktG oder auf § 18 Abs. 2 AktG stützt, und in der Begründung Aspekte aus beiden Tatbeständen vermengt, so spricht doch aufgrund des mehrfach verwendeten Terminus des „wesentlichen Einflusses" viel dafür, daß das Vorliegen der Voraussetzungen des § 17 Abs. 1 AktG bejaht worden ist. Gestützt wurde die Behauptung, es liege ein einheitliches Unternehmen vor, vor allem auf die Tatsache, daß alle Geschäftsführer der FWB leitende Mitarbeiter der Deutsche Börse AG waren.[839]

Zunächst soll nun untersucht werden, ob sich aus den Normen des Börsengesetzes – insbesondere bezüglich der Besetzung der Börsenorgane – Indizien ergeben, daß bereits die gesetzliche Regelung generell zu einem beherrschenden Einfluß des Börsenträgers führt, bevor schließlich der Frage nachgegangen werden soll, ob sich ein solcher Einfluß im Einzelfall aus personellen Verflechtungen ergeben kann.

Ein beherrschender Einfluß des Börsenträgers auf die Börse könnte deshalb in Betracht kommen, weil letztere finanziell vom Träger abhängig und darauf angewiesen ist, daß der Träger ausreichend Mittel zur Verfügung stellt, um den Betrieb der Börse zu gewährleisten. Denn auch wenn eine wirtschaftliche Abhängigkeit grundsätzlich nicht ausreichen soll, um einen beherrschenden Einfluß zu begründen, muß etwas anderes in bestimmten Ausnahmesituationen gelten,[840] besonders wenn im vorliegenden Fall wegen der rechtlichen Ausgestaltung des Börsenrechts die Börse ohne die finanziellen Mittel des Trägers nicht existieren kann. Dies wäre jedoch für eine Abhängigkeit nur dann ausreichend, wenn es im

837 Beschluß Gesch.-Z.: B 4 – 67110 – Fa – 09/05, abzurufen unter: http://www.bundeskartellamt.de/wDeutsch/ download/pdf/Fusion/Fusion05/B4-09-05.pdf.

838 Beschluß Gesch.-Z.: B 4 – 67110 – Fa – 09/05, S. 32.

839 Ebd.

840 MüKo AktG-Bayer § 17, Rn. 29.

freien Ermessen des Börsenträgers stünde, ob und wie viele Mittel er der Börse zur Verfügung stellt, weil nur dann ein Druckmittel von seiten des Trägers vorhanden wäre. Dies ist jedoch nicht so; vielmehr müssen der Börse gem. § 5 Abs. 1 S. 2 BörsG auf Anforderung der Geschäftsführung die zur Durchführung und angemessenen Fortentwicklung des Börsenbetriebs erforderlichen Mittel zur Verfügung gestellt werden. Es besteht somit ein gesetzlicher Anspruch der Börse gegen ihren Träger. Eine Weigerung des Börsenträgers wäre ein Gesetzesverstoß und könnte im Endeffekt bis zur Aufhebung der Börsengenehmigung führen. Daher kann sich ein beherrschender Einfluß des Börsenträgers jedenfalls nicht auf die finanzielle Abhängigkeit der Börse gründen.

Auch die Verfahrensweise bei der Besetzung der Börsenorgane ist durch das Börsengesetz so geregelt, daß sich hieraus – jedenfalls dem rechtlichen Grundsatz nach – keine Möglichkeit der Einflußnahme durch den Börsenträger ergibt. Denn mit der Genehmigung einer neuen Börse wird zunächst gem. § 12 Abs. 5 BörsG von der Börsenaufsichtsbehörde ein vorläufiger Börsenrat bestellt. Der Börsenträger ist also an der Besetzung des wichtigsten Börsenorgans nicht beteiligt. Die Bestellung der Geschäftsführer erfolgt dann gem. § 12 Abs. 2 Nr. 2 BörsG durch den Börsenrat im Einvernehmen mit der Börsenaufsichtsbehörde und somit – jedenfalls von dem im Gesetz festgelegten Prinzip her betrachtet – ohne Einflußnahmemöglichkeit des Börsenträgers. Gleiches gilt gem. § 12 Abs. 2 Nr. 5 BörsG für die Bestellung des Leiters der Handelsüberwachungsstelle. Somit ergibt sich aus den gesetzlichen Regelungen über die Besetzung der Börsenorgane keine Möglichkeit des Börsenträgers, beherrschenden Einfluß auf die Börse auszuüben.

Etwas Anderes könnte sich jedoch aus zwei Gesichtspunkten ergeben. Der erste ist rechtlicher Natur und hat seinen Ursprung darin, daß die noch vorherrschende Auffassung in der Literatur[841] und Rechtsprechung[842] der Börse die Zivilrechtsfähigkeit abspricht. Denn aus diesem Grund ist der Geschäftsführer nicht bei der Börse selbst angestellt. Vielmehr wird der Anstellungsvertrag mit dem Börsenträger geschlossen,[843] der gem. § 5 Abs. 1 S. 2 BörsG verpflichtet ist, die erforderlichen personellen Mittel zur Verfügung zu stellen. Nun könnte argumentiert werden, aufgrund dieser Abhängigkeit des Geschäftsführers vom Börsenträger sei es denkbar, daß letzterer versucht, Druck auf den Geschäftsführer

841 Burgi WM 2009, 2337, 2339; Kunz, Ausgewählte Rechtsprobleme des Zentralen Kontrahenten, S. 165; Schwark-Beck § 2 BörsG, Rn. 37.

842 LG Frankfurt, Urteil v. 21.1.2010, Az. 2–03 O 575/09.

843 Schwark-Schwark § 15 BörsG, Rn. 2.

auszuüben, um so beherrschenden Einfluß auf die Börse zu gewinnen.[844] Dies scheitert jedoch schon daran, daß es dem Börsenträger nicht möglich ist, hier ein wirkliches Drohpotential aufzubauen. Denn zwar sind Anstellungsvertrag und Bestellung zum Geschäftsführer rechtlich unabhängig voneinander, und prinzipiell kann der Börsenträger dem Geschäftsführer somit auch mit einer Kündigung des Anstellungsvertrages drohen. Freilich läßt sich dies regelmäßig nicht durchsetzen, weil für die Anstellung und Bestellung zum Geschäftsführer die Regelung des § 84 AktG für Vorstandsmitglieder der Aktiengesellschaft analog angewandt wird.[845] Dann muß aber für die Kündigung des Anstellungsvertrages gem. § 84 Abs. 3 S. 5 AktG ein wichtiger Grund vorliegen.[846] Einen solchen auch nur zu behaupten, dürfte dem Börsenträger aber nicht leichtfallen. Denn solange der Geschäftsführer der Börsenanstalt alleine diese Position innehat, richten sich seine Verpflichtungen in erster Linie nach seinem Verhältnis zur Börse. Es ist nicht Sache des Börsenträgers, auf etwaige Verfehlungen zu reagieren, sondern allenfalls Sache des Börsenrates, der den Geschäftsführer gegebenenfalls von seinem Posten abberufen muß. Darüber hinausgehende Pflichten des Geschäftsführers gegenüber dem Börsenträger kann es aber in den Fällen, in denen eine Person ausschließlich als Börsengeschäftsführer tätig ist, allenfalls in ganz beschränktem Rahmen geben, so daß es dem Börsenträger schwerfallen dürfte, Druck auf den Geschäftsführer auszuüben.

Die obige Einschränkung auf einen Börsengeschäftsführer, der nur als solcher tätig ist, weist nun auf den zweiten Gesichtspunkt hin, unter dem es möglich wäre, einen beherrschenden Einfluß des Börsenträgers auf die Börse zu bejahen. Denn wenngleich im Börsengesetz keine enge Verbindung zwischen dem Börsenträger und den Geschäftsführern der Börse vorgezeichnet ist, so zeigt sich doch in der Praxis, daß eine solche Verbindung regelmäßig vorliegt. So ist es üblich, daß ein Börsengeschäftsführer nicht nur diese Position bekleidet, sondern gleichzeitig auch noch eine leitende Position beim Börsenträger innehat, teilweise sogar dessen Vorstand angehört.[847] Dies könnte aber zur Folge haben, daß die betreffenden Personen in ihrer Funktion als Börsengeschäftsführer nicht

844 Ähnlich argumentiert OLG Düsseldorf, AG 2008, 859, 861.

845 Ebd.

846 Hüffer § 84, Rn. 38.

847 So gehört etwa (Stand Januar 2011) mit Frank Gerstenschläger ein Geschäftsführer der Frankfurter Wertpapierbörse auch dem Vorstand der Deutschen Börse AG an; die drei weiteren Geschäftsführer Rainer Riess, Cord Gebhardt und Roger Müller sind alle in leitender Position bei der Deutsche Börse AG beschäftigt. Bei den anderen deutschen Börsen ist die Situation vergleichbar, bei den Börsen in Hamburg und

mehr unabhängig sind, sondern es dem Börsenträger vielmehr möglich ist, durch die Androhung von negativen Konsequenzen für die Karriereaussichten im Unternehmen Einfluß auf die Geschäftsführung der Börse zu nehmen. Unabhängig von einer solchen Möglichkeit einer offenen Einflußnahme ist fraglich, ob befürchtet werden muß, daß Börsengeschäftsführer, die eine leitende Position beim Börsenträger innehaben, schon deshalb geneigt sein werden, die Interessen der Trägergesellschaft übermäßig zu berücksichtigen. Denn um sich ihrer Position beim Börsenträger sicher zu sein, ist es in ihrem Interesse, daß dessen Geschäfte gut laufen und dort möglichst hohe Gewinne erwirtschaftet werden. Auch wenn ein florierendes Geschäft regelmäßig ebenso im Sinne der Börse ist, können mitunter die Interessen von Börse und Börsenträger gegenläufig sein,[848] etwa bei der Frage, ob hohe Investitionen zur Verbesserung des Handelssystems der Börse notwendig sind oder nicht. Deshalb könnte erwogen werden, daß ein Börsengeschäftsführer, der beim Börsenträger eine leitende Funktion innehat, geneigt ist, in solchen Situationen die Interessen des Börsenträgers vor die der Börse zu stellen – sei es aufgrund ausdrücklicher Beeinflussungsversuche, sei es in „vorauseilendem Gehorsam" – und ersterem so einen beherrschenden Einfluß auf letztere zu verschaffen.

Für die Frage eines beherrschenden Einflusses kommt es – wie bereits angesprochen – nicht darauf an, ob der Einfluß auch tatsächlich ausgeübt wird. Entscheidend ist vielmehr, ob aus der Sicht des abhängigen Unternehmens ein anderes Unternehmen in der Lage ist, beherrschenden Einfluß auszuüben.[849] Da in den Fällen einer personellen Verflechtung auf Leitungsebene keine gesellschaftsrechtliche Verfestigung des Einflusses vorliegt, ist allerdings umstritten, ob die Verflechtung dazu beitragen kann, einen beherrschenden Einfluß auf ein anderes Unternehmen anzunehmen. Während dies in der Literatur teilweise bestritten wird,[850] gehen andere Stimmen in der Literatur[851] und die Rechtsprechung[852] davon aus, daß eine solche personelle Verflechtung jedenfalls dann

---

Hannover ist die Geschäftsführung gar identisch mit dem Vorstand des Börsenträgers; siehe auch Hammen AG 2001, S. 563 f.; Köndgen, FAZ v. 22. 08. 2000, S. 32.

848 Zur Frage des Gleichlaufens der Interessen bei der Börse und ihrem Träger vgl. auch Hammen AG 2001, 549, 554 ff.; Schwark-Schwark § 15 BörsG, Rn. 3.

849 Hüffer AktG § 17, Rn. 4.

850 Säcker ZHR 151 (1987), 59, 66; Dierdorf, Herrschaft und Abhängigkeit, S. 201 ff.; Mertens AG 1996, 241, 246.

851 MüKo AktG-Bayer § 17, Rn. 31 ff.; Großkommentar-Würdinger § 17, Rn. 7; Götz, Der Entherrschungsvertrag im Aktienrecht, S. 30 ff.

852 OLG München AG 1995, 383.

zu einem beherrschenden Einfluß führt, wenn in Kombination hiermit andere Beherrschungsmittel, wie etwa eine Minderheitsbeteiligung, hinzutreten. Dies überzeugt. Wenn nämlich die Höhe des Anteilsbesitzes das einzige Kriterium der Beurteilung des beherrschenden Einflusses darstellen würde, wäre §17 Abs. 2 AktG kaum zu erklären. Soweit hier der Mehrheitsbesitz zur Vermutung einer Abhängigkeit führt, müssen zwangsläufig noch andere Aspekte in die Bewertung einfließen können, anderenfalls die Vermutung nie widerlegt werden könnte. Andererseits zeigt aber die Regulierung in einem besonderen Absatz auch, daß nicht nur bei Mehrheitsbeteiligungen eine Abhängigkeit vorliegen soll, da das Merkmal der Mehrheitsbeteiligung sonst schon in die Regelung des Absatzes 1 hätte integriert werden können. Dann bedarf es aber auch bei Minderheitsbeteiligungen zwangsläufig weiterer Kriterien, die darüber entscheiden, ob die Minderheitsbeteiligung zu einer Abhängigkeit führt oder nicht.

Während das Kriterium der personellen Verflechtung daher in Kombination mit anderen Beherrschungsmitteln regelmäßig als relevant eingestuft wird, vertritt jedoch die herrschende Auffassung[853] die Ansicht, ein beherrschender Einfluß könne sich nicht alleine hierauf stützen. Vielmehr bedürfe es eines irgendwie gearteten gesellschaftsrechtlich bedingten oder vermittelten Einflusses, weshalb eine hiervon unabhängige Einflußmöglichkeit nicht ausreiche.[854] Lediglich das Bundeskartellamt hält es in seinem Beschluß zu dem geplant gewesenen Zusammenschluß von Deutsche Börse AG und London Stock Exchange für die Annahme eines beherrschenden Einflusses für genügend, daß alle Geschäftsführer der Börse leitende Mitarbeiter des Börsenträgers sind.[855]

Im vorliegenden Fall wäre – wie oben dargelegt – der einzige Punkt, auf den sich die Annahme eines beherrschenden Einflusses stützen könnte, diese enge personelle Verflechtung zwischen Börsenträger und Börse. Nun ist aber zu bedenken, daß es für die Fälle der Zusammenfassung unter einheitlicher Leitung den besonderen Tatbestand des § 18 Abs. 2 AktG gibt, in dessen Anwendungsbereich als einer der genuinen Fälle regelmäßig eben gerade die personelle Verflechtung behandelt wird. Da der Tatbestand in § 18 Abs. 2 AktG kaum noch Bedeutung hätte, würde die Schwelle für ein Abhängigkeitsverhältnis i. S. v. § 17 AktG so tief angesetzt werden, daß bereits eine personelle Verflechtung ausreichend wäre, spricht viel dafür, daß eine solche Verflechtung jedenfalls für sich

853 Emmerich/Habersack-Emmerich § 17, Rn. 19; MüKo AktG-Bayer § 17, Rn. 33, Fn. 10.

854 OLG Düsseldorf, AG 2008, 859, 860; Emmerich/Habersack-Emmerich § 17, Rn. 15; MüKo AktG-Bayer § 17, Rn. 21; Hüffer AktG § 17, Rn. 8; ähnlich auch BGH NJW 2001, 2973, 2974.

855 Beschluß Gesch.-Z.: B 4 – 67110 – Fa – 09/05, S. 32; vgl. Fn. 835.

keinen beherrschenden Einfluß im Rahmen des § 17 AktG begründen kann. Bei der Börse kommt noch eine weitere Besonderheit hinzu: Die Bestellung zum Geschäftsführer kann gem. § 15 Abs. 2 BörsG nur mit Zustimmung der Börsenaufsichtsbehörde erfolgen, welche zu prüfen hat, ob Zweifel an der Zuverlässigkeit des Geschäftsführers bestehen oder durch die Bestellung die ordnungsgemäße Leitung der Börse gefährdet erscheint. Als Beispiel für den letztgenannten Gesichtspunkt nennt die Gesetzesbegründung hierbei ausdrücklich den Fall eines beruflichen Interessenkonflikts, falls dieser den Kandidaten für den Posten des Börsengeschäftsführers für die Wahrnehmung ausschließlich öffentlicher Interessen im Rahmen der Geschäftsführung ungeeignet macht.[856] Hieraus folgt, daß die Börsenaufsichtsbehörde ihr Einvernehmen zur Bestellung eines Geschäftsführers, der dazu beiträgt, einen beherrschenden Einfluß des Börsenträgers bei der Börse durchzusetzen, verweigern muß. Denn wenn eine Personenidentität zu einem beherrschenden Einfluß führt impliziert dies, daß der Geschäftsführer der Börse sich eher dem Wohl des Börsenträgers verantwortlich fühlt als dem öffentlichen Interesse. Denn nur in den Fällen, in denen die Interessen von Börse und Börsenträger nicht parallel laufen, zeigt sich, ob der Träger relevanten Einfluß auf die Börse ausüben kann. Hat nun eine Börsenaufsichtsbehörde der Bestellung eines Geschäftsführers zugestimmt, obwohl dieser eine leitende Funktion beim Börsenträger innehat, so kann diese Entscheidung zwar eine Kartellbehörde bei der Beurteilung, ob ein beherrschender Einfluß vorliegt, nicht binden. Jedoch wird man angesichts der Tatsache, daß mit der Annahme eines beherrschenden Einflusses die Entscheidung der Börsenaufsichtsbehörde zur Erklärung des Einvernehmens mit der Bestellung des Börsengeschäftsführers als unrichtig und gesetzeswidrig qualifiziert wird, erwarten können, daß sehr genau dargelegt wird, auf welchen Erkenntnissen diese Einschätzung fußt, wobei hier natürlich insbesondere Erkenntnisse aus der bisherigen Leitung der Börse durch die Geschäftsführer einfließen können.

Nach alledem zeigt sich also, daß die Personenidentität zwischen Börsengeschäftsführung und Leitung des Börsenträgers nur in sehr begrenzten Ausnahmefällen und nur beim Vorliegen weiterer Anhaltspunkte geeignet erscheint, einen beherrschenden Einfluß des Trägers auf die Börse zu begründen.

bb) Zusammenfassung unter einheitlicher Leitung i. S. v. § 18 Abs. 2 AktG

Gem. § 36 Abs. 2 S. 1 GWB liegt nicht nur bei einer Abhängigkeit ein einheitliches Unternehmen vor, sondern gem. Alt. 2 dieser Vorschrift auch dann, wenn

---

856 BT-Drucks. 16/4028, S. 83.

zwei Unternehmen einen Konzern i. S. d. § 18 AktG bilden. Während die Regelung in §18 Abs. 1 AktG bei Börsenkooperationen vernachlässigt werden kann, weil dort ebenso wie im Rahmen des § 17 AktG ein Abhängigkeitsverhältnis zwischen den einzelnen Unternehmen vorliegen muß, könnten hingegen die Anforderungen des § 18 Abs. 2 AktG erfüllt sein. Dies wäre dann der Fall, wenn es sich bei der personellen Verflechtung zwischen Börsenträger und Börse um eine Zusammenfassung unter einheitlicher Leitung handeln würde.

Im Gegensatz zu den bei den anderen Tatbeständen bestehenden Vermutungen gem. § 17 Abs. 2 und § 18 Abs. 1 S. 2 und 3 AktG gibt es eine solche beim Gleichordnungskonzern gem. § 18 Abs. 2 AktG nicht. Vielmehr muß hier eine positive Feststellung erfolgen, ob eine einheitliche Leitung vorliegt. Auf eine nähere Definition des Begriffes der einheitlichen Leitung hat der Gesetzgeber bewußt verzichtet, weshalb die Reichweite dieses Tatbestandsmerkmals in der Literatur umstritten ist. Im wesentlichen stehen sich hier ein enger und ein weiter Konzernbegriff gegenüber. Nach ersterem wird ein Konzern gemäß der wirtschaftswissenschaftlichen Sichtweise als wirtschaftliche Einheit definiert. Für die Annahme einer einheitlichen Leitung ist es hiernach erforderlich, daß für fast alle zentralen unternehmerischen Bereiche eine einheitliche Planung besteht.[857] Demgegenüber soll es nach dem weiten Unternehmensbegriff ausreichen, wenn wenigstens in einem zentralen Bereich der unternehmerischen Tätigkeit eine einheitliche Planung erfolgt, falls dies Auswirkungen auf das Gesamtunternehmen hat.[858] Die Rechtsprechung hat zu diesem Streit bisher nur insoweit abschließend Stellung genommen, als in Übereinstimmung mit beiden angeführten Auffassungen eine einheitliche Leitung jedenfalls im Falle einer gemeinsamen Finanzplanung vorliegen soll,[859] scheint aber im Übrigen eher dem weiten Unternehmensbegriff zuzuneigen.[860]

Unabhängig von diesem Streit über die erforderliche Reichweite einheitlicher Planung ist für den vorliegenden Fall aber noch viel mehr von Bedeutung, welcher Art die Leitung sein muß. Ob man dies an dem Merkmal der „Zusammenfassung" festmacht, wie es teilweise geschieht,[861] oder ob man dieses Merkmal

857 So etwa: Hüffer AktG § 18, Rn. 10; Lutter ZGR 1987, 324, 330 f.; vgl. auch Emmerich/Habersack-Emmerich § 18, Rn. 10; MüKo AktG-Bayer § 18, Rn. 29.

858 So etwa: MüKo AktG-Bayer § 18, Rn. 33; Emmerich/Habersack-Emmerich § 18, Rn. 13 ff.

859 BGHZ 107, 7, 20; 115, 187, 191.

860 BayObLGZ 1998, 85, 90 f.; OLG Stuttgart AG 1990, 168, 169.

861 Emmerich/Habersack-Emmerich § 18, Rn. 15 ff.

für überflüssig hält[862] und entsprechende Überlegungen bereits unter dem Tatbestandsmerkmal der „einheitlichen Leitung“ anstellt, ist hierbei im Ergebnis unbedeutend. Entscheidend ist vielmehr, daß nach herrschender Auffassung die Art der einheitlichen Leitung unerheblich ist.[863] Zwar liege – so wird gesagt – der einheitlichen Leitung in der Regel ein Gleichordnungsvertrag zugrunde, der den Umfang und die Art der Leitung regele,[864] zwingend sei eine vertragliche Absprache jedoch nicht.[865] Vielmehr soll § 18 Abs. 2 AktG auch auf den sog. „faktischen Gleichordnungskonzern“ Anwendung finden.[866] Hierbei ist alleine die Tatsache der einheitlichen Leitung entscheidend. Wie eine solche einheitliche Leitung zustande kommt, ist unerheblich. Es bedarf weder der Schaffung gemeinsamer Leitungsorgane noch besonderer Absprachen der Beteiligten.[867] Es soll insbesondere ausreichend sein, wenn durch personenidentische Besetzung der Unternehmensleitungen zwischen den Unternehmen eine solch enge personelle Verflechtung geschaffen wird, daß eine Gleichordnung erfolgt.[868]

Legt man dies der weiteren Untersuchung zugrunde, könnte bei der Börse und ihrem Träger eine einheitliche Leitung i. S. v. § 18 AktG bereits bei der beschriebenen[869] regelmäßig anzutreffenden personenidentischen Besetzung von Börsengeschäftsführung und Leitungspositionen des Börsenträgers vorliegen. Eine solche Beurteilung wäre jedoch nur dann gerechtfertigt, wenn der personenidentisch besetzte Börsenträgervorstand bzw. die Börsengeschäftsführung neben dem Willen, Börse und Träger einheitlich zu leiten, auch die tatsächliche Machtposition hätte, um diesen Willen durchzusetzen. Um hiervon ausgehen zu können, müßten zwei Voraussetzungen erfüllt sein. Zum einen müßte eine Personenidentität zwischen Börsenträgervorstand und Börsengeschäftsführung so umfassend sein, daß zumindest in der Praxis garantiert ist, daß es auch wirklich zu übereinstimmenden Entscheidungen kommt. Zum anderen müßte neben dem Vorstand des Börsenträgers auch die Geschäftsführung der Börse rechtlich mit solch weitreichenden Kompetenzen ausgestattet sein, daß eine einheitliche

862 MüKo AktG-Bayer § 18, Rn. 27, 52 ff.; Hüffer AktG § 18, Rn. 7, 20 f.

863 MüKo AktG-Bayer § 18, Rn. 36; Hüffer AktG § 18, Rn. 12.

864 Hüffer AktG § 18, Rn. 20.

865 MüKo AktG-Bayer § 18, Rn. 54.

866 BGH NJW 1993, 2114, 2115; Hüffer AktG § 18, Rn. 21; Emmerich/Habersack-Emmerich § 18, Rn. 30 f.; MüKo AktG-Bayer § 18, Rn. 54.

867 BGH NJW 1993, 2114, 2115; Emmerich/Habersack-Emmerich § 18, Rn. 30.

868 Hüffer AktG § 18, Rn. 21; Emmerich/Habersack-Emmerich § 18, Rn. 30; MüKo AktG-Bayer § 18, Rn. 54; Grüner NZG 2000, 601, 602.

869 Vgl. Fn. 845.

Vorgehensweise in beiden Gremien auch zu einer vereinheitlichten Leitung führt. Insbesondere dürfte die Börsengeschäftsführung bei der Umsetzung ihrer Entschlüsse nicht noch in weitem Umfang vom Einvernehmen mit anderen Börsenorganen abhängig sein, welche nicht personenidentisch besetzt sind.

Wie bereits angemerkt, ist der Umfang der Personenidentität von Börse zu Börse unterschiedlich. Die am weitesten reichende Variante ist diejenige, bei der die Leitung des Börsenträgers identisch mit der Geschäftsführung der Börse ist, ohne daß einer der beiden Leitungsgremien noch weitere Personen angehören. Während in diesen Fällen einheitliche Entscheidungen in beiden Gremien garantiert sind, ist eine Beurteilung schwieriger, wenn eine Personenidentität nur in Teilen vorliegt. Jedoch könnte eine Entscheidung darüber, welchen Umfang die Personenidentität dann haben muß und inwieweit es eine Rolle spielt, wenn Börsengeschäftsführer zwar nicht dem Vorstand des Trägers angehören, aber eine andere leitende Position im Trägerunternehmen innehaben, dahinstehen, wenn selbst bei einer kompletten Personenidentität eine einheitliche Leitung ausgeschlossen ist. Denn wenn die Börsengeschäftsführung – wie bereits angedeutet – nicht solche weitreichenden Kompetenzen besitzt, daß sie in der Lage ist, ihren Willen innerhalb der Börse durchzusetzen, führt die Gleichordnung der Leitung des Börsenträgers und der Börsengeschäftsführung keineswegs auch zu einer Gleichordnung von Börsenträger und Börse.

Folgt man der Argumentation des Bundeskartellamts, das bereits bei der Besetzung der Börsengeschäftsführung mit leitenden Angestellten des Börsenträgers einen beherrschenden Einfluß des Börsenträgers annimmt,[870] wird man bei einer personenidentischen Besetzung von Börsengeschäftsführung und Leitung des Börsenträgers regelmäßig auch von einer einheitlichen Leitung ausgehen müssen (wenngleich § 18 Abs. 2 AktG dann im Ergebnis nicht durchgreift, weil hier gerade keine Abhängigkeit vorliegen darf). Denn wenn die Personenidentität ausreichen soll, um die Interessen des Börsenträgers bei der Börse durchsetzen und auf diese beherrschenden Einfluß ausüben zu können, bedeutet dies ja nichts anderes, als daß die Leitung der Börse den Interessen des Börsenträgers unterworfen wird und somit einheitlich in dessen Sinne erfolgt.

Nun mag eine solche Bewertung tragbar sein, wenn es sich bei Börsenträger und Börse um zwei Aktiengesellschaften handeln würde, die personenidentisch besetzte Vorstände hätten. Denn auch wenn der Vorstand bei einigen Entscheidungen der Genehmigung durch Aufsichtsrat oder Hauptversammlung bedarf, so leitet er die Aktiengesellschaft gem. § 76 Abs. 1 AktG doch unter eigener

870 Beschluß Gesch.-Z.: B 4 – 67110 – Fa – 09/05, S. 32; vgl. Fn. 835.

Verantwortung. Jedoch darf nicht vergessen werden, daß die Börse als Anstalt des öffentlichen Rechts anders aufgebaut ist und die Bewertungen, die bei einer Aktiengesellschaft oder einer GmbH folgerichtig sein mögen, nicht vorschnell auf sie übertragen werden dürfen. Zwar mag sich die Funktion der Geschäftsführung der Börse an das aktienrechtliche Modell anlehnen,[871] also die Stellung des Geschäftsführers derjenigen des Vorstandes einer Aktiengesellschaft ähneln. Von einer einheitlichen Leitung kann man indes nur sprechen, wenn die Entscheidungsbefugnisse der Geschäftsführung und ihr Einfluß an der Börse so groß sind, daß sie die wesentlichen Entscheidungen trifft und einen Willen zu einheitlicher Leitung auch durchsetzen kann. Dies ist indes fraglich. Zwar regelt das Börsengesetz in § 15 Abs. 1 S. 1 BörsG, die Leitung der Börse obliege der Geschäftsführung „in eigener Verantwortung". Betrachtet man jedoch die Gesetzesbegründung, so zeigt sich, daß diese weitreichende Aussage dort wesentlich eingeschränkt wird. Denn hier ist lediglich noch die Rede von einer Zuordnung der „allgemeinen Leitungsfunktionen, die der tägliche Betrieb der Börse mit sich bringt".[872] Dieses Bild bestätigt sich, vergleicht man im Börsengesetz, welche konkreten Entscheidungen von der Geschäftsführung alleine getroffen werden können und welche einer Zustimmung des Börsenrates bedürfen. So fällt beispielsweise auf, daß der Börsenrat bei allen Entscheidungen, die die langfristige Positionierung der Börse im Markt betreffen, mindestens mitentscheidungsbefugt ist. Dies gilt namentlich gem. § 12 Abs. 2 S. 2 BörsG für die Einführung von technischen Handels- oder Abwicklungssystemen, aber wegen § 12 Abs. 2 S. 3 BörsG darüber hinaus für alle Maßnahmen von grundsätzlicher Bedeutung. Wenn an dieser Stelle die Möglichkeit der Verankerung eines Zustimmungsvorbehaltes in der Börsenordnung geregelt ist, ergibt sich die Einbeziehung des Börsenrates in solche Grundlagenentscheidungen bereits aus dem Börsengesetz. Da die Börsenordnung gem. § 12 Abs. 2 S. 1 Nr. 1 BörsG ebenfalls vom Börsenrat erlassen wird, hat dieser es alleine in der Hand, dort eine entsprechende Regelung zu schaffen. Für weitere bedeutende Regelungen, wie etwa die Entscheidungen über die Geschäftszweige, die Organisation der Börse und die Handelsarten, bestimmt § 16 Abs. 1 S. 2 Nr. 1 bis 3 BörsG ausdrücklich die Festlegung in der Börsenordnung und somit durch den Börsenrat. Aber selbst in den Bereichen, die keine langfristigen Grundsatzentscheidungen erfordern, sondern das Tagesgeschäft an der Börse betreffen, ist die tatsächliche Lage der Börsengeschäftsführung anders, als es die Formulierung der „Leitung in eigener Verantwortung" zunächst glauben läßt. Denn wenn

871 BT-Drucks. 12/6679, S. 62; Schwark-Schwark § 15 BörsG, Rn. 1.
872 BT-Drucks. 12/6679, S. 62.

es etwa um die Abwicklung der Geschäfte an der Börse oder die Zulassung der Teilnehmer zum Börsenhandel geht, was beides ohne Zweifel zum täglichen Betrieb der Börse gehört, hat der Börsenrat erhebliche Einflußmöglichkeiten, weil er nach § 12 Abs. 2 S. 1 Nr. 1 BörsG sowohl die Börsengeschäftsbedingungen als auch die Zulassungsordnung für Börsenhändler erläßt und auf diese Weise den Handlungsspielraum der Geschäftsführung für autonome Entscheidungen von vornherein stark einschränken kann.

Zusätzlich zu diesen Einschränkungen der Machtposition der Börsengeschäftsführung durch die Befugnisse des Börsenrats ist weiterhin zu gewichten, daß auch die Konzeption der Börse als Anstalt des öffentlichen Rechts den Handlungsspielraum der Geschäftsführer begrenzt. Denn hierdurch wird die Geschäftsführung in ihrem Handeln zur Erfüllung des spezifischen Anstaltszwecks verpflichtet.[873] Dies bedeutet aber, daß es wesentlich schwieriger ist, die Geschäftspolitik der Börse derjenigen des Trägers anzupassen. Denn es ergibt sich aus § 15 Abs. 2 BörsG und der entsprechenden Gesetzesbegründung[874] eindeutig, daß die Bestellung zum Geschäftsführer einer Börse nur dann möglich ist, wenn gewährleistet ist, daß der Geschäftsführer der Wahrnehmung öffentlicher Interessen den Vorrang vor seinen beruflichen Interessen beim Börsenträger einräumt. Hiernach darf ein Börsengeschäftsführer die Börse und ihn nur insoweit einheitlich leiten, soweit dem keine öffentlichen Interessen entgegenstehen. Eine solche Bindung der Geschäftsführer ist auch keinesfalls lediglich eine auf dem Papier bestehende Verpflichtung. Vielmehr kann eine Verstoß hiergegen gem. § 4 Abs. 3 Nr. 2, Abs. 5, Nr. 2 BörsG bis zur Aufhebung der Börsengenehmigung durch die Aufsichtsbehörde führen. Denn auch wenn die „Gefährdung der ordnungsgemäßen Leitung der Börse“ dort nicht ausdrücklich genannt ist, so erscheint es angemessen, wegen der Gleichstellung des Merkmals mit denen der „Zuverlässigkeit“ und „fachlichen Eignung“ in § 15 Abs. 2 BörsG eine übereinstimmende Bewertung auch im Rahmen des § 4 Abs. 3 BörsG vorzunehmen. Dies gilt insbesondere, weil aus der Verwendung des Wortes „insbesondere“ im Rahmen der Vorschrift deutlich wird, daß es sich hier keinesfalls um eine abschließende Aufzählung handelt.

Berücksichtigt man all diese Umstände, erscheint es übertrieben, wenn in der Literatur mitunter von einer „umfassenden Leitungs- und Geschäftsführungskompetenz“ der Börsengeschäftsführung die Rede ist.[875] Vielmehr ist es entgegen

873 Schwark-Schwark § 15 BörsG, Rn. 3.
874 BT-Drucks. 16/4028, S. 83.
875 Schwark-Schwark § 15 BörsG, Rn. 1.

der Auffassung des Bundeskartellamtes[876] nicht haltbar, wenn alleine aus einer Personenidentität zwischen Vorstand des Börsenträgers und Börsengeschäftsführung das Vorliegen einer einheitlichen Leitung i. S. d. § 18 Abs. 2 AktG gefolgert wird. Dies gilt um so mehr, als sich das Bundeskartellamt darauf stützt, die Festlegung der Handels- und Zulassungsgebühren für die Zulassung und Notierung von Wertpapieren falle in den Verantwortungsbereich der Börsengeschäftsführung.[877] Denn auch wenn die Festsetzung der Gebühren tatsächlich durch die Geschäftsführung erfolgt, ist doch ausschlaggebend, daß diese Entscheidung inhaltlich durch den Börsenrat vorgegeben wird, der die Höhe der Gebühren in der von ihm gem. § 12 Abs. 2 S. 1 Nr. 1 BörsG zu erlassenden Gebührenordnung festlegt. Für die Frage, ob eine einheitliche Leitung vorliegt, kann es nicht entscheidend sein, wer nach außen hin handelt, sondern bei wem die maßgebliche inhaltliche Entscheidungsbefugnis liegt. Diese Befugnis steht indes bei der Börse in allen wesentlichen Bereichen Geschäftsführung und Börsenrat gemeinsam zu. Hiernach ist es aber – selbst wenn man die inhaltliche Bindung an das öffentliche Interesse außer Betracht läßt – auch bei Personengleichheit von Börsenträgervorstand und Börsengeschäftsführung nicht ohne weiteres möglich ist, bei Börsenträger und Börse eine gemeinsame Geschäftspolitik zu verfolgen, da zu ihrer Verwirklichung stets das Einvernehmen mit dem Börsenrat notwendig ist. Der Börsenrat setzt sich jedoch im wesentlichen aus Vertretern der Teilnehmer am Börsenhandel zusammen; Vertreter des Börsenträgers fehlen in diesem Gremium. Unter diesen Umständen ist aber eine wirksame Einflußnahme des Börsenträgers beziehungsweise eine Gleichschaltung der Leitung grundsätzlich nicht möglich.

Es kann daher dahinstehen, wie groß die personellen Übereinstimmungen zwischen Vorstand des Börsenträgers und Geschäftsführung der Börse sein müssen, um von einer einheitlichen Leitung beider Gremien ausgehen zu können, oder ob eine personenidentische Besetzung für sich genommen ohne das Vorliegen weiterer Tatsachen in keinem Fall zu einer einheitlichen Leitung führen kann.[878]

Denn selbst bei einer einheitlichen Besetzung beider Gremien kann keineswegs ohne weiteres auf eine Zusammenfassung von Börsenträger und Börse unter einheitlicher Leitung i. S. v. § 18 Abs. 2 AktG geschlossen werden. Vielmehr kann dies allenfalls dann angenommen werden, wenn es konkrete Hinweise gibt,

---

876 Beschluß Gesch.-Z.: B 4 – 67110 – Fa – 09/05, S. 32 abzurufen unter: http://www.bundeskartellamt.de/ wDeutsch/ download/pdf/Fusion/Fusion05/B4-09-05.pdf.

877 Beschluß Gesch.-Z.: B 4 – 67110 – Fa – 09/05, S. 32.

878 Für letzteres: BAG NJW 1996, 1691, 1692.

daß auf seiten des Börsenrates keine eigenständigen Entscheidungen getroffen werden, sondern sich dieser den Entscheidungen unterwirft, die beim Börsenträger getroffen und über die Geschäftsführung an der Börse eingebracht werden.

cc) Zusammenfassung

Somit ist im Ergebnis festzustellen, daß ein Börsenträger grundsätzlich weder die Möglichkeit der Ausübung eines beherrschenden Einflusses gem. § 17 Abs. 1 und 2 AktG auf die Börse hat, noch Börse und Börsenträger im Regelfall unter einheitlicher Leitung i. S. v. § 18 Abs. 2 AktG zusammengefaßt sind. Börse und Börsenträger sind somit nicht als einheitliches Unternehmen i. S. v. § 36 Abs. 2 S. 1 GWB anzusehen. Vielmehr hat die kartellrechtliche Beurteilung streng zwischen diesen beiden Rechtssubjekten zu trennen.[879]

d) Beteiligte am kartellrechtlichen Verfahren

Nachdem nun festgestellt worden ist, daß im Rahmen der materiellen kartellrechtlichen Beurteilung strikt zwischen Börse und Börsenträger getrennt werden muß, stellt sich die Frage, ob diese Trennung auch im verfahrensrechtlichen Bereich durchzuführen ist. Während es unproblematisch ist, daß bei einem Kartellrechtsverstoß des Börsenträgers eine entsprechende Verfügung auch gegen ihn ergehen bzw. daß der Träger in einem kartellrechtlichen Verfahren Prozeßbeteiligter sein kann, ist zweifelhaft, was gilt, wenn der Kartellrechtsverstoß von seiten der Börsenanstalt erfolgt ist.

Nun ist zu beachten, daß sowohl in der Literatur[880] als auch in der Rechtsprechung[881] gemeinhin von einem zweigliedrigen Unternehmensbegriff ausgegangen wird. Dies bedeutet, daß es zwar keiner Rechtssubjektivität einer Wirtschaftseinheit bedarf, um als Unternehmen im Sinne des materiellen Kartellrechts angesehen zu werden.[882] Daß diese Wirtschaftseinheit dann aber auch als Beteiligter im kartellrechtlichen Verfahren auftreten kann, ist noch nicht gesagt.

879 Anders jedoch: Bundeskartellamt Beschluß Gesch.-Z.: B 4 – 67110 – Fa – 09/05, S. 32; abzurufen unter: http://www.bundeskartellamt.de/wDeutsch/ download/pdf/Fusion/Fusion05/B4-09-05.pdf.

880 Kling/Thomas, Kartellrecht, S. 53; Immenga/Mestmäcker-Emmerich Wettbewerbsrecht: EG, Art. 81 Abs. 1, Rn. 16.

881 EuGH, verb. Rs. C-189/02 P u.a., Slg. 2005, I-5425, Rn. 113 (Dansk Rørindustri).

882 S. o. D.II.2.a).

Vielmehr gilt für das verwaltungsrechtliche Kartellverfahren vor den deutschen Kartellbehörden die Vorschrift in § 77 GWB, wonach beteiligtenfähig „außer natürlichen und juristischen Personen auch nichtrechtsfähige Personenvereinigungen“ sind. Nun ist allerdings die Börse nach dem Wortlaut des Börsengesetzes nur teilrechtsfähig ist;[883] sie ist keine juristische Person des Öffentlichen Rechts und auch keine Personenvereinigung. In den Fällen, in denen eine Wirtschaftseinheit zwar als Unternehmen im Sinne des materiellen Kartellrechts gilt, aber nicht beteiligtenfähig ist, wird von den Anhängern des zweigliedrigen Unternehmensbegriffes in der Regel das Bedürfnis gesehen, das Handeln dieser Einheit einem rechtsfähigen Unternehmensträger zuzurechnen, welcher dann der Adressat einer etwaigen kartellbehördlichen Verfügung ist.[884] Hierfür käme bei der Börse nur der Börsenträger in Betracht. Allerdings ergeben sich hiergegen die gleichen Bedenken wie gegenüber einer Behandlung von Börse und Träger als einheitliches Unternehmen im Rahmen der materiellrechtlichen Beurteilung. Da der Börsenträger juristisch betrachtet keine, tatsächlich betrachtet auch nur begrenzte Einwirkungsmöglichkeiten auf die Börsenanstalt hat, kann er nicht Beteiligter in einem Verfahren sein, in dessen Rahmen von ihm die Unterlassung von Kartellrechtsverstößen verlangt wird, auf die er keinen Einfluß hat. Fraglich ist nun, ob man aus dieser Feststellung die Folgerung ziehen kann, die Börse sei als teilrechtsfähige Anstalt entgegen dem Wortlaut des § 77 GWB beteiligtenfähig am kartellrechtlichen Verwaltungs- und Beschwerdeverfahren.[885] Hieran anschließend würde sich dann nämlich die weitere Frage stellen, was in einem zivilrechtlichen Kartellverfahren nach §§ 87 ff. GWB gelten soll, wo wegen des hierfür geltenden § 50 ZPO[886] eine Parteifähigkeit der Börse eigentlich ausscheiden müßte. Da es fragwürdig erscheint, nur aus diesem Grunde die Möglichkeit kartellzivilrechtlicher Ansprüche gegen die Börse generell zu verwerfen, bliebe nur die Alternative, die Parteifähigkeit der Börse speziell für einen solchen Anspruch zu bejahen. Dies wäre aber nur möglich, wenn man die Hürde in § 50 ZPO – etwa im Wege einer Analogie – überwinden könnte. Befürwortet man dies, erscheint es andererseits jedoch nur schwer vertretbar, eine Parteifähigkeit der Börse in anderen zivilrechtlichen Verfahren zu verneinen, weil die Voraussetzungen des § 50 ZPO für alle Zivilverfahren gleich

---

883 § 2 Abs. 1 BörsG.

884 Kling/Thomas, Kartellrecht, S. 53; Immenga/Mestmäcker-Emmerich Wettbewerbsrecht: EG, Art. 81 Abs. 1, Rn. 16.

885 So für Anstalten allgemein: Immenga/Mestmäcker-Schmidt Wettbewerbsrecht: GWB, § 77, Rn. 7.

886 Immenga/Mestmäcker-Schmidt Wettbewerbsrecht: GWB, § 77, Rn. 2.

sind. Zwar kann nun aus einer Beteiligtenfähigkeit der Börse im zivilprozessualen Verfahren nicht zwangsläufig auf ihre Rechtsfähigkeit geschlossen werden;[887] inwieweit es dann aber noch sinnvoll ist, die Zivilrechtsfähigkeit der Börse weiter anzuzweifeln, erscheint fraglich, soll aber im Rahmen der vorliegenden Arbeit dahingestellt bleiben.

Eine sinnvolle Alternative zur Annahme einer Beteiligtenfähigkeit der Börse im kartellrechtlichen Verfahren gibt es indes nicht, so daß im Ergebnis festgehalten werden kann, daß auch im verfahrensrechtlichen Bereich eine Trennung zwischen Börse und Träger erfolgen muß.

3. Einschränkung der Anwendbarkeit des Kartellrechts bei öffentlich-rechtlicher Handlungsweise

Eine Einschränkung der Anwendbarkeit des Kartellrechts könnte sich, soweit die Börse handelndes Subjekt ist, eventuell aus der Tatsache ergeben, daß die Börse in Handlungsformen des öffentlichen Rechts agiert. Denn die Börse wird auf der Grundlage der Börsenordnung, der Börsengeschäftsbedingungen und der Zulassungsordnung tätig, welche allesamt gem. § 12 Abs. 2 Nr. 1 BörsG als Satzung erlassen werden. Sie handelt selbst gegenüber den Handelsteilnehmern und den Emittenten regelmäßig durch Verwaltungsakt. Während früher vertreten wurde, das GWB sei nur auf privatrechtlich gestaltete Leistungsbeziehungen anwendbar, und somit in dem Börsenwesen vergleichbaren Fällen eine Anwendung kartellrechtlicher Vorschriften abgelehnt wurde,[888] hat sich die rechtliche Beurteilung inzwischen gewandelt. So herrscht inzwischen Konsens, daß eine Anwendung der Vorschriften des GWB auch auf öffentlich-rechtliche Rechtssubjekte in Betracht kommt, die in öffentlich-rechtlicher Form handeln.[889] Eine öffentlich-rechtliche Ausgestaltung der Leistungsbeziehung könne deshalb nicht entscheidend sein, weil zwischen Leistungs- und Wettbewerbsbeziehung zu unterscheiden sei.[890] Für die Frage, ob Kartellrecht anwendbar sei, sei nicht die Art der Leistungs-, sondern die Art der Wettbewerbsbeziehungen das ausschlaggebende Kriterium. Sofern privatrechtliche Wettbewerbsbeziehungen zu anderen

---

887 Vgl. Zöller-Vollkommer ZPO § 50, Rn. 22, 37.

888 OLG Köln NJW 1974, S. 802 f.; Renck JuS 1978, 461 f.; vgl. im übrigen von Olenhusen, Börsen und Kartellrecht, S. 106 f.

889 Schwark-Beck § 9 BörsG, Rn. 8; Beck WM 2000, 597, 598 f.; von Olenhusen, Börsen und Kartellrecht, S. 107; Emmerich/Hoffmann FS Schmitt Glaeser, S. 527, 530; Merkt, Gutachten zum 64. Deutschen Juristentag, G 116.

890 Ebd.

Anbietern möglich seien, wenn also die angebotenen Leistungen in Konkurrenz zu anderen Unternehmen am Markt angeboten würden, finde unabhängig von der Art der Leistungsbeziehung das GWB Anwendung.[891] Grund hierfür sei der Schutzzweck der Regelung, welche in allen Fällen von Wettbewerbsverhältnissen Anwendung finden solle.[892]

Geht man von dieser inzwischen wohl allgemein anerkannten Prämisse aus, bedeutet dies aber, daß es nur wenige Fälle gibt, in denen bei einem Angebot von Leistungen durch öffentlich-rechtliche Anbieter eine Anwendung der kartellrechtlichen Vorschriften vollständig ausscheidet. Zu denken ist etwa an Fälle eines Anschluß- und Benutzungszwangs, da dann kein Wettbewerbsverhältnis zu anderen Anbietern vorliegt.[893]

Da jedoch die deutschen Börsen im Wettbewerb untereinander und unter Umständen auch zu außerbörslichen Handelsplattformen[894] stehen, ist das Kartellrecht trotz der öffentlich-rechtlichen Handlungsweise der Börsen grundsätzlich anwendbar.

Freilich ist auch anerkannt, daß die Anwendung des Kartellrechts im Fall von öffentlich-rechtlichem Handeln unter bestimmten Umständen Einschränkungen unterliegen muß. Nicht den kartellrechtlichen Regelungen soll nach ganz überwiegender Auffassung die rein hoheitliche Tätigkeit unterfallen, mithin neben Akten der Rechtssetzung Verwaltungshandeln mit den Mitteln von Zwang und Anordnung.[895] Ferner soll das Kartellrecht dann unanwendbar sein, wenn ein wettbewerbsrelevanter Sachverhalt öffentlich-rechtlichen Sonderregelungen unterliegt,[896] wenn es also dem GWB vorrangige Normen gibt, die eine wirtschaftliche Tätigkeit speziell regeln,[897] wobei die Rechtsprechung hierbei darauf abstellt, ob es für eine möglicherweise kartellrechtswidrige Handlung eine öffentlich-rechtliche Ermächtigungsgrundlage gibt.[898] Ebenfalls soll die Anwendung

---

891 Rittner/Kulka, Wettbewerbs- und Kartellrecht, S. 200; Schwark-Beck § 9 BörsG, Rn. 8; Beck WM 2000, 597, 598 f.; vgl. von Olenhusen, Börsen und Kartellrecht, S. 106 ff.; Merkt, Gutachten zum 64. Deutschen Juristentag, G 116; siehe auch oben D.II.2.a).

892 Schwark-Beck § 9 BörsG, Rn. 8; Beck WM 2000, 597, 598 f.

893 Ebd.

894 S. u. D.III.2.b)aa)aaa).

895 Immenga/Mestmäcker-Zimmer Wettbewerbsrecht: GWB, § 1, Rn. 30; Rittner/Kulka, Wettbewerbs- und Kartellrecht, S. 199; a. A. für den Bereich des Börsenrechts: Emmerich/Hoffmann FS Schmitt Glaeser, S. 532 ff.

896 Von Olenhusen, Börsen und Kartellrecht, S. 112.

897 Schwark-Beck § 9 BörsG, Rn. 8; Beck WM 2000, 597, 598.

898 BGH WuW E 1474, 1477.

des GWB im Rahmen der Erfüllung öffentlicher Aufgaben eingeschränkt werden. Dies soll nach ganz herrschender Auffassung jedoch keineswegs den Bereich der „Daseinsvorsorge" generell aus dem Anwendungsbereich des GWB herausnehmen.[899] Vielmehr soll eine Anwendbarkeit des Kartellrechts nur dann entfallen, wenn die Erfüllung der öffentlichen Aufgabe nur unter Durchbrechung der kartellrechtlichen Regelungen möglich ist,[900] wobei hierbei teilweise gefordert wird, es müsse eine gesetzliche Aufgabenübertragung vorliegen und es müsse von vornherein absehbar sein, daß die Durchbrechung des Kartellrechts notwendig sei.[901]

Somit kann für das Börsenwesen als Ergebnis festgehalten werden, daß Handlungen der Börse grundsätzlich am Kartellrecht gemessen werden müssen. Jedoch kann eine andere Bewertung dann in Betracht kommen, wenn die Börse hoheitlich handelt. Ausnahmen können sich punktuell ebenfalls ergeben, wenn aus den Regelungen insbesondere des Börsengesetzes deutlich wird, daß eine bestimmte Vorgehensweise zulässig ist, weil dann insoweit von einer gesetzlichen Sonderregelung auszugehen ist. Zudem kommt ein Zurücktreten des Kartellrechts in Betracht, wenn die öffentliche Aufgabenerfüllung der Börse ohne einen Kartellrechtsverstoß nicht hinreichend gewährleistet wäre. Welche Anforderungen an solche Ausnahmen zu stellen sind und bei welchen Handlungsweisen der Börse sie in Betracht kommen, soll im Rahmen der Beurteilung einzelner kartellrechtlich relevanter Tätigkeiten der Börse im folgenden Abschnitt geklärt werden.

III. Einzelne kartellrechtliche Tatbestände

Nachdem versucht worden ist, allgemein die Reichweite der Anwendbarkeit des Kartellrechts im Bereich der Börsen darzustellen und aufzuzeigen, daß grundsätzlich zwischen Börse und Börsenträger zu differenzieren ist, soll nun untersucht werden, wie einzelne konkrete Problemstellungen, die sich im Rahmen von Kooperationen oder Fusionen von Börsen und ihren Trägern ergeben, kartellrechtlich zu beurteilen sind. Hierbei sollen zunächst diejenigen Probleme erörtert werden, die den Bereich des Kartellverbotes der Vorschrift in § 1 GWB bzw.

---

899 Immenga/Mestmäcker-Emmerich/Rehbinder/Markert Wettbewerbsrecht: GWB, § 130, Rn. 42; von Olenhusen, Börsen und Kartellrecht, S. 114.

900 Schwark-Beck § 9 BörsG, Rn. 8; Beck WM 2000, 597, 598; Immenga/Mestmäcker-Emmerich/Rehbinder/Markert Wettbewerbsrecht: GWB, § 130, Rn. 41.

901 Immenga/Mestmäcker-Emmerich/Rehbinder/Markert Wettbewerbsrecht: GWB, § 130, Rn. 42.

Art. 101 AEUV betreffen. Anschließend sollen die Fragen behandelt werden, die sich im Rahmen der Zusammenschlußkontrolle gem. §§ 35 ff. GWB bzw. der Fusionskontrollverordnung ergeben.

1. Das Kartellverbot des Art. 101 AEUV/§ 1 GWB

Wie bereits angesprochen,[902] ist die für den Bereich der Börsen maßgebliche Regelung eines Kartellverbots diejenige in Art. 101 AEUV, da bei Kooperationen von Börsen im Regelfall die europäische Regelung vorrangig vor dem deutschen GWB anzuwenden sein wird. Art. 101 AEUV untersagt alle Vereinbarungen oder aufeinander abgestimmte Verhaltensweisen, die den Handel zwischen den Mitgliedstaaten zu beeinträchtigen geeignet sind und eine Verhinderung, Einschränkung oder Verfälschung des Wettbewerbs innerhalb des Gemeinsamen Marktes bezwecken und bewirken. Von der Vorschrift betroffen sind sowohl horizontale als auch vertikale Wettbewerbsbeschränkungen.[903] Entgegen der Rechtslage im GWB, bei der die Nichtigkeit des wettbewerbswidrigen Verhaltens aus § 134 BGB folgt,[904] ist diese Rechtsfolge in Art. 101 Abs. 2 AEUV ausdrücklich geregelt. Da der Umfang des Verbotes weitreichend ist, wird bei der Beurteilung bestimmter Handlungen im Rahmen einer Kooperation zwischen Börsen und ihren Betreibern regelmäßig ausschlaggebend sein, inwieweit die Reichweite des Art. 101 AEUV eingeschränkt werden kann. Hierbei sind vor allem zwei Varianten von Bedeutung. Zum einen ist, wie bereits dargelegt,[905] unter Umständen schon der Tatbestand von Art. 101 Abs. 1 AEUV einzuschränken, wenn sich nämlich aus anderen gesetzlichen Regelungen – insbesondere des Börsenrechts – die Zulässigkeit einer bestimmten Vorgehensweise ergibt. Zum anderen bietet Art. 101 Abs. 3 AEUV die Möglichkeit, wettbewerbsbeschränkende Handlungen von der Kommission vom Kartellverbot freistellen zu lassen, wenn die in dieser Vorschrift aufgeführten, kumulativ erforderlichen materiellrechtlichen Freistellungsvoraussetzungen erfüllt sind.

Im folgenden soll anhand einiger bei Kooperationen zwischen Börsen und ihren Trägern auftretender Problemstellungen untersucht werden, wie weit das Kartellverbot im Bereich des Börsenwesens reicht.

---

902 S. o. D.II.1.a)cc).

903 Kling/Thomas, Kartellrecht, S. 65.

904 Immenga/Mestmäcker-Zimmer Wettbewerbsrecht: GWB, § 1 Rn. 24.

905 S. o. D.II.3.

a) *Angleichung der Börsenordnungen, der Börsengeschäftsbedingungen, der Gebührenordnung, der Zulassungsordnung für Börsenhändler und der Handelsordnung für den Freiverkehr*

Sowohl wenn mehrere Börsenträger fusionieren und die neu entstehende Gesellschaft dann mehr als eine Börse betreibt, als noch viel mehr, wenn zwischen den Börsen selbst eine Kooperation – etwa vergleichbar mit den Plänen zur Errichtung der deutschen Retailbörse[906] – angestrebt wird, wird es regelmäßig zu Bestrebungen kommen, die Regelwerke der Börsen einander anzugleichen. Denn wenngleich oft eine Heterogenität in bezug auf die gehandelten Produkte akzeptiert oder sogar gefördert wird,[907] wird es meist im Interesse der Beteiligten sein, bezüglich der Handelszeiten, der Gebühren und ähnlicher Regelungsgegenstände eine Angleichung vorzunehmen, um zum einen Synergieeffekte zu erzielen, etwa weil weniger Regelwerke zu pflegen sind, und zum anderen nach außen hin einheitlicher aufzutreten und die Regelungen für die Handelsteilnehmer überschaubarer zu machen. Kartellrechtlich problematisch ist dies nun, weil eine solche Angleichung der Regelwerke jedenfalls grundsätzlich in den Anwendungsbereich von Art. 101 AEUV fällt. Denn unabhängig davon, ob eine Anpassung der Regelwerke vertraglich fixiert wird, durch „Gentlemen's Agreements" oder aufeinander abgestimmte Verhaltensweise erfolgt, fällt sie unter das Kartellverbot, sobald sie eine Verhinderung, Einschränkung oder Verfälschung des Wettbewerbs bewirkt. Nun mag es zutreffend sein, daß in vielen Fällen in der Vergangenheit Neuregelungen an der Frankfurter Wertpapierbörse als der nationalen Leitbörse von anderen Börsen im Wege des „autonomen Nachvollzugs" übernommen wurden, ohne daß hier von einer kartellrechtlich verbotenen Koordinierung des Verhaltens auszugehen ist.[908] Erfolgt eine Angleichung der Regelwerke jedoch anläßlich einer Kooperationsvereinbarung zwischen Börsen, kann kein Zweifel bestehen, daß zumindest eine abgestimmte Verhaltensweise vorliegt. Ebenso bewirkt eine Angleichung regelmäßig wenigstens eine Einschränkung des Wettbewerbs.[909] Denn eine Einschränkung des Wettbewerbs ist jede Beschränkung der Entscheidungs- und Handlungsfreiheit, solche marktbezogene Handlungen im Rahmen eines Wettbewerbsverhältnisses vorzunehmen,

---

906 S. o. B.V.

907 Vgl. u. D.III.1.a)cc).

908 Beck WM 200, 597, 606 f.

909 Ebenso mit ausführlicher Begründung: von Olenhusen, Börsen und Kartellrecht, S. 143 ff.

welche geeignet sind, die Marktverhältnisse zu beeinflussen.[910] Die Entscheidung, welche Gebühren zu erheben sind sowie zu welchen Handelszeiten und unter welchen anderen Umständen der Börsenhandel stattfindet, ist ganz eindeutig eine marktbezogene Handlung. Sie ist auch geeignet, die Marktverhältnisse zu beeinflussen, da die Entscheidung der Handelsteilnehmer, an welcher Börse sie ihre Geschäfte abwickeln, wesentlich von den dort herrschenden Bedingungen für die Geschäfte beeinflußt wird. Dies ergibt sich schon aus der durch die Umsetzung der MiFID geschaffenen Regelung des § 33a WpHG, nach der Wertpapierdienstleistungsunternehmer sogar verpflichtet sind, Kundenaufträge zu den bestmöglichen Bedingungen auszuführen. Es ist in diesem Zusammenhang auch nicht relevant, daß es sich bei den von den Börsen berechneten Kosten um „Gebühren" handelt. Hieraus folgt zwar, daß in diesem Zusammenhang das gebührenrechtliche Äquivalenzprinzip gem. § 3 S. 1 VwKostG gilt, jedoch eröffnet auch dieses gerade im Rahmen eines wettbewerblichen Angebotes von Leistungen noch einen ausreichenden ausfüllungsbedürftigen Spielraum.[911]

Somit ist im Ergebnis festzustellen, daß eine Angleichung der Börsenregelwerke den Kartelltatbestand des Art. 101 AEUV bzw. des § 1 GWB erfüllt.

Nun könnte eine Anwendung des Kartellrechts jedoch wegen der Rechtsnatur der Börsenregelwerke ausgeschlossen sein. Denn Börsenordnung, Börsengeschäftsbedingungen, Gebührenordnung, Zulassungsordnung für Börsenhändler und Handelsordnung für den Freiverkehr gleichen sich insoweit, als alle diese Regelwerke gem. § 12 Abs. 2 Nr. 1 BörsG vom Börsenrat als Satzungen erlassen werden. Es fragt sich nun, ob allein aufgrund der Tatsache, daß es sich um Satzungen handelt, die Anwendung des Kartellrechts gemäß den angedeuteten Einschränkungen[912] bei öffentlich-rechtlicher Handlungsweise ausscheiden muß.

Die Frage, inwieweit die Anwendung des Kartellrechts bei öffentlich-rechtlicher Handlungsweise im Börsenrecht eingeschränkt werden muß, erweist sich als problematisch und umstritten. Hierbei lassen sich die folgenden zwei entgegengesetzten Positionen herausarbeiten: Von manchen wird darauf abgestellt, Akte der Rechtssetzung seien als hoheitliche Tätigkeit generell vom Anwendungsbereich des Kartellrechts ausgenommen,[913] bzw. die durch öffentlichrechtliche Normen abschließend geregelten Bereiche der Börsenorganisation

910 von Olenhusen, Börsen und Kartellrecht, S. 144 f.

911 von Olenhusen, Börsen und Kartellrecht, S. 145.

912 D.II.3.

913 Rittner/Kulka, Wettbewerbs- und Kartellrecht, S. 199; Schwark-Schwark § 17 BörsG, Rn. 9; Immenga/Mestmäcker-Immenga GWB, 3. Auflage, § 2 Abs. 2, Rn. 16.

seien als nicht unter das GWB fallender Ausnahmebereich anzusehen.[914] Während dies zum Zeitpunkt der seinerzeitigen Diskussion hierüber lediglich einige Bereiche, wie etwa die Zuständigkeiten der Börsenorgane, die Börsenaufsicht und die Börsenpreisermittlung betraf[915] sowie Vereinheitlichungen der Börsenordnungen einer kartellrechtlichen Überprüfung entzog,[916] müßte man hieraus nach geltendem Börsenrecht eine weitgehende Unanwendbarkeit des GWB im Bereich der Börsen folgern.[917] Denn heutzutage, werden alle wesentlichen Regelwerke an den Börsen gem. § 12 Abs. 2 Nr. 1 BörsG als Satzungen erlassen. Wäre schon deshalb das Kartellrecht unanwendbar, bliebe kaum noch ein Spielraum, um Handlungen der Börse dem Anwendungsbereich von Art. 101 AEUV bzw. § 1 GWB zu unterwerfen.[918] Dies erscheint vor allem dann als problematisch, wenn man sich vergegenwärtigt, daß dann auch Regelwerke, wie etwa die Gebührenordnung, aus dem Anwendungsbereich des Kartellrechts herausfallen würden.[919] Warum jedoch eine Angleichung der Gebühren zwischen mehreren Börsen als Paradebeispiel eines Preiskartells nur deshalb kartellrechtlich unbedenklich sein soll, weil die Regelung durch Satzung und nicht z.B. durch Anpassung zivilrechtlicher Geschäftsbedingungen erfolgt, ist inhaltlich schwer zu begründen. Denn insbesondere durch die seit dem MiFID-Umsetzungsgesetz erfolgten Änderungen des Börsengesetzes sind zunehmend mehr Bereiche Satzungsrecht unterstellt worden, die keine inhaltliche Nähe zu Aufgaben haben, die in irgendeiner Weise hoheitliche Belange betreffen. Daß eine solch weitgehende Nichtanwendung des Kartellrechts keinesfalls vom Gesetzgeber beabsichtigt ist, zeigt sich, wenn man die Bestimmung in § 9 BörsG betrachtet, welche sich auf die Anwendbarkeit kartellrechtlicher Vorschriften bezieht. Denn nachdem Abs. 1 dieser Regelung festlegt, die Vorschriften des GWB seien einzuhalten, bestimmt Abs. 1 S. 2, daß dies insbesondere für den Zugang zu Handelssystemen sowie deren Nutzung gelten soll. Diese Bestimmung soll die Chancengleichheit der Marktteilnehmer beim Zugang zu Börseneinrichtungen sicherstellen[920] und

914 Beck WM 200, 597, 599; Merkt, Gutachten zum 64. Deutschen Juristentag, G 117.

915 Vgl. Beck WM 200, 597, 599.

916 Schwark-Schwark, 3. A., § 13 BörsG, Rn. 17.

917 So etwa nach der neuen Rechtslage Schwark-Schwark, §16 BörsG, Rn. 19, für die Börsengeschäftsbedingungen.

918 Ebenso Immenga/Mestmäcker- Emmerich/Rehbinder/Markert Wettbewerbsrecht: GWB, § 130, Rn. 20; Emmerich/Hoffmann FS Schmitt, Glaeser, S. 527, 532.

919 Ausdrücklich dafür, auch nach alter Rechtslage: Schwark-Schwark, 3. A., § 14, Rn. 9; dagegen jedoch: von Olenhusen, Börsen und Kartellrecht, 141 ff., 168.

920 Schäfer/Hamann-Ledermann § 6 Rn. 2.

die Schwächung der Marktposition von Börsenmaklern und kleineren Unternehmen auf dem Wertpapiermarkt verhindern.[921] Nun richtet sich die Zulassung von Marktteilnehmern aber nach der Zulassungsordnung für Börsenhändler, welche gem. § 12 Abs. 2 Nr. 1 BörsG als Satzung erlassen wird und nach der vorstehend dargelegten Meinung alleine schon deshalb der kartellrechtlichen Überprüfung entzogen wäre. Hätte der Gesetzgeber eine solch weitreichende Einschränkung beabsichtigt, hätte er aber auch § 9 BörsG ändern müssen, weil die dort angeordnete kartellrechtliche Überprüfung des Zugangs zu den Handelssystemen dann eben nicht mehr möglich wäre. Da es aber zu einer solchen Änderung nicht gekommen ist, kann hieraus gefolgert werden, daß durch die Tatsache, daß börsenrechtliche Regelungen in Form von Satzungen erfolgen, diese keineswegs ohne weiteres der kartellrechtlichen Überprüfung entzogen sein sollen. Dies gilt um so mehr, als sich für den Willen des Gesetzgebers, durch eine weitgehende Anwendung kartellrechtlicher Vorschriften die Teilnehmer am Börsenhandel zu schützen und den Wettbewerb zu stärken, deutliche Anhaltspunkte in den Gesetzesmaterialien finden,[922] nicht jedoch für eine Unanwendbarkeit des Kartellrechts auf Satzungen der Börse. Ein weiterer Einwand gegen eine fehlende Anwendbarkeit des Kartellrechts auf Börsensatzungen folgt aus dem Umstand, daß, wie dargelegt wurde,[923] im Bereich des Kartellverbotes regelmäßig die europäische Regelung des Art. 101 AEUV vorrangig anzuwenden ist. Es dürfte mit dem europarechtlichen Effet-Utile-Grundsatz kaum vereinbar sein, das Börsenwesen in Deutschland einer kartellrechtlichen Überprüfung mit dem Argument zu entziehen, eine solche sei im Bereich von Satzungen nicht zulässig. Denn angesichts der Tatsache, daß Börsen in den anderen europäischen Ländern regelmäßig privatrechtlich ausgestaltet sind, müßte dies sofort zur Frage führen, ob die bestehende öffentlich-rechtliche Ausgestaltung in Deutschland dann überhaupt europarechtlich zulässig ist oder ob der deutsche Gesetzgeber verpflichtet wäre, Börsen privatrechtlich auszugestalten, um den europäischen Vorschriften zum Kartellrecht zur Durchsetzung zu verhelfen. Daher erscheint es angemessen, die Regelung in § 9 BörsG so auszulegen, daß Satzungen im Bereich der Börsen keinesfalls vollständig aus dem Anwendungsbereich der kartellrechtlichen Regelungen herauszunehmen sind.

Der Ansicht, Satzungen seien der kartellrechtlichen Überprüfung generell entzogen, steht die Auffassung entgegen, im börsenrechtlichen Bereich sei wegen

---

921 Regierungsbegr. BT-Drucks, 12/6679, S. 61.

922 Regierungsbegr. BT-Drucks, 12/6679, S. 2, 61.

923 S. o. D.II.1.a)aa).

der Regelung des § 9 BörsG das Kartellrecht auch auf den Erlaß von Satzungen anzuwenden.[924] Angesichts der Satzungsautonomie der Börsen für alle wichtigen Fragen müsse § 9 BörsG (§ 6 BörsG a. F.) einen weitergehenden Sinn haben, als ihm im Zusammenhang mit der gängigen Interpretation des § 130 Abs. 1 S. 1 GWB beigelegt wird.[925] Der Anwendungsbereich des Kartellrechts müsse daher im Börsenrecht auf den Bereich erstreckt werden, wo Börsen über einen autonomen Handlungsspielraum bei der Gestaltung ihrer Wettbewerbsbeziehungen verfügen.[926] Das Kartellrecht solle nur dort nicht anwendbar sein, wo die Börse bereits als Anstalt des öffentlichen Rechts und Behördenträger einer strikten öffentlich-rechtlichen Bindung unterliege.[927] So soll etwa im Bereich der Zulassung von Handelsteilnehmern wegen des Tätigwerdens der Börse als Teil der mittelbaren Staatsverwaltung Kartellrecht nur in den Bereichen zum Tragen kommen, wo noch Platz für einen unternehmerischen Verhaltensspielraum ist, wie etwa bei der Skontrenverteilung gem. § 29 BörsG.[928]

Dieser Auffassung ist insofern zuzustimmen, als die ins Börsengesetz aufgenommene Ausweitung der Regelung durch Satzungen einerseits und der Wille des Gesetzgebers zur Anwendung des Kartellrechts im Bereich des Börsenwesens andererseits, deutlich werden lassen, daß nicht alleine auf die Form der Regelung entscheidend ist, wenn über ihre kartellrechtliche Überprüfbarkeit zu urteilen ist. Vielmehr ist eine inhaltliche Beurteilung vorzunehmen, ob in einem bestimmten Bereich das Kartellrecht zurückzutreten hat. Jedoch schießt die Auffassung über das Ziel hinaus, wenn sie als Grund zur Einschränkung des Kartellrechts lediglich auf die Bereiche der mittelbaren Staatsverwaltung und der dort herrschenden strikten Bindung abstellt. Zwar ist es fraglos richtig, daß dort, wo inhaltlich Bereiche des hoheitlichen Handelns betroffen sind, das Kartellrecht unanwendbar ist. Jedoch erscheint es sachgerecht, die Geltung des Kartellrechts auch unter den anderen vorstehend[929] dargelegten Umständen im Rahmen öffentlich-rechtlicher Handlungsweise einzuschränken, etwa wenn die öffentliche Aufgabenerfüllung der Börse ohne einen Kartellrechtsverstoß nicht hinreichend möglich wäre,[930] ferner, wenn das Börsengesetz speziellere Regelungen bereit

---

924 Emmerich/Hoffmann FS Schmitt, Glaeser, S. 527, 532.
925 Ebd.
926 Emmerich/Hoffmann FS Schmitt, Glaeser, S. 527, 533.
927 Ebd.
928 Emmerich/Hoffmann FS Schmitt, Glaeser, S. 527, 535.
929 D.II.3.
930 Ebenso: Schäfer/Hamann-Ledermann § 6 Rn. 13.

hält, die deutlich machen, daß eine bestimmte Vorgehensweise börsenrechtlich gerade erlaubt sein soll[931].

Im Ergebnis läßt sich somit feststellen, daß für eine Angleichung der Börsenordnung, der Börsengeschäftsbedingungen und aller weiteren als Satzung erlassenen Regelwerke keine einheitliche kartellrechtliche Bewertung vorgenommen werden kann. Vielmehr richtet sich die kartellrechtliche Beurteilung danach, welchen sachlichen Inhalt die von der Vereinheitlichung betroffenen Regelungen haben.

Daher sollen nun an einigen besonders relevanten Beispielen gezeigt werden, wie bestimmte inhaltliche Angleichungen der von der Börse erlassenen Satzungen kartellrechtlich zu behandeln sind.

aa) Angleichung der Gebührenordnungen

Insbesondere, wenn eine Zusammenarbeit nicht nur auf der Ebene der Börsenträger stattfindet, sondern wenn sie auch die Börsenanstalten betreffen soll – etwa bei Kooperationsmodellen, die dem der Deutschen Retailbörse[932] ähneln – kann es im Interesse der Beteiligten sein, die Börsengebühren an den beteiligten Börsen einheitlich zu gestalten. Dies hätte nicht nur den Vorteil, daß nur noch eine Gebührenordnung zu pflegen und somit Kosten einzusparen wären; je nach Intensität der Zusammenarbeit kann es auch gerade gewollt sein, sich nicht mehr gegenseitig Konkurrenz zu machen, sondern am Markt als Börsenverbund aufzutreten. Ist dies beabsichtigt, wäre es für den gemeinsamen Auftritt gegenüber den Handelsteilnehmern aber nachteilig, wenn für die gleiche Dienstleistung an jeder der beteiligten Börsen unterschiedliche Gebühren berechnet würden. Auch wenn somit ein Bedürfnis nach einer Vereinheitlichung von Gebührenordnungen ohne Zweifel bestehen kann, fragt sich, ob ein solcher Plan auch mit dem geltenden Recht vereinbar wäre. Denn auch wenn streng juristisch betrachtet öffentlich-rechtliche Gebühren anders zu behandeln sind als privatrechtliche Entgelte, kann kaum geleugnet werden, daß eine Angleichung der Gebühren zwischen Börsen, die am Markt als Konkurrenten auftreten, für die Handelsteilnehmer die Wirkung eines gem. Art. 101 Abs. 1 a) AEUV verbotenen Preiskartells hat, welches als Kernbeschränkung eines freien Wettbewerbs gilt[933]. Insbesondere steht außer Frage, daß eine Angleichung der Gebühren mehrerer Börsen zu

931 Ebenso: Schäfer/Hamann-Ledermann § 6 Rn. 12.

932 vgl. o. B.V.

933 Immenga/Mestmäcker-Emmerich Wettbewerbsrecht: EG, Art. 81 Abs. 1 EGV, Rn. 306.

einer deutlichen Einschränkung des Wettbewerbes führt, da – wie sich aus dem Erfolg von außerbörslichen Plattformen in jüngster Zeit erkennen läßt[934] – die Höhe der Gebühren ein entscheidender Parameter ist, an welchem Marktplatz ein Handelsteilnehmer eine Order ausführen läßt.

Inwieweit das Kartellrecht im Bereich der Gebührenordnung anwendbar ist, ist umstritten. Manche meinen, das Kartellverbot erstrecke sich auf eine Angleichung der Börsengebühren,[935] teils wird dies abgelehnt[936]. Diejenigen Stimmen in der Literatur, die eine Anwendbarkeit der kartellrechtlichen Bestimmungen ablehnen, argumentieren, die Gebührenordnung, welche als Satzung ausgestaltet ist, unterfalle als auf gesetzlicher Grundlage erlassene Rechtsnorm nicht dem Kartellverbot.[937] Daß alleine die Form eines Regelwerkes als öffentlichrechtliche Satzung die Anwendbarkeit des Kartellrechts nicht entfallen läßt, wurde bereits festgestellt. Ein solcher Entfall kommt vielmehr nur dann in Betracht, wenn Bereiche betroffen sind, die inhaltlich hoheitlichem Handeln zuzuordnen sind, oder eine andere der oben aufgeführten Einschränkung des Kartellrechts eingreift. Daß eine öffentlich-rechtliche Aufgabenerfüllung durch die Börsen ohne eine Angleichung der Börsengebühren unmöglich wäre, kann angesichts der Tatsache, daß ein gerade über die Höhe der Gebühren ausgetragener Wettbewerb zwischen den deutschen Börsen in den vergangenen Jahren durchaus nicht ungewöhnlich gewesen und nicht ersichtlich ist, daß dies der öffentlichrechtlichen Aufgabenerfüllung geschadet hätte, wohl nicht ernsthaft erwogen werden. Zudem ergeben sich aus der gesetzlichen Regelung für Gebühren und Entgelte in § 17 BörsG keine Anhaltspunkte, daß eine Angleichung deren Höhe entgegen den kartellrechtlichen Regelungen erlaubt sein soll. Somit wäre das Kartellrecht nur dann unanwendbar, wenn sich aus der inhaltlichen Nähe zum hoheitlichen Tätigwerden der Börse eine solche Einschränkung ergäbe. Daß sich aus der öffentlich-rechtlichen Art der Leistungsbeziehung, also der Tatsache, daß zu einem großen Teil Gebühren statt privatrechtliche Entgelte erhoben werden, eine solche Einschränkung noch nicht herleiten läßt, wurde bereits dargelegt[938]. Allenfalls könnte man daran denken, daß das verwaltungsrechtliche Äquivalenzprinzip, wonach ein angemessenes Verhältnis zwischen einer Gebühr und dem Wert der Leistung für den Leistungsempfänger bestehen muß, dazu führt, daß es

934 „Chi-X stellt erneut Rekord auf", BZ vom 13.07.2010, S. 4.
935 Mit ausführlicher Begründung: von Olenhusen, Börsen und Kartellrecht, S. 141 ff., 168.
936 Schwark-Schwark § 17 BörsG, Rn. 9.
937 Schwark-Schwark § 17 BörsG, Rn. 9.
938 D.II.3.

nicht nur zulässig, sondern sogar notwendig ist, daß die Börsen ihre Preise untereinander anpassen und für die gleiche Dienstleistung auch die gleiche Gebühr berechnen. Dies wäre jedoch nur dann überzeugend, wenn es für eine Dienstleistung nur eine „richtige" Gebührenhöhe gäbe und die Gebühren somit bei richtiger Beurteilung automatisch überall gleich wären. Freilich läßt das Äquivalenzprinzip gerade im Bereich des wettbewerblichen Angebotes von Leistungen einen erheblichen Spielraum bei der Festsetzung der Höhe von Gebühren,[939] weshalb sich auch hieraus keine Einschränkung der Anwendbarkeit des Kartellrechts herleiten läßt.

Mithin ist im Ergebnis festzuhalten, daß eine Angleichung der Gebührenordnungen einen Verstoß gegen Art. 101 Abs. 1 a) AEUV bzw. § 1 GWB darstellt. Nun mag man bezüglich der Angleichung von manchen Normen in der Gebührenordnung noch darüber diskutieren können, ob eine Freistellung gem. Art. 101 Abs. 3 AEUV in Betracht kommt, sofern hierdurch eine Effizienzsteigerung entsteht, die zumindest teilweise an die Handelsteilnehmer weitergegeben wird. Nicht in Betracht kommt jedoch eine Freistellung bezüglich einer Angleichung der Höhe der Gebühren, da eine Absprache über Preise nahezu ausnahmslos gesamtwirtschaftlich schädliche Auswirkungen hat und nicht freistellungsfähig ist[940] und auch im Börsenwesen nicht ersichtlich ist, weshalb eine Angleichung der Preise anders zu beurteilen wäre als in anderen Bereichen. Eine vollständige Angleichung der Gebührenordnung mehrerer Börsen im Rahmen eines Kooperationsvereinbarung ist somit nicht möglich. Vielmehr kann es zu einer solchen nur kommen, wenn eine Vereinheitlichung schon vor der Kooperation im Rahmen eines autonomen Nachvollzuges stattgefunden hat.

bb) Angleichung der Börsengeschäftsbedingungen

Fraglich ist weiterhin, ob demgegenüber eine Vereinheitlichung der Börsengeschäftsbedingungen im Rahmen eines Kooperationsvorhabens möglich wäre. Ebenso wie für die Börsengebühren wird auch in diesem Bereich eine Angleichung wegen des damit verbundenen Effizienzgewinnes von Interesse für die beteiligten Börsen sein. Da auch für die Börsengeschäftsbedingungen der oben dargelegte Grundsatz gelten muß, daß alleine die Ausgestaltung als Satzung nicht den Ausschluß des Kartellrechts zur Folge hat, muß untersucht werden, ob die Börsengeschäftsbedingungen wegen ihres Inhaltes dem Kartellrecht unterfallen.

---

939 Von Olenhusen, Börsen und Kartellrecht, S. 145.

940 Immenga/Mestmäcker-Ellger Wettbewerbsrecht: EG, Art. 81 Abs. 3 EGV, Rn. 19.

Hierbei läßt sich feststellen, daß auch eine Vereinheitlichung der Börsengeschäftsbedingungen geeignet ist, eine Einschränkung des Wettbewerbs innerhalb des Gemeinsamen Marktes im Sinne des Art. 101 Abs. 1 AEUV zu bezwecken. Denn jedenfalls dann, wenn man – wie europarechtlich inzwischen weitgehend anerkannt ist– den Begriff des „Zweckes" in Art. 81 als objektiv feststellbare Tendenz der Maßnahme begreift,[941] ist kaum zu bezweifeln, daß ein Wettbewerb zwischen Unternehmen nicht nur über den Preis, sondern auch durch die Ausgestaltung der Geschäftsbedingungen stattfindet. Dies gilt um so mehr an Börsen, wo der Ausgestaltung der Geschäftsbedingungen, etwa im Bereich der Frage, unter welchen Bedingungen fehlerhafte Geschäfte rückabgewickelt werden können, regelmäßig eine erhebliche Bedeutung zukommt.

Eine Einschränkung der Anwendung des Kartellrechts wegen einer inhaltlichen Nähe der Börsengeschäftsbedingungen zum hoheitlichen Handeln der Börse oder einer ansonsten drohenden Gefährdung der öffentlichen Aufgabenerfüllung kommt für den weit überwiegenden Teil dieser Bedingungen nicht in Betracht, weil in den Börsengeschäftsbedingungen hauptsächlich das Verhältnis mit den Handelsteilnehmern und somit das Handeln der Börse im Wettbewerb mit anderen Börsen geregelt ist. Einzig in Bereichen wie beispielsweise den Mistrade-Regelungen spricht einiges dafür, die Anwendbarkeit des Kartellrechts einzuschränken, da hier eine inhaltlichen Nähe zu der hoheitlichen Aufgabe der Feststellung eines marktgerechten Börsenpreises vorliegt.

Auch wenn die Angleichung von Börsengeschäftsbedingungen folglich grundsätzlich dem Kartellverbot des Art. 101 Abs. 1 AEUV unterfällt, scheint es hier leichter als bei den Gebührenordnungen möglich zu sein, gleichwohl eine Vereinheitlichung zu erreichen. Zwar enthalten auch hier die börsenrechtlichen Regelungen keinerlei Bestimmungen, die das Eingreifen des Kartellrechts ausschlössen, jedoch liegt eine solche Möglichkeit im Kartellrecht selbst. Denn gem. Art. 101 Abs. 3 AEUV ist eine Vereinbarung oder eine abgestimmte Verhaltensweise unter bestimmten Voraussetzungen nicht verboten, wobei die aktuelle Regelung keine Freistellung mehr erfordert, sondern gem. Art. 1 Abs. 2 VO 1/2003 direkt als Legalausnahme wirkt.[942] Voraussetzung für die Ausnahme vom Kartellverbot ist, daß kumulativ vier Voraussetzungen erfüllt sind. Gemäß den beiden positiven Tatbestandsmerkmalen muß die getroffene Vereinbarung zur Verbesserung der Warenerzeugung oder -verteilung oder zur Förderung des

941 Siehe hierzu m. w. N. Immenga/Mestmäcker-Emmerich Wettbewerbsrecht: EG, Art. 81 Abs. 1 EGV, Rn. 227.

942 Immenga/Mestmäcker-Ellger Wettbewerbsrecht: EG, Art. 81 Abs. 3 EGV, Rn. 57 ff.

technischen oder wirtschaftlichen Fortschritts beitragen, und die Verbraucher müssen an dem entstehenden Gewinn angemessen beteiligt werden. Sofern ein Teil der durch eine Angleichung der Börsengeschäftsbedingungen erzielten Synergieeffekte von den Börsen im Wege niedrigerer Gebühren an die Handelsteilnehmer weitergegeben würde, wäre insoweit eine Ausnahme vom kartellrechtlichen Verbot denkbar, weil als Verbesserung des wirtschaftlichen Fortschritts auch ein Effizienzvorteil durch Kosteneinsparung gilt[943]. Zudem müßten die beiden in Art. 101 Abs. 3 AEUV geforderten negativen Tatbestandsmerkmale vorliegen, wonach es erstens ausgeschlossen sein muß, daß den beteiligten Unternehmen Beschränkungen auferlegt werden, die für die Verwirklichung des eben genannten wirtschaftlichen Fortschritts nicht unerläßlich sind, und zweitens ausgeschlossen ist, daß für die Unternehmen Möglichkeiten eröffnet werden, für einen wesentlichen Teil der betreffenden Waren den Wettbewerb auszuschalten. Auch insoweit erscheint es möglich, die Angleichung der Börsengeschäftsbedingungen als mit dem Kartellrecht vereinbar anzusehen. Denn es ist ja gerade die Vereinheitlichung der Geschäftsbedingungen, die die Effizienzsteigerung bedingt und die also hierfür unerläßlich ist. Auch von einer Ausschaltung eines wesentlichen Teils des Wettbewerbes kann wohl kaum gesprochen werden, da ja – wie bereits angesprochen – eine abgestimmte Angleichung der Gebührenordnung unzulässig ist, folglich als Mittel des Wettbewerbs immer noch die Gebührenhöhe bleibt, die schon, für sich alleine betrachtet, geeignet erscheint, einen erheblichen Wettbewerb der Börsen untereinander zu ermöglichen. Dies muß um so mehr gelten, als die Erfahrung zeigt, daß die Unterschiede in den Geschäftsbedingungen der Börsen oft von vornherein nicht allzu groß sind.

Im Ergebnis ist also festzuhalten, daß eine Angleichung der Börsengeschäftsbedingungen auf Grund der Legalausnahme in Art. 101 Abs. 3 AEUV regelmäßig dann in Betracht kommt, wenn hierdurch die Gebühren sinken oder die Handelsteilnehmer auf andere Weise an dem entstehenden Gewinn angemessen beteiligt werden. Ferner sei noch darauf hingewiesen, daß eine Angleichung von Börsengeschäftsbedingungen auch in den Fällen kartellrechtlich unbedenklich ist, in denen sie bereits vor einem Kooperationsvorhaben im Wege des autonomen Nachvollzugs erfolgt, etwa wenn sich eine kleinere Regionalbörse mit ihren Geschäftsbedingungen an denjenigen der Frankfurter Wertpapierbörse orientiert.

943 Immenga/Mestmäcker-Ellger Wettbewerbsrecht: EG, Art. 81 Abs. 3 EGV, Rn. 143.

cc) Angleichung der Börsenordnung

Ebenfalls zu untersuchen ist die Frage, wie es sich mit einer abgestimmten Angleichung der Börsenordnungen verhält. Entgegen der bisher vorherrschenden Auffassung in der Literatur entfällt eine Anwendung der kartellrechtlichen Regelungen aus den bereits dargelegten Gründen[944] nicht schon deshalb, weil die Börsenordnungen als Satzung erlassen werden und daher keine kartellrechtlichen Verträge, sondern auf gesetzlicher Grundlage erlassene Rechtsnormen sind.[945] Vielmehr gilt auch hier, daß das entscheidende Kriterium für die kartellrechtliche Bewertung der Inhalt der Regelungen ist, die angeglichen werden. Da der Regelungsinhalt aber nicht für alle Normen der Börsenordnung einheitlich ist, soll die Untersuchung getrennt danach vorgenommen werden, worauf sich die Regelungen der Börsenordnung inhaltlich beziehen.

aaa) Angleichung der Zulassung/Börsenübergreifende Einrichtung eines Teilsegmentes im regulierten Markt

Zunächst soll auf diejenigen Bestimmungen der Börsenordnung eingegangen werden, die den Handel an der Börse regeln. Hierunter fallen etwa Regelungen, die die Zulassung von Handelsteilnehmern und Wertpapieren zur Börse oder die erforderlichen Sicherheitsleistungen durch Handelsteilnehmer betreffen. Dabei soll es auch um die Normierung des Zugangs zu den EDV-Systemen der Börse gehen. All diesen Regelungen ist gemein, daß sie die Stellung der Börse im Wettbewerb bestimmen. Denn hier werden Rechte und Pflichten der Handelsteilnehmer festgelegt, wodurch die Börse in Konkurrenz zu den anderen Börsen tritt. Auch die anderen Börsen legen die Rechte und Pflichten ihrer Handelsteilnehmer in ihren Börsenordnungen fest, und ebenso wie bei den Geschäftsbedingungen ist auch hier denkbar, daß der Wettbewerb unter den Börsen über das Kriterium stattfindet, welche geschäftlichen Möglichkeiten und Verpflichtungen man den Handelsteilnehmern eröffnet bzw. auferlegt.

Daher gelten bezüglich dieser Regelungen der Börsenordnung auch die gleichen Grundsätze wie bei den Börsengeschäftsbedingungen, wobei hier aber bei den einzelnen Vorschriften noch kritischer zu überprüfen ist, ob eine Angleichung wirklich das Potential zur Einschränkung des Wettbewerbes hat. Sofern dies der Fall ist, ist von Fall zu Fall wiederum an eine Nichtanwendung des kartellrechtlichen Verbotes wegen Art. 101 Abs. 3 AEUV zu denken, wenn eine

944 S. o. D.III.1.a).

945 So aber Schwark-Schwark § 16 BörsG, Rn. 19; Immenga/Mestmäcker-Immenga GWB, 3. Auflage, § 2 Abs. 2, Rn. 16.

Beteiligung der Handelsteilnehmer an dem durch die Effizienzverbesserung erzielten Gewinn nachweisbar ist.

bbb) Angleichung der Regelungen über die Börsenorgane, Handelszeiten und angebotenen Handelssegmente

Anders zu beurteilen sind indes Regelungen in der Börsenordnung, die die Börsenorgane sowie den Geschäftszweig der Börse und die Handelssegmente betreffen. Denn dabei geht es in erster Linie um den Anstaltszweck der Börse sowie deren Organisation. Hier ist nun tatsächlich ein hoheitlicher Bereich betroffen, der nicht den kartellrechtlichen Regelungen zu unterwerfen ist, weil er nicht das Verhältnis der Börse zu Handelsteilnehmern und Wettbewerbern betrifft, sondern es vielmehr um grundsätzliche Fragen der Selbstverwaltung und der inhaltlichen Ausgestaltung der Börse als Anstalt des öffentlichen Rechts geht. Diese Einschränkung des Kartellrechts folgt auch daraus, daß die Befugnisse der Börse insoweit gesetzlich geregelt sind und es somit Sondervorschriften gibt, die die Reichweite des kartellrechtlichen Anwendungsbereiches einschränken. So bestimmt das Börsengesetz beispielsweise neben den Befugnissen der einzelnen Börsenorgane in § 16 BörsG auch die Verpflichtung zur Festlegung des Geschäftszweiges und der Handelsarten der Börse in der Börsenordnung. Sollte es also insoweit zu Angleichungen im Rahmen einer Börsenkooperation kommen, liegt kein Verstoß gegen den Kartelltatbestand des Art. 101 AEUV bzw. des § 1 GWB vor.

Ob in diesen Bereich auch die Normen der Börsenordnung die Handelszeiten betreffend fallen, hängt davon ab, wo man das Schwergewicht solcher Regelungen sieht. So scheint es zum einen vertretbar, die Regelung der Handelszeiten als Bestimmung zu betrachten, die die Reichweite des Auftretens der Börse am Markt bestimmt und daher als inhaltliche Ausgestaltung des Anstaltszwecks zu sehen ist. Andererseits erscheint es aber auch nicht unvertretbar, darauf abzustellen, daß die Dauer der Handelszeiten ein Mittel im Wettbewerb der Börsen untereinander ist, das in erster Linie im Verhältnis der Börse zu ihren Nutzern Wirkung entfaltet und so dem am Kartellrecht zu messenden Bereich unterfällt.

b) Angleichung der allgemeinen Geschäftsbedingungen für den Freiverkehr

Es mag im Interesse kooperierender Börsenträger, die gem. § 48 Abs. 1 BörsG den Freiverkehr betreiben, liegen, die allgemeinen Geschäftsbedingungen für den Freiverkehr anzugleichen. Insoweit besteht zu den genannten

Börsenregelwerken[946] ein Unterschied darin, daß die Regulierung nicht durch öffentlich-rechtliche Satzung, sondern durch privatrechtliche allgemeine Geschäftsbedingungen erfolgt. Da aber, wie bereits dargelegt der Inhalt und nicht die Form einer Regelung entscheidend für die Frage ist, ob das Kartellrecht uneingeschränkt anwendbar ist, ist dieser Unterschied kartellrechtlich betrachtet gering.

Da die Geschäftsbedingungen mit dem Freiverkehr auch inhaltlich einen Gegenstand haben, der vollumfänglich dem Privatrecht zuzuordnen ist, ist eine Einschränkung des Kartellrechts hier anders als bei den Börsengeschäftsbedingungen[947] nicht einmal in einzelnen ihrer Teile angebracht. Vielmehr unterfallen diese Bedingungen im vollen Umfang kartellrechtlicher Kontrolle.

Wie bei den Börsengeschäftsbedingungen[948] ist auch eine Angleichung der Geschäftsbedingungen für den Freiverkehr geeignet, eine Einschränkung des Wettbewerbs innerhalb des Gemeinsamen Marktes im Sinne des Art. 101 Abs. 1 AEUV zu bezwecken.

Jedoch kommt auch hier wiederum eine Rechtfertigung über Art. 101 Abs. 3 AEUV in Betracht, wobei die Voraussetzungen hierfür denen bei den Börsengeschäftsbedingungen entsprechen.

c) *Wechselseitige Spezialisierung auf den Handel mit bestimmten Produkten im Rahmen einer Kooperation mit anderen Börsen*

Im Rahmen einer Kooperation verschiedener Börsenträger oder im Falle des Betreibens mehrerer Börsen durch einen Börsenträger kann es wirtschaftlich sinnvoll sein, wenn sich die einzelnen Börsen auf einen bestimmten Geschäftsbereich spezialisieren, anstatt in einem Konkurrenzverhältnis zueinander zu stehen. Welche Voraussetzungen börsenrechtlicher Art vorliegen müssen, um ein solches Vorhaben zu verwirklichen, wurde bereits an anderer Stelle dargelegt.[949] Hier soll untersucht werden, ob das Kartellrecht Hindernisse für eine solche Vorgehensweise bereithält.

Dies könnte deshalb der Fall sein, weil die Spezialisierung der einzelnen Börsen auf einen bestimmten Handelsbereich noch zwingender als eine Angleichung von Regelwerken eine Absprache zwischen den Börsen voraussetzt. Zudem kann man nicht daran zweifeln, daß eine solche Vereinbarung eine Einschränkung des

946 D.III.1.a).
947 Vgl. D.III.1.a)bb).
948 Ebd.
949 S. o. C. I. 7.

Wettbewerbs innerhalb des Gemeinsamen Marktes im Sinne des Art. 101 Abs. 1 AEUV bezweckt und bewirkt. Denn nach Art. 101 Abs. 1 Alt. c) AEUV liegt gerade in der Aufteilung der Märkte eine kartellrechtlich mißbilligte Verhaltensweise. Hierbei ist unter dem Begriff der Marktaufteilung nicht nur eine Aufteilung der geographischen Märkte zu verstehen. Vielmehr fällt hierunter auch eine Aufteilung bestimmter Produktmärkte.[950] Eine solche liegt nun aber gerade vor, wenn Börsen miteinander vereinbaren, daß sich jede Börse auf einen bestimmten Handelsbereich – wie etwa Blue-Chip-Aktien, Aktien von Technologieunternehmen oder Derivate – spezialisiert.

Nun fragt sich, ob kartellrechtliche Hindernisse auch dann bestehen, wenn – wie es bei der Kooperation der Frankfurter Wertpapierbörse und der London Stock Exchange beim Projekt iX angedacht war[951] – den Emittenten von Produkten aus den einzelnen Bereichen die Notierung an einer bestimmten Börse nicht vorgeschrieben werden soll, sondern es beispielsweise immer noch möglich bleibt, daß der Emittent eines Blue-Chip-Wertes diesen weiterhin an der Börse notieren läßt, die eigentlich für Wachstumswerte vorgesehen war. Jedoch erweist sich dies bei näherer Betrachtung nicht als ausschlaggebend, um einen kartellrechtlichen Verstoß verneinen zu können. Denn kartellrechtlich untersagt ist ja nicht erst die Umsetzung der Marktaufteilung, sondern es stellt bereits die Vereinbarung der Börsen über eine Marktaufteilung einen kartellrechtlichen Verstoß dar. Wenn nun aber die Börsen untereinander eine Spezialisierung auf verschiedene Handelsbereiche vereinbaren, liegt hierin schon eine kartellrechtlich mißbilligte Verhaltensweise, weil hieraus deutlich wird, daß die Börsen insoweit zukünftig nicht mehr ernsthaft in Wettbewerb zueinander treten. Denn bereits in dieser Vereinbarung liegt eine Einschränkung des Wettbewerbs i. S. v. Art. 101 Abs. 1 AEUV, so daß es unerheblich ist, ob sich eine der Börsen tatsächlich komplett aus einem Handelsbereich zurückzieht.

Fraglich ist daher wiederum, ob sich aus anderen Regelungen die Zulässigkeit der vorstehend ausgeführten Verhaltensweise ergeben könnte. Hierbei kommen zunächst die Vorschriften des Börsenrechts in Betracht. Zwar gibt es in diesem Bereich keine Bestimmungen, die eine wechselseitige Spezialisierung ausdrücklich erlauben. Eine Zulässigkeit könnte sich aber aus dem engen Zusammenhang der Art des Geschäftsbereiches der Börse und ihrem Anstaltszweck ergeben. Denn wie dargelegt, ergeben sich Einschränkungen des Kartellrechts insoweit, als das hoheitliche Tätigwerden der Börse im Vordergrund steht. Dabei kann

---

950 Immenga/Mestmäcker-Zimmer Wettbewerbsrecht: EG, Art. 81 Abs. 1 EGV, Rn. 315.
951 Hammen/Kümpel WM 2000, Sonderbeilage Nr. 3, 5; vgl. auch o. B. II.

es nicht entscheidend sein, ob auf eine Vereinbarung der Börsen untereinander abgestellt wird oder auf eine Umsetzung einer solchen Veränderung in der Börsenordnung. Denn ebenso, wie die Tatsache, daß eine Regelung in Form einer Satzung ergeht, nicht bereits eine Kartellrechtswidrigkeit entfallen läßt,[952] muß, wenn inhaltlich ein Bereich betroffen ist, bei dem es um die hoheitlichen Aufgaben der Börse geht, das Kartellrecht zurücktreten, auch wenn eine Regelung nicht durch Satzung, sondern auf anderem Wege – wie etwa mittels einer Vereinbarung mit anderen Börsen – getroffen wird. Dies gilt aber nur so lange, als die hoheitliche Aufgabe wirklich den Kernpunkt einer solchen Regelung darstellt. Bei einer Spezialisierung auf einen bestimmten Handelsbereich ist es nun eine Frage des Blickwinkels, ob man die kartellrechtlichen Bedenken für durchgreifend erachtet oder ob man sie zurücktreten läßt. Denn auf der einen Seite ist die Wahl des Handelsgegenstandes an der Börse ein Bereich, der direkt die hoheitlichen Aufgaben betrifft, da hierdurch deren Umfang und auch der Zweck der Anstalt bestimmt werden. Denn sicherlich darf das Kartellrecht eine Börse nicht in der Auswahl ihres Geschäftsbereiches einschränken oder ihr den Wechsel desselben untersagen, andernfalls eben auch die hoheitlichen Aufgaben der Börse – deren Umfang ja durch die Wahl des Geschäftsbereiches in der Börsenordnung mitbestimmt wird – dem Kartellrecht unterworfen würden. Andererseits darf man nicht verkennen, daß der kartellrechtliche Vorwurf im vorliegenden Fall ja nicht daran anknüpft, welchen Geschäftsbereich eine Börse wählt, sondern vielmehr daran, wie sie diesen Geschäftsbereich wählt. Denn das Kartellrecht schränkt nicht die Möglichkeit einer Börse ein, ihren Geschäftsbereich zu ändern. Anknüpfungspunkt für kartellrechtliche Bedenken ist vielmehr die Absprache mit einer anderen Börse, den Wettbewerb auf einem bestimmten Gebiet einzuschränken. Dies betrifft im Kern aber nicht die hoheitlichen Aufgaben der Börse oder ihren Anstaltszweck, sondern ihr Auftreten im Wettbewerb mit anderen Börsen. Daher scheint es naheliegender zu sein, insoweit keine Ausnahme von den kartellrechtlichen Vorschriften gelten zu lassen, sondern Vereinbarungen zwischen Börsen bezüglich einer Spezialisierung auf bestimmte Geschäftsbereiche hieran zu messen.

Doch auch wenn somit grundsätzlich ein Verstoß gegen Kartellrecht zu bejahen wäre, erscheint es wiederum möglich, eine Zulässigkeit der Vorgehensweise über die Ausnahmeregelung des Art. 101 Abs. 3 AEUV zu erreichen. Inwiefern die Voraussetzungen hierfür vorliegen, kann nicht pauschal beantwortet werden, sondern hängt von vielen Faktoren im Einzelfall ab, etwa in welchem Umfang

952 S. o. D.III.1.a).

eine Spezialisierung erfolgen soll und wie hoch die Marktanteile der Börsen in den einzelnen Bereichen vor der Spezialisierung waren. Eine kartellrechtliche Rechtfertigung des Vorgehens stellt sich in diesem Bereich gegenüber der oben untersuchten Angleichung der Börsengeschäftsbedingungen[953] insofern als schwieriger dar, als nicht nur eine angemessene Beteiligung der Börsennutzer am Gewinn erfolgen muß, sondern gem. Art. 101 Abs. 3 b) AEUV zu beachten ist, daß keine Möglichkeit eröffnet sein darf, für einen wesentlichen Teil der betreffenden Waren den Wettbewerb auszuschalten, was aber gegeben sein kann, wenn die beteiligten Börsen zusammengenommen einen hohen Anteil am Umsatz in bestimmten Bereichen des Wertpapierhandels haben. Zugunsten einer Zulässigkeit der Spezialisierung ist jedoch immer zu berücksichtigen, daß regelmäßig eine angemessene Beteiligung der Börsennutzer am Gewinn vorliegen dürfte, weil die Spezialisierung und wechselseitige Zusammenlegung bestimmter Bereiche dazu führen, daß an den beteiligten Börsen die Liquidität für die einzelnen Bereiche gebündelt wird und dies in der Folge zu besseren Preisen bei Wertpapierkäufen und –verkäufen führt. Diese Tatsache, daß im Bereich der Börsen ein Nebeneinander vieler Handelsplattformen für die Anleger keineswegs automatisch zu besseren Preisen führt, sondern vielmehr die Gefahr einer Zersplitterung der Märkte und fehlender Liquidität besteht, spricht dafür, hier kartellrechtliche Regelungen generell etwas großzügiger zu handhaben, weil der Bereich des Börsenwesens insoweit nur eingeschränkt mit anderen Wirtschaftsbereichen vergleichbar ist.

2. Die Zusammenschlußkontrolle nach §§ 35 ff. GWB/FKVO

Da im Bereich der deutschen Börsen und ihrer Träger – wie dargelegt[954] – eine Zusammenschlußkontrolle regelmäßig nach den Vorschriften des GWB erfolgen wird und nur ausnahmsweise ein Eingreifen der FKVO in Betracht kommt, soll der Schwerpunkt der Überlegungen an dieser Stelle auch auf die deutsche Regelung gerichtet sein.

Entscheidende Hürde für eine Zusammenarbeit zwischen Börsen oder ihren Trägern ist § 36 GWB, wonach ein Zusammenschluß von Unternehmen grundsätzlich untersagt werden soll, falls zu erwarten ist, daß er eine marktbeherrschende Stellung begründet oder verstärkt. Eine marktbeherrschende Stellung soll gem. § 19 Abs. 2 GWB dann vorliegen, wenn ein Unternehmen entweder keinem wesentlichen Wettbewerb ausgesetzt ist oder eine im Verhältnis zu

953 siehe D.III.1.a)bb).
954 D.II.1.b)cc).

seinen Wettbewerbern überragende Marktstellung hat, was gem. § 19 Abs. 3 S. 1 GWB vermutet wird, wenn ein Unternehmen einen Marktanteil von mindestens einem Drittel hat.

Da die Anzahl der Börsen und außerbörslichen Handelsplattformen in Deutschland recht überschaubar ist, könnte diese Regelung in der Praxis schnell zu einer Gefährdung eines Kooperationsprojektes führen, weil entsprechend schnell eine marktbeherrschende Stellung erreicht werden kann, sofern eine Begrenzung des Marktes auf das Inland anzunehmen ist. Dies gilt insbesondere dann, wenn an einem Zusammenschluß die Deutsche Börse AG beziehungsweise die Frankfurter Wertpapierbörse beteiligt ist, da diese in manchen Bereichen bereits einen sehr hohen Marktanteil besitzen. Das belegt auch das bedeutendste praktische Beispiel einer Beschäftigung des Bundeskartellamts mit der Frage einer marktbeherrschenden Stellung im Rahmen eines Zusammenschlusses im Börsenwesen: Im Jahre 2005 erging der Freigabebeschluß zu dem Vorhaben der Deutsche Börse AG, die London Stock Exchange zu übernehmen.[955]

Für die Frage, wie hoch der Marktanteil eines Unternehmens ist, ist es von elementarer Bedeutung zu bestimmen, welches der Markt ist, auf dem das Unternehmen agiert. Entscheidend sind hierbei vor allem der sachlich relevante Markt und der räumlich relevante Markt. Bei der Abgrenzung des sachlich relevanten Marktes muß bestimmt werden, welche Erzeugnisse im Wettbewerb zueinander stehen. Es hat sich hierbei in der Praxis das Bedarfsmarktkonzept bzw. das Konzept der funktionellen Austauschbarkeit aus der Sicht der Abnehmer durchgesetzt,[956] wonach alle Leistungen einem sachlichen Markt zuzurechnen sind, die sich nach ihren Eigenschaften, ihrem wirtschaftlichen Verwendungszweck und ihrer Preislage so nahestehen, daß ein verständiger Verbraucher sie als gegeneinander austauschbar ansieht.[957] Weiterhin ist es notwendig, den Markt, auf dem ein Unternehmen auftritt, auch räumlich abzugrenzen, wobei das entscheidende Kriterium – wie beim sachlich relevanten Markt – die Austauschmöglichkeiten aus der Sicht der Abnehmerdisponenten sein soll.[958] Nach der neueren Rechtsprechung ist hierbei eine ökonomische Betrachtungsweise

---

955 Bundeskartellamt Beschluß Gesch.-Z.: B 4 – 67110 – Fa – 09/05; abzurufen unter: http://www.bundeskartellamt.de/wDeutsch/ download/pdf/Fusion/Fusion05/B4-09-05.pdf.

956 M. w. N. Immenga/Mestmäcker-Möschel GWB, § 19, Rn. 24.

957 So die ständige Rechtsprechung seit KG v. 18. 2. 1969 WuW/E OLG 995, 996; vgl. auch Immenga/Mestmäcker-Möschel GWB, § 19, Rn. 24 ff.; Kling/Thomas, Kartellrecht, S. 500 f.; Rittner/Kulka, Wettbewerbs- und Kartellrecht, S. 210 f., jeweils m. w. N.

958 Immenga/Mestmäcker-Möschel GWB, § 19, Rn. 35.

zu wählen, weshalb ein räumlicher Markt nun nicht mehr auf den Geltungsbereich des GWB beschränkt sein muß.[959] Demzufolge kann der räumlich relevante Markt über das Bundesgebiet hinaus reichen und beispielsweise die gesamte Europäische Union umfassen.

Im folgenden soll nun versucht werden, in einem Überblick darzulegen, wie der relevante Markt im Bereich des Börsenwesens zu bestimmen ist. Wegen der vielen verschiedenen Kooperationsmöglichkeiten zwischen Börsen und Börsenträgern sowie der Vielzahl der an den Börsen gehandelten Produkte muß sich die Darstellung auf einige wesentliche Grundstrukturen beschränken. Zudem soll sie sich auf die Wertpapierbörsen beschränken, da in diesem Bereich das Potential für zukünftige Kooperationsvorhaben deutlich höher ist.[960]

a) Trennung von Börsenträger und Börse

Zunächst ist zu klären, inwieweit die Börse und ihr Träger getrennt betrachtet werden müssen. Hierzu wurde bereits für den gesamten Bereich des Kartellrechts dargelegt,[961] daß der Börsenträger im Regelfall weder die Möglichkeit der Ausübung eines beherrschenden Einflusses gem. § 17 Abs. 1 und 2 AktG auf die Börse hat, noch die Börse und ihr Träger unter einheitlicher Leitung i. S. v. § 18 Abs. 2 AktG zusammengefaßt sind, weshalb im Ergebnis Börse und Börsenträger keinesfalls als einheitliches Unternehmen nach § 36 Abs. 2 GWB beurteilt werden dürfen. Hieraus folgt aber auch, daß bei Zusammenschlüssen strikt zwischen dem Markt für Börsenträger und dem Markt der Börse zu trennen ist. Denn wenn eine Zusammenfassung als einheitliches Unternehmen nicht erfolgen kann, muß auch zwischen den von der Börse einerseits sowie von ihrem Träger andererseits angebotenen Produkten bzw. Dienstleistungen klar differenziert werden, welche sich – wie sich zeigen wird – stark unterscheiden.

b) Zusammenschlüsse des Börsenträgers

Zunächst soll die kartellrechtliche Zulässigkeit von Zusammenschlüssen von Börsenträgern beleuchtet werden.

---

959 BGH WM 2005, 1531, 1533 f.

960 Es gibt in Deutschland acht Wertpapierbörsen, aber nur zwei Terminbörsen, wobei diese zusätzlich auch noch inhaltlich sehr verschieden ausgerichtet sind. So handelt die EUREX mit Finanzderivaten und die EEX in Leipzig mit Energie und energienahen Produkten. Bis ins Jahr 2009 gab es in Hannover zusätzlich die RMX Risk Management Exchange, die neben Warenterminkontrakten auch Kredite handelte.

961 D.II.2.c).

Will man den Markt bestimmen, auf dem der Träger einer Wertpapierbörse agiert, ist es notwendig, zunächst zu klären, welches der jeweils sachlich relevante Markt ist. Hierfür muß man sich zunächst bewußt machen, welche Gruppen von Waren bzw. Dienstleistungen der Börsenträger anbietet. Dabei fällt zunächst auf, daß von seiner Seite die Zulassung von Aktien zum Börsenhandel (Listing) gar nicht und die Ermöglichung des Handels mit Aktien (Trading) nur sehr eingeschränkt angeboten werden. Denn einen Handel mit Aktien veranstaltet ein Börsenträger nur im Bereich des Freiverkehrs. Mit dem Handel von Aktien im regulierten Markt hat er nichts zu tun, weil dieser alleine Sache der Börse ist.[962] Vielmehr ist seine Dienstleistung, auf die Börse bezogen, nur das Zurverfügungstellen von finanziellen, personellen und sächlichen Mitteln im Rahmen seiner Betriebspflicht. Zudem betreibt ein Börsenträger gegebenenfalls den Handel von Wertpapierderivaten, also beispielsweise Optionen, im Freiverkehr. Weiterhin wird der Börsenträger regelmäßig Dienstleistungen rund um den Börsenhandel anbieten, z.B. die Erstellung von Informationsprodukten, wie etwa Börsenindizes und Kursinformationen sowie die Entwicklung, die Implementierung und den Betrieb von IT-Programmen. Bei der Deutschen Börse AG kommen zusätzlich noch die Bereiche der Verrechnung und Erfüllung von Wertpapiertransaktionen (Clearing und Settlement) und der Wertpapierverwahrung (Custody) hinzu.

Für diese einzelnen Bereiche wird nun im folgenden zu untersuchen sein, welches der sachlich relevante Markt des jeweiligen Produktes ist, d.h. durch welche Produkte anderer Anbieter sie substituiert werden können, um schließlich bestimmen zu können, welches der räumliche Markt für ein bestimmtes Produkt ist. Nachdem die sachlich und räumlich relevanten Märkte für einzelne Dienstleistungen bestimmt sind, kann eine Aussage darüber getroffen werden, inwieweit im Rahmen eines Zusammenschlusses von Börsenträgern die Gefahr besteht, daß wegen der Entstehung oder Verstärkung einer marktbeherrschenden Stellung eine Untersagung von seiten der Kartellbehörden droht.

aa) Trading von Wertpapieren und Derivaten im Freiverkehr

Um klären zu können, ob beim Zusammenschluß zweier Börsenträger eine marktbeherrschende Stellung im Bereich des Handels mit Wertpapieren und Derivaten entsteht, ist zunächst zu untersuchen, welche Reichweite dieser Markt hat.

---

962 Anders jedoch wegen der Annahme eines einheitlichen Unternehmens aus Börse und Börsenträger: Bundeskartellamt Beschluß Gesch.-Z.: B 4 – 67110 – Fa – 09/05, S. 32.

Bei der Bestimmung des sachlich relevanten Marktes gilt es, zwei Fragen zu klären. Zunächst ist zu fragen, ob der Handel im Freiverkehr und der Handel im regulierten Markt unterschiedliche sachlich relevante Märkte sind oder ob beides zusammen zu betrachten ist (aaa). Dann ist zu untersuchen, ob der außerbörsliche Handel über multilaterale Handelssysteme und der OTC-Handel mit dem börslichen Handel einen gemeinsamen Markt darstellt (bbb). Schließlich ist dieser in sachlicher Hinsicht abgegrenzte Markt noch auf seine räumliche Ausdehnung hin zu untersuchen (ccc).

aaa) Handel im Freiverkehr und Handel im regulierten Markt

Für die Frage, ob der Handel im Freiverkehr und der Handel im regulierten Markt als gegeneinander austauschbare Produkte anzusehen sind, spielt es keine Rolle, welcher Art die gehandelten Wertpapiere sind, denn es geht ja nicht um die Austauschbarkeit der Wertpapiere, sondern um die Austauschbarkeit der Dienstleistung des Börsenträgers, also die Ermöglichung des Handels.[963] Dies berücksichtigend rechnet das Bundeskartellamt den Handel im Freiverkehr dem Börsenhandel zu und argumentiert hierbei, beides sei insofern vergleichbar, als auch Preise für Wertpapiere, die während der Börsenzeit an einer Wertpapierbörse im Freiverkehr ermittelt würden, Börsenpreise seien.[964] Offensichtlich geht das Bundeskartellamt hierbei davon aus, daß die Ermittlung eines Börsenpreises im Rahmen des Handels eines Wertpapiers für die Nachfrager Zeichen einer besonderen Qualität und Vertrauenswürdigkeit des Handels ist und daher geeignet erscheint, der Abgrenzung eines Marktes zu dienen.

Unabhängig von der Frage, ob das Kriterium des Börsenpreises entscheidend für die Abgrenzung des sachlich relevanten Marktes sein kann,[965] erscheint die Auffassung des Bundeskartellamts im Ergebnis als zutreffend.[966] Denn wie bereits erwähnt muß eine Abgrenzung der Märkte danach erfolgen, ob eine Leistung aus Sicht der Nachfrager austauschbar ist. Daß aber Händler und erst recht die Anlegern kaum zwischen dem Börsenhandel im regulierten Markt und dem Handel im Freiverkehr an der Börse unterscheiden werden, zeigt sich bereits daran, daß eine solche Unterteilung dem Laien regelmäßig unbekannt ist und

963 Vgl. Bundeskartellamt Beschluß Gesch.-Z.: B 4 – 67110 – Fa – 09/05, S. 13 f.

964 Ebd. S. 17.

965 Siehe hierzu im nächsten Abschnitt.

966 A. A. jedoch von Olenhusen, Börsen und Kartellrecht, S. 154.

selbst von seiten der Börsen kaum eine differenzierte Außendarstellung dieser Handelssegmente erfolgt.[967]

bbb) Handel an der Börse und außerbörslicher Handel

Ist die Reichweite des Marktes in dieser Hinsicht geklärt, schließt sich die Frage an, ob der außerbörsliche Handel über multilaterale Handelssysteme und über das Telefon ebenfalls mit dem Börsenhandel und dem Handel an der Börse vergleichbar ist oder ob es sich insoweit um einen andersgearteten Markt handelt. Während die Deutsche Börse AG im Rahmen der geplanten Übernahme der London Stock Exchange ersteres annahm, weil auch ein OTC-Handelssystem gemäß der Richtlinie über Märkte für Finanzinstrumente[968] verpflichtet sei, Kurse und den Umfang und Zeitpunkt von Wertpapiergeschäften gegenüber dem gesamten Markt zu veröffentlichen,[969] war das Bundeskartellamt der Auffassung, es handele sich beim außerbörslichen Handel um einen separaten Markt.[970] Begründet wurde dies in erster Linie damit, Börsen müßten strengere regulatorische Vorschriften erfüllen.[971] Auch finde der Handel örtlich und zeitlich konzentriert statt, es würden nur standardisierte Wertpapiere gehandelt, die ein Zulassungsverfahren durchlaufen müßten, und schließlich existiere eine staatlich regulierte Marktaufsicht.[972]

Bei näherer Betrachtung zeigt sich, daß die Auffassung, beim Handel an der Börse und dem außerbörslichen Handel lägen separate Märkte vor, zumindest aus heutiger Sicht in großen Teilen nicht mehr haltbar ist. Sie mag noch vertretbar sein, soweit der bilaterale OTC-Handel (Telefonhandel) als dem Börsenhandel gegenüber wesentlich unterschiedlich eingeschätzt wird. Zwar kann das Argument des Bundeskartellamtes, die Anonymität der wirtschaftlichen Gegenpartei sei im OTC-Handel anders als im Börsenhandel regelmäßig nicht gewährleistet,[973] nicht überzeugen. Denn wie das Bundeskartellamt selbst einräumt, ist die Anonymität auch an einer Börse nur gewährleistet, sofern sie über

967 Vgl. beispielsweise die Homepage der Deutschen Börse AG unter http://deutsche-boerse.com/dbag/dispatch/ de/kir/gdb_navigation/trading, wo im Bereich der Informationen über das Trading keine Differenzierung zwischen reguliertem Markt und Freiverkehr stattfindet.

968 Richtlinie 2004/39/EG vom 21.04.2004.

969 Vgl. Bundeskartellamt Beschluß Gesch.-Z.: B 4 – 67110 – Fa – 09/05, S. 16 f.

970 Ebd.

971 Bundeskartellamt Beschluß Gesch.-Z.: B 4 – 67110 – Fa – 09/05, S. 16.

972 Ebd.

973 Ebd.

einen Zentralen Kontrahenten verfügt.[974] Dies ist jedoch keineswegs die Regel, vielmehr gibt es bei einem Großteil der deutschen Börsen gerade keinen Zentralen Kontrahenten.[975] Umgekehrt kommt es jedoch ebenso vor, daß Zentrale Kontrahenten in den OTC-Handel eingebunden werden[976] und im Bereich des Handels mit OTC-Derivaten wird das europäische Recht mit der European Market Infrastructure Regulation (EMIR) zukünftig sogar eine diesbezügliche Verpflichtung einführen. Das macht deutlich, daß die Einschaltung eines Zentralen Kontrahenten völlig unabhängig davon ist, ob Börsenhandel oder außerbörslicher Handel vorliegt. Demgegenüber zeichnet sich der bilaterale Telefonhandel dadurch aus, daß hier regelmäßig größere Aktienpakete gehandelt werden (sog. Blocktrades).[977] Dies führt dazu, daß es sich bei denjenigen, die Wertpapiere über den bilateralen Telefonhandel erwerben oder veräußern, sehr viel häufiger um große Investoren oder Banken handelt, wodurch sich der Kreis der Nachfrager von demjenigen beim Börsenhandel in Teilen unterscheidet. Ob dieser Unterschied so signifikant ist, daß man wirklich von einem anderen Markt sprechen kann, soll hier dahinstehen unvertretbar erscheint eine solche Sichtweise jedenfalls nicht, wenngleich nicht völlig außer Betracht bleiben sollte, daß es mit Xetra XXL auch an der Börse ein Segment gibt, an dem ein Blockhandel grundsätzlich möglich wäre.

Nicht zutreffend ist es jedoch, wenn das Bundeskartellamt meint, der außerbörsliche Handel mit Wertpapieren über alternative Handelssysteme bilde keinen gemeinsamen Markt mit dem Börsenhandel.[978] Angreifbar ist bereits die Behauptung, an den Börsen bestehe eine strengere Regulierung. Im Ergebnis kann dies jedoch dahinstehen, da dieser Aspekt nicht entscheidungserheblich ist. Ausschlaggebend ist vielmehr, ob ein etwaiger Unterschied eine Austauschbarkeit aus Sicht der Nachfrager begründet. Nun ist es aber so, daß innerhalb der letzten Jahre einige multilaterale Handelssysteme auf dem Markt aufgetaucht sind. Dabei hat sich gezeigt, daß diese Handelssysteme den Börsen in jüngster

---

974 Ebd.

975 Vgl. Alfes, Central Counterparty, S. 32: Neben der FWB verfügen in Deutschland nur noch die European Energy Exchange (EEX) und die Eurex Deutschland über einen Zentralen Kontrahenten.

976 Vgl. die Pressemitteilung der Deutschen Börse v. 09.03.2005, abzurufen unter: http://deutsche-boerse.com/dbag/dispatch/de/listcontent/gdb_navigation/press/10_Latest_ Press_Releases/Content_Files/13_press/pm_news_CCP_Service_fuer_ETFs.htm?newstitle=ccp-serviceabjuniauchfuerausla&location=press.

977 Vgl. Bundeskartellamt Beschluß Gesch.-Z.: B 4 – 67110 – Fa – 09/05, S. 15.

978 Bundeskartellamt Beschluß Gesch.-Z.: B 4 – 67110 – Fa – 09/05, S. 16.

Zeit ganz erhebliche Marktanteile abgenommen haben. Beispielsweise gelang es ihnen von 2007 bis Ende 2009, im Handel mit den Dax-Werten einen Marktanteil von 24 % zu gewinnen.[979] Wenn es den alternativen Handelssystemen aber gelingt, eine große Zahl von Kunden zu gewinnen, die vorher ihre Wertpapiere an den Börsen gekauft bzw. verkauft haben, zeigt sich deutlich, daß aus Sicht dieser Nachfrager die außerbörslichen Handelssysteme als Alternative zu den Börsen aufgefaßt werden. Diese Auffassung läßt sich auch auf die Einschätzung des Gesetzgebers stützen, wenn in den Materialien zum Vierten Finanzmarktförderungsgesetz dargelegt wird, alternative Handelssysteme erbrächten „regelmäßig als börsenähnliche Einrichtungen mit den Börsen vergleichbare Dienstleistungen, wenn sie Angebot und Nachfrage in Wertpapieren, Devisen und Waren innerhalb des Systems mit dem Ziel zusammenführen, Vertragsabschlüsse unter den Marktteilnehmern zu ermöglichen."[980] Wenn aber die erbrachten Dienstleistungen aus Sicht der Nachfrager vergleichbar sind, kann kein Zweifel bestehen, daß ein gemeinsamer Markt vorliegt.[981]

Zu dieser Einschätzung hinsichtlich des relevanten Marktes für den Wertpapierhandel tendierte bei der Prüfung des geplanten Zusammenschlusses von Nyse Euronext und Deutscher Börse AG auch die europäischen Kommission, welche in Ihrer Entscheidung einen gemeinsamen Markt zwischen Börsen und MTFs zumindest hinsichtlich von Equities[982] bejahte[983] und lediglichen den OTC-Handel eher als separaten Markt einstufte.[984] Lediglich hinsichtlich des Handels mit Derivaten stuft die Kommission den Handel an der Börse auf der einen und den Handel über MTFs und den OTC-Handel auf der anderen Seite als selbständige Märkte ein.[985] Hierbei wird vor allem mit den großen Unterschieden hinsichtlich der durchschnittlichen Kontraktgröße, dem unterschiedlichen Maß an Standarisierung und dem sich deutlich unterscheidenden Kreis der

979 „Geld oder Brief: Deutsche Börse hat noch Potenzial", BZ vom 02.10.2009, S. 17.

980 BT-Drucks. 14/8017, S. 157.

981 So im Ergebnis auch: Beck WM 2000, 597, 601; a. A. von Olenhusen, Börsen und Kartellrecht, S. 153 f.

982 Hierunter fallen Aktien, ETFs sowie Optionsscheine und andere strukturierte Produkte.

983 Hinsichtlich von Bonds, d. h. festverzinslichen Schuldverschreibungen läßt die Kommission die Entscheidung mangels Entscheidungserheblichkeit offen.

984 Siehe die Entscheidung der Kommission in der Sache M.6166 Deutsche Börse / Nyse Euronext, S. 17; abrufbar unter: http://ec.europa.eu/competition/mergers/cases/decisions/m6166_20120201_20610_2711467_EN.pdf.

985 S. Fn. 981, S. 47 ff., S. 92.

Handelsteilnehmer argumentiert, was die Schlußfolgerung im Ergebnis als gut vertretbar erscheinen läßt.

ccc) Räumlich relevanter Markt

Fraglich ist nun, welches der räumliche Markt für die Organisation einer Möglichkeit zum Wertpapierhandel darstellt. Wie bereits erwähnt, ist bei der Beurteilung von einer ökonomischen Sichtweise auszugehen; die Reichweite der entsprechenden Gesetze soll einen Markt nicht mehr begrenzen.[986] Gleichwohl wurde bislang überwiegend vertreten, der räumliche Markt beschränke sich auf Deutschland.[987] Das Hauptargument hierfür war regelmäßig, daß sowohl in Deutschland als auch im Ausland der ganz überwiegende Teil des Handels in den jeweils inländischen Aktien stattfinde.[988] Zudem sei die Liquidität für deutsche Aktien an Handelsplätzen im europäischen Ausland so gering, daß dort Orders nicht zu konkurrenzfähigen Preisen ausgeführt werden könnten.[989]

Diese Auffassung erscheint inzwischen aus zwei Gründen nicht mehr zutreffend. Zum einen ist es schon fragwürdig, eine Beschränkung des Marktes auf Deutschland mit dem Argument zu begründen, wegen der jeweiligen Konzentration der Liquidität im Handel mit einzelnen Aktien auf die Heimatmärkte könne ein ausländischer Veranstalter eines Wertpapierhandels keinen konkurrenzfähigen Preis anbieten. Denn auch wenn dem tatsächlich so sein sollte, ändert dies nichts daran, daß der ausländische Marktveranstalter durch den Handel eines bestimmten Wertes an seiner Börse in Konkurrenz zu inländischen Marktveranstaltern tritt. Wegen der besonderen Bedeutung der Liquidität ist es dem Börsenhandel immanent, daß ein neu auf dem Markt auftretender Konkurrent anfänglich im Hintertreffen ist, weil er zunächst dafür sorgen muß, eine kritische Masse des Handels in einem Wert auf seine Plattform zu ziehen. Folgte man demgegenüber der Argumentation des Bundeskartellamts, müßte man auch einen in Deutschland neu auftretenden Konkurrenten als nicht zum Markt gehörig betrachten, weil auch in seinem Handel zunächst geringere Liquidität vorhanden sein wird. Eine Beschränkung des Marktes auf Deutschland dürfte nur angenommen werden, wenn eine fehlende Konkurrenzfähigkeit des ausländischen Marktveranstalters in Tatsachen begründet wäre, die gerade an seinen Standort im Ausland anknüpfen. In einer Zeit, in der das Börsenwesen aber

---

986 BGH WM 2005, 1531, 1533 f.

987 Vgl. Bundeskartellamt Beschluß Gesch.-Z.: B 4 – 67110 – Fa – 09/05, S. 26 f.

988 Ebd.

989 Beck WM 2000, 597, 600.

inzwischen vom Computerhandel dominiert wird, ist nicht ersichtlich, daß für einen deutschen Handelsteilnehmer, der seine Geschäfte über andere europäische Börsen abwickeln will, Kosten anfallen müssen, die so hoch sind, daß das Dienstleistungsangebot dieser Börse gegenüber dem Angebot deutscher Börsen nicht konkurrenzfähig wäre. Der zweite Grund, der für einen inzwischen auf die ganze EU bzw. EWR ausgedehnten Markt für den Wertpapierhandel spricht, ist praktischer Natur und bekräftigt das soeben Gesagte. Denn bei den schon erwähnten multilateralen Handelssystemen, die in jüngster Zeit den etablierten deutschen Wertpapierbörsen einen erheblichen Teil des Umsatzes streitig machen, handelt es sich oft – wie etwa bei Chi-X und Turquoise – um europaweit agierende Handelssysteme. Wenn es diesen nicht auf Deutschland beschränkten Handelssystemen aber gelingt, solch erhebliche Marktanteile zu erringen, ist erwiesen, daß der räumliche Markt nicht mehr auf Deutschland beschränkt ist. Gleiche Tendenzen sind überdies inzwischen im Bereich der Börsen zu erkennen, welche zunehmend Anstrengungen unternehmen, europaweit agierende Handelsplattformen aufzubauen, so etwa die Deutsche Börse mit „Xetra International Market" oder die Nyse Euronext mit „Nyse Arca Europe".[990]

Dieses Ergebnis wurde in seiner Entscheidung zur geplanten Fusion von Deutscher Börse AG und Nyse Euronext auch von der Europäischen Kommission geteilt, die einen EWR-weiten räumlichen Markt beim Wertpapierhandel zugrunde legte.[991]

ddd) Zusammenfassung

Berücksichtigt man nun, daß der Handel im Freiverkehr einer Börse zusammen mit dem Börsenhandel und zumindest mit dem Handel über multilaterale Handelssysteme einen gemeinsamen Markt bildet und dieser EU-weit ausgedehnt ist, ist im Ergebnis festzuhalten, daß sich für den Börsenträger im Bereich des Handels mit Wertpapieren praktisch keine kartellrechtlichen Probleme im Bereich der Zusammenschlußkontrolle ergeben können. Denn da der Träger nur den Freiverkehr veranstaltet, der Freiverkehr aber im Vergleich zu Börsenhandel und Handel über alternative Handelssysteme deutlich umsatzschwächer ist, kann ein Börsenträger faktisch nie eine marktbeherrschende Stellung im Wertpapierhandel innehaben.

---

990 „Xetra soll Aktienplattform für Europa werden", BZ vom 017.04.2009, S. 3.

991 Entscheidung der Kommission M.6166 Deutschen Börse AG / Nyse Euronext, S. 18 (Equities) und 20 (Bonds); abrufbar unter: http://ec.europa.eu/competition/mergers/cases/decisions/m6166_20120201_20610_2711467_EN.pdf.

bb) Übernahme der Börsenträgerschaft

Sofern man sich der hier vertretenen Auffassung anschließt und Börsenträger und Börse aus kartellrechtlicher Sicht vollständig separat betrachtet, ergibt sich für den Börsenträger ein weiteres Geschäftsfeld, das untersucht werden muß. Denn der Börsenträger stattet eine Börse mit finanziellen, personellen und sächlichen Mitteln aus, in der Hoffnung, durch die von der Börse erhobenen Gebühren, die an ihn ausgekehrt werden, einen finanziellen Gewinn zu erwirtschaften.

Wollen nun zwei Börsenträger fusionieren oder will ein Börsenträger eine bestehende Börse übernehmen, könnte hierdurch eine marktbeherrschende Stellung gem. § 36 GWB begründet oder verstärkt werden. Hierbei handelt es sich keineswegs um theoretische Überlegungen, vielmehr ist es in der Praxis durchaus häufiger anzutreffen, daß ein Unternehmen mehrere Börsen trägt. So ist die BÖAG Börsen AG sowohl Trägerin der Hanseatischen Wertpapierbörse Hamburg als auch der Niedersächsischen Börse zu Hannover, und auch die Deutsche Börse AG trägt neben der Frankfurter Wertpapierbörse über Unternehmensbeteiligungen auch die EUREX, die amerikanische ISE und die 2009 neu gegründete Berliner Börse Tradegate.

Es bleibt somit sowohl die Frage zu klären, wie weit der räumlich relevante Markt reicht als auch, welches der sachlich relevante Markt bei der Börsenträgerschaft ist.

Bezüglich des räumlich relevanten Marktes zeigt sich bereits aus der unmittelbaren Trägerschaft der US-amerikanischen ISE durch die Deutsche Börse AG sowie sowohl der Übernahme des skandinavischen Börsenbetreibers OMX als auch (vorübergehend) der Mehrheit am Träger der Bremer Wertpapierbörse durch die NASDAQ, daß in diesem Bereich selbst kontinentale Grenzen überwunden werden und man von einer weltweiten Ausdehnung des Marktes ausgehen muß.

Somit bleibt nur, die Reichweite des sachlich relevanten Marktes zu ermitteln, wobei es hier in der Hauptsache um die Frage geht, ob die Trägerschaft für Terminbörsen, ausländische Börsen und multilaterale Handelssysteme mit der Trägerschaft für deutsche Wertpapierbörsen einen gemeinsamen Markt bilden. Denn ungeachtet der Tatsache, daß räumlich keine Beschränkung auf Deutschland besteht, könnte die Trägerschaft bei ausländische Börsen einen anderen sachlich relevanten Markt darstellen, weil sich die Ausgestaltung von Börsen im Ausland deutlich von ihrer Ausgestaltung in Deutschland unterscheidet. Während die Börsen in Deutschland vom Börsenträger unabhängige öffentlich-rechtliche Anstalten sind, sind Börsen im Ausland regelmäßig privatrechtlich organisierte Aktiengesellschaften. Dies führt etwa zu dem bedeutsamen Unterschied, daß das Geschäftsfeld des Börsenträgers bei ausländischen Börsen nicht auf die Übernahme des finanziellen Risikos begrenzt ist. Vielmehr kann der Börsenträger die Börse selbst betreiben oder von einer weisungsabhängigen Tochtergesellschaft betreiben lassen. Jedoch ändert auch dies nichts daran, daß das Betreiben von in- und ausländischen Börsen sowie multilateralen Handelssystemen einen gemeinsamen sachlich relevanten Markt darstellt. Denn die ausschlaggebende geschäftliche Tätigkeit ist in allen Fällen die Ausstattung und Übernahme des finanziellen Risikos von Handelsplattformen. Wenn bei ausländischen Börsen oder alternativen Handelssystemen der Börsenträger darüber hinausgehend geschäftlich aktiv wird, etwa weil er den Handel mit Wertpapieren selbst organisiert, ist dies gesondert kartellrechtlich zu bewerten, kann aber nicht dazu führen, daß – indem die Marktanteile für diesen Bereich getrennt von denen im Bereich der Trägerschaft für deutsche Börsen betrachtet werden – ein Börsenträger hierdurch kartellrechtlich besser gestellt wird. Aus demselben Grund bildet die Übernahme der Trägerschaft für Terminbörsen keinen separaten Markt. Denn die Geschäftstätigkeit des Trägers – Übernahme des wirtschaftlichen Risikos, finanzielle Ausstattung – ist auch hier gleich.

Da somit der kartellrechtlich relevante Markt die weltweite Übernahme der Trägerschaft für Börsen und alternative Handelssysteme ist, bleibt im Ergebnis festzuhalten, daß Kooperationen oder Fusionen auf Ebene der Börsenträger kartellrechtlich ohne weiteres zulässig sind. Denn selbst bei einem Zusammenschluß der Deutschen Börse AG mit einem anderen bedeutenden ausländischen Börsenbetreiber würde eine marktbeherrschende Stellung in diesem Bereich nicht entstehen.

cc) Erstellung von Informationsprodukten

Für den Bereich der Erstellung und des Vertriebs von Informationsprodukten ist der Auffassung des Bundeskartellamtes zuzustimmen, wonach in sachlicher Hinsicht die drei Bereiche des Vertriebes von Ad-hoc-Mitteilungen, des Vertriebes von Preis- und Handelsinformationen und der Erstellung und des Vertriebes von Börsenindizes zu trennen sind.[992] Ebenso überzeugt die Auffassung, daß die Märkte für die beiden letztgenannten Bereiche in räumlicher Hinsicht weltweit reichen,[993] während sich der Markt für den Vertrieb von Ad-hoc-Mitteilungen

992 Bundeskartellamt Beschluß Gesch.-Z.: B 4 – 67110 – Fa – 09/05, S. 18 f.
993 Bundeskartellamt Beschluß Gesch.-Z.: B 4 – 67110 – Fa – 09/05, S. 28.

durch die mit der Kapitalmarktpublizitätsrichtlinie[994] und der Marktmißbrauchsrichtlinie[995] einhergehenden fortschreitenden europäischen Harmonisierung[996] inzwischen wohl europaweit ausgedehnt hat.[997]

Auch hier ergibt sich aus der großen räumlichen Ausdehnung der Märkte, daß es im Ergebnis bei Kooperationen nur in seltenen Fällen zu einer Begründung oder Verstärkung einer marktbeherrschenden Stellung kommen sollte.

dd) Entwicklung, Implementierung und Betrieb von IT-Produkten

Wenn es um die Entwicklung, Implementierung und den Betrieb von IT-Produkten und hierbei insbesondere um elektronische Handelssysteme geht, scheint es regelmäßig angebracht, in sachlicher Hinsicht alle Betreiber von Börsen oder alternativen Handelsplattformen als potentielle Kunden zu betrachten. In räumlicher Hinsicht ist festzustellen, daß ein weltweiter Markt vorliegt, was etwa daran zu sehen ist, daß das Xetra-System der Deutschen Börse AG beispielsweise auch an den Börsen in Wien, Sofia, Dublin und den Cayman Islands im Einsatz ist und die Börse in Johannesburg auf der Grundlage einer von der London Stock Exchange entwickelten Handelsplattform arbeitet.[998]

Im Ergebnis sorgt somit wiederum die große räumliche Ausdehnung des Marktes für Börsen-IT-Produkte dafür, daß es bei Börsenkooperationen diesbezüglich nur in seltenen Fällen zu kartellrechtlichen Problemen kommen sollte.

ee) Clearing und Netting

Das Clearing wird entweder von Konzernunternehmen der Börse selbst erbracht, oder es werden von seiten der Börse regelmäßig exklusive Verträge mit Clearing-Häusern über das Clearing von Wertpapiergeschäften geschlossen, die auf ihren Handelsplattformen zustande kommen.[999]

---

994 Richtlinie 2001/34/EG des Europäischen Parlaments und des Rates vom 28. Mai 2001 über die Zulassung von Wertpapieren zur amtlichen Börsennotierung und über die hinsichtlich dieser Wertpapiere zu veröffentlichenden Informationen, Amtsblatt Nr. L 184 vom 06/07/2001 S. 0001 – 0066.

995 Richtlinie 2003/6/EG des Europäischen Parlaments und des Rates vom 28. Januar 2003 über Insider-Geschäfte und Marktmanipulation (Marktmissbrauch), Amtsblatt Nr. L 096 vom 12/04/2003 S. 0016 – 0025.

996 Vgl. hierzu auch Dier/Fürhoff AG 2002, 604, 604 ff.

997 Anders jedoch noch: Bundeskartellamt Beschluß Gesch.-Z.: B 4 – 67110 – Fa – 09/05, S. 28.

998 Bundeskartellamt Beschluß Gesch.-Z.: B 4 – 67110 – Fa – 09/05, S. 20, 28.

999 Bundeskartellamt Beschluß Gesch.-Z.: B 4 – 67110 – Fa – 09/05, S. 20.

Bezüglich des Clearings vertritt das Bundeskartellamt die Auffassung, es bestehe ein einheitlicher Markt hinsichtlich der Nachfrage der Börsen (Tradeflow-Ebene) und der Nachfrage der Anleger (Nutzer-Ebene). Diese Ansicht ist überzeugend. Denn im Ergebnis sind die Anleger die Nachfrager der Dienstleistung, während die Börse durch einen Vertrag mit einem Clearinghaus auswählt, wer die Dienstleistung gegenüber den Anlegern erbringen wird.[1000] Zudem erscheint es angebracht, die schuldrechtliche Verrechnung gleichartiger Forderungen zu einer Nettoforderung (sog. Netting)[1001] dem Bereich des Clearings zuzurechnen, weil die Leistungen gewöhnlich nicht getrennt erbracht werden. Da die vom Clearinghaus zu erbringenden Dienstleistungen insoweit gleich sind, bildet das Clearing für Terminbörsen[1002] und multilaterale Handelssysteme mit dem Clearing für börsliche Wertpapiergeschäfte einen gemeinsamen Markt.

Der räumlich relevante Markt für das Clearing erstreckt sich inzwischen wohl weltweit. So ist etwa festzustellen, daß die Eurex Clearing AG, die das Clearing an der Frankfurter Wertpapierbörse übernimmt, auch das Clearing der irischen Börse besorgt[1003] und europaweites Auftreten auch bei den anderen europäischen Clearinghäusern gängig ist. Manche Unternehmen agieren bereits interkontinental, wie etwa das amerikanische Clearinghouse Depository Trust & Clearing Corporation (DTCC), welches über seine Tochtergesellschaft EuroCCP auch das Clearing für die in London beheimatete Handelsplattform Turquoise übernimmt.[1004]

Insgesamt ist festzustellen, daß die Zahl der umsatzstarken Akteure im Bereich des Clearings sehr begrenzt ist. Das kann im Rahmen einer Kooperation oder Fusion der Deutsche Börse AG, die als einzige deutsche Börse über eine Beteiligung an einem bedeutenden Clearinghouse verfügt,[1005] dann zu einer marktbeherrschenden Stellung in diesem Bereich führen, wenn der Kooperationspartner eine vergleichbare Beteiligung hält.

1000 Bundeskartellamt Beschluß Gesch.-Z.: B 4 – 67110 – Fa – 09/05, S. 20 f.

1001 Gegenüber dem Clearing hat das Netting auch die rechtliche Auswirkung einer konsensualen Aufrechnung; vgl. Zum Thema Kunz, Ausgewählte Rechtsprobleme des Zentralen Kontrahenten, S. 65 f; Alfes, Central Counterparty, S. 62 ff.

1002 In die gleiche Richtung tendiert das Bundeskartellamt im Rahmen eines obiter dictum: Bundeskartellamt Beschluß Gesch.-Z.: B 4 – 67110 – Fa – 09/05, S. 22.

1003 Vgl. http://www.eurexclearing.com/markets_de.html.

1004 „Xetra soll Aktienplattform für Europa werden", BZ vom 017.04.2009, S. 3.

1005 Der Deutschen Börse AG und der Schweitzer SWX-Gruppe gehören je 50 % an der Eurex Clearing AG.

ff) Settlement und Custody

Unter Settlement ist die dingliche Erfüllung von Wertpapiergeschäften zu verstehen, während Custody die Verwahrung von Wertpapieren bezeichnet, was heute in aller Regel durch die Girosammelverwahrung von Globalurkunden geschieht. Da beide Geschäftsfelder in der Praxis eng zusammenhängen und meist durch die selben Marktteilnehmer angeboten werden, sollen sie an dieser Stelle auch gemeinsam untersucht werden.

Die Erfüllung von Wertpapiergeschäften, die über außerbörsliche Handelssysteme oder telefonisch geschlossen werden, weist keinen wesentlichen Unterschied zu der Erfüllung von börslichen Wertpapiertransaktionen auf. Deshalb existiert insoweit ein einheitlichen Markt.

Ebenso wie im Bereich des Clearings ist auch bei Settlement und Custody in den letzten Jahren eine starke Tendenz zur Ausdehnung des räumlich-relevanten Marktes festzustellen. Während das Bundeskartellamt noch im Jahre 2005 einen nationalen Markt für das Settlement und die Girosammelverwahrung angenommen hat,[1006] muß man wohl inzwischen auch hier von einem europaweiten Markt ausgehen, so daß die umfangreichen Bemühungen der EU, einen grenzüberschreitenden Wettbewerb zu fördern,[1007] Früchte getragen zu haben scheinen. Dies legt nicht nur das aufgeführte Beispiel von EuroCCP nahe, die nicht nur Leistungen im Clearing, sondern auch im Settlement anbietet.[1008] Da der Handel mit Wertpapieren zunehmend grenzüberschreitend angeboten wird, öffnet sich auch der Markt für die Abwicklungsdienstleistungen, weil die Handelsplattformen regelmäßig bemüht sind, eine Abwicklung über das Unternehmen sicherzustellen, das auch auf ihrem Heimatmarkt die Abwicklung übernimmt.[1009]

Insgesamt gestaltet sich die kartellrechtliche Situation für die deutschen Wertpapierbörsen hier ähnlich wie im Bereich des Clearing. Einzig die Deutsche Börse AG ist über ihre Tochtergesellschaft Clearstream International S. A. im Bereich von Settlement und Custody aktiv. Da die Zahl der bedeutenden Marktteilnehmer auch in diesem Bereich europaweit überschaubar ist, könnte die Fusion oder Kooperation mit einer anderen Handelsplattform, die selbst oder über eine

1006 Bundeskartellamt Beschluß Gesch.-Z.: B 4 – 67110 – Fa – 09/05, S. 29.

1007 Siehe hierzu die Entschließung des Europäischen Parlaments zu Clearing und Abwicklung in der europäischen Union, abrufbar unter: http://www.europarl.europa.eu/sides/getDoc.do?type=TA&reference=P6-TA-2005-0301&language=DE&ring=A6-2005-0180.

1008 Http://www.euroccp.co.uk/services/index.php.

1009 Vgl. zur zunehmenden Europäisierung des Aktienhandels und der Abwicklung: „Xetra soll Aktienplattform für Europa werden", BZ vom 17.04.2009, S. 3.

Tochtergesellschaft ebenfalls Abwicklungsdienstleistungen anbietet, zu einer marktbeherrschenden Stellung führen.

gg) Zusammenfassung

Im Ergebnis kann festgehalten werden, daß bei Kooperationsvorhaben, die nur Börsenträger betreffen, die kartellrechtlichen Hürden in der Regel überschaubar sein dürften. Nur wenn die Deutsche Börse AG als mit Abstand größter und umsatzstärkster deutscher Börsenträger beteiligt ist, besteht in der Praxis überhaupt die Gefahr einer Untersagung des Zusammenschlusses gem. § 36 Abs. 1 GWB wegen des Drohens der Begründung oder Verstärkung einer marktbeherrschenden Stellung. Aber auch in diesem Fall wird es nahezu ausnahmslos der Geschäftsbereich der Abwicklung von Wertpapiergeschäften sein, in dem sich kartellrechtliche Hindernisse ergeben. Da aber viele andere Börsenträger in diesem Bereich nicht geschäftlich aktiv sind, ergeben sich Probleme somit nur in den Fällen, in denen eine Fusion der Deutsche Börse AG mit einem anderen europäischen Unternehmen geplant ist, welches selbst ein Tochterunternehmen hat, das in den Bereichen Clearing oder Settlement aktiv ist. Aber auch in diesen Fällen wäre es ohne allzu großen Aufwand und allzu großen wirtschaftlichen Schaden möglich, eine drohende Untersagung der Fusion durch das Bundeskartellamt dadurch abzuwenden, daß im Rahmen des Zusammenschlusses die im Bereich der Abwicklung von Wertpapiergeschäften tätigen Tochterunternehmen eines der beteiligten Unternehmen veräußert werden.

c) Zusammenschlüsse der Börse

Weiterhin ist zu untersuchen, welche kartellrechtlichen Hindernisse drohen, wenn es zu Zusammenschlüssen i. S. d. § 37 GWB von Börsenanstalten kommt.

Auch hier ist zwischen den einzelnen Dienstleistungen zu differenzieren, die eine Börsenanstalt auf dem Markt anbietet. Erst wenn für jede dieser Dienstleistungen die Reichweite des sachlich und räumlich relevanten Marktes bestimmt ist, ist es möglich, Aussagen darüber zu treffen, inwieweit einzelne Bereiche kartellrechtlich problembehaftet sind. Wiederum ist darauf zu achten, strikt zwischen Börsenträger und Börse zu unterscheiden. Mithin dürfen vorliegend nur diejenigen Dienstleitungen in den Blick genommen werden, die die Börse anbietet. Deshalb darf beispielsweise der Freiverkehr an einer Börse keine Rolle spielen, wenngleich er im alltäglichen Verständnis oft mit der Börse in Zusammenhang gebracht wird.

aa) Listing[1010] von Aktien im regulierten Markt

Die erste bedeutsame Dienstleistung, die von der Börse angeboten wird, ist das Listing von Aktien im regulierten Markt. Bei der Abgrenzung des sachlich relevanten Marktes wird richtigerweise allgemein[1011] davon ausgegangen, daß hierbei alle Wertpapiere in regulierten Märkten zusammenzufassen seien also nicht zwischen einzelnen Wertpapierarten (Aktien, Schuldverschreibungen) unterschieden werden müsse. Entscheidend ist hierbei, daß sich die von der Börse angebotene Dienstleistung des Listings bei den einzelnen Arten von Wertpapieren nicht wesentlich unterscheidet.[1012] Anders als im Bereich des Wertpapierhandels muß aber aus diesem Grund beim Listing der Bereich der außerbörslichen Handelssysteme außer Betracht bleiben,[1013] da eine Zulassungspflicht nach § 32 BörsG nur für den regulierten Markt an der Börse besteht.[1014]

In räumlicher Hinsicht stellt sich auch hier wiederum die Frage, ob der Markt auf Deutschland begrenzt ist. Hierbei ging das Bundeskartellamt im Jahre 2005 noch davon aus, zwar habe der Markt für das Listing von Schuldverschreibungen eine EU-weite Ausdehnung, derjenige für Aktien sei jedoch auf das Inland begrenzt. Begründet wurde dies – ebenso wie beim Aktienhandel – mit der Tatsache, daß der deutlich überwiegende Teil der an einer Börse notierten Aktien aus dem Inland stammt.[1015] Insoweit zeigt sich in den letzten Jahren keine Veränderung. Auch im Jahre 2009 kamen weniger als 10 % der im regulierten Markt notierten Aktien aus dem Ausland.[1016] Anders als beim Aktienhandel, bei dem sich weder für die Handelsteilnehmer noch für die Anleger wesentliche Probleme ergeben, Geschäfte über eine ausländische Börse abzuwickeln, erscheint eine Beschränkung des Marktes auf das Inland im Bereich des Listings naheliegend zu sein. Denn auch wenn die gesetzlichen Regelungen über die Zulassung von Wertpapieren zum Börsenhandel inzwischen in großen Teilen EU-weit

---

1010 D.h. die Aufnahme einer Aktie in den Handel an einer bestimmten Börse.

1011 So etwa das Bundeskartellamt, wie auch die Deutsche Börse AG, vgl. Bundeskartellamt Beschluß Gesch.-Z.: B 4 – 67110 – Fa – 09/05, S. 12 f.

1012 Bundeskartellamt Beschluß Gesch.-Z.: B 4 – 67110 – Fa – 09/05, S. 13.

1013 So auch Beck WM 2000, 597, 601.

1014 Jedoch sollte angesichts der Bestrebungen innerhalb der EU, MTFs immer mehr den geregelten Märkten gleichzustellen, nicht außer Betracht bleiben, daß es insoweit zukünftig zu Änderungen kommen kann.

1015 Bundeskartellamt Beschluß Gesch.-Z.: B 4 – 67110 – Fa – 09/05, S. 25 f.

1016 Factbook Deutsche Börse 2009, S. 5, abrufbar unter: http://deutsche-boerse.com/INTERNET/IP/ip_stats.nsf/%28KIR+Factbook+Kassamarkt%29/407B2EB81C10C693C12577270052CF51/$FILE/Factbook_2009_d.pdf?OpenElement.

vereinheitlicht sind, ist es doch wahrscheinlich, daß ein ausländischer regulierter Markt wegen der nicht unerheblichen rechtlichen Komplexität eines Listings aus der Sicht eines Emittenten schwerlich eine gleichwertige Konkurrenz für inländische Märkte sein kann.

Im Ergebnis könnte diese Beschränkung des Marktes für Listings auf Deutschland nun insbesondere dann zu kartellrechtlichen Problemen führen, wenn eine Fusion der Frankfurter Wertpapierbörse mit einer der anderen deutschen Börsen im Raum steht. Allerdings muß hierbei berücksichtigt werden, daß im Bereich des Listings bei weitem keine solch dominierende Rolle der FWB vorliegt wie etwa im Bereich des Wertpapierhandels. Denn es ist für den Bereich der Börsenzulassungen nicht das Handelsvolumen, sondern die Anzahl der an einem regulierten Markt gelisteten Wertpapiere ausschlaggebend. Inwieweit hier durch eine Börsenfusion eine marktbeherrschende Stellung entstehen kann, muß für den jeweiligen Einzelfall untersucht werden. Jedoch wird dies in der Regel bei einer Fusion von lediglich zwei Börsen kaum der Fall sein. Denn wegen des regelmäßig erfolgenden Listings umsatzstarker Wertpapiere an mehreren Börsen darf zur Berechnung des nach einer Fusion zu erwartenden Marktanteils nicht einfach die Anzahl der gelisteten Wertpapiere an den fusionierenden Börsen addiert und ins Verhältnis zu der Zahl der an den anderen deutschen Börsen gelisteten Werten gesetzt werden. Vielmehr ist zu berücksichtigen, daß nach dem Zusammenschluß jedes Wertpapier nur noch einmal an der fusionierten Börse gelistet ist und der Marktanteil daher absinken wird, weshalb die Schwelle der Begründung einer marktbeherrschenden Stellung später erreicht sein wird.

bb) Trading von Aktien im regulierten Markt

Bezüglich der kartellrechtlichen Situation beim Handel mit Aktien am regulierten Markt kann in weiten Teilen auf die Ausführungen zum Handel mit Werten in dem vom Börsenträger betriebenen Freiverkehr verwiesen werden.[1017] Da der Handel im regulierten Markt zusammen mit dem Handel im Freiverkehr und zumindest dem außerbörslichen Handel, der über multilaterale Handelssysteme abgewickelt wird, einen gemeinsamen sachlich relevanten Markt bildet, welcher sich räumlich auf den gesamten EU-Bereich erstreckt, ergibt sich ein verhältnismäßig großer Markt. Dies führt dazu, daß bei rein innerdeutschen Fusionen – und auf der Ebene der Börsenanstalten erscheint nur dies momentan praktisch denkbar – auch bei Beteiligung der Frankfurter Wertpapierbörse eine marktbeherrschende Stellung nicht entstehen kann.

1017 Siehe oben D.III.2.b)aa).

cc) Zusammenfassung

Somit ergibt sich, daß es bei Zusammenschlüssen von Börsenanstalten regelmäßig keine kartellrechtlichen Problemen im Bereich des § 36 GWB gibt. Allenfalls im Bereich des Listings kann in besonders gelagerten Fällen die Gefahr der Begründung einer marktbeherrschenden Stellung drohen.

3. Ergebnis

Für den gesamten Bereich des Kartellrechts kann festgehalten werden, daß die geltenden Regelungen sowohl auf deutscher als auch auf europäischer Ebene ausreichend Raum für Kooperationen und Fusionen von Börsenträgern und auch von Börsenanstalten lassen. Während auf dem Feld der Zusammenschlußkontrolle Probleme nahezu ausschließlich im Bereich der Abwicklung der Börsengeschäfte auftreten können, birgt das Kartellverbot von Art. 101 AEUV bzw. § 1 GWB etwas mehr Konfliktpotential. Jedoch reichen auch hier die kartellrechtlichen Hindernisse nicht so weit, daß sie das Potential haben, Kooperationen insgesamt zu gefährden.

E. Schlußbetrachtung

Die Untersuchung hat gezeigt, daß das Börsenrecht eine Fülle von Möglichkeiten für Kooperationen und Fusionen sowohl auf der Ebene der Börsenträger als auch auf der Ebene der Börsen bereithält. Insbesondere hat sich ergeben, daß der identitätswahrenden formwechselnden Verlagerung des Verwaltungs- und Satzungssitzes des Börsenträgers ins EU-Ausland ebensowenig Hindernisse entgegenstehen wie der Konzernierung eines Börsenträgers. Zudem führt eine Verschmelzung von Börsenträgern nicht zum Wegfall der Börsengenehmigung vielmehr kann die Börsenerlaubnis in Fällen, in denen kein automatischer Übergang stattfindet, durch die Börsenaufsichtsbehörde auf einen anderen Träger übergeleitet werden. Ferner wurde deutlich, daß Kooperationen auf Ebene der Börsen weitreichend möglich sind, insbesondere mittels Einführung gemeinsamer Handelssysteme und –plattformen sowie durch die Verzahnung der Börsenorgane. Auch einer Fusion von Börsenanstalten stehen keine nennenswerten rechtlichen Hindernisse entgegen. Es gibt sogar Kooperationsformen, bei denen alle beteiligten Börsen ihre rechtliche Identität bewahren. Gezeigt hat sich schließlich ebenfalls, daß auch das Kartellrecht für Kooperationen im Bereich der Börsen ausreichend Raum läßt und Einschränkungen allenfalls daher rühren können, daß es sich beim Börsenhandel um einen Wirtschaftsbereich handelt, der von wenigen Beteiligten mit marktbeherrschenden Stellungen betrieben wird.

Auch wurde deutlich, daß die rechtliche Ausgestaltung des deutschen Börsenwesens (öffentlich-rechtliche Börse und privatrechtlich organisierter Träger) im Rahmen von Kooperationsvorhaben gegenüber einer rein privatrechtlichen Konstruktion des Börsenwesens, wie sie im Ausland gängig ist, keine Nachteile aufweist. Zwar ist wegen der hierdurch garantierten Unabhängigkeit der Börse ein weiterer Beteiligter vorhanden, mit dem Kooperationspläne abgestimmt werden müssen. Jedoch ist es gerade im Sinne der Befürworter einer dualistischen Börsenstruktur sicherzustellen, daß es eine Institution gibt, die auch die Belange der Handelsteilnehmer, Anleger und des Finanzmarktes berücksichtigt und so die Gefahr bannt, daß diese Aspekte von einem privatrechtlichen Träger, für den naturgemäß wirtschaftliche Belange an oberster Stelle stehen müssen, zugunsten einer Profitmaximierung marginalisiert.

Börsen- und kapitalmarktrechtliche Abhandlungen

Herausgegeben von Horst Hammen

Band 1 Susann Schumann: Die Verbesserung der Eigenkapitalausstattung mittelständischer Unternehmen durch Unternehmensbeteiligungsgesellschaften. Eine Analyse der Entwicklung des Gesetzes über Unternehmensbeteiligungsgesellschaften. 2007.

Band 2 Sonja Granzow: Die Aufsicht über den Handel mit Energiederivaten nach dem Gesetz über das Kreditwesen. 2007.

Band 3 Jens H. Kunz: Ausgewählte Rechtsprobleme des Zentralen Kontrahenten. Unter besonderer Berücksichtigung des Clearing-Systems an der Frankfurter Wertpapierbörse. 2009.

Band 4 Stefan Bressler: Public Private Partnership im Bank- und Börsenrecht durch Beleihung mit einer Anstaltsträgerschaft. 2009.

Band 5 Horst Hammen (Hrsg.): Interessenkonflikte beim Börsengang von Börsen. 2009.

Band 6 Alexander Hofmann: Der Skontroführer an den deutschen Wertpapierbörsen. 2009.

Band 7 Roman Jüngling: Polnisches Börsen- und Kapitalmarktrecht. Interessenkonflikte bei der Selbstnotierung der Warschauer Börse. 2010.

Band 8 Gisella Victoria Villeda: Prävention und Repression von Insiderhandel. 2010.

Band 9 Horst Hammen: Börsen und multilaterale Handelssysteme im Wettbewerb. Eine wirtschaftsrechtliche Analyse. 2011.

Band 10 Karsten Fink: Der Freiverkehr. Die rechtliche Organisation des Handelssegments Freiverkehr an deutschen Börsen. 2013.

Band 11 Simon Reitz: Börsengeschäfte, Übertragung von Wertpapieren und Leistungsstörungen. 2013.

Band 12 Elisabeth Heuser: Mistrades bei Börsengeschäften. 2013.

Band 13 Horst Hammen: Börsenerlaubnis, Anteilseignerkontrolle und Niederlassungsfreiheit bei der Fusion von Börsenorganisationen. Das Projekt Gamma. 2013.

Band 14 Matthias Bopp: Fusionen und Kooperationen deutscher Börsen und ihrer Träger. 2015.

www.peterlang.de

Applied Kinesiology

Funktionelle Myodiagnostik
in Osteopathie und Chirotherapie

1. Auflage

Hans Garten

Unter Mitarbeit von
Andreas Dmoch und Hartmut Fuchs

ELSEVIER

ELSEVIER
Hackerbrücke 6, 80335 München, Deutschland

ISBN Print 978-3-437-57980-6
ISBN e-Book 978-3-437-16979-3

Wichtiger Hinweis für den Benutzer
Die Erkenntnisse in der Medizin unterliegen laufendem Wandel durch Forschung und klinische Erfahrungen. Herausgeber und Autoren dieses Werkes haben große Sorgfalt darauf verwendet, dass die in diesem Werk gemachten therapeutischen Angaben (insbesondere hinsichtlich Indikation, Dosierung und unerwünschter Wirkungen) dem derzeitigen Wissensstand entsprechen. Das entbindet den Nutzer dieses Werkes aber nicht von der Verpflichtung, anhand weiterer schriftlicher Informationsquellen zu überprüfen, ob die dort gemachten Angaben von denen in diesem Werk abweichen und seine Verordnung in eigener Verantwortung zu treffen.
Für die Vollständigkeit und Auswahl der aufgeführten Medikamente übernimmt der Verlag keine Gewähr.
Geschützte Warennamen (Warenzeichen) werden in der Regel besonders kenntlich gemacht (®). Aus dem Fehlen eines solchen Hinweises kann jedoch nicht automatisch geschlossen werden, dass es sich um einen freien Warennamen handelt.
Hinweise zu Diagnose und Therapie können sich von den in Deutschland üblichen Standards unterscheiden. Achtung: Die bei den genannten Arzneimitteln angegebenen Dosierungen und Anwendungshinweise können von der deutschen Zulassung abweichen.

Bibliografische Information der Deutschen Nationalbibliothek
Die Deutsche Nationalbibliothek verzeichnet diese Publikation in der Deutschen Nationalbibliografie; detaillierte bibliografische Daten sind im Internet über http://www.d-nb.de/ abrufbar.

1. Auflage 2016

16 15 14 13 12 5 4 3 2 1

Um den Textfluss nicht zu stören, wurde bei Patienten und Berufsbezeichnungen die grammatikalisch maskuline Form gewählt. Selbstverständlich sind in diesen Fällen immer Frauen und Männer gemeint.

Planung: Marko Schweizer, München
Lektorat und Projektmanagement: Annekathrin Sichling, München
Redaktion: Walburga Rempe, München
Herstellung: Johannes Kressirer, München
Media Rights Management: Melanie Dobler, München
Zeichnungen: Katja Dalkowski, Buckenhof; Stefan Dangl, München; Hans Garten, München
Fotografie: Bodo Mertoglu, Ralf Kruse, Hans Garten, München
Satz: abavo GmbH, Buchloe/Deutschland; TnQ, Chennai/Indien
Druck und Bindung: Printer Trento, Trento/Italien
Umschlaggestaltung: SpieszDesign, Neu-Ulm
Titelzeichnung: Hans Garten

Aktuelle Informationen finden Sie im Internet unter **www.elsevier.de** und **www.elsevier.com**.

Abkürzungen

A., Aa.	Arteria, Arteriae
AC-Gelenk	Akromioklavikulargelenk
ADHS, ADS	Aufmerksamkeitsdefizit-(Hyperaktivitäts-)Syndrom
ADR	Adduktorenreflex
AER-Test	Abduktion plus externe Rotation
AF	autogene Fazilitation
AK	Applied Kinesiology
ant.	anterior, anterius
ASR	Achillessehnenreflex
ATNR	asymmetrischer tonischer Nackenreflex (persistierender: p-ATNR)
bds.	beidseits
B&E-Punkte	Anfangs- und Endpunkte der Yang-Leitbahnen
BFR	Biceps-femoris-Reflex
BID	Body into Distortion
BIR	Body into Reflex-Position
BMRC	British Medical Research Council
BPPV	Benign Paroxysmal Positional Vertigo (gutartiger Lagerungsschwindel)
BRR	Brachioradialisreflex
BWS	Brustwirbelsäule
CAD/CAM	Computer Aided Design/Computer Aided Manufacturing
CDSI	CMD-Screening-Index
CIEGR	Cellular Immediate Early Gene Response
CMD	kraniomandibuläre Dysfunktion
CMV	Zytomegalievirus
COPA	Craniomandibular Orthopedic Positioning Appliance
CRH	Corticotropin-Releasing-Hormon
CRI	Cranial Rhythmic Impulse
CSP	Centering the Spine Pattern
CT	Computertomografie
CTÜ	zervikothorakaler Übergang
DD	Differenzialdiagnose
DLPF	dorsolateraler präfrontaler Regelkreis
DSD	Doppelschrittdauer
DVT	digitale Volumentomografie
EFA	elektronische Funktionsanalyse
EID	Eyes into Distortion
EIR	Eyes into Reflex-Position
EMDR	Eye Movement Desensitization and Reprocessing
EMG	Elektromyografie/-gramm
ENV	emotionale neurovaskuläre Reflexpunkte
EPA	Eicosapentaensäure
EPSP	exzitatorisches postsynaptisches Potenzial
ext.	externus
FGPs	Functionally Generated Pathways
FSME-Virus	Frühsommer-Meningoenzephalitis-Virus
7-FVSS	7 Faktoren des viszerosomatischen Systems
HRV	Herz-Raten-Variabilität
HWS	Halswirbelsäule
Hz	Hertz (Maßeinheit der Frequenz)
ICF	International Classification of Functioning, Disability and Health
ICP	infantile Zerebralparese
ICV	Ileozökalklappe (ileocecal valve)
IHS	International Headache Society
IKP	Interkuspidalposition
IL	Interleukine (z. B. IL-1, IL-6)
ILA	inferior lateral angle: unterer Sakrumpol
IML	intermediolaterale Zellsäule
INC	interstitieller Nucleus Cajal
int.	internus
IPSP	inhibitorisches postsynaptisches Potenzial
IRT	Injury-Recall-Technik
ISG	Iliosakralgelenk
KFO	Kieferorthopädie
kp	Kilopond
li.	linksseitig
Lig., Ligg.	Ligamentum, Ligamenta
LTT	Lymphozytentransformationstest
LWS	Lendenwirbelsäule
M., Mm.	Musculus, Musculi
MER	Muskeleigenreflexe
MET	Muskelenergietechniken
MFA	manuelle Funktionsanalyse
MFR	mesenzephale Formatio reticularis
MRT	Magnetresonanztomografie
MSA	manuelle Strukturanalyse
MSM	Methylsulfonylmethan
NFA	neuromuskuläres funktionelles Assessment
NICO	Neuralgia-inducing Cavitational Osteonecrosis
NIM	normoreaktiver Indikatormuskel
NL-Reflexe	neurolymphatische Reflexe
NLP	Neurolinguistisches Programmieren
NPSO	Neue Punktuelle Schmerz- und Organtherapie
NRS	numerische Rating-Skala
NSAR	nichtsteroidale Antirheumatika
Ncl.	Nucleus (Plural Nuclei, Ncll.)
OACT	Occipito-Atlantal Countertorque
o. B.	ohne Befund
OK	Oberkiefer
OPT	Orthopantomogramm
OSG	oberes Sprunggelenk
OTR	okuläre Tilt-Reaktion
PAT	Primary Atlas Technique
PBFR	pontobulbäre Formatio reticularis
PIR	postisometrische Relaxation
PMC	M. pectoralis major, Pars clavicularis
PMMA	Polymethylmethacrylat
PNF	propriozeptive neuromuskuläre Fazilitation
post.	posterior, posterius
POTS:	posturales orthostatisches Tachykardie-Syndrom
PPIM	Pseudopyramidales Inhibitionsmuster
PRI, PRM	primär respiratorischer Impuls bzw. Mechanismus
Proc.	Processus (im Plural Procc.)
PRYT	Pitch, Roll, Yaw und Tilt
PSI	Parodontal-Screening-Index
PSP	Progressive supranukleäre (Blick-)Parese
PSR	Patellarsehnenreflex
PUFA	mehrfach ungesättigte Fettsäuren (poly-unsaturated fatty acids)
PVDF	Polyvinylidenfluorid
R., Rr.	Ramus, Rami
re.	rechtsseitig
REM	Rapid Eye Movement (Schlafphase)
RESET	Rafferty Energy System of Easing the Temporomandibular Joint
RI	reziproke Inhibition
riFLM	rostraler Ncl. interstitialis des Fasciculus longitudinalis medialis
RMAPI	repetitive muscle activation, patient-induced
ROM	Range of Motion (Bewegungsumfang)

RPR	Radiusperiostreflex
RSL	Ruhe-Schwebelage
SBS	sphenobasiläre Synchondrose
SC-Gelenk	Sternoklavikulargelenk
SCM	M. sternocleidomastoideus
SEP	somatisch evozierte Potenziale (bzw. SSEP = somatosensorisch evozierte Potenziale)
SIAS	Spina iliaca anterior superior
SIDS	Sudden Infant Death Syndrome (plötzlicher Kindstod)
SIG	Sakroiliakalgelenk
SIPS	Spina iliaca posterior superior
SMP	Summenmembranpotenzial
SMR	Semimembranosus-Sehnenreflex
SOD	Superoxiddismutase
SOT	Sakrookzipital-Technik
STL	Surface Tesselation Language
TFL	M. tensor fasciae latae
TL	Therapielokalisation
TLR	tonischer Labyrinth-Reflex (persistierender: p-TLR)
TLÜ	thorakolumbaler Übergang
TMG	Temporomandibulargelenk (engl. TMJ)
TND	transneurale Degeneration
TNF	Tumornekrosefaktor
TNR	tonischer Nackenreflex
TPR	Tibialis-posterior-Reflex
TS-Linie	Temporosphenoidallinie
UK	Unterkiefer
ULTT	Upper Limb Tension Test
V. a.	Verdacht auf
VAS	visuelle Analogskala (Schmerzen)
VOR	vestibulo-okulärer Reflex
V., Vv.	Vena, Venae
WHO	World Health Organization
Z. n.	Zustand nach
ZNS	zentrales Nervensystem

Adresse

Dr. med. Hans Garten
Nederlinger Str. 35
80638 München

Abbildungsnachweis

Die Zeichnungen wurden erstellt von Frau Dr. Katja Dalkowski, Herr Stefan Dangl und von Dr. med. Hans Garten.

Alle Abbildungen in Kapitel 4 stammen von Dr. Andreas Dmoch, sofern nicht gesondert gekennzeichnet. Die Fotografien wurden von Bodo Mertoglu, Ralf Kruse und Dr. Hans Garten angefertigt.

Alle weiteren hier nicht aufgeführten Abbildungen (Röntgen/MRTs) stammen von Dr. Garten.

Vorwort

„Applied Kinesiology – Funktionelle Myodiagnostik in Osteopathie und Chirotherapie“, so ist der Titel dieses Buches, der sich während zwölf Jahren Arbeit entwickelt hat. Der von den österreichischen Kollegen geprägte Begriff der „funktionellen Myodiagnostik“ charakterisiert das Wesen der Applied Kinesiology (AK) deutlich besser als der von Goodheart, dem Schöpfer der Methode selbst geprägten Begriff. Man kann – ohne vermessen zu sein – so weit gehen, zu sagen, dass Applied Kinesiology die funktionell neurologisch bestimmte Manuelle Medizin ist, die sich in ihrer Diagnostik auf mehr als die Prüfung des Bewegungsumfangs, die Palpation und die Schmerzprovokation stützt, nämlich auf eine neurologische Funktionsprüfung. Diese erfolgt vor, während und nach einer therapeutischen Intervention als Kontrolle.

Funktionelle Medizin (so auch die Osteopathie) hat den Anspruch, letztendlich neurologische Dysfunktionen zu behandeln wie schmerzhafte Zustände im Bewegungssystem und den Viszera, Kopfschmerzen, Schwindel, okulomotorische Störungen. Daher muss der ausübende Therapeut auch in der Lage sein, die neurologische Dysfunktion exakt zu definieren, um den adäquaten Therapieansatz zu wählen und die Therapieergebnisse möglichst objektiv zu überprüfen. Dazu gehören neben den traditionellen manualmedizinischen Untersuchungstechniken eben auch eine muskuläre Funktionsprüfung und eine neurologische Basisuntersuchung. „Der Mensch ist ein rezeptorgesteuertes Wesen“ (Allen 1995) und muskuloskelettale Medizin lässt sich nicht wirklich adäquat ohne muskuläre Funktionsprüfung ausüben, denn die Entscheidung über normale und abweichende Funktion lässt sich logischerweise nicht durch Palpation des muskulären Tonus, Dehnungsprüfung und Messung der Winkelgrade der Gelenkbewegung treffen. Dieser Denkansatz geht bereits auf Lovett (Lovett und Martin 1916) und viel später Kendall (Kendall und Kendall 1952) zurück und wurde von Goodheart ab 1964 (Goodheart 1964) weiterentwickelt. Konsequenterweise werden in diesem Buch neben der neurologischen Basisdiagnostik die klinischen Essenzen sowohl der Neuroophthalmologie als auch der Schwindeldiagnostik mit ihren jeweiligen therapeutischen Aspekten so verständlich beschrieben, dass sie die Aura komplizierten Spezialistenwissens verlieren.

Dieses Buch ist die Synthese aus mehr als 50 Jahren Entwicklung der AK und die Integration der manualmedizischen Hauptströmungen unter dem Dach rationaler neurologisch geprägter Funktionsdiagnostik.

Es beschreibt aber nicht nur fundierte funktionelle Diagnostik sondern auch unschätzbare neue Behandlungsstrategien und -protokolle, welche Therapieerfolge ermöglichen, die mit den bisher publizierten und gelehrten Techniken der Osteopathie und der Chirotherapie kaum vorstellbar sind. Die Auswirkungen von neurologischen Störgrößen wie Störfeldern bzw. Injury-Regionen sowie metabolischen Stressoren auf das Bewegungssystems werden mit AK nicht nur extrem einfach diagnostizierbar sondern auch wirksam und nachhaltig behandelbar. Die manuellen Techniken berücksichtigen modernste Aspekte neurologischer Rehabilitation.

Dieses Lehrbuch vermittelt dem Neuling eine vollständige manualmedizinische Ausbildung zur Therapie des Bewegungssystems, des kraniosakralen Systems und der Viszera unter Verwendung funktioneller Myodiagnostik der AK. Diejenigen, die bereits über eine Expertise in einem (oder mehreren) der manualtherapeutischen Bereiche verfügen, werden neue Aspekte kennen lernen.

Das ursprüngliche Konzept des „programmierten Lehrbuches“ wurde durchaus beibehalten und die entsprechenden Therapiemöglichkeiten der Applied Kinesiology nach Regionen zusammengefasst:

Wirbelsäulenstörungen, kranioiliosakrokokzygeale Störungen inklusive kraniomandibulärer Dysfunktion und persistierenden primitiven Reflexen, viszerale Störungen und Extremitätenstörungen inklusive peripherer Engpässe. Die Umsetzung der notwendigen zahnärztlichen Korrekturen bei kraniomandibulärer Dysfunktion wird am entsprechenden Platz nach den manuellen Techniken beschrieben.

Das Kapitel 7 fasst die Essenzen neurologischer Diagnostik und neurologischer Rehabilitation zusammen und beschreibt einmal mehr Strategien bei der Behandlung von Erkrankungen wie Kopfschmerzen und Schwindel.

Während der zwölf Jahre der Entstehung dieses Buches wurde ich immer wieder gefragt, wann denn nun der im ersten Band dieser Reihe angekündigte zweite endlich fertig sei. Die Bemühungen, den im Vorwort des ersten Bandes erwähnten „100sten Affen“, ab dem die Methode zum Selbstläufer wird, mittels Kurstätigkeit und Vereinsarbeit zu erreichen, hat die Vollendung des vorliegenden Bandes immer wieder unüberschaubar verzögert.

Es sind aber auch viele Jahre Erfahrungen sowohl therapeutischer als auch didaktischer Art hinzugekommen, von denen Sie nunmehr als Leser profitieren. Diese Erfahrungen wurden möglich durch meine Patienten, meine Schüler und vor allem durch die Kreativität und Schaffenskraft meiner Kollegen in Deutschland und in der internationalen Gemeinschaft der AK, von denen ich lernen durfte.

Ich danke im Speziellen meinen Kollegen Joe Shafer, Martin Brunck und Dieter Becker für ihren kreativen Input und auch dafür, dass ich manches in Frage stellen durfte, was ich im Nachhinein letztlich als eine wichtige Neuerung in diesem Buch aufnehmen konnte. Ich danke Christoph Balk, dass er mich immer einmal wieder daran erinnert hat, dass das Buch für Sie, lieber Leser, geschrieben ist. Damit hat er mir geholfen, den Fokus zu halten. Ich danke noch einmal ausdrücklich meinen Patienten, die mir die Gelegenheit gaben, unendlich viel zu lernen aus Erfolg und Misserfolg.

Ganz besonders aber danke ich meinen Ko-Autoren Andreas Dmoch und Hartmut Fuchs, ohne deren Arbeit die entsprechenden Kapitel nicht möglich gewesen wären oder ihre Realisierung zumindest noch länger gedauert hätte.

Ich danke dem Verlag in Person von Frau Sichling und Herrn Schweizer, die dafür gekämpft haben, dass das Projekt überhaupt realisiert werden konnte, indem ich einen guten Teil der grafischen Arbeit selbst übernehmen durfte, da der betriebene illustrative Aufwand den üblichen ökonomischen Rahmen zu sprengen drohte. Davon unberührt gilt ein wesentlicher Dank den beiden Zeichnern, Frau Dalkowski und Herrn Dangl, die geduldig meine Änderungswünsche realisierten. Noch mehr gegenseitige Geduld war für die Lektoratsarbeit notwendig und ich danke Frau Rempe und Frau Dobler für ihre bemerkenswerte Akribie. Meine Models, allen voran Tatiana Velásquez und Sarah Schwarz sowie Charlie Wegener waren passioniert und geduldig bei der Arbeit, sodass wir die vielen gemeinsamen Tage nicht nur hochkonzentriert sondern auch mit Spaß verbringen konnten, woran auch Bodo Mertoglu, der Fotograf, mit seiner endlosen Geduld, Ruhe und Kompetenz maßgeblichen Anteil hatte. Ich danke der Firma Frei-AG, dass sie mir ihre phantastische Liege „Arcus“ großzügig für die Aufnahmen zur Verfügung gestellt hat.

All der Wahnsinn, der mit der Realisierung dieses Buches zusammenhing, tausende Stunden am Computer – auch am Strand oder in der Skihütte – hat mich Gott sei Dank nicht meine Ehe gekostet. Darüber bin ich sehr glücklich und ich danke meiner Frau Anete für ihre Unterstützung, indem sie mich „machen ließ“, und freue mich mit ihr auf einen neuen Lebensabschnitt.

Hans Garten
München, im Frühjahr 2016

Allen, M. (1995). The Neurology of Spinal Erection. 23232 Peralta Dr. STE 205, Laguna Hill, CA 92652–1437, privately published.

Goodheart, G. J. (1964). Applied Kinesiology. 20567 Mack Ave., Grosspoint, MI, 48236–1655, USA, privatly published.

Kendall, H. O. and F. P. Kendall (1952). Functional Muscle Testing. Physical Medicine and General Practice, Chapt. XII. New York, Paul B. Hoeber.

Lovett, R. W. and E. G. Martin (1916). "Certain aspects of infantile paralysis with a description of a method of muscle testing." Jama 66(10).

Hinweise zur Benutzung des Buches

Sehr geehrter Leser,
der Autor und der Verlag haben erhebliche Mühe darauf verwendet, dieses Lehrbuch benutzerfreundlich zu gestalten. Das Thema ist komplex und das Buch ist im Sinne eines „programmierten Lehrbuches“ gestaltet. Zahlreiche Querverweise (wo immer diese angebracht erscheinen) dienen dem leichten Auffinden eines Kapitels oder Abschnitts, auf den anderswo Bezug genommen wird, um Ihnen den Umweg über das Inhaltsverzeichnis zu ersparen.

Eine Vielzahl an Flussdiagrammen dient der schnellen Übersicht beim Nachschlagen. Die Ziffern der Flussdiagramme (in Rot gedruckt) werden im Text in derselben Farbe dort wieder aufgenommen, wo der entsprechende Untersuchungs- oder Behandlungsschritt ausführlicher erklärt wird. Das ist hilfreich, wenn Sie biem Arbeiten mit den Flussdiagrammen an der einen oder anderen Stelle eine ausführliche Erläuterung wünschen.

Wir wünschen Ihnen viel Spaß bei der Benutzung dieses Buches und viel Erfolg bei der Arbeit damit.

Hans Garten
München, im Frühjahr 2016

Inhaltsverzeichnis